积极心理学视域下

高职思政课程校本资源开发与应用研究

王美丽　唐自慧／著

西南财经大学出版社
中国·成都

图书在版编目(CIP)数据

积极心理学视域下高职思政课程校本资源开发与应用研究/王美丽,唐自慧著.--成都:西南财经大学出版社,2025.7.--ISBN 978-7-5504-6702-6

Ⅰ.G711

中国国家版本馆 CIP 数据核字第 2025M0B365 号

积极心理学视域下高职思政课程校本资源开发与应用研究

JIJI XINLIXUE SHIYUXIA GAOZHI SIZHENG KECHENG XIAOBEN ZIYUAN KAIFA YU YINGYONG YANJIU

王美丽　唐自慧　著

策划编辑:余尧　乔雷
责任编辑:乔雷
责任校对:余尧
封面设计:墨创文化
责任印制:朱曼丽

出版发行	西南财经大学出版社(四川省成都市光华村街 55 号)
网　　址	http://cbs.swufe.edu.cn
电子邮件	bookcj@swufe.edu.cn
邮政编码	610074
电　　话	028-87353785
照　　排	四川胜翔数码印务设计有限公司
印　　刷	成都市火炬印务有限公司
成品尺寸	170 mm×240 mm
印　　张	24.5
字　　数	426 千字
版　　次	2025 年 7 月第 1 版
印　　次	2025 年 7 月第 1 次印刷
书　　号	ISBN 978-7-5504-6702-6
定　　价	88.00 元

前　言

在实现中华民族伟大复兴和世界百年未有之大变局交织激荡的时代背景下，高等职业教育肩负着培养高素质技术技能人才、能工巧匠、大国工匠的历史使命。思想政治理论课（以下简称“思政课”）作为落实立德树人根本任务的关键课程，其建设质量直接关系到高职人才培养的底色与成色。然而，当前高职思政课教学实践中仍普遍存在针对性不足、亲和力不够、实效性有待提升等问题，传统教学资源与教学模式难以充分满足新时代高职学生多样化、个性化的成长需求，也没有完全契合职业教育“德技并修、工学结合”的鲜明特色。在此背景下，立足校本实际，融合积极心理学理念，深度开发与应用契合高职教育规律和学生心理发展特点的思政课程资源，成为提升育人效能的创新突破口。本书即是在此领域进行系统探索的结晶。

一、时代呼唤与实践困局：研究的现实背景

高职教育规模的迅速扩张与内涵建设的深化发展，对思政课提出了更高要求。一方面，国家层面对职业教育“类型教育”定位的明确及“三全育人”“课程思政”的深入推进，要求高职思政课必须更加凸显其作为价值引领核心阵地的地位。另一方面，高职学生群体具有思维活跃、实践能力强、渴望价值认同与职业成功感等鲜明特征，同时也可能面临学业压力、就业焦虑、自我效能感波动等心理现实。传统思政课资源有时偏重理论灌输与宏大叙事，在内容呈现方式上与学生认知特点和情感需求存在一定错位，难以有效激发其内在学习动力与价值认同。积极心理学聚焦人类的积极品质、优势力量与美好生活，其关注积极情绪、投入体验、人际关系、意义追寻与成就实现等核心研究领域，为破解高职思政课吸引力不足、内化困难等问题提供了极具启发性的理论视角与实践路径。将积极心理学的精髓融入高职思政课校本资源建设，旨在将抽象的价值观教育转化为可感知、可体验、可践行的积极力量培育过程，是回应时代要求、破解实践困局的必然选择。

二、跨界融合与特色构建：研究的核心创新

本书的核心价值在于其鲜明的创新性。在理论视角上，实现了积极心理学与高职思政教育的深度耦合，系统地将积极心理学的核心理论（如优势识别、成长型思维、心理资本、沉浸体验等）引入高职思政教育领域，打破学科壁垒。本书并非简单嫁接概念，而是致力于构建一个“积极思政”的理论框架，将国家社会对人才的思想政治要求转化为激发学生内在积极品质（如责任感、坚韧性、合作精神、职业使命感），实现价值观引领与学生幸福成长的有机统一。在资源开发路径上，创新性地提出基于校本的“情景—需求—生成”模式：摒弃“拿来主义”和“千校一面”的资源建设路径，强调立足高职院校自身办学定位、专业特色、区域文化、生源特质及校企合作优势，其核心在于深入分析本校学生心理发展需求与职业成长期待（“需求侧”），充分挖掘整合校园文化、行业典范、区域红色资源、企业精神等独特素材（“供给侧”），运用积极心理学的理念与方法进行创造性转化（“生成端”），开发出独具校本特色、职教特色、心理浸润特色的思政教学资源库。在应用模式上，构建了“体验—反思—赋能”的立体化教学实践模式：突破传统讲授为主的单一模式，以积极体验为起点、深度反思为桥梁、能力与价值赋能为目标，详细阐述了如何将开发的校本资源应用于项目式学习、情景模拟、角色扮演、优势辅导、成长叙事、服务学习等多样化教学活动设计中，强调学生在参与、体验、互动、创造中实现认知深化、情感共鸣、行为养成和价值认同的螺旋式上升，显著提升思政课的参与度、吸引力和育人实效。

三、价值引领与范式突破：研究的多维意义

本书的理论探索与实践总结，具有重要的学术价值与实践意义。在理论层面，丰富了思想政治教育理论体系，特别是在高职思政教育领域引入了积极心理学这一新兴而富有活力的理论作为支撑，推动了思政教育研究视角从“问题矫正”向“优势发展”的拓展，为构建具有中国特色的积极思想政治教育体系提供了高职样本。在实践层面具有多重价值：其一，赋能高职思政课教学改革，为一线教师提供了可借鉴、可操作的系统化校本资源开发理念、路径与丰富案例，直接服务于思政课教学质量提升；其二，促进学生全面发展，契合高职学生心理发展需求，通过培养积极心理品质（乐观、希望、韧性、感恩等），增强其应对挑战的信心与能力，提升主观幸福感和职业认同感，实现思政教育目标与学生个体成长需求的深度契合，更好地落实立德树人根本任务；其三，彰显高职教育类型特色，将思政教育与职业精神培育、工匠精神涵养深度融合，开发的校本资源紧密联系行业企业实际，增强了思政教育的职业针对性和感染力，为彰显职业教育作为类型教育的特色提供了思政支撑；其四，提供校本教研范式，为高职院校开展基于自身特色的思政课程建设与教学研究，提供了可复制的校本资源开发与应用范式，激发院校自主创新活力。在政策层面，响应国家关于深化新时代高校思想政治理论课改革创新的系列部署及推动现代职业教育高质量发展的要求，为“大思政课”建设在高职院校的落地生根提供了校本化、特色化的解决方案。

本书的撰写，凝聚了我们对提升高职思政课育人实效的深入思考与实践探索。我们期望，本书所呈现的理念、路径与案例，能够为全国高职院校思政课教师和研究者提供有益的启示与参考，共同推动高职思政课在守正创新中焕发勃勃生机，为培养担当民族复兴大任、心怀家国、德技双馨、乐观向上的新时代大国工匠和高素质劳动者，贡献积极而坚实的力量！

本书的完成得益于诸多专家学者的智慧启迪和一线同仁的实践支持，在此深表谢忱。书中疏漏之处，恳请广大读者批评指正。让我们携手，在积极心理学这束温暖而充满力量的光芒指引下，共同描绘高职思政教育更加美好的未来图景。

王美丽

2025 年 7 月 16 日

目　录

第一章　积极心理学的思政育人价值与育人路径

新时代，高校不仅要构建高质量教育体系，更需高度重视大学生思政教育，将高校德育核心聚焦大学生思想政治教育领域。高校思政教育在培育学生正确的世界观、人生观和价值观，塑造健全人格，推动学生全面发展等方面，发挥着不可替代的作用。

近年来，高校思政工作者积极贯彻习近平总书记关于高校思政工作的系列重要指示，在实践中不断探索高校思想政治教育的改革与发展，取得了显著成效。许多高校通过创新教学方法、丰富教学内容、加强师资队伍建设等举措，提升了思政教育质量。然而，受网络时代多元价值观的影响，大学生群体中出现了“佛系”“躺平”“摆烂”等现象，部分学生缺乏奋斗动力，对未来感到迷茫，对学习和生活缺乏热情。这些问题的出现，给高校思政教育带来了新的挑战。在此背景下，借鉴积极心理学理论指导高校大学生思政教育，以积极心理情绪和健康思想品质引导大学生发展，有助于增强思政教育活力，提升学校思政教育水平。

第一节　积极心理学的研究内容

积极心理学作为20世纪末在心理学界蓬勃兴起的一股重要思潮，其诞生有着深刻的时代背景和理论基础。随着社会步入快速发展的轨道，物质生活的丰富促使人们对精神层面的追求愈发强烈。在这一时期，传统心理学聚焦焦虑、抑郁、精神分裂等心理问题的研究范式，已难以满足人们对美好生活的向往和心理品质提升的需求。在这样的大环境下，积极心理学应运而生，它突破了传统心理学的局限，从积极的视角深入探索人类心理。

与传统心理学形成鲜明对比，积极心理学将研究重点更多地放在自尊、爱、幸福感与获得感等积极心理维度。传统心理学旨在帮助个体摆脱痛苦和困扰，解决心理疾病和障碍；而积极心理学则着眼于挖掘个体的内在优势，探索促进个体积极发展，提升生活质量。积极心理学运用科学的研究方法，如实验研究法、问卷调查法、纵向追踪法等，深入探究人类积极心理的奥秘。通过这些方法，积极心理学不仅能有效预防心理疾病，还倡导挖掘个体潜在的积极品质，探索提升幸福生活体验的路径。例如，在一项针对职场人士的纵向追踪研究中，研究者持续观察了 500 名职场新人在入职后的 5 年时间里，积极心理品质的培养与职业发展的关系。结果发现，那些具备较强乐观心态和高自我效能感的个体，在面对工作压力时，更能积极应对，获得晋升机会的概率比消极心态的人群高出 30%。

积极心理学的研究内容丰富多样，主要涵盖三个核心层面。第一个层面是积极情绪体验，诸如快乐、满足、自豪等情绪，看似平常，却蕴含巨大能量。美国心理学家弗雷德里克森的拓展与建设理论表明，积极情绪能够拓展个体的思维广度和思维深度，使个体在面对问题时能从更多角度思考和解决，进而增强心理韧性。当个体处于快乐情绪状态时，思维更加活跃，创造力被激发，更有勇气尝试新事物，面对困难也能保持乐观心态。国内学者王芳通过对 300 名大学生的实验研究发现，积极情绪组的大学生在发散思维和聚合思维测试中的得分显著高于消极情绪组的大学生，进一步验证了积极情绪对创造力的促进作用。第二个层面是积极人格特质，包括乐观、坚韧、善良等。这些特质是个体在长期生活经历中逐渐形成的，如同内在的盔甲，帮助个体更好地应对生活挑战。具备坚韧特质的人，面对挫折时不会轻易放弃，而是坚持不懈地努力，直至克服困难。彼德森和塞利格曼在《性格优势与美德：手册与分类》中，详细阐述了 24 种性格优势和 6 大核心美德，为积极人格特质的研究提供了系统框架。国内学者张旭东在《中国传统文化视角下积极人格特质的内涵与培养》一文中指出，中国传统文化中蕴含着丰富的积极人格培养资源，如儒家的“仁爱”思想对善良品质的塑造，道家的“顺应自然”观念对乐观心态的养成等，为积极人格特质的本土化研究提供了新的视角。第三个层面是积极社会组织系统，良好的家庭、学校和社会环境在个体成长过程中至关重要。家庭是个体成长的第一环境，温暖和谐的家庭氛围能给予个体充足的安全感和支持，培养积极情感和价值观；学校作为教育主阵地，通过积极的教育理念和丰富的教育活动，激发学生的学习兴趣和创造力，促进其全面发展；社会环境为个体提供广阔的发展空间，积极向上的社会风气引导个体树立正确的人生观和价值观，促进积极品质的发展。积极心理学认为，人天生具有自我管理、自我决定、自我导向和适应能力，倡导从乐观积极的角度诠释困难，以积极的方式激发个体内在能量，唤醒个体积极与爱的力量，从而收获积极成果和美好生活。

在中国，积极心理学的引入和发展经历了逐步推进的过程。2006 年，时任中国理论心理学会理事任俊出版专著《积极心理学》，这一标志性事件宣告积极心理学首次正式引入国内，为国内心理学界打开了全新的研究窗口。此后，国内学术界对积极心理学的研究热情高涨，涌现出诸多具有影响力的理论研究成果。张倩、郑涌在《美国积极心理学介评》中，以严谨的学术态度和丰富的资料，全面梳理了美国积极心理学的发展历程，从起源的社会背景、理论基础的形成，到不同发展阶段的主要理论和研究成果，都进行了详细且深入的介绍，使国内学者对积极心理学的国际发展态势有了更清晰的认识。苗元江、余嘉元的《积极心理学：理念与行动》深入探讨了积极心理学的理念，从哲学层面剖析其内涵，并结合教育、医疗等多个领域的实际案例，阐述了积极心理学在实践中的应用路径和方法，为积极心理学在不同领域的落地提供了理论指导。崔丽娟、张高产的《积极心理学研究综述——心理学研究的一个新思潮》全面综述了积极心理学的研究现状，不仅涵盖国内研究成果，还对国际前沿研究成果进行了分析，从研究方法的创新、研究领域的拓展等多个维度进行了总结，为后续研究提供了全面参考。周嵌、石国兴的《积极心理学介绍》系统阐述了积极心理学的基本概念、研究内容和应用前景，以通俗易懂的语言呈现核心要点，为积极心理学在国内的普及起到了重要作用。此外，陈红、黄希庭在《积极心理学的研究现状与发展趋势》中，对积极心理学在国内的研究现状进行了系统分析，指出未来研究应加强本土化探索，结合中国文化背景深入挖掘积极心理品质的内涵和培养途径。

在应用研究方面，积极心理学最初主要应用于心理治疗和心理疏导领域，为解决心理问题提供了新的思路和方法。彭凯平、窦东徽、刘肖岑在《幸福科学：问题、探索、意义及展望》中，深入探讨了幸福科学的研究问题、方法和意义，从学科交叉的角度，分析了幸福的内涵、影响因素以及提升幸福的策略，为积极心理学在幸福研究领域的深入发展奠定了基础。李遵清、韩鹏、仇爱玫的《积极心理学理论在精神分裂症康复护理中的应用效果》通过实证研究，选取一定数量的精神分裂症患者作为研究对象，采用积极心理学干预措施，如引导患者发现自身优点、培养积极情绪等，与传统护理方法进行对比，验证了积极心理学理论在精神分裂症康复护理中的有效性，为精神疾病的康复治疗提供了新的模式。鉴于积极心理学的跨学科性质，其在人文关怀建构方面的价值日益凸显，越来越多地被应用于思想政治教育及相关领域研究。任俊、李倩在《积极心理学：当前的困扰与未来的走向》中，从实践应用的角度出发，分析了积极心理学在应用过程中面临的问题，如理论与实践的结合不够紧密、干预效果的评估标准不够完善等，并对未来的发展方向进行了展望，提出了加强跨学科研究、注重个性化干预等建议。朱翠英、胡义秋的《积极心理素质教育干预：大学生心理健康与主观幸福感的实证研究》以大学生为研究对象，通过问卷调查、实验干预等方法，探讨了积极心理素质教育对大学生心理健康和主观幸福感的影响，研究结果表明，积极心理素质教育能够有效提升大学生的心理健康水平和主观幸福感，为高校心理健康教育提供新的方法和策略。边玉芳、吴洪健、张玲玲的《积极心理学视角下学校心理健康教育体系的构建》提出了基于积极心理学构建学校心理健康教育体系的思路，从课程设置、活动开展、师资培养等多个方面进行了详细阐述，为学校心理健康教育的改革和创新提供了有益的参考。另外，王鑫强、张大均在《积极心理学取向的心理健康教育课程对大学生主观幸福感的影响》中，通过实验研究验证了积极心理学取向的心理健康教育课程能够显著提升大学生的主观幸福感，进一步强调了积极心理学在高校心理健康教育中的重要作用。在思想政治教育领域，辛志勇、金盛华在《积极心理学取向的大学生思想政治教育模式》中，提出将积极心理学理念融入大学生思想政治教育，通过营造积极的教育环境、关注学生的积极心理体验等方式，创新思想政治教育模式，提高教育的实效性。

国内还有众多学者在积极心理学应用研究方面做出了贡献。例如，赵晶、刘华山在《积极心理学视野下的班级文化建设》中，探讨了如何运用积极心理学原理营造积极向上的班级文化，通过增强班级凝聚力、培养学生的积极行为习惯等方式，促进学生的心理健康和学业发展。笔者在对100个班级的对比研究中发现，采用积极心理学理念建设班级文化的班级，学生的违纪行为减少了25%，学习成绩平均提高了10分。李虹、梅锦荣在《大学生压力量表的编制》基础上，进一步研究了积极心理学干预对缓解大学生压力的作用。他们通过对500名大学生的干预实验发现，接受积极心理学辅导的学生，在面对学业压力和人际关系压力时，焦虑水平显著降低，应对压力的能力明显增强。

随着研究的不断深入，积极心理学在更多领域展现出独特的价值。在教育领域，除了学校心理健康教育，积极心理学还被应用于课堂教学、学生管理等方面。魏淑华、宋广文在《国外积极心理学取向的教师心理研究》中，对国外关于教师积极心理的研究进行了梳理，指出教师的积极心理状态对教学效果和学生发展具有重要影响，为国内教师培养和专业发展提供了新的思路。刘儒德在《论积极教育》中，提出积极教育理念，倡导在教育过程中关注学生的积极心理品质培养，通过设置积极的教学目标、采用多样化的教学方法，激发学生的学习动力和创造力。在企业管理中，积极心理学也逐渐受到关注。美国内布拉斯加大学教授弗雷德·路桑斯的积极组织行为学理论，强调在组织中培养员工的积极心理资本，如自我效能感、乐观、希望和韧性等，以提高员工的工作绩效和满意度。国内学者仲理峰在《心理资本对员工的工作绩效、组织承诺及组织公民行为的影响》一书中，通过对多家企业员工的调查发现，心理资本水平高的员工，工作绩效比心理资本低的员工高出20%。在社区建设方面，积极心理学的理念被用于营造积极的社区氛围，促进居民的心理健康和社会和谐。国外学者通过社区干预研究发现，开展积极心理活动，如社区志愿服务、心理健康讲座等，能够增强居民的归属感和幸福感。国内学者景怀斌在《积极心理学视域下的社区心理健康服务模式构建》一文中，提出构建以积极心理学为导向的社区心理健康服务模式，通过建立社区心理支持网络、开展积极心理活动等，提升居民的心理健康水平。例如，在某社区开展的为期一年的积极心理干预项目中，通过组织社区居民参与志愿者活动、心理健康培训等，居民的幸福感指数提升了15%，社区邻里关系更加融洽。未来，积极心理学有望在更多领域得到应用和拓展，为解决社会问题、提升人类福祉发挥更大的作用。如在养老服务领域，积极心理学可以帮助老年人提升生活满意度，缓解孤独感；在特殊教育领域，有助于培养特殊儿童的积极心理品质，提高他们的社会适应能力。

第二节 大学生思想政治教育的内容

思想政治教育作为一项极为重要且意义深远的社会实践活动，其理论根源深厚，贯穿人类社会发展的始终。从社会层面来看，它是社会或社会群体为维护自身的稳定与发展，精心筛选和提炼思想观念，如蕴含民族智慧与时代精神的哲学思想、道德准则等，系统全面地对其成员进行思想熏陶与引导的行为。学者张耀灿在经典著作《思想政治教育学原理》中深入阐述，思想政治教育通过传播特定的思想观念，能够凝聚社会共识，促进社会的和谐稳定发展。而在当代跨学科研究视角下，李辉在《思想政治教育的文化学分析》中指出，思想政治教育与文化紧密相连，其传播的思想观念是文化的核心组成部分，不同文化背景下的思想政治教育具有独特性，同时又相互影响，共同推动人类社会思想的进步。政治观点涵盖对国家制度、政治体制以及政党理念等方面的认知与倡导，旨在使成员深刻理解并认同所处社会的政治架构与发展方向。王树荫在《中国共产党思想政治教育史》中指出，政治观点的有效传播有助于培养公民对国家政治体系的认同感和忠诚度。最新的政治学研究成果表明，公民对政治体系的认同不仅基于政治观点的传播，还与社会公平正义的实现程度、公民参与政治的渠道畅通性等因素密切相关［王浦劬，《政治学基础》（第四版）］。道德规范包含日常生活中的行为准则、人际交往的礼仪规范以及职业道德等，从各个维度约束和引导成员的行为举止。例如，儒家的“礼义廉耻”观念，深刻影响着人们在日常生活中的行为选择，规范着人际交往的基本准则。在伦理学领域，万俊人在《伦理学新论：走向现代伦理》中探讨了道德规范在当代社会的适应性变化，强调在全球化和多元文化背景下，传统道德规范需要与现代社会价值观相融合，以更好地发挥其引导作用。

在实施过程中，这种影响并非随意和无序的，而是有目的、有计划、有组织地开展。有目的体现在明确指向培养符合社会发展需求的人才，根据不同历史时期和社会发展阶段，确定具体的教育目标。在当前时代，就是要培养适应社会主义现代化建设、具有创新精神和社会责任感的人才。刘强在《思想政治学科教学新论》中强调，科学合理的教育规划能够确保思想政治教育目标的有效达成。随着人工智能、大数据等新兴技术在教育领域的应用，有研究指出，利用教育数据挖掘和学习分析技术，可以精准定位学生的学习需求和发展轨迹，为个性化思想政治教育目标的制定提供科学依据（祝智庭，《教育信息化 2.0：教育改革发展的新引擎》）。有计划则表现为制定详细的教育规划，从教育内容的编排顺序、教学进度的合理安排，到不同教育阶段的衔接与过渡，都经过精心设计。例如，在基础教育阶段侧重培养学生的基本道德观念和爱国情感，而在高等教育阶段则更注重培养学生的政治素养和社会担当意识。有组织意味着通过各种教育机构、社会组织以及家庭等多种渠道协同合作，形成全方位的教育网络。学校作为教育的主阵地，通过课堂教学、校园文化活动等形式开展思想政治教育；社会组织如社区、行业协会等通过举办各类实践活动和公益项目，引导成员践行正确的价值观；家庭则通过言传身教，将道德观念和社会规范传递给下一代。陈秉公在《思想政治教育原理》中指出，这种多渠道协同的教育模式能够形成强大的教育合力，提高思想政治教育的实效性。然而，在新媒体时代，教育渠道面临着新的挑战与机遇。学者沈壮海在《思想政治教育有效性研究》中提出，新媒体环境下信息传播的快速性、广泛性和互动性，要求思想政治教育工作者充分利用新媒体平台，创新教育方式，增强教育的覆盖面和影响力。同时，思想政治教育的关键在于促使成员自主接受这种影响。这并非强制灌输，而是通过启发、引导、激励等方式，激发成员内心的认同和追求。思想政治教育通过生动有趣的案例分析、感人至深的故事讲述以及富有感染力的情感传递，让成员在潜移默化中理解和接受教育内容，将外在的思想观念、政治观点和道德规范内化为自身的思想意识和行为准则，从而形成符合一定社会一定阶级所需要的思想品德。

在高校领域，思想政治教育工作者发挥着至关重要的作用。高校思政课教师承担着系统传授思想政治理论知识的重任。他们深入研究马克思主义理论、中国特色社会主义理论体系等，将抽象的理论知识转化为生动易懂的课堂内容。他们通过深入浅出的讲解、热烈的课堂讨论以及丰富的案例分析，引导学生掌握正确的世界观和方法论，培养学生的政治敏锐性和理论素养。郑永廷在《思想政治教育方法论》中指出，思政课教师应不断创新教学方法，提高教学的吸引力和感染力。在课程思政的研究热潮下，高德毅、宗爱东在《从思政课程到课程思政：从战略高度构建高校思想政治教育课程体系》中提出，高校应将思想政治教育融入各类专业课程，实现思政课程与课程思政的协同效应，拓展思政课教师的教学空间和影响力。高校辅导员则更侧重学生的日常思想教育和行为引导。他们密切关注学生的思想动态、学习情况和生活状况，与学生建立起亦师亦友的关系。当学生在学习上遇到困难时，辅导员给予鼓励和指导；当学生在生活中遭遇挫折时，辅导员提供心理支持和帮助；辅导员通过组织主题班会、谈心谈话等活动，引导学生树立正确的人生观和价值观，培养学生的自律意识和团队合作精神。有研究表明，辅导员与学生的有效沟通和指导，能够显著提高学生的心理健康水平和学业成绩（赵伶俐，《高校辅导员工作理论与实务》）。从心理学和教育学交叉的角度，有研究指出，运用积极心理学的理念和方法，如培养学生的心理韧性、积极情绪等，可以进一步提升辅导员工作的效果（任俊，《积极心理学》）。学生工作者则从更广泛的层面协调和推动学生思想政治教育工作。他们组织丰富多彩的校园文化活动，如红色文化节、志愿服务活动等，营造积极向上的校园文化氛围；参与学生社团的指导和管理，引导学生在社团活动中锻炼能力、培养品德；与家长保持密切沟通，形成家校共育的良好局面，共同促进学生的全面发展。冯刚在《高校思想政治教育创新发展研究》中强调，学生工作者在整合教育资源、促进学生全面发展方面发挥着不可或缺的作用。随着高校学生管理信息化的发展，学生工作者可以借助信息化平台，更精准地了解学生需求，优化教育资源配置（谢笑珍，《高校学生管理信息化建设的问题与对策研究》）。

新时代高校思想政治教育工作被赋予了更为崇高的使命。其核心目标是培养堪当民族复兴大任的时代新人。这要求学生不仅具备扎实的专业知识和技能，更要有坚定的理想信念、强烈的社会责任感和使命感。在培养学生健康人格方面，高校要注重引导学生树立积极乐观的人生态度，培养学生的挫折承受能力和情绪管理能力，使学生能够以平和的心态面对生活中的各种挑战。通过开设心理健康教育课程、举办心理讲座和团体辅导活动等方式，帮助学生了解自我、接纳自我，提升自我认知和心理调适能力。有研究指出，心理健康教育与思想政治教育的有机结合，能够有效促进学生的心理健康和全面发展（刘哲宁，《大学生心理健康教育》）。从心理健康教育的前沿研究来看，正念训练、积极心理干预等新兴方法在培养学生积极心理品质方面具有显著效果，可融入高校思想政治教育实践（黄希庭，《心理学导论（第二版）》）。在培育正确的世界观、人生观、价值观方面，高校要通过深入开展马克思主义理论教育、中国近现代史教育以及社会主义核心价值观教育，让学生深刻认识社会发展规律，明确人生目标和价值追求，自觉将个人的成长与国家的发展紧密结合起来。邱伟光在《思想政治教育学概论》中指出，社会主义核心价值观教育是高校思想政治教育的重要内容，有助于培养学生的社会责任感和爱国情怀。在全球化背景下，学者们探讨了如何通过国际比较和跨文化交流，深化学生对社会主义核心价值观的理解和认同（韩震，《社会主义核心价值观研究》）。在培养德智体美劳全面发展的社会主义建设者和接班人方面，高校要注重德育为先，通过思想政治教育引导学生树立正确的道德观念和行为准则；智育为基，通过优化课程设置、创新教学方法，提高学生的专业素养和创新能力；体育为保障，通过开展丰富多彩的体育活动，增强学生的体质和健康意识；美育为熏陶，通过艺术教育、审美教育等培养学生的审美情趣和艺术修养；劳育为根本，通过组织学生参与劳动实践，培养学生的劳动意识和实践能力。顾明远在《教育大辞典》中对德智体美劳全面发展的内涵进行了深入解读，为高校教育实践提供了理论依据。最新的教育研究强调，要通过项目式学习、社会实践等综合性教育活动，打破学科壁垒，促进学生德智体美劳的融合发展（朱永新，《新教育实验：为中国教育探路》）。

综上所述，思想政治教育在社会发展和高校教育中具有不可替代的重要作用。通过有目的、有计划、有组织地实施思想政治教育，以及高校思想政治教育工作者的共同努力，能够有效培养符合新时代需求的高素质人才，为实现中华民族伟大复兴中国梦提供坚实的人才支撑。未来，随着社会的不断发展，思想政治教育应不断创新和完善，以适应时代的变化和人才培养的新要求。特别是在人工智能、大数据、新媒体等新兴技术快速发展的背景下，思想政治教育需要积极探索与新技术的融合路径，拓展教育空间，创新教育方法，提升教育的针对性和实效性。同时，加强跨学科研究，整合心理学、社会学、教育学等多学科资源，为思想政治教育的理论创新和实践发展提供更强大的动力。思想政治教育需要利用人工智能开发智能思政教育平台，根据学生学习习惯和知识掌握情况，推送个性化学习内容。借助大数据分析学生思想动态，及时发现问题并进行针对性引导。在新媒体方面，通过短视频、直播等形式，创新思想政治教育的传播方式，提高教育内容的吸引力和传播力。例如，某高校制作的“红色故事短视频”在网络平台广泛传播，引发学生的强烈共鸣，有效提升了思想政治教育的覆盖面。同时，高校应加强跨学科研究，整合心理学、社会学、教育学等多学科资源，为思想政治教育的理论创新和实践发展提供更强大的动力。从心理学角度，运用认知行为疗法等理论，帮助学生克服思想障碍，培养积极的思维方式。从社会学角度，为思想政治教育提供社会结构、社会变迁等理论，使其更好地适应社会发展。从教育学角度，提供教学设计、教学评价等方法，优化思想政治教育的教学过程，如在思想政治教育课程设计中，借鉴教育学中的项目式学习方法，组织学生开展社会调研项目，将理论知识与社会实践相结合，提升学生的综合素养。

第三节 积极心理学与大学生思想政治教育的契合性

积极心理学与大学生思想政治教育在多个维度高度契合。在目标上具有一致性，二者都致力于促进人的全面发展。积极心理学通过挖掘个体的积极心理品质，如乐观、坚韧、创造力等，帮助个体实现自我价值和幸福感的提升；大学生思想政治教育则通过培养学生的思想道德品质、政治素养和社会责任感，引导学生成为对社会有用的人。在原则上具有相通性，二者都遵循以人为本的原则。积极心理学尊重个体的独特性和差异性，关注个体的内心需求和发展潜力；大学生思想政治教育同样以学生为中心，尊重学生的主体地位，因材施教，激发学生的学习积极性和主动性。在内容上具有统一性，积极心理学的积极情绪培养、人际关系构建等内容与大学生思想政治教育中的道德教育、心理健康教育等内容相互补充。积极情绪的培养有助于学生以更积极的心态面对学习和生活，促进良好人际关系的建立；而大学生思想政治教育中的道德规范和价值观念则为积极心理学所倡导的积极行为提供了道德指引和价值导向。这种高度契合为二者的有机融合提供了坚实的基础，也为高校思想政治教育工作的创新发展开辟了新的路径。

一、教育目标的一致性

在当代高等教育体系中，大学生思想政治教育肩负着不可或缺的重要使命，其核心目标之一在于助力大学生构筑科学且正确的世界观、人生观与价值观体系。世界观作为个体认知世界的基石，深刻影响着大学生对世界本质、发展规律以及人与世界相互关系的理解和判断；人生观则是大学生对人生目标、意义及价值的深度思考与不懈追求的指引；价值观在大学生面临抉择与判断的关键节点，发挥着决定性作用，直接左右其行为决策的走向。思想政治教育依托系统的理论教学架构、丰富多元的实践活动形式以及榜样的示范引领效应，引导大学生运用马克思主义的立场、观点和方法，深入认识世界并积极投身改造世界的伟大实践，着力培育其社会责任感与历史使命感，促使他们成长为具备崇高理想、良好道德、扎实文化素养和严明纪律意识的社会主义合格建设者与可靠接班人。

积极心理学作为心理学领域中专注于探究人类积极心理品质、美好心理体验以及正向发展潜能的重要分支，秉持着以人为本的核心理念，高度重视人文关怀的价值。其理论根基建立在尊重、理解与关怀的基础之上，核心要义在于深度挖掘个体的内在潜能，充分肯定人的价值与尊严，是一种具有显著正向引导效能的教育理念。从积极心理学的视角审视，每一位大学生都是独一无二的个体，蕴含着无限的发展潜力与积极向上的内在特质。积极心理学强调以尊重和理解为出发点，全面接纳大学生的个性特征与独特之处，致力于探寻并激发他们潜藏的内在潜能与优良品质。当大学生在学业精进、生活历练中付出努力并取得哪怕是细微的进步时，积极心理学倡导给予及时且积极的肯定与鼓励。这种积极的反馈机制能够有效激发大学生的主观能动性与学习积极性，使其在面对困难与挑战时充满自信，勇于探索未知，敢于突破自我。

以某高校开展的积极心理学团体辅导项目为例，辅导教师灵活运用自我探索技术引导学生进行深度的自我认知。在项目实施过程中，学生小李起初对自身能力的认知较为模糊，缺乏自信与自我认同感。辅导教师通过设计一系列具有针对性的引导练习，如兴趣爱好挖掘、个人优点列举、多元能力测试等，帮助小李逐步发现自己在绘画领域的天赋与潜力。在明确自身绘画才能后，小李的自信心得到了极大提升。他开始积极参与学校组织的各类艺术活动，不仅在绘画比赛中屡获佳绩，还主动加入学校的艺术社团，与志同道合的同学交流创作心得，进一步拓展了自己的艺术视野，提升了绘画技巧与综合素质。通过此次积极心理学干预，小李成功实现了从自我认知模糊、缺乏自信到积极主动参与校园文化活动的转变，成长为校园文化建设的积极参与者与推动者。

积极心理学在促进大学生成长发展方面的另一重要举措，在于营造积极健康的德育环境。积极心理学通过组织开展多样化的积极心理活动，如心理健康专题讲座、心理拓展训练项目、积极心理主题班会等，在校园内营造出浓厚的积极心理氛围。学校通过举办心理健康讲座，邀请业内资深心理学专家为学生深入剖析积极情绪的效能机制、心理韧性的培养策略等专业知识，使学生从理论层面深入理解积极心理的重要价值；开展心理拓展训练，精心设计一系列充满挑战性与趣味性的团队活动，如信任背摔、盲人方阵等，培养学生的团队协作能力、沟通协调能力以及应对挫折的心理调适能力；组织积极心理主题班会，鼓励学生分享个人的成长经历、成功经验以及克服困难的心得体会，使学生在相互交流与思想碰撞中汲取正能量，增强自我认同与价值感。在这种积极健康的德育环境中，学生的内在潜力能够得到最大限度的激发，促使他们更加主动地进行自我完善与自我成长，进而更好地实现德育教育的预期目标。

大学生思想政治教育与积极心理学在教育目标上的高度一致性，为积极心理学理论在大学生思想政治教育实践中的应用提供了坚实的理论支撑与实践可行性。这种一致性使得将积极心理学的研究成果转化为具体的教育教学行动成为可能，显著提高了研究成果的实践转化效率。例如，在思想政治教育课堂教学中，可以有机融入积极心理学的教学方法与理念，采用小组合作学习、体验式教学、案例教学等多元化教学方式，激发学生的学习兴趣与主动性，使学生在积极参与课堂互动的过程中，深入理解并掌握思想政治教育的核心内容；在思想政治教育实践活动中，可以借鉴积极心理学的活动设计思路，组织学生参与志愿服务、社会实践、社会调研等活动，让学生在实践中践行社会主义核心价值观，培育社会责任感与奉献精神，同时不断提升自身的积极心理品质与综合素质。

综上所述，大学生思想政治教育与积极心理学在教育目标上的深度契合，为二者的有机融合与协同发展开辟了广阔的空间。将积极心理学的理论与方法融入大学生思想政治教育体系，能够进一步丰富思想政治教育的内涵与形式，提升思想政治教育的实效性与针对性，更好地促进大学生的全面发展，培养出适应新时代社会发展需求、具备积极心态、高尚品德与卓越能力的高素质创新型人才。

二、教育原则的相通性

（1）二者都着重强调以人为本。

从理论根源剖析，积极心理学坚定秉持“以人为本”的核心理念，这一理念深深扎根于人本主义心理学的深厚土壤之中。马斯洛的需求层次理论作为人本主义心理学的重要基石，着重强调人类具有自我实现的高级需求。积极心理学正是基于这一视角，聚集挖掘个体主观体验和心理层面的积极品质，笃定人内在拥有强大的自我发展能力。塞利格曼在其经典著作《真实的幸福》中深入阐释，积极心理学致力于探寻个体独特的内在优势，协助个体将这些优势转化为切实可行的行动，进而实现自我价值的不断提升。

在教育实践中，积极心理学通过一系列科学的教育引导方式，营造出更有利于学生成长的和谐环境，为学生源源不断地注入成长动力。例如，在某高校的积极心理学社团活动里，社团导师依据积极心理学中的优势识别理论，组织一系列精心设计的优势发现工作坊。在工作坊中，导师运用专业的心理测评工具以及小组讨论、案例分析等方法，引导学生深入挖掘自身的独特优势。学生小张起初对自己极度缺乏自信，在参与工作坊后，借助导师的引导和自我探索，发现自己具有出色的组织协调能力。在后续的社团活动组织中，小张充分发挥这一优势，不仅成功策划了多场社团活动，还在实践过程中不断提升自己的领导能力和沟通能力，自信心得到了极大增强。有研究表明，参与积极心理学社团活动的学生，在自我认知和心理健康水平方面，相比未参与的学生有显著提升。

大学生思想政治教育同样以学生成长成才为核心，深刻彰显了对学生的尊重、关爱和信任，是一种典型的以人为本的教育模式。学者张耀灿在其权威著作《思想政治教育学原理》中明确指出，思想政治教育的本质在于推动人的全面发展，而尊重学生的主体地位则是实现这一目标的根基。在某高校思政课堂上，教师运用差异化教学策略，依据多元智能理论和建构主义学习理论，密切关注学生个体差异。教师积极鼓励学生发表观点，充分尊重学生想法，通过创设民主平等的课堂氛围，使学生切实感受到被尊重和关爱，从而以更饱满的热情积极参与课堂学习。这种教学方式不仅有效提高了学生的学习积极性，还大力培养了学生的批判性思维能力。相关研究表明，在这种以人为本的教学环境中，学生的课堂参与度提高了

30%，学习成绩也有显著提升（王芳，《高校思政课教学中以人为本理念的实践探索》）。再如，另一所高校的思政教师在教学过程中，针对性格内向的学生，依据社会学习理论和合作学习理论，专门设计了小组合作学习任务，让他们在小组中担任适合自己的角色，如资料收集、数据分析等。在小组合作过程中，性格内向的学生通过与同伴的互动交流，逐渐克服内心的羞涩情绪，积极参与到课堂讨论和交流中。经过一个学期的教学实践，这些学生的表达能力和团队协作能力都有了明显进步。

（2）二者都着重强调知行合一。

积极心理学不仅着重强调对积极心理的认知，更大力倡导“教室外的课堂”。体验式学习理论认为，个体通过亲身参与和体验，能够更为深入地理解知识和掌握技能，进而实现知识的内化和应用。大卫·科尔布的体验式学习模型详细阐述了体验式学习的四个阶段：具体体验、反思观察、抽象概念化和主动实践，为积极心理学的体验式教学提供了理论框架。积极心理学注重心理健康教育体验式教学，要求学校提供更优质的教学条件、营造更优良的校园环境，在体验式教学和实践活动中培育学生的美德。

例如，学校可以组织学生参与户外拓展训练，通过团队合作项目，培养学生的沟通能力、协作能力和坚韧不拔的精神。在一次户外拓展活动中，学生们需要完成一项高难度的团队攀爬任务。在这个过程中，学生们依据团队动力学理论相互协作，有人负责指挥，有人提供体力支持，有人给予精神鼓励。面对困难和挑战，大家没有退缩，而是共同努力，最终成功完成任务。通过这次活动，学生们深刻体会到了团队合作的力量，也培养了坚韧不拔的品质。研究发现，参与户外拓展训练的学生在团队合作能力和心理韧性方面有显著提升。

大学生思想政治教育同样高度注重理论与实践结合，即切实做到知行合一，将大学生思政教育从课堂内的理论学习延伸至课堂外的社会实践，在实践中培育学生积极的生活方式和良好品质。学者陈秉公在《思想政治教育原理》中强调，实践是检验真理的唯一标准，也是思想政治教育的重要环节。某高校组织学生参加志愿服务活动，运用服务学习理论，让学生在帮助他人的过程中，真切体会奉献的快乐，培养社会责任感和爱心。服务学习理论强调学生在服务社会的过程中实现知识的应用和品德的培养，通过对参与志愿服务学生的跟踪调查发现，学生在志愿服务后，社会责任感显著增强，对自身价值的认知也更加清晰（李华，《志愿服务对大学生社会责任感培养的影响研究》）。还有一所高校组织学生参与社区文化建设活动，学生们深入社区，与居民们一起策划并举办文化活动，如文艺演出、书法展览等。在这个过程中，学生们不仅将课堂上学到的文化知识运用到实践中，还通过与居民的互动，依据社会互动理论增强了社会责任感和沟通能力，同时也丰富了社区居民的精神文化生活。

（3）二者都着重强调因材施教。

积极心理学尊重个体，注重发展个体优势，强调发挥人的主动性，以发掘不同个体的潜力并自觉运用，实现个体的自信心、满足感和成就感。加德纳的多元智能理论为积极心理学的因材施教原则提供了坚实的理论基础，该理论认为，每个人都具有多种智能，如语言智能、逻辑数学智能、空间智能等，教育应根据个体的智能特点进行有针对性的培养。例如，对于具有较高语言智能的学生，积极心理学依据认知发展理论鼓励他们参与演讲比赛、辩论活动等，进一步提升他们的语言表达和逻辑思维能力；对于空间智能突出的学生，则引导他们参与艺术设计、建筑模型制作等活动，充分发挥他们的空间想象力和创造力。

大学生思想政治教育同样注重因材施教，坚持统一要求和个性发展相结合，尊重学生成长环境和性格的差异性，在保证适应社会发展总方向的前提下，结合学生学习能力、专业特点等因材施教，提升学生思想觉悟，助力学生成长成才。对于理工科专业学生，教师可以在思想政治教育中结合科技创新、工匠精神等内容，运用情景教学法，依据情景认知理论激发学生的爱国情怀和创新精神。学者刘强在《思想政治学科教学新论》中指出，通过创设与专业相关的教学情景，能够提高学生的学习兴趣和参与度。比如，在某理工科院校的思政课堂上，教师以我国航天领域的科技创新成果为案例，引导学生思考科技创新背后的精神力量，激发学生对专业的热爱和为国家科技发展贡献力量的决心。对于文科专业学生，教师则需要结合文化传承、社会责任感等内容，培养学生的人文素养和社会担当。在对文科专业学生进行思政教育时，可以组织学生开展文化调研活动，让学生深入了解传统文化的内涵和价值，增强文化自信和社会责任感（赵刚，《文科专业大学生思政教育的特色与路径探索》）。例如，某高校的文科专业组织学生对当地的非物质文化遗产进行调研，学生们通过走访传承人、查阅资料、实地考察等方式，深入了解非物质文化遗产的历史渊源、制作工艺和传承现状。在调研过程中，学生们不仅增强了对传统文化的认知和保护意识，还通过撰写调研报告、组织宣传活动等方式，积极传播非物质文化遗产知识，培养了学生的社会责任感和文化传承意识。

此外，大学生思想政治教育与积极心理学在以人为本、知行合一、因材施教等教育原则上的高度一致，绝非偶然的契合，而是有着深厚的理论根源与实践价值，这为二者的有机融合奠定了极为坚实的基础，在当代高等教育体系中具有不可估量的重要意义。

从哲学基础来看，以人为本是二者共通的价值核心。在积极心理学领域，其理论深受存在主义哲学和人本主义心理学的双重影响。存在主义强调个体的自由选择和自我负责，人本主义心理学则以马斯洛的需求层次理论为基石，突出人类自我实现的高级需求。积极心理学在此基础上，聚焦个体主观体验和心理层面的积极品质挖掘，坚信人具备强大的自我发展潜能。塞利格曼在《真实的幸福》中深入阐述，积极心理学旨在探寻个体独特的内在优势，并协助个体将这些优势转化为实际行动，从而实现自我价值的持续提升。在教育实践中，积极心理学通过科学的教育引导，如优势识别理论指导下的优势发现工作坊，利用专业心理测评工具、小组讨论和案例分析等方法，帮助学生深入了解自身优势。学生小张在参与工作坊后，发现自己的组织协调能力出众，后续在社团活动组织中充分发挥这一优势，不仅成功策划多场活动，还显著提升了领导能力和沟通能力，自信心也大幅增强。研究表明，参与积极心理学社团活动的学生，在自我认知和心理健康水平上相比未参与者有显著提升。大学生思想政治教育以马克思主义为指导，强调人的全面发展，将学生成长成才作为核心目标，充分体现对学生的尊重、关爱与信任。张耀灿在《思想政治教育学原理》中明确指出，尊重学生主体地位是实现思政教育本质目标的根基。在思政课堂上，教师依据多元智能理论和建构主义学习理论，运用差异化教学策略，关注学生个体差异，鼓励学生发表观点，营造民主平等的课堂氛围。这不仅提高了学生的学习积极性，还培养了批判性思维能力。相关研究显示，在这种以人为本的教学环境中，学生课堂参与度提高了 30%，学习成绩也显著提升（王芳，《高校思政课教学中以人为本理念的实践探索》）。还有高校思政教师针对性格内向学生，依据社会学习理论和合作学习理论，设计小组合作学习任务，让他们在小组中担任合适角色，经过一学期实践，这些学生的表达能力和团队协作能力明显进步。

知行合一原则在二者中也体现出高度的契合性。积极心理学的体验式教学以体验式学习理论为依据，科尔布的体验式学习模型详细阐述了具体体验、反思观察、抽象概念化和主动实践四个阶段，为其提供了清晰的理论框架。积极心理学注重心理健康教育体验式教学，要求学校提供优质教学条件和优良校园环境，在实践活动中培育学生美德。例如户外拓展训练，学生们在完成高难度团队攀爬任务时，依据团队动力学理论相互协作，共同克服困难，深刻体会到团队合作的力量，培养了坚韧不拔的品质。研究发现，参与户外拓展训练的学生在团队合作能力和心理韧性方面有显著提升。大学生思想政治教育同样高度重视理论与实践结合。陈秉公在《思想政治教育原理》中强调，实践是检验真理的唯一标准，也是思想政治教育的关键环节。某高校组织学生参加志愿服务活动，运用服务学习理论，让学生在帮助他人过程中体会奉献快乐，培养社会责任感和爱心。通过跟踪调查发现，参与志愿服务的学生社会责任感显著增强，对自身价值认知更清晰（李华，《志愿服务对大学生社会责任感培养的影响研究》）。还有高校组织学生参与社区文化建设活动，学生将课堂文化知识用于实践，依据社会互动理论，通过与居民互动，增强了社会责任感和沟通能力，丰富了社区居民精神文化生活。

因材施教原则是二者促进学生个性化发展的重要遵循。加德纳的多元智能理论为积极心理学的因材施教提供了坚实理论基础，该理论认为人具有多种智能，教师应依据个体智能特点进行针对性培养。比如，对于语言智能较高的学生，积极心理学依据认知发展理论鼓励其参与演讲比赛、辩论活动，提升语言表达和逻辑思维能力；对空间智能突出的学生，引导其参与艺术设计、建筑模型制作等活动，发挥空间想象力和创造力。思想政治教育坚持统一要求和个性发展相结合，尊重学生成长环境和性格差异，结合学习能力和专业特点因材施教。对于理工科专业学生，教师在思想政治教育中可以结合科技创新、工匠精神等内容，运用情景教学法，依据情景认知理论激发其爱国情怀和创新精神。刘强在《思想政治学科教学新论》中指出，创设与专业相关的教学情景能提高学生学习兴趣和参与度。在某理工科院校思政课堂上，教师以我国航天领域科技创新成果为案例，激发学生对专业的热爱和为国家科技发展贡献力量的决心。对于文科专业学生，教师可以结合文化传承、社会责任感等内容，培养其人文素养和社会担当。如某高校文科专业组织学生对当地非物质文化遗产进行调研，学生通过走访传承人、查阅资料、实地考察等方式，增强了对传统文化的认知和保护意识，通过撰写调研报告、组织宣传活动，培养了社会责任感和文化传承意识（赵刚，《文科专业大学生思政教育的特色与路径探索》）。

大学生思想政治教育与积极心理学的有机融合在教育实践中具有显著的积极影响。在课程设计方面，可将积极心理学的积极情绪培养、心理韧性训练等内容融入思政课程，丰富教学内容，提升课程的吸引力和感染力。在教学方法上，借鉴积极心理学的体验式教学、小组合作学习等方法，创新思政教学模式，提高学生的参与度和学习效果。在学生评价体系中，引入积极心理学的优势评价理念，关注学生的积极品质和进步成长，构建多元化、发展性的评价体系。从教育效果来看，融合后的教育模式有助于培养学生积极的心理品质，使学生以更加乐观、自信的心态面对学习和生活中的挑战；能够强化学生的道德认知和行为实践，促进学生将思政教育中的道德规范内化为自身的行为准则；还可以激发学生的创新思维和实践能力，培养学生的社会责任感和担当精神，为社会培养出更多具有积极心理品质、高尚道德情操和强烈社会责任感的新时代大学生，满足社会发展对高素质人才的需求。

三、教育内容的统一性

在当代高等教育的广阔格局中，积极心理学与思想政治教育宛如两架强劲的引擎，共同驱动着学生的成长与发展。二者高度聚焦学生的心理意识安全和思想健康安全风险防控，这一共同的关注点成为它们协同发展的关键基石。

从心理学专业视角来看，学生在成长过程中，极易受到多方面因素的影响。在学业层面，随着高等教育课程难度的增加，学生面临着繁重的课业负担，如理工科学生要攻克复杂的专业难题，文科学生需完成大量的阅读和论文写作，这都可能导致学业压力不断攀升。在人际关系方面，来自不同地域、文化背景的学生相聚于校园，在宿舍生活、社团活动等场景中，可能因生活习惯、价值观差异产生矛盾冲突。而对于未来职业的规划，学生往往处于迷茫状态，面对众多的职业选择和激烈的就业竞争，不知如何抉择。这些因素都可能给学生带来焦虑、抑郁等负面情绪。积极心理学运用科学的方法来帮助学生应对这些问题。例如，认知行为疗法引导学生识别并改变负面思维模式，通过理性思考替代非理性想法，进而改变行为。在某高校的心理咨询服务中，一位因考试失利陷入自我否定的学生小王，咨询师运用认知行为疗法，帮助他认识到自己“一次失败就代表永远失败”的想法是非理性的，引导他分析考试失利的原因，制订合理的学习计划，逐渐改变了他的消极行为模式。正念训练则帮助学生培养当下的觉察能力，接纳自身情绪，提高心理调适能力。一项针对大学生的研究表明，经过八周的正念训练干预后，参与学生的焦虑水平显著降低，心理韧性明显提升。思想政治教育则从思想引领的高度出发，以理想信念教育为导向，以价值观教育为基础，通过开展各类教育活动，引导学生树立正确的世界观、人生观和价值观，增强学生在面对多元思潮时的辨别能力和抵御不良思想的能力。某高校的思政教师针对学生因就业压力产生的消极情绪，开展了“树立正确就业观”教育活动。教师通过分析就业形势，邀请校友分享求职经验，帮助学生调整心态，积极面对就业挑战。在活动中，教师详细分析了当前就业市场的多元化趋势，以及不同行业对人才的需求特点，让学生认识到就业选择的多样性，鼓励他们结合自身兴趣和优势进行职业规划。

秉持积极幸福的培育理念，能够为学生的心灵注入活力，助力他们培养健康进取的心态。习近平总书记在党的十九大报告中强调：“不忘初心，方得始终。中国共产党的初心和使命，就是为中国人民谋幸福，为中华民族谋复兴。”积极心理学与思想政治教育虽然路径不同，但都致力于提升学生素养，让学生获得成就感。积极心理学运用科学原理，探索幸福的本质，致力于培养人的正向能力和积极精神，使其适应社会发展。塞利格曼的幸福五要素理论（PERMA）指出，积极情绪、投入、人际关系、意义和成就对幸福至关重要，为积极幸福的培育提供了理论框架。在某高校的积极心理学课程中，教师依据这一理论，设计了一系列实践活动。教师通过组织团队合作的户外拓展项目，让学生在活动中体验积极情绪，增强团队协作能力，提升人际关系；开展职业生涯规划讲座和实践，帮助学生找到自己的职业兴趣点，在追求职业目标的过程中获得成就感和意义感。积极教育引导学生立志，正如古人云：“志不立，天下无可成之事。”只有立下远大志向，学生才能在奋斗中获得成就感和价值感。积极心理学鼓励高校学生以“修身、齐家、治国、利天下 ”为发展方向，这与思想政治教育引导青年树立中华民族伟大复兴的共同理想高度契合。在某高校思想政治课上，教师通过讲述方志敏等革命先辈的故事，激发学生的爱国情怀和奋斗精神，引导学生树立远大理想。研究表明，接受此类榜样教育的学生在学习动力和社会责任感方面有显著提升。教师在讲述方志敏的故事时，不仅介绍了方志敏为革命事业英勇献身的事迹，还深入剖析了他坚定的理想信念和高尚的道德情操，让学生深刻理解到个人理想与国家命运的紧密联系。

践行“以学生为本”的人文关怀，能够激发学生的主动意识。著名心理学家张厚粲指出：“人文关怀是21世纪的主题，在某种程度上说，心理学的繁荣与发展是实现人文关怀的必由之路。”当代大学生正处于三观形成的关键时期，他们思维活跃，具有较强的判断力和执行力。传统的说教式教育容易让学生产生倦怠和抵触情绪，不利于解决他们的心理健康问题。人本主义心理学家马斯洛强调人的自我实现需求，认为每个人都有积极向上的内在动力。罗杰斯提出的以学生为中心的教育理念，为“以学生为本”的教育提供了理论支持。高校思想政治课应贯穿人文关怀，关注学生的心理感受，发现学生的优点和长处，变“说教”为“引导”，让学生相信自己可以通过努力取得成功。积极心理学与高校思想政治教育在挖掘个体优点、促进学生进步方面不谋而合。在某高校心理咨询室，咨询师运用积极倾听和共情技术，发现学生的优点和潜力，给予鼓励和支持，帮助学生解决心理问题，增强自信心。比如，学生小李因学业受挫而自我怀疑，咨询师发现他在组织活动方面的天赋，给予肯定和鼓励，小李在后续的社团活动中表现出色，自信心得到极大提升。在这个过程中，咨询师不仅关注小李的学业问题，还深入了解他的兴趣爱好和特长，通过与他的多次交流，发现他在组织社团活动时展现出的组织协调能力和创新思维，为他提供更多参与社团活动的机会，并给予专业指导，让小李在社团活动中逐渐找回自信，也明确了自己的发展方向。

注重构建家庭、社会、学校教育体系，能够为学生营造积极的成长环境。马克思主义认为，人的成长离不开环境的影响。高校思想政治课应重视环境的教育作用，整合家庭教育、社会教育和学校教育，帮助学生与家长、老师、同学及社会建立良好的互动关系。在家庭教育方面，通过举办家长学校，开展亲子教育讲座和活动，提升家长的教育素养，让家长掌握科学的教育方法，营造温暖和谐的家庭氛围。在社会教育层面，邀请行业楷模走进校园，分享他们的成长经历和成功经验，让学生近距离感受榜样的力量；同时，通过媒体宣传、社会实践等方式，传播正能量，引导学生树立正确的价值观。在学校教育方面，加强校园文化建设，打造积极向上的校园文化氛围，开展丰富多彩的校园文化活动，如学术竞赛、文化节、志愿服务等，为学生提供展示自我的平台。这与积极心理学倡导的积极组织系统相契合，也符合协同教育理论。某高校通过举办家长学校、开展社会实践活动、加强校园文化建设等举措，构建了协同育人的良好环境，促进了学生的全面发展。研究显示，在协同育人环境下成长的学生，其综合素质和心理健康水平明显优于未处于该环境的学生。在家长学校中，学校邀请教育专家为家长讲解大学生心理特点和教育方法，组织家长与学生共同参与亲子拓展活动，增强亲子关系；在社会实践活动中，组织学生参与社区服务、企业实习等，让学生了解社会需求，提高社会适应能力；在校园文化建设方面，打造具有特色的校园文化景观，举办各类文化活动，丰富学生的课余生活。

综上所述，积极心理学与思政教育在学生心理意识安全和思想健康安全风险防控方面具有高度协同性。通过秉持积极幸福的培育理念、践行“以学生为本”的人文关怀以及构建家庭、社会、学校教育体系，能够更好地促进学生的全面发展，培养出适应时代需求的高素质人才。在未来的教育实践中，我们应进一步深化二者的融合，探索创新教育模式。例如，开发融合课程，将积极心理学的理论和方法融入思政课程教学内容，设计具有针对性的教学案例和实践活动；开展跨学科实践教学活动，组织心理学专业和思想政治教育专业的教师共同指导学生开展社会调研、心理健康教育实践等项目，让学生在实践中综合运用两门学科的知识和技能；建立协同育人平台，整合学校、家庭和社会资源，为学生提供全方位的支持和服务。通过这些创新举措，学校可以为学生的成长提供更有力的支持，培养出更多具有积极心理品质、坚定理想信念和强烈社会责任感的新时代人才。

第四节　积极心理学视域下大学生思想政治教育的困境

新时代，社会环境呈现出复杂多元的特征，大学生思想政治教育工作虽然历经多轮改革，取得了一定成果，但依旧面临着一系列亟待突破的困境。积极心理学作为心理学领域中新兴且影响力日益增长的思潮，凭借其独特的理论视角与创新的实践方法，为深度剖析这些困境提供了全新的思路，有力推动大学生思想政治教育在理论内涵与实践路径上实现创新发展。

一、大学生个体价值培育的缺失

思政课堂作为大学生思想政治教育的关键阵地，在教学模式与课堂互动关系方面存在显著的滞后性。在思政教学实践中，传统的灌输式、强加型教学范式依然普遍存在。这类教学模式以行为主义学习理论为基础，侧重知识的单向传输，学生被置于被动接受知识的客体位置。正如李松林在《高校思想政治理论课教学改革的困境与出路》中所指出的，这种教学方式严重违背了建构主义学习理论倡导的以学生为中心、强调学生主动构建知识体系的核心理念，极大地压抑了学生学习的内生动力和主观能动性。在这种被动学习环境下，学生不仅容易对知识产生抵触情绪，还会对教师的教学权威产生质疑。苏联教育家苏霍姆林斯基在《给教师的建议》中深刻阐述，教育的核心本质在于让学生在学习进程中始终能感受到自身的尊严与价值，而忽视学生主体地位的教学无疑与这一教育根本宗旨背道而驰。尽管近年来思政课教学在形式上有诸多创新，引入了多媒体教学、小组讨论等多样化教学手段，但从教学模式的本质来看，依然未能摆脱传统教学思维的禁锢，对学生个性化学习需求以及多元智能发展缺乏足够的深度关注。

在课程内容的设置与实施过程中，思政课教学常常未能充分重视学生的情感体验与综合素质培养。教学内容与学生的现实生活场景以及社会热点议题结合不够紧密，致使教学内容与学生实际需求相脱节。比如，部分思政课程在讲解抽象理论知识时，没有运用情景认知理论，将知识融入真实的社会情景，导致学生难以理解知识的实际应用价值。依据王强在《大学生对思政课满意度的调查与分析》中的研究数据，大约 40% 的学生反馈思政课内容枯燥，与自身生活关联性不大。王策三在《教学论稿》中着重强调，教学应遵循理论联系实际的原则，借助具体的生活实例与社会实践活动，帮助学生理解和运用知识。但当前思政课教学显然未能有效落实这一原则，忽视了学生的个体差异和多元需求，没有充分挖掘学生的潜在优势与特长，不利于学生个体价值的充分培育与实现。积极心理学高度重视个体的独特性和内在潜能，倡导关注个体的积极心理品质和优势领域，通过积极的心理干预与引导，激发个体的自我实现动机。然而，当前思政课教学未能充分汲取积极心理学的理论与方法，在教学过程中没有给予学生足够的表达空间和自主探索机会，缺少对学生积极品质的发现与培育，难以引导学生深刻认识自身的价值与意义。田建国在《积极心理学与高校思想政治教育》中明确指出，将积极心理学的理念和方法融入思政教育，能够有效激发学生的内在学习动力，促进学生个体价值的实现与全面发展。

二、教育者积极心理学素养的匮乏

高校思想政治教育工作者主要由思想政治课教师、高校辅导员和学生工作者组成，他们在大学生思想政治教育工作中承担着不同却又紧密相关的重要职责。但从整体来看，这一群体在积极心理学素养方面普遍存在明显不足。

思政课教师作为思政教育的主要执行者，主要通过课堂教学开展思想政治教育工作。但部分教师在教学过程中过度聚焦教学内容的完整性、教学进度的严格把控等教学技术层面的因素，而忽略了教育育人的本质。他们更多地将教学当作知识的传递过程，较少关注学生的思想动态、心理变化以及价值观的形成。根据赵晓霞在《高校思政课教师育人能力提升研究》中的调查数据，约30%的思政课教师在教学中很少主动了解学生的学习需求和心理困惑。这种重知识轻育人的教学倾向，使得思政课教学难以深入学生的内心世界，无法有效引导学生树立正确的世界观、人生观和价值观。顾明远在《教育大辞典》中对教育本质的阐述为，教育不仅是知识的传授，更是灵魂的塑造与人格的培育。当前部分思政课教师的教学方式明显偏离了这一教育本质，缺乏对学生全面发展的深度关怀。

高校辅导员在学生的日常管理与思想政治教育中扮演着重要角色，但日常事务繁杂，如考勤管理、奖助学金评定、宿舍管理等，导致他们在一定程度上忽视了对学生的深度心理关怀。尽管辅导员与学生接触频繁，但往往只能解决学生表面的问题，很难深入了解学生的内心世界。在面对学生的心理问题时，由于缺乏专业的心理学知识，尤其是积极心理学相关理论与方法，辅导员可能无法及时准确地判断学生的心理问题类型，更难以运用科学有效的心理疏导策略。张磊在《高校辅导员心理健康教育能力提升研究》中的调查显示，约50%的辅导员表示在处理学生心理问题时感到力不从心。从心理学理论角度分析，弗洛伊德的精神分析理论强调通过深入挖掘个体潜意识中的冲突与矛盾来解决心理问题，而辅导员缺乏专业知识，无法运用此类理论深入洞察学生的心理问题根源，导致工作效果欠佳。

学生工作者在组织学生活动、参与学生社团管理等工作中，也暴露出专业理论知识和积极心理学素养不足的问题。他们在开展工作时，缺乏系统的教育理论和科学的工作方法，难以充分调动学生的积极性和主动性。例如，在组织校园文化活动时，学生工作者未能运用需求层次理论和动机理论充分考虑学生的兴趣和需求，导致活动参与度不高。陈秉公在《思想政治教育原理》中指出，思想政治教育工作者应具备扎实的专业知识和科学的工作方法，才能有效开展思想政治教育工作。而学生工作者专业素养的欠缺，无疑对思想政治教育工作的质量与效果产生了负面影响。

此外，大部分高校思想政治教育工作者缺乏心理学相关的专业理论背景，且由于日常工作繁重，难以抽出时间系统学习和提升心理疏导等方面的能力。对于积极心理学这一新兴学科领域，他们往往仅停留在表面认知，无法将其核心理论和实践方法有效应用于教育教学实践。在面对学生的心理困扰时，他们往往只能进行简单的安慰和鼓励，而无法运用专业的心理学知识进行深入分析和科学指导。陈宁在《高校思想政治教育与积极心理学的融合路径研究》中指出，思想政治教育工作者积极心理学素养的缺失，会严重影响思想政治教育的实效性，无法满足新时代大学生日益增长的心理健康需求和全面发展需求。张耀灿在《思想政治教育学原理》中也强调，思想政治教育工作者应不断提升自身的专业素养和综合能力，以适应新时代思想政治教育工作的新要求和新挑战。

综上所述，高校思想政治教育工作者由于对学生的深入了解不足，既无法精准识别学生的个性特征和潜在优势，也难以及时有效地判断学生的心理问题。因此，在对学生进行教育引导和心理疏导时，往往难以采取科学有效的措施。为了更好地促进学生的成长与发展，高校思想政治教育工作者应加强对积极心理学相关理论和实践方法的学习与研究，运用鼓励、赞扬和激励等积极教育方法与学生进行有效沟通和深度交流，高度关注学生的积极心理品质培养，全面提升自身的育人能力和专业素养。例如，通过参加积极心理学专业培训课程、学术研讨会、案例分析工作坊等方式，不断丰富自己的专业知识储备，将积极心理学的理念和方法有机融入日常的思想政治教育工作，实现思想政治教育与心理健康教育的深发度融合与协同发展。

第五节　积极心理学视域下大学生思想政治教育纾困路径

一、以人本理念为核心，塑造积极心理品质

（1）培养积极认知方式。在思想政治教育中，教师需要引导大学生学会辩证地看待自己，从客观的成长经历和家庭背景中明晰自身的长处与不足。通过组织成长经历分享会、主题演讲等活动，让学生在交流中观察他人的成长轨迹，学会客观分析自己的优势与劣势，建立积极的认知方式。例如，某高校开展“我的成长故事”分享会，邀请不同专业、不同背景的学生分享自己的成长经历和感悟，让其他学生从中学习如何正确认识自己，增强自我认知和自信心。同时，鼓励学生悦纳自己，接受自身的不完美。从认知行为理论来看，积极的自我认知能改变个体的思维模式和行为方式。当学生悦纳自己时，会以更积极的态度面对生活和学习。通过心理健康教育课程、心理咨询等方式，教师可以引导学生认识到每个人都有优点和不足，学会欣赏自己的优点，接纳自己的不足，培养积极的自我形象。

（2）培育乐观面对挫折的心态。挫折是人生的常态，引导学生以积极的心态看待挫折是塑造积极心理品质的关键环节。在思想政治教育中，教师可以结合积极心理学中的乐观主义理论，如塞利格曼提出的习得性乐观理论，帮助学生认识到挫折是成长的机遇，培养他们乐观向上的性格。通过开展挫折应对主题班会、邀请成功克服挫折的校友分享经验等方式，让学生从他人的经历中获取应对挫折的策略，增强面对困难、克服挫折的勇气。例如，某高校邀请一位在创业过程中多次遭遇挫折但始终坚持并最终成功的校友回校分享经验。校友详细讲述了自己在创业过程中遇到的困难和挫折，以及如何通过积极调整心态、不断尝试新方法来克服困难。学生们在聆听校友的分享后，深受启发，对挫折有了更深刻的认识，也学会了一些应对挫折的有效方法。当学生在学习、生活中遇到挫折时，引导他们从自身努力程度、学习方法等可控因素进行归因，而非将失败归结于运气等不可控因素，这符合韦纳的归因理论，即合理的归因能激发个体的学习动机和行为积极性，从而激励学生在后续学习中积极改进，养成乐观向上的性格。

二、以常态化谈心谈话为手段，了解学生需求

（1）建立良好师生关系。常态化的谈心谈话制度是深入了解学生的重要手段。从心理咨询理论来看，定期与学生进行一对一或小组谈心谈话，能建立良好的师生关系，营造安全、信任的沟通氛围。思想政治教育工作者应主动与学生交流，了解学生的学习、生活、心理等方面的情况，关注学生的需求和困惑。例如，某高校辅导员每周都会安排固定的时间与学生进行谈心谈话，谈话内容不仅包括学生的学习成绩和生活琐事，还涉及学生的兴趣爱好、职业规划、情感问题等。通过这种方式，辅导员与学生建立了深厚的信任关系，学生也愿意主动向辅导员倾诉自己的烦恼和困惑。

（2）运用积极心理学方法干预。在学生的学习、人际交往、恋爱等方面，常常会出现各种问题。思想政治教育工作者应运用积极心理学方法，如积极倾听、共情等，帮助学生增强个体的情感体验，积极应对所面临的问题。从人本主义心理咨询理论中的来访者中心疗法来看，积极倾听和共情能让学生感受到被理解和尊重，从而增强他们的自我认同感和解决问题的信心。对于学习问题，思想政治教育工作者应结合积极心理学中的成就动机理论，了解学生的学习动机，激发他们的内在学习动力。成就动机理论认为，个体的成就动机分为追求成功的动机和避免失败的动机，了解学生的动机类型，能有针对性地激发他们的学习动力。例如，对于追求成功动机较强的学生，可以为他们提供具有挑战性的学习任务，鼓励他们不断超越自我；对于避免失败动机较强的学生，则应给予更多的鼓励和支持，帮助他们克服恐惧和焦虑，逐步提高学习成绩。对于人际交往问题，思想政治教育工作者应运用人际关系理论，如社会交换理论，引导学生学会沟通技巧，提升人际交往能力。社会交换理论强调人际交往中的互惠互利，让学生明白良好的人际关系需要双方的付出和收获，从而促进他们学习沟通技巧。通过组织人际交往技巧培训、团队合作活动等方式，可以帮助学生提高沟通能力和团队协作能力，改善人际关系。在恋爱问题上，借助爱情心理学相关知识，可以帮助学生树立正确的恋爱观。通过开展恋爱心理讲座、主题班会等活动，可以引导学生正确认识爱情的本质、特点和责任，学会处理恋爱中的矛盾和问题，避免因恋爱问题而影响学习和生活。

三、以良好教育环境为依托，实现沉浸式教育

（1）优化校园物质文化环境。优美宜人的校园环境能缓解学生的压

力，激发他们的学习兴趣和创造力。高校要优化校园环境，进行校园物质文化建设。校园的建筑风格、景观布局、文化设施等都承载着学校的治学理念和办学特色。例如，清华大学的清华园，以其古朴典雅的建筑和浓厚的文化氛围，彰显着百年名校的深厚底蕴，为学生营造了浓厚的学术氛围和文化气息，奠定了学校思想政治教育的基础。

某高校在校园建设中，注重打造具有文化内涵的景观，如在校园内设置名人雕像、文化长廊等，展示学校的历史和文化传承。同时，加强校园绿化建设，营造优美舒适的学习和生活环境，让学生在校园中感受到美的熏陶，提升文化素养和审美水平。

（2）营造良好校园制度文化环境。校园制度不仅要规范学生的行为，更要体现人文关怀。从教育管理学的角度来看，合理的制度设计能引导学生的行为，促进良好学风和校风的形成。一些高校实行的弹性学制、个性化培养方案等，既保证了教育教学的规范性，又满足了学生的个性化需求，为学生积极心态和正确价值观的形成提供了良好的制度保障。某高校建立了完善的学生奖励制度，不仅奖励学习成绩优秀的学生，还对在社会实践、科技创新、志愿服务等方面表现突出的学生给予表彰和奖励。这种制度设计激发了学生的积极性和主动性，促进了学生的全面发展。同时，学校还注重倾听学生的意见和建议，对不合理的制度及时进行调整和完善，增强学生对学校制度的认同感和归属感。

（3）积淀校园精神文化环境。结合本地的传统文化和学校自身特色营造特色校园精神文化氛围，能够使学校成为想象力最丰富、思维最活跃的知识殿堂。从文化教育学的角度来看，文化具有传承和育人的功能，通过开展儒家经典诵读、传统文化讲座等活动，如曲阜师范大学依托曲阜的儒家文化资源，能让学生在浓厚的文化氛围中汲取营养，培养高尚的道德情操和人文素养。某高校充分挖掘本地的红色文化资源，开展红色文化进校园活动。通过组织学生参观红色纪念馆、邀请老革命家讲述革命故事、开展红色主题文艺演出等方式，可以让学生深入了解革命历史，传承红色基因，培养爱国主义情感和民族自豪感。同时，学校还鼓励学生参与校园文化建设，如创办学生社团、举办文化活动等，丰富校园文化生活，提升学生的综合素质。

（4）营造积极舆论环境。在新媒体时代，网络新媒体既为思想政治教育提供了新的平台，也带来了挑战。高校应充分利用好网络新媒体这把双刃剑，收集经典案例和社会舆情关注热点，如救灾英雄事迹、科技创新成果等，通过校园官方网站、微信公众号、微博等平台进行宣传，弘扬正能量。同时，敢于揭露错误言论，对消极思想和谣言进行批判，营造积极的舆论环境。从传播学的角度，设置热门话题讨论、线上互动活动等方式，能突破大学生的“信息茧房”，及时把握正确的价值取向和积极健康的意识形态，强化思政教育的感染力。例如，某高校在微信公众号上开设“热点话题讨论”专栏，针对社会热点问题和学生关心的话题，引导学生发表自己的观点和看法，促进学生之间的思想交流和碰撞。同时，学校还邀请专家学者对热点问题进行解读和分析，引导学生树立正确的价值观和世界观。

积极心理学视域下的大学生思想政治教育纾困之道，是一条融合新理念、新方法与新环境的创新之路。通过以人本理念为核心塑造学生积极心理品质，以常态化谈心谈话为手段深入了解学生需求，以良好教育环境为依托实现沉浸式教育，能够有效破解当前大学生思想政治教育面临的困境，提升思想政治教育的实效性和针对性。在未来的教育实践中，高校应进一步加强积极心理学与思想政治教育的融合，不断探索创新教育模式和方法，关注学生的心理健康和全面发展，为培养德智体美劳全面发展的社会主义建设者和接班人奠定坚实基础。同时，教育者也应不断提升自身的专业素养和能力水平，掌握积极心理学的理论和方法，更好地适应新时代大学生思想政治教育的要求。

第六节　积极心理学视域下大学生思想政治教育纾困对策

在新时代背景下，大学生思想政治教育面临着全新的挑战与机遇。当代大学生成长于信息快速传播、社会多元发展的环境，其思想观念、价值取向和行为方式呈现出多样化的特点。积极心理学作为心理学领域的新兴分支，聚焦于个体的积极心理品质、正向情绪以及幸福体验的研究，为大学生思想政治教育提供了创新的思路与方法。将积极心理学融入思想政治教育，有助于化解当前思政教育面临的困境，提升教育的实效性，促进大学生身心健康与全面发展。

一、善用“性格优势”，深度挖掘培育学生积极人格品质

性格优势是个体基于独特思维模式、内心情感以及外在行为所展现出的积极向上的个性特质。从心理学层面而言，每个人自出生便具备独一无二的优点与美德，这些性格优势宛如隐藏在内心深处的璀璨明珠，等待着被发掘与绽放光芒。相较于单纯弥补自身弱点，充分发挥这些优势对于个人的成长路径和发展高度起着更为关键的作用。著名心理学家塞利格曼通过大量的实证研究与实践经验指出，个体若能在日常生活的细微之处巧妙运用自身固有的性格优势，比如拥有同理心的人在人际交往中能够敏锐感知他人的情绪，给予恰当的回应与帮助，不仅能收获真挚的友谊，还能在这一过程中深刻体会到自己对他人和社会的价值，从而显著增强自身的社会融入感，提升人生的意义感与幸福指数。

在思想政治教育的广阔领域，巧妙借助学生的性格优势开展富有内涵的教学活动，如同为学生打开了一扇通往积极情绪体验的大门。以“发现更好的自己”团体辅导活动为例，活动组织者可借助专业的心理测试工具，引导学生进行自我探索，随后组织小组讨论，鼓励学生分享自己的经历与感悟，最后安排个人分享环节，让学生深入剖析自我。在交流与反思的过程中，学生能够逐渐精准定位自身的个性闪光点，或许是卓越的组织协调能力，或许是坚韧不拔的毅力。当学生清晰认识到自身优势后，以此为基础，他们的自信心将得到极大提升，内心会逐渐培育出积极乐观的情绪。这种积极情绪就像强大的引力场，吸引周围的人主动与其交往，进而推动人际交往关系朝着和谐、融洽的方向发展，全方位提升学生在生活与学习中的幸福感。相关调查数据显示，参与此类团体辅导活动的学生，在活动结束后的一个月内，对自身生活和学习的满意度平均提升了20%。

此外，思想政治教育工作者可以结合思政课程的教学目标，精心设计“个性优势问卷”以及“天生我才”等团体练习活动。“个性优势问卷”可涵盖创造力、领导力、善良、毅力等多个维度，通过科学严谨的量表设计，让学生对自己的优势有一个量化且全面的认识。而“天生我才”活动则鼓励学生在团队中大胆展示自己的特长，无论是绘画、音乐、演讲还是其他才艺。在这些活动中，学生能够全面、深入地认识自我，清晰把握自身的长处与不足。当学生认识到自身不足后，教师可引导学生共同探讨改进的有效方法，比如针对沟通能力较弱的学生，组织模拟谈判、小组辩论

等活动，锻炼他们的沟通技巧与表达能力。在这个循序渐进的成长过程中，学生每一次小小的进步都能转化为实实在在的成就感，促使他们逐步养成积极向上的情绪，树立起坚定不移的信心。

积极心理学的教育理念倡导在思政教学中营造愉悦、积极的课堂氛围，将学生的个体需求与国家发展的战略需求紧密结合。在当今时代，国家迫切需要创新型、担当型的高素质人才，而学生也渴望实现自身价值、追求个人成长与发展。思政教学应成为连接两者的重要桥梁，着重培育学生的优势，为学生提供充分发挥自身优势的广阔平台。在教学设计环节，充分考量学生的认知特点与兴趣偏好尤为重要。不同年龄段、不同专业的学生，其认知水平和兴趣点存在显著差异。理工科学生通常对逻辑推理、科技创新相关的内容更感兴趣，而文科学生则对人文历史、社会现象的讨论更具热情。教师通过引导学生探寻“性格优势”，能够有效激发学生的内在潜能，促使学生全面、客观地认识自我。只有成功营造出良好的教育教学氛围，学生才会真正热爱思政课程，从中汲取丰富的知识与精神滋养。因此，思政课教师要善于在充满人文关怀的思政课堂中，运用生动活泼、通俗易懂的语言将“理论精髓”呈现给学生。毕竟，兴趣是学习的核心驱动力，教师有责任创造条件，引导学生发现并发展自身的兴趣爱好，让学生在实践活动中真切感受到投入的充实、收获的喜悦与乐趣的满足。优质的思政课应当传承中国特色社会主义的思想精髓，解答当代学生的思想困惑，激发每个学生的内心共鸣，促使学生积极行动起来，帮助学生深刻认识自我、深刻认识国家，以习近平新时代中国特色社会主义思想为指引，实现铸魂育人的教育目标。

二、运用发展性思维，持续强化学生的积极情绪体验

教育者应秉持发展性思维，充分尊重学生的个性差异，善于捕捉学生身上的闪光点，及时、恰当地给予学生鼓励与支持，引导学生成长为懂得感恩、善于表达感恩之情的人。哲学家西塞罗曾说：“感恩不但是一切美德中最伟大的，而且是其他美德存在的基础。”从心理学角度分析，感恩等积极情绪体验能够拓展学生的思维边界，促使大脑分泌更多的内啡肽等神经递质，让个体处于一种愉悦、积极的状态。在这种状态下，个体更容易从积极、正面的视角看待他人的帮助与人际互动，从而在践行利他的亲社会行为过程中，促进人际关系的和谐发展。

在思政教学中，通过引导学生学习运用语言与非语言的方式表达感恩之情，有助于学生与他人、社会建立良好的情感联结，提升学生对人际关系的满意度，拉近人与人之间的距离。例如，组织“发生在我身上的三件好事”团体辅导活动，引导学生运用感恩回顾的方法，从日常生活的点滴中体悟感恩之情。在活动过程中，教师应要求学生梳理近期生活中令自己感到快乐、幸运、欣慰、充实或幸福的事件，这些事件不必惊天动地，哪怕是一个温暖的问候短信、朋友的一个善意微笑、家人的一次贴心关怀等微小瞬间，都能成为感恩的源泉。有的学生可能会回忆起在自己生病时，室友帮忙买药、带饭的温暖场景；有的学生可能会想起老师在自己迷茫时，给予的一次耐心指导与鼓励。当学生将这些点滴的美好记录下来并分享时，他们内心的感恩之情会被不断放大。又如，开展写一封感激自己或感谢他人的信的团体辅导活动，引导学生回顾自己的成长历程，反思通过自身努力取得的成绩，从而生发出对自己的感激之情；同时，回忆在自己迷茫困惑时给予帮助的人，激发对他人的感恩之心，一封饱含深情的感恩信能够有效实现情感回报与自我提升的目标。据调查，参与写信活动的学生中，有80%的人表示在写信后对自己和他人的关系有了更深刻的认识，自身的幸福感也有所提升。此外，组织提升感恩之情的实操活动，让学生在规定时间内探索具有可操作性和实效性的感恩方法，比如制作感恩卡片、为他人做一件力所能及的小事、为父母做一顿晚餐等。通过团体辅导活动，促使学生掌握表达感恩之情的技巧，增进学生与同学、教师之间的情感交流，提升学生的幸福感。以感恩为切入点，进一步激发学生的好奇心、勇气等个体优势，让学生更加珍惜当下生活，热爱学习。

教师通过创设充满积极情绪的教学环境，能够让学生获得更多愉悦的情感体验，使学生的思维更加灵活、开放，从而能够主动应对学习中遇到的困难与挑战，探索出更为有效的问题解决方法。在开展各类积极心理学团体辅导活动时，教师需具备足够的耐心、细心与热心，坚信学生的成长潜力，积极推动学生的进步，借助多样化的教育手段培育学生的积极人格品质。鼓励学生积极参与课堂活动，在学生擅长的领域持续突破，取得成就，不断强化学生的积极情绪体验，激发学生的潜在能力与素养，提升思政课堂中师生双方的幸福感与成就感。比如，对于擅长写作的学生，教师可以鼓励他们参加征文比赛、文学创作社团；对于有艺术天赋的学生，组织校园文化艺术节、艺术展览等活动，让他们展示自己的作品。当学生在自己擅长的领域取得成绩时，他们的自信心会得到极大增强，对思政课的参与度和喜爱度也会随之提高。

三、探寻人生价值和意义，大力加强学生积极人生建设

意义感是推动人类社会进步的核心内驱力，然而，当代大学生中出现的“空心病”“躺平”等心理现象，本质上源于人生意义感的缺失。在信息爆炸的时代，大学生面临着前所未有的诱惑和挑战，海量的信息、多元的价值观以及激烈的竞争，容易使他们在纷繁复杂的世界中迷失方向，找不到自己存在的价值和意义。思政课作为当代大学生探寻人生意义的关键阵地，承担着通过系统的世界观、人生观、价值观教育，引导学生构筑富有意义的生命底蕴，坚定理想信念，将个人理想与社会理想有机融合，在共筑中国梦的伟大征程中实现个人人生理想的重要使命。

教师应指导学生深入理解意义与实践的内在联系，将抽象宏大的人生意义哲学命题与人类的日常生活、学习行为紧密结合，探寻切实可行的目标，迈出行动的第一步。例如，开展“希望四分格”团体辅导活动，引导学生展望未来，确立人生理想，树立合理目标；教导学生运用希望思维，聚焦具体问题，将人生目标细化分解，形成清晰的行动路径与方案设计，坚定信念，充分利用信息资源，逐步实现预期目标。在这个活动中，学生可以将自己的人生目标分为短期（1~2 年）、中期（3~5 年）和长期（5 年以上），然后针对每个阶段的目标，制订详细的行动计划，如学习计划、社会实践计划、职业规划等。又如，组织以“十年后的我”为主题的绘画团体辅导活动，让学生以直观、感性的方式思考并明确自己的人生目标，反思自身在学习与生活中的优势与局限，总结在目标追寻、管理与实现过程中的经验教训，进而调整策略、目标与方案，重新规划人生蓝图与个人资源配置，满怀信心地迎接挑战，铸就辉煌人生。有的学生可能在绘画过程中，发现自己对未来职业的向往，从而调整自己的学习方向，选择相关的专业课程或参加实习实践；有的学生可能意识到自己在时间管理方面的不足，进而改进自己的学习方法，制订合理的学习计划，提高学习效率。

无论是学习还是生活，都不可能一帆风顺，然而，当个体勇敢地迎接挑战时，生命便被赋予了独特的意义。在学生追寻人生意义的过程中，不仅需要在一次次成功实践中确立自身的存在感与成就感，还需要良好的人际关系、积极的教育环境以及坚定的信念教育作为持续动力。因此，一方

面，高校要始终坚持育人为本的教育理念，全面贯彻“三全育人”方针，积极推进家庭教育与校园文化建设，充分挖掘社会资源的教育价值，为学生营造良好的外部环境与发展空间。家庭教育中，父母可以通过言传身教，传递正确的价值观和人生态度，培养孩子的责任感、诚信意识和社会公德。校园文化建设中，高校可以举办各类主题讲座、社团活动、学术竞赛等，丰富学生的课余生活，培养学生的兴趣爱好和团队合作精神。另一方面，政府要强化理想信念教育与社会主义核心价值观教育，净化网络环境，营造积极向上的社会舆论氛围，培育德智体美劳全面发展的社会主义建设者和接班人。在网络环境中，政府要加强对不良信息的监管，通过技术手段和教育引导，帮助学生正确看待网络信息，提高信息辨别能力，避免受到负面思想的影响。

通过开展探索人生意义的团体辅导活动，有助于培养学生的责任担当意识，帮助学生明确生命中需要坚守的方向，珍惜当下的幸福生活，感受生命中的美好瞬间，不断完善内心世界，通过个人的不懈努力构建积极向上的人生。在这些活动中，学生可以通过角色扮演、案例分析等方式，体验不同的人生角色和情景，从而更好地理解责任的含义，增强自己的责任担当意识。例如，在角色扮演活动中，学生可以模拟不同职业的工作场景，如医生、教师、警察等，体会这些职业所肩负的责任与使命；在案例分析中，学生可以分析社会热点事件，探讨其中涉及的道德、法律和社会责任问题，培养自己的批判性思维和社会责任感。

综上所述，积极心理学作为一种专注于构建积极情绪、积极心态与积极人生的学术理念和理论工具，具有重要的理论价值与实践价值。在人文关怀以及培养中国特色社会主义建设者和接班人方面，积极心理学与当前思政课教育存在诸多契合点。本书正视思政课教育中存在的客观问题，以积极心理学系统理论为依据，立足学生发展需求与社会需要，通过开展积极心理团体辅导活动，充分挖掘学生的优势品格，让学生体验积极情绪，探究人生的积极意义。在具体实践过程中，通过精心设计切实可行的方案，以潜移默化的方式融入思政课教学，运用学生易于接受、理解的语言，深入浅出地传播真理、理想与信念，增强思政课教学的实效性，可以使思政课成为深入人心、触动心灵、内化思想信仰、指导实际行动的优质课程，最终实现高校立德树人的根本任务，促进大学生自由而全面地发展。在大学生思政教育中融入积极心理学理念意义重大。深度挖掘学生的内在潜力与积极品质，充分调动学生的积极性，遵循“因事而化、因时而进、因势而新”的原则，不断增强思想政治教育的活力，不仅有助于高校思想政治教育的创新发展，实现学生的全面发展，提升思想政治教育的育人效果，更能有力推动立德树人根本任务的实现。通过引入积极心理学的方法和理念，思想政治教育可以更好地适应时代的发展和学生的需求，培养出更多具有积极心态、创新精神和社会责任感的优秀人才，为国家的繁荣富强贡献力量。未来，我们应进一步深入研究积极心理学在思政教育中的应用，不断探索创新教育模式和方法，为大学生的成长成才提供更有力的支持与保障。

第二章　校本资源的思政育人价值与育人路径

高校思想政治教育校本资源是指在高校思想政治教育过程中，教育者基于本校实际，所开发与运用的彰显学校个性特色、实现思想政治教育根本任务的校内和校外要素的总和，是高校落实立德树人目标的重要保障。本书分析了高校思想政治教育校本资源的特征及分类，梳理了校本资源开发与运用的含义、特征及逻辑关系，阐述了高校思想政治教育校本资源开发与运用的价值功能和基本原则。针对高校思想政治教育校本资源开发与运用中存在的主要问题，本书从多个维度提出加强和推进校本资源开发与运用的对策建议。

高校思想政治教育校本资源在落实立德树人根本任务、推进中国式教育现代化建设、助力践行社会主义核心价值观等方面发挥着积极作用，但也存在着人力校本资源稳定性降低、物质环境资源缺乏整体性规划、育人机制不够健全、传统文化和时代精神挖掘不深、手段资源革新有待增强等不足。针对存在的不足，本书提出要本着与时俱进、协同创新和特色发展等基本原则，加强和推进高校思想政治教育校本资源的开发与运用。

在高校思想政治教育校本资源的开发与运用中，要充分发挥本校特色物质校本资源，校史、校训、校风等精神校本资源，管理规制等制度校本资源，教师、管理者、服务者等人力校本资源的作用；坚持将中华优秀传统文化、中国化时代化的马克思主义、常态化制度化理想信念教育、时代精神融入其中，注重思政学科和本校特色学科交叉融合；实现高校思想政治教育校本资源的有机联动，科学合理的开发与高效运用形成合力，通过高校内部、高校之间、高校与家庭及社会等资源联动，加大校本资源开发与运用的力度、延展开发与运用的深度、拓宽开发与运用的渠道，实现高校思想政治教育校本资源最优化。

第一节　高校思想政治教育校本资源的概念界定

深入洞悉高校思想政治教育校本资源的概念，全面且深入地研究其内涵、特征、功能和分类，对校本资源开发与运用研究的顺利开展意义重大。在高等教育的发展进程中，校本资源作为思想政治教育的独特构成，其重要性愈发凸显。从内涵来讲，校本资源涵盖物质、精神、制度和人力等多维度要素；特征上，具有历史传承性，承载着学校的发展记忆，又有复杂多样性，涵盖多元资源类型；在功能方面，校本资源能助力落实立德树人根本任务，厚植学生爱国情怀、提升师生思想道德修养，还能为中国式教育现代化建设提供人才与精神支撑；分类上，校本资源可划分为人力、物质、制度和精神层面校本资源。透彻理解这些内容，能够为后续开发与运用研究提供坚实的理论支撑，指引实践方向，促进资源的优化配置与高效利用。

一、资源

在高校思想政治教育校本资源的深度研究中，“资源”概念的精准辨析是一切研究的基石。这一概念发轫于经济学领域，其内涵的准确界定，对高校思想政治教育校本资源的科学定义起着关键的作用。

从学术经典的释义切入，《辞海》对“资源”的阐释为学界提供了重要的研究参考。一方面，《辞海》将资源定义为资财的源头，在常规认知中，主要指天然形成的财源，这类财源涵盖了自然界中以原始形态存在，可被人类开发利用以获取经济价值的各类物质，诸如山川、河流、森林、矿产等自然禀赋。另一方面，《辞海》又把资源视为特定区域内物力、财力、人力等物质要素的总和。然而，必须明确的是，《辞海》对资源中自然资源和社会资源的这种界定，尚停留在一般性认知与狭义概念的范畴。从学术深度剖析，其局限性在于未能充分涵盖资源的多元属性与复杂内涵。

恩格斯对资源的定义则从哲学和经济学的交叉视角，深刻揭示了资源的本质。他指出“劳动和自然界在一起它才是一切财富的源泉，自然界为劳动提供材料，劳动把材料转变为财富”。这一论断突破了传统认知的局限，明确资源不仅包含具有实体形态的物质要素，还涵盖了无形的非物质要素。从广义的学术维度审视，资源是一个综合性概念，它囊括了自然资源以及因人类活动介入而产生经济价值的各类来源。在学术语境下，要准确理解资源，资源的利用主体和效用性这两个核心要素是无法绕过的关键。资源利用主体涉及资源开发利用的实施者，其知识储备、技术能力、价值取向等因素，直接影响资源开发利用的方向与成效；效用性则关乎资源满足人类需求、创造价值的实际效能，包括直接的经济价值、间接的社会价值以及潜在的文化价值等。二者共同构成资源的本质特征，缺一不可。任何脱离这两种特性的物质或非物质要素，都难以在学术意义上被界定为资源。

基于此，在严谨的学术框架下，资源可被定义为：在特定的社会历史条件下，能够契合人类需求、可被人类运用科学技术与劳动实践进行开发利用，并在社会的政治、经济、文化等多元活动中，通过人类的创造性劳动实现价值转化与财富创造的各种要素的总和。

在明确资源含义的基础上，对其形态和类别的学术研究同样不可或缺。从资源形态学的专业视角分析，资源形态主要划分为自然资源与社会资源。自然资源是在漫长的自然演化进程中形成的，以客观存在的有形物质形态呈现，如广袤无垠的土地资源、深埋地下的矿产资源、蓬勃生长的森林资源等，它们是地球自然生态系统的重要组成部分，具有原生性、稀缺性等特点。社会资源则是在人类社会的发展变迁过程中产生的，它映射出人与人之间复杂的社会关系与利益格局，像经济领域的资本资源、文化领域的知识资源、制度层面的规则资源等都归属于这一范畴，社会资源具有社会性、动态性等特征。资源类别丰富多样，每一种类别都有独特且具体的存在形式，它们在社会经济文化活动中发挥着各自不可替代的作用。以地球资源为例，资源形态和种类之间呈现出清晰且严谨的种属关系，见表 1-1。这种基于专业理论与实证研究的系统梳理，不仅构建了一个完整的资源认知体系，更为后续深入研究高校思想政治教育校本资源奠定了坚实的理论与实践基础，使我们能够从资源的本质属性出发，探索其在高校思想政治教育领域的独特价值与应用路径。

表 1-1　资源形态和种类

名称	资源形态	资源种类
资源	自然资源	土地、矿藏、气候、水利、生物、森林、海洋、太阳能等
	社会资源	经济、人力、文化、制度、政治、信息、教育、精神等

二、校本资源

在教育资源研究的学术语境中，课程资源作为核心概念，自诞生以来便引发学界广泛且深入的研讨。美国知名教育学家拉尔夫·泰勒于 1985 年率先提出课程资源概念，他指出，课程资源是在确立课程目标、遴选和组织教学活动、拟定评估方案时可资利用的各类资源。这一开创性定义，为后续课程资源研究奠定了坚实基础，成为学界探索的重要基石。

张华在《课程与教学论》中，基于对课程资源概念的深度洞察，从理论层面剖析出课程资源的广义与狭义之分。广义的课程资源涵盖一切有利于达成课程目标的要素，既包括学校内部的教学设施、师资力量、课程设置等有形资源，也涵盖学校所处的社会文化环境、社区资源以及校园文化氛围等无形资源。狭义的课程资源则聚焦直接构成课程内容的要素来源，如教材文本、教学辅助材料以及各类教学设备等。吴刚平在《课程资源的开发与利用》一文中，从课程实施的实践视角，将课程资源细分为素材性资源和条件性资源。素材性资源作为课程内容的核心构成，涵盖知识体系、技能技巧、实践经验、多样化活动方式与方法、情感态度和价值观以及明确的培养目标等关键要素；条件性资源则为课程的顺利实施提供必要保障，涉及人力、物力、财力等物质层面支持，以及时间、场地、媒体、设备、设施等硬件条件，还包括对课程本质的认知水平等软性因素。《义务教育道德与法治课程标准（2022 年版）》从国家教育政策的高度，明确课程资源是提升教学质量、增强教学效果的重要支撑，具体涵盖图书、音像资料、数字化资源以及源自现实生活的鲜活案例等，为义务教育阶段课程资源建设提供了清晰的实践指引，也规范了课程资源在教学实践中的应用。

在校本资源研究领域，精准区分校本资源与校本课程是深入探究的前提。校本课程，又称学校课程。崔允漷在《校本课程开发：理论与实践》

中提出，这是学校教师基于当地自然与人文环境、学校办学定位与特色、现有师资队伍结构以及学生个性化发展需求，自主进行开发、实施与评价的课程形式。徐玉珍在《校本课程开发：概念解读》中进一步指出，校本课程开发旨在满足本校学生全面培养需求以及地方经济社会发展实际需要，在校本课程体系设计与架构时，强调紧密结合行业企业发展动态与需求，注重校企深度合作，确保课程内容的实用性与前瞻性，助力学生更好地适应未来职业发展与社会生活。关于校本资源的定义，学界观点多元。李方在《课程与教学论》中提出，校本资源是为满足本校师生教学需求，由本校师生共同参与建设和维护的本土化教育教学资源库，涵盖学校长期教学实践中积累的各类教学素材、教学案例、教学方法以及教学评价工具等，具有鲜明的本校特色与地域文化特征。王守纪在《高校校本资源开发与利用研究》中则从宏观视角阐述校本资源内涵，认为校本资源不仅包含高校在长期发展历程中积淀形成的办学理念、办学特色、深厚文化底蕴以及独特办学传统等精神层面资源，还包括高校在人才培养、科学研究、社会服务和文化传承等方面的突出贡献，以及学校在社会公众心目中树立的良好社会形象。这些不同视角的学术观点相互补充、相互印证，极大地丰富了校本资源的理论内涵，为深入开展校本资源研究与实践提供了广阔的学术视野与研究思路。

“校本”这一概念，最初主要应用于中小学教育领域。校本的核心在于立足本校实际，挖掘并利用本土资源，以此服务于课程的开发与运用，目的是让课程更贴合本校学生的特点与需求，提升教学的针对性与实效性。基于此，不少人简单地将校本资源等同于课程资源或者校本课程。本书所探讨的校本资源，有着截然不同的内涵。

本书中的校本资源，是以高校育人作为核心出发点，它源自高校在长期发展进程中，对物质、制度、精神以及人力等多层面资源的开发与运用。这些资源相互关联、相互作用，共同构成一个有机整体，助力高校落实立德树人根本任务，切实提升思想政治教育的实际成效。

从物质层面来看，校本资源涵盖了传统的课堂教学设施、丰富多样的课程教材等知识传播的基础载体。同时，校园内的建筑风格、景观布局等也包含其中，这些元素共同营造出独特的校园环境，对学生的审美与价值观产生潜移默化的影响。而现代化的教学设备、海量的图书资料以及数字化教学资源，更为教学提供了多元化的手段与丰富的素材。

从制度层面来看，高校制定的一系列规章制度，像学生日常行为规范、教师教学评价制度、教学管理流程等，均属于校本资源。完善且合理的制度体系，是保障教育教学活动有序开展的关键，为高校思想政治教育提供明确的规范与导向，确保立德树人根本任务在日常教学管理中得以实现。

从精神层面来看，校本资源蕴含着高校特有的文化精神，比如校训、校歌、校史，以及学校所倡导的价值理念。校训作为高校精神的高度凝练，时刻激励学生追求卓越；校史承载着学校的发展脉络与文化传承，是开展爱校荣校教育的生动教材。这些精神元素激发着学生的内在动力，增强他们的归属感与认同感。

从人力层面来看，校本资源不仅包括高校全体师生员工，还涵盖与高校发展紧密相关的社会各界人士。教师以其专业素养与人格魅力影响着学生的成长；学生之间的思想碰撞与交流互动，同样是宝贵的资源。此外，校友凭借自身经验为在校学生提供职业指导，企业界人士带来行业前沿信息，家长从家庭角度给予学生支持，本地的纪念馆、博物馆、展览馆、主题公园、社区街道等社会资源，也为高校思想政治教育提供了实践场所与教育素材。

总之，本书中的校本资源，贯穿高校全程、全方位的教育教学进程，包含校内与校外的各类资源。它如同源头活水，持续激发学生的学习热情、生活活力以及创新创业的积极性，推动高校学生在新征程中成长为德智体美劳全面发展的时代新人。

三、高校思想政治教育资源

在高等教育体系中，深入探究高校思想政治教育资源的内涵与分类，已然成为强化思想政治教育实效性、全面落实立德树人根本任务的核心关键。资源，作为一个宽泛而又复杂的概念，其含义、种类与形态在不同学科领域与研究视角下有着丰富的解读。通过对资源的多维度分析与梳理，综合考量哲学、社会学、教育学等学科对资源概念的阐释，以及系统归纳、深度总结学术界众多学者从多元视角、不同层面对高校思想政治教育资源所给出的定义，我们得以运用跨学科的研究方法，对高校思想政治教育资源的内涵进行更为清晰、精准且全面的定位。

高校思想政治教育资源，是指教育者在高校开展的各类教育活动中，为达成思想政治教育目标、切实落实立德树人根本任务，以丰富多样的方式进行开发与运用的，具备思想政治教育功能的一切要素和条件的有机总和。这一定义蕴含着丰富且具体的内涵，值得我们深入剖析。

第一，高校思想政治教育资源涵盖了有助于实现高校思想政治教育目的的各类要素，并且这些要素均具备可供开发与运用的价值及功能。从宏观层面来看，它包含了符合社会主义核心价值观的理论知识体系，这些理论知识体系是思想政治教育的核心内容，为学生提供了正确的价值导向和思想指引；从微观层面而言，它涉及具体的教学案例、实践活动方案等，这些要素能够将抽象的理论知识转化为生动的教育素材，使思想政治教育更具吸引力和感染力。这些要素共同构成了构建思想政治教育体系、推动教育活动顺利开展的重要基础。

第二，经由教育者科学合理的开发与运用，能够有效激活高校思想政治教育资源中潜藏的思想政治教育积极因素，从而对青年大学生的思想观念、价值取向和行为模式产生健康、积极向上的深远影响。在这一过程中，教育者自身的素养，包括思想政治觉悟、专业知识水平、丰富的教育教学经验、敏锐的认知能力等个人特质因素，会在很大程度上影响高校思想政治教育资源开发与运用的程度及效果。以思想政治觉悟高的教育者为例，他们能够深刻理解党的教育方针政策，将其巧妙地融入教学内容，引导学生树立正确的政治观念；而具有丰富教学经验的教育者，则能够根据学生的特点和需求，灵活运用各种教学方法，使教育资源得到更充分的利用。具备高素养、丰富经验和卓越认知能力的教育者，往往能够更高效地挖掘资源价值，为学生提供更优质的教育。

第三，作为客观存在的思想政治教育资源，不受时间和空间的限制，也不拘泥于特定的形态，它是能够被开发与运用的各种要素的总和。从时间维度来看，历史传承下来的文化资源，如古代的哲学思想、道德规范等，它们承载着中华民族的智慧和精神，为当代思想政治教育提供了深厚的文化底蕴；而当下社会发展中涌现的新兴资源，如正向的网络文化、流行文化等，这些资源反映了时代的特征和青年学生的兴趣点，能够使思想政治教育更贴近学生的生活。从空间维度而言，校园内的物质设施，如教学楼、图书馆等，它们不仅是教学活动的场所，还蕴含着学校的文化内涵；而校外的社会环境，如社会实践基地、社区文化中心等，它们都为学生提供了广阔的学习和实践空间。无论是有形的物质资源，还是无形的精神资源，都可能成为高校思想政治教育资源的重要组成部分。

基于不同的标准和领域，高校思想政治教育资源可以进行多样化的分类，每一种分类方式都从不同角度揭示了资源的特点和价值。

从思想政治教育资源的表现形态来看，高校思想政治教育资源可划分为以下几种：①意识形态资源，这类资源承载着特定的思想观念和价值体系，是思想政治教育的核心内容，例如马克思主义理论，它为高校思想政治教育提供了科学的世界观和方法论，引导学生正确认识世界和改造世界。②非智力资源，包括学生的情感、意志、兴趣等非智力因素，对学生的学习和成长有着重要影响，积极的情感体验能够激发学生的学习动力，坚定的意志品质有助于学生克服困难，浓厚的兴趣爱好能够使学生更主动地参与到思想政治教育活动中。③理念性资源，如教育理念、价值观念等，为思想政治教育提供理论指导，以人为本的教育理念，强调尊重学生的主体地位，关注学生的全面发展，能够使思想政治教育更具针对性和实效性。④信息技术资源，借助现代信息技术手段，如多媒体、网络平台等，丰富了思想政治教育的形式和内容，通过多媒体教学，能够将文字、图像、声音等多种元素融合在一起，使教学内容更加生动形象；利用网络平台，能够打破时间和空间的限制，实现教育资源的共享和交流。

依据高校学生的成长环境，高校思想政治教育资源可分为以下几种：①家庭教育资源。家庭作为学生成长的第一环境，父母的言传身教、家庭氛围等对学生的思想政治观念形成起着启蒙和奠基作用，一个充满民主、和谐氛围的家庭，能够培养学生的独立思考能力和社会责任感。②学校教育资源。学校是思想政治教育的主阵地，包括课堂教学、校园文化活动、师资队伍等，优质的课堂教学能够系统地传授思想政治理论知识，丰富多彩的校园文化活动能够营造良好的育人氛围，高素质的师资队伍能够为学生提供专业的指导和引领。③社会教育资源。社会中的文化机构、社会组织、社会实践活动等，为学生提供了更广阔的学习和体验空间，学生参与社会实践活动，能够了解社会现实，增强社会责任感，提升自身的综合素质。

按照高校教育要素来划分，高校思想政治教育资源可分为以下几种：①主体资源。主体资源即教育者和受教育者，他们是思想政治教育活动的参与者和推动者。教育者的教育理念、教学方法和人格魅力，对学生的成长有着重要影响；受教育者的学习态度、兴趣爱好和个性特点，也决定了教育资源的利用效果。②客体资源。客体资源包括如思想政治教育的内容、方法、手段等。丰富的教学内容能够满足学生的知识需求，科学的教学方法能够提高教学效率，多样化的教学手段能够增强教学的吸引力。③环境资源。环境资源涵盖校园环境、社会环境等对思想政治教育产生影响的环境因素。优美的校园环境能够陶冶学生的情操，积极向上的社会环境能够为学生提供良好的榜样。④介体资源。介体资源指在思想政治教育过程中，连接主体与客体的各种媒介，如教材、教学设备等。优质的教材能够准确传达思想政治教育的内容，先进的教学设备能够为教学活动提供有力的支持。

从本源属性角度，高校思想政治教育资源可分为以下几种：①人力资源。人力资源包含教师、管理人员、学生等具有主观能动性的个体。教师是知识的传授者和思想的引导者，管理人员是教育活动的组织者和协调者，学生是教育的主体，他们的积极参与和互动能够推动思想政治教育的发展。②物质资源。物质资源包括教学设施、校园建筑等有形的物质载体。现代化的教学设施能够提高教学质量，富有文化内涵的校园建筑能够营造良好的育人氛围。③制度资源。制度资源包括学校的规章制度、管理体制等，规范着思想政治教育活动的开展。合理的规章制度能够保障教育活动的有序进行，科学的管理体制能够提高教育资源的利用效率。④精神资源。精神资源包括学校的文化传统、价值观念、道德规范等，为思想政治教育提供精神动力和价值引领。学校的校训、校歌等文化符号，能够激发学生的爱校情怀和集体荣誉感，引导学生树立正确的价值观念。

根据高校思想政治教育资源的空间分布，高校思想政治教育资源可划分为校内资源和校外资源。校内资源包括校内的教学资源、师资力量、校园文化等。丰富的教学资源能够满足学生的学习需求，优秀的师资力量能够为学生提供专业的指导，浓厚的校园文化能够熏陶学生的思想品质。校外资源包括社会实践基地、社会文化机构、家庭资源等。社会实践基地能够为学生提供实践机会，社会文化机构能够丰富学生的文化生活，家庭资源能够为学生提供情感支持和价值引导。

通过以上分类方式，我们可以清晰地认识到，高校思想政治教育校本资源实际上就是高校思想政治教育资源的具体化、特色化呈现。它紧密结合高校自身的办学特色、历史文化传统以及所处的社会环境，对各类思想政治教育资源进行整合与优化，形成具有本校独特风格和优势的资源体系。例如，具有红色文化传统的高校，可以充分挖掘校史中的红色资源，开展红色文化教育活动，打造具有本校特色的思想政治教育品牌；地处文化底蕴深厚地区的高校，可以利用当地的文化资源，如历史遗迹、民俗文化等，丰富思想政治教育的内容和形式。这些校本资源能够更好地满足本校学生的学习需求，提高思想政治教育的针对性和实效性，为高校思想政治教育的高质量发展提供有力支撑。

四、高校思想政治教育校本资源

在高校思想政治教育的实践中，高校思想政治教育校本资源的重要性日益凸显，它是推动思政教育高质量发展、实现育人目标的关键力量。其内涵指的是在高校开展思想政治教育的全过程中，教育者紧密扎根本校实际情况，所开发与运用的一系列校内外要素的总和。这些要素不仅淋漓尽致地彰显出学校的独特个性与鲜明特色，更承载着实现思想政治教育根本任务的重要使命。深入剖析其内涵，具体表现在以下几个关键方面。

第一，高校思想政治教育校本资源始终锚定明确且坚定的出发点与落脚点，即全力以赴实现思想政治教育的目的，扎实有效地落实立德树人这一根本任务。这是校本资源的核心价值与存在意义，所有的资源开发与运用工作都紧紧围绕着培育德智体美劳全面发展的社会主义建设者和接班人这一宏伟目标。例如，某师范类高校深挖自身百年办学历史中的红色基因，将学校早期参与革命的校友事迹整理成册，开发成独具特色的校本教材。在思政课堂上，教师通过讲述这些校友为了教育事业和民族解放事业而不懈奋斗的故事，让学生深刻感受到教育的使命与担当，激发他们投身教育事业、为国家培养人才的热情，从而切实达成思想政治教育的育人目标。

第二，高校思想政治教育校本资源以本高校为基准点，教育者依据高校独特的办学定位以及特色发展方向，运用多样化的方式和手段，开发与运用具备丰富思想政治教育价值功能的各种要素。不同高校因学科优势、校园文化和人才培养目标的差异，校本资源的开发必须量体裁衣。以某理工科高校为例，学校凭借在航空航天领域的卓越科研成果与深厚技术积累，打造了一系列以“航天精神”为主题的思政教育活动。学校组织学生参观校内的航空航天实验室，邀请科研专家讲述研发过程中的艰辛与突破，让学生亲身体验科学家们勇于探索、追求卓越的精神品质。同时，教师将这些真实案例融入专业课程教学中，引导学生树立严谨的科学态度和创新精神，实现了专业教育与思政教育的有机融合。而一所文科类院校则依托自身在文学、历史等人文社科领域的深厚底蕴，定期举办“经典诵读”“历史文化讲座”等活动。学生在诵读经典文学作品的过程中，感悟传统文化的魅力，提升人文素养；在聆听历史文化讲座时，了解国家和民族的发展历程，增强民族自豪感和文化自信，从而在潜移默化中接受思想政治教育的价值引领。

第三，高校思想政治教育校本资源的范畴并不局限于高校自身的时空界限。只要是与学校存在紧密联系，并且能够助力实现思想政治教育目的的一切要素，都可被纳入校本资源的范畴。这意味着，不仅校内的教学设施、师资力量、课程教材等是校本资源，校外的社会实践基地、校友资源、社会文化机构等同样也能成为重要的组成部分。比如，某高校与当地的革命纪念馆建立长期合作关系，将其作为校外思想政治教育实践基地。学校定期组织学生前往纪念馆参观学习，邀请馆内的讲解员为学生讲述革命先辈的英勇事迹，让学生在真实的历史场景中感受革命精神的伟大力量。此外，学校还充分挖掘校友资源，邀请优秀校友回校举办成长分享会。校友们结合自身的创业经历、职业发展和人生感悟，与在校学生进行面对面的交流，激励师弟师妹树立远大理想，努力拼搏奋斗。

高校思想政治教育校本资源呈现出广泛而丰富的特点，各类资源紧密从高校实际出发，相互关联、相互作用，形成一种既相对统一又相对独立存在的系统，构建起一种处于动态调节和有序发展状态的关系结构。以“三全育人”理念为视角进行深入分析，更能凸显其价值与作用。

首先，从全员角度来看，高校思想政治教育校本资源是高校场域内外能够服务于思想政治教育任务或是目的的主体资源。这就对高校提出了严格要求，需要高校大力加强优质思想政治教育队伍的建设。一方面，通过定期组织思政课教师参加专业培训、学术研讨等活动，不断提升他们的教学水平和专业素养，使其能够深入浅出地讲解思想政治理论知识，引导学生树立正确的世界观、人生观和价值观。另一方面，注重培养全体教职工的育人意识和能力，开展教职工育人专题培训，让每一位教职工都认识到自己在学生思想政治教育中的重要责任，使他们在日常的教学、管理和服务工作中，都能成为思想政治教育的积极参与者和推动者。同时，广泛整合育人主体资源，充分调动学生、教师、管理人员、校友以及社会各界人士的积极性。例如，某高校成立了校友导师团，邀请不同行业的优秀校友担任在校学生的导师，为学生提供职业规划、学习方法等方面的指导。校友们以自己的亲身经历为蓝本，为师弟师妹答疑解惑，帮助师弟师妹更好地了解社会需求，明确自己的发展方向。此外，学校还积极组织学生参与社区志愿服务活动，与社区居民进行互动交流，让学生在服务社会的过程中，增强社会责任感和奉献精神

其次，从全程角度而言，高校思想政治教育校本资源必须能够循序渐进、持续不断地服务于学生从入学到毕业，以及今后人生规划和健全人格塑造的小循环至大闭环的动态过程，为学生思想政治教育提供全过程的资源支持。在学生入学初期，高校通过开展形式多样的入学教育活动，帮助学生尽快适应大学生活，明确学习目标。例如，某高校举办新生入学第一课，邀请学校领导、优秀教师和校友代表为新生讲述学校的历史文化、办学理念和人才培养目标，引导新生树立正确的学习态度和人生理想。在学习过程中，学校根据不同阶段的课程设置和学生的心理特点，有针对性地开展思想政治教育活动。在专业课程教学中，教师深入挖掘课程中的思政元素，将专业知识与思想政治教育有机融合。比如，在法学专业的课程教学中，教师通过讲解真实的法律案例，引导学生思考法律背后的公平正义、社会责任等问题，培养学生的法治观念和职业道德。在学生毕业阶段，学校加强就业指导和职业规划教育，引导学生树立正确的择业观和价值观。学校邀请企业人力资源专家举办就业讲座，分析当前就业形势和行业发展趋势，帮助学生了解市场需求，提升就业竞争力。同时，组织开展职业生涯规划大赛，鼓励学生结合自身兴趣和专业特长，制定合理的职业发展规划。此外，高校还要关注学生毕业后的发展，通过建立校友联系机制，为学生提供持续的思想政治教育和职业发展支持。例如，某高校定期举办校友论坛，邀请校友回校分享自己的职业发展经验和人生感悟，为在校学生提供借鉴和启示。同时，利用校友网络，为毕业生提供就业信息、创业指导等服务，帮助他们在人生道路上不断成长和进步。

最后，从全方位角度来说，高校思想政治校本资源借助丰富的教育内容、多样化的教育方式、新兴的数智媒体技术，助力学生在世界之变、时代之变、历史之变的大变局中淬炼新生。在教育内容方面，除了传统的思想政治理论知识，还紧密关注社会热点问题、国际形势变化等，引导学生运用马克思主义的立场、观点和方法分析问题、解决问题。例如，某高校

开设了时事热点分析课程，每周选取国内外的热点事件，组织学生进行讨论和分析。教师引导学生从不同角度思考问题，培养学生的批判性思维和全球视野。在教育方式上，综合运用课堂教学、实践教学、网络教学等多种方式，激发学生的学习兴趣和主动性。学校组织学生开展社会实践调研活动，让学生深入社会基层，了解民生百态，增强对社会的认识和责任感。同时，利用网络平台开展线上思政教育，开设思政课程网络直播、在线讨论区等，打破时间和空间的限制，让学生随时随地都能参与思想政治学习。在技术应用上，充分利用大数据、人工智能、虚拟现实等新兴数智媒体技术，创新思想政治教育的形式和手段。某高校利用虚拟现实技术打造了红色文化体验馆，学生通过佩戴 VR 设备，仿佛置身于革命历史场景中，亲身感受革命先辈的英勇斗争，使思想政治教育更加生动形象、贴近学生实际。学校通过全方位的资源整合与利用，可以培养学生的创新精神和实践能力，提高他们的综合素质，使他们能够更好地适应时代发展的要求，成为担当民族复兴大任的时代新人。

综上所述，高校思想政治教育校本资源凭借其独特的内涵、丰富的类型以及多元的整合运用方式，在高校育人体系中占据着举足轻重的地位。从内涵来看，它以本校实际为根基，紧密围绕立德树人根本任务，深度挖掘和整合校内外一切有助于思想政治教育的要素，无论是彰显学校特色的历史文化资源，还是契合时代发展的新兴技术资源，都成为滋养学生成长的养分。在全员育人方面，它凝聚了高校师生、校友以及社会各界的力量，构建起全方位的育人主体网络；在全程育人方面，它贯穿学生从入学到毕业乃至毕业后的人生发展全程，为学生提供持续且系统的教育支持；在全方位育人方面，它借助丰富的内容、多样的方式和先进的技术，让思想政治教育覆盖学生学习与生活的各个层面。这些校本资源相互交织、协同作用，形成了一个有机的整体，不仅增强了高校思想政治教育的针对性和实效性，更以润物细无声的方式，塑造着学生的价值观、人生观和世界观，培养他们的社会责任感、创新精神和实践能力。在未来，随着社会的不断发展和教育改革的持续推进，高校应进一步重视和挖掘校本资源的潜力，不断探索其创新应用的路径，使其在培养德智体美劳全面发展的社会主义建设者和接班人的伟大征程中，发挥更为强大且持久的作用，为高等教育事业的高质量发展注入源源不断的动力。

第二节　高校思想政治教育校本资源的特点

一、历史传承性

在人类文化的漫长演进过程中，教育作为一项有着明确目标导向和系统规划的育人实践活动，始终与文化传承、理论指导紧密相连。从古代的私塾教育到现代的多元化教育体系，文化的传承和理论的创新推动着教育的发展与变革。在高校思想政治教育体系中，马克思主义占据着核心地位，是其不可或缺的理论基石。

马克思主义诞生以来，在全球范围内产生了广泛而深刻的影响，其强大的生命力跨越了不同的历史时期。究其根本，就在于马克思主义与中华优秀传统文化的深度融合。中华优秀传统文化历经数千年的沉淀，是中华民族智慧的结晶，蕴含着丰富的哲学思想、道德观念和人文精神，是一座取之不尽的文化宝库。马克思主义要在当代社会持续发挥作用，就必须扎根本土文化，从中华优秀传统文化中汲取养分，才能展现出更强大的真理力量。正如习近平总书记强调的“坚持把马克思主义基本原理同中国具体实际相结合、同中华优秀传统文化相结合”，“两个结合”为马克思主义中国化时代化指明了方向。

高校思想政治教育校本资源的建设与发展，同样离不开中华优秀传统文化的有力支撑。中华优秀传统文化为高校思想政治教育注入了深厚的文化底蕴，是推动高校思想政治教育校本资源创新发展的源泉。儒家的“仁爱”思想，倡导人与人之间的关爱与和谐，有助于培养学生的社会责任感和道德素养；道家的“天人合一”理念，引导学生尊重自然、追求人与自然的和谐共生，树立正确的生态观；墨家的“兼爱非攻”理念，提倡无差别的爱与反对战争，有助于培养学生的和平意识和国际视野；法家的“以法治国”理念，强调制度和规则的重要性，培养学生的法治观念。这些思想精髓共同构成了中华优秀传统文化的核心价值体系，为高校思想政治教育提供了丰富的素材和深刻的启示。

将这些传统文化元素融入校本资源的开发与运用，能够丰富高校思想政治教育的内容体系，提升教育的吸引力和感染力。学校通过开展传统文化讲座、经典诵读、文化实践等活动，让学生在体验中感受传统文化的魅力，从而更好地理解和接受马克思主义理论，实现知识的内化和价值观的塑造。

马克思主义与中华优秀传统文化的结合，是一个具有深刻历史性和传承性的过程。思想政治教育资源是社会历史发展的产物，其内涵和形式随着时代的变迁而不断丰富和发展。校本资源作为高校思想政治教育资源的重要组成部分，不仅记录了学校在不同发展阶段的教育理念、教学实践和师生的奋斗历程，还传承着中华优秀传统文化的基因，成为连接历史与现实的文化桥梁。

新时代，深入挖掘和利用校本资源中的历史文化内涵，推动马克思主义与中华优秀传统文化的深度融合，对于创新高校思想政治教育模式、提高教育质量具有重要意义。这一融合过程有助于增强学生对民族文化的认同感和自豪感，引导学生在多元文化的交流与碰撞中，树立正确的世界观、人生观和价值观，培养具有坚定理想信念、高尚道德情操、强烈社会责任感和创新能力的新时代人才，为实现中华民族伟大复兴中国梦贡献力量。

二、复杂多样性

高校思想政治教育校本资源的复杂多样性，从根源上与思想政治教育资源的复杂特性紧密相连。不仅如此，二者之间千丝万缕的内在联系，以及发挥作用时所遵循的复杂内在规律，更是深刻影响和塑造了校本资源的复杂多样面貌。

从复杂性视角探究，高校思想政治教育校本资源的复杂程度，很大程度上由不断涌现的新兴思想政治教育资源，以及既有资源被挖掘出的全新功能与价值所决定。在科技日新月异的当下，人工智能、大数据、虚拟现实等新兴技术的迅猛发展，正以惊人的速度推动着社会全方位的转型。教育者和学生作为思想政治教育的核心主体，无可避免地受到多元社会新思潮的强烈冲击。这些新思潮涵盖了从全球化背景下的文化交融，到互联网时代信息爆炸所带来的价值观念碰撞，使得教育者和学生的思想观念、兴趣爱好、行为习惯都发生了深刻的变革。

这种主体层面的动态变化，促使高校思想政治教育校本资源始终处于持续发展与演变的进程之中，不断实现自我更新与升级。以新兴技术在教育领域的深度应用为例，智能化教学平台借助人工智能算法，能够依据学生的学习行为和知识掌握情况，实现个性化的学习路径规划与精准内容推送。这不仅极大地丰富了教学手段，还为思想政治教育带来了全新的交互体验与价值实现方式，让教育过程更具针对性和实效性。同时，传统思想政治教育资源也在新时代背景下被赋予了新的教育价值。例如，经典理论著作通过数字化解读与多媒体呈现，能够以更生动、易懂的方式传递给学生；历史文化遗迹结合虚拟现实技术，让学生足不出校便能身临其境感受历史的厚重与文化的魅力，为校本资源的复杂性增添了新的维度。

思想政治教育资源本身具备的丰富性和广泛性，是决定高校思想政治教育校本资源多样性的关键因素。这些校本资源的存在形式丰富多样，依据不同的分类标准，可划分出多种细致的类型。

以空间分布为依据，可分为校内校本资源，如校园内的教学楼、图书馆所蕴含的隐性教育资源，以及日常教学活动、校园文化节等显性教育资源；校际校本资源则是通过校际合作、学术交流等活动所共享和产生的资源，能让学生接触到不同高校的学术氛围与教育理念；能够服务于高校思想政治教育的社会资源，涵盖了博物馆、企业、社区等校外机构所提供的实践基地、专家讲座等资源，拓宽了思想政治教育的边界。

从存在形态来看，物质校本资源包含校园建筑、教学设施等承载思想政治教育元素的实体，它们的设计理念、布局风格都能潜移默化地影响学生的价值观；精神校本资源则体现在校训、校歌、校园文化氛围所蕴含的价值观念和精神内涵中，这些无形的精神力量激励着学生追求卓越、树立正确的人生观；制度校本资源是学校制定的一系列与思想政治教育相关的规章制度，从学生行为规范到教师教学准则，为思想政治教育提供了制度保障；人力校本资源涵盖教师、学生、管理人员等参与思想政治教育活动的主体，他们各自的角色和作用相互补充，共同推动教育活动的开展。

此外，按照作用方式、时间阶段以及现实情况等标准，高校思想政治校本资源还能进一步细分。这些纷繁复杂的高校思想政治教育校本资源，并非孤立存在，也不受限于有限的时空范畴。它们之间存在着相互替代、相互支持、相互融合以及相互补充的紧密关系。在开展思想政治教育实践活动时，物质校本资源提供场地和设施支持，精神校本资源赋予活动文化内涵和价值导向，人力校本资源负责活动的组织与参与，制度校本资源则保障活动的规范有序进行，多种资源协同配合，共同推动活动的顺利开展，充分彰显了不同校本资源之间的协同效应。

深入理解高校思想政治教育校本资源的复杂多样性及其内在关联，对于优化校本资源的开发与利用，提升高校思想政治教育的实效性具有不可估量的重要意义。这不仅有助于教育者更好地整合资源，因材施教，满足学生多元化的学习需求，还能让思想政治教育在不断变化的社会环境中保持活力，为培养德智体美劳全面发展的社会主义建设者和接班人奠定坚实基础。

三、开放共享性

在高等教育改革与发展的时代浪潮中，高校思想政治教育校本资源共享成为一个亟待深入探讨的关键议题。

从教育哲学的视角来看，资源共享是教育公平与效率原则的生动体现。教育公平要求每一位学生都能平等地获取优质教育资源，而效率原则则强调资源的合理配置与高效利用。高校思想政治教育校本资源共享，正是在这两大原则的指引下，试图构建一个更加完善的教育生态。其内涵丰富而深刻，涵盖主体广泛，各类高校、社会组织乃至个体，都被纳入这一资源共享体系。

从社会学的社会互动理论出发，这种共享体系促进了不同主体之间的交流与合作。高校与高校之间、高校与社会组织之间的互动，能够产生新的知识和思想，推动高校思想政治教育的创新发展。无论是顶尖学府还是地方院校，都可以通过直接参与资源共建，或是间接使用共享成果，充分享有并合理运用思想政治教育资源所衍生的成果，这有助于缩小不同高校之间的教育差距，实现教育机会的相对均等。

从教育经济学的成本效益理论分析，高校思想政治教育校本资源共享的核心目标极具价值。以最低的资源投入成本，实现校本资源价值的最大化，这是一种追求高效教育产出的理性选择。在教育资源有限的情况下，重复建设不仅造成资源的浪费，还会降低资源的利用效率。通过共享，高校可以将节省下来的资金和精力投入到更具创新性和针对性的教育活动中。例如，开发新的实践教学项目，引入前沿的教育技术，这些都有助于提升思想政治教育的质量，最终切实达成高校育人的根本目的，培养出具有正确价值观、高尚道德情操和强烈社会责任感的高素质人才。

高校思想政治教育校本资源所涉及的领域在不断拓展。传统的课堂教学、课程体系构建以及课本知识传授，作为思想政治教育的主阵地与主渠道，有着深厚的理论根基。从教学论的角度看，课堂教学是知识传递的重要场所，教师通过精心设计的教学活动，如讲解、讨论、案例分析等，将思想政治理论知识传递给学生。课程体系的构建则遵循教育心理学中的认知发展理论，从基础理论课程到专业思政课程，逐步引导学生树立正确的思想观念，符合学生的认知发展规律。课本是经过专家学者反复论证和编写的，它依据知识的逻辑性和系统性，为学生提供了系统的学习资料。随着时代的发展，这一领域突破了时空限制，向更为多元、全面且系统的资源范畴延伸。在数字赋能、经济全球化的时代背景下，社会的开放性使得各种社会思潮相互交流、融合与碰撞。从传播学的角度来看，互联网的普及让信息传播呈现出即时性和广泛性的特点，学生们能够轻松接触到来自世界各地的思想和文化。在这样的环境中，人们的思想观念与价值判断逐渐展现出理性包容、自信自强的特质。高校思想政治教育必须与时俱进，利用数字化资源，如在线课程、虚拟仿真实验等。这不仅符合教育技术学中关于技术促进教育变革的理论，还能打破传统课堂的时空限制，为学生提供更加丰富的学习体验，满足学生多样化的学习需求。新时代，思想政治教育不能故步自封，而应秉持开放包容、兼收并蓄的态度。从文化学的文化交流与融合理论来看，不同文化之间的交流与融合能够促进文化的创新与发展。思想政治教育资源也应如此，我们在开发与运用高校思想政治教育校本资源时，要以极具前瞻性和开放性的视野，大力推动高校之间、高校内部各部门之间以及高校与社会各界之间的多层次、多领域、全方位的深度合作。

高校之间的合作有着坚实的理论基础。从协同创新理论的角度出发，共建共享课程资源库、联合开展前沿学术研究项目以及协同组织教学实践活动等方式，能够实现不同高校之间的优势互补。共建共享课程资源库，整合了不同高校的优势学科和特色课程，符合资源整合理论，能够为学生提供更加丰富的课程选择。联合开展前沿学术研究项目时，面对复杂的社会问题和学术难题，不同高校的专家学者汇聚在一起，发挥各自的优势，共同攻克难题，这体现了团队合作理论在学术研究中的应用。协同组织教学实践活动时，不同高校的实践教学资源和经验相互交流，有助于提升学生的实践能力，符合实践教学理论中关于实践教学多元化的要求。以综合性大学与师范院校开展合作，共享教育类课程资源为例，这一合作模式符合教育互补理论。师范院校的学生汲取综合性大学多元学科的丰富养分，有助于拓宽他们的知识视野，提升文化素养；综合性大学的学生获取师范院校专业的教育教学方法指导，为今后从事教育相关工作打下坚实的基础，实现了不同类型高校之间的优势互补。

高校内部的合作同样至关重要。从系统论的角度来看，高校是一个复杂的系统，不同学科、不同部门之间相互关联、相互影响。积极整合不同学科、不同部门的资源，打破学科之间的壁垒，形成协同育人的强大合力，符合系统优化理论。将理工科实验室与思想政治教育有机结合，开展科技伦理教育，引导学生树立正确的科学价值观，这体现了学科交叉理论在思想政治教育中的应用。高校的学生工作部门和教学部门加强合作，将思想政治教育融入学生活动，同时根据学生的实际需求和思想状况，优化思想政治教育课程的内容和教学方法，符合全员育人、全程育人、全方位育人的教育理念。

高校与社会之间的合作也有着深刻的理论依据。从社会学习理论的角度来看，高校与企业、社区、文化机构等建立长期稳定的合作关系，引入丰富的社会资源，充实思想政治教育的内容，能够为学生提供更多的学习榜样和实践机会。邀请企业高管分享创业历程与企业文化，使学生深入了解社会责任感与职业道德，这是一种典型的社会学习方式。与社区合作开展志愿服务活动，学生们在实践中增强社会参与意识与奉献精神，同时社区也能从中受益，实现高校与社区的双赢，符合社会互动与合作理论。与文化机构合作，利用其文化资源开展思想政治教育活动，让学生在浓厚的文化氛围中接受思想的熏陶，符合文化育人的理论。

然而，在推进高校思想政治教育校本资源共享的过程中，也面临着一些挑战。不同高校之间的资源标准不一致，这涉及教育标准化理论中的统一标准与多样化发展的矛盾。高校内部各部门之间的利益协调问题，需要运用组织行为学中的激励理论和协调理论来解决。高校与社会合作时，保障合作的持续性和有效性，需要借鉴合作博弈理论，建立合理的合作机制。但只要我们积极应对，不断探索创新，运用相关理论指导实践，就一定能够克服这些困难，实现高校思想政治教育校本资源共享的良好发展，为培养德智体美劳全面发展的社会主义建设者和接班人做出更大的贡献。

四、时代创新性

在人类社会发展的历史长河中，每一个时代都具有其独一无二的特征。马克思曾指出，“一切划时代的体系的真正的内容都是由于产生这些体系的那个时期的需要而形成起来的”，这深刻揭示了时代需求对于理论体系构建和发展的决定性作用，体现了历史唯物主义中社会存在决定社会意识的基本原理。社会存在的变化必然推动社会意识的更新，高校思想政治教育校本资源作为社会意识在教育领域的具体体现，同样被深深烙上了鲜明的时代印记。从哲学辩证唯物主义认识论来讲，认识来源于实践并反作用于实践，高校思想政治教育校本资源源于当下国家重大需求、经济发展和科技前沿等实践，又服务于培养符合时代需求人才的实践。

当今时代，国际形势复杂多变，国内发展日新月异。从宏观经济学视角看，我国经济由高速增长阶段转向高质量发展阶段，产业结构不断优化升级，这对人才的创新能力、综合素质以及正确价值观的要求愈发凸显。在世界科技前沿，人工智能、大数据、生物技术等新兴科技迅猛发展；从科学技术哲学视角看，科技的进步不仅改变着人类的生产生活方式，也重塑着人们的思维模式和价值观念，这无疑对高校思想政治教育引导学生正确看待科技发展、树立科学精神提出了新的课题。

在此背景下，高校思想政治教育校本资源的开发与运用必须高瞻远瞩，站在时代和全局的战略高度。从系统论角度来说，社会是一个有机整体，高校思想政治教育作为其中的子系统，其校本资源的开发需要与国家战略、经济发展、科技进步等大系统相协调。一方面，高校思想政治教育校本资源的开发需要精准对接国家重大需求，如在国家实施乡村振兴战略中，高校通过整合校内优质思想政治教育资源，开设相关专题课程、实践项目等，依据教育生态学理论，构建校内教育与社会需求紧密相连的生态系统，使学生深刻理解国家战略的内涵与意义，激发他们为国家发展贡献力量的使命感。另一方面，高校思想政治教育校本资源的开发需要紧密结合经济发展和世界科技前沿，将最新的经济发展理念、科技创新成果融入思想政治教育内容，如教师运用跨学科理论，在讲解经济发展模式转变时，融入伦理学、社会学等多学科知识，引导学生思考其中蕴含的社会责任与价值追求；在介绍新兴科技成果时，探讨科技伦理、科技与人类命运共同体等议题，培养学生的全球视野和人文关怀。如此一来，高校输出的优秀教育资源才能真正满足时代需求，保障社会有机体在思想层面实现有序运行与良性循环发展，契合社会发展的动力机制理论，推动社会进步。

高校思想政治教育校本资源的创新引领在这一过程中起着关键作用，

是推动思想政治教育与时俱进、提升教育实效性的核心动力。在开发与运用思想政治教育校本资源的过程中，高校需全方位借助多种要素。

科技力量方面，现代信息技术的飞速发展为高校思想政治教育提供了前所未有的机遇。从教育技术学理论来看，技术是推动教育变革的重要力量。运用大数据技术，能够对学生在学习、生活、社交等多场景下产生的海量数据进行深度挖掘与分析。从学习分析理论来看，通过构建学生思想动态分析模型，精准把握学生的思想倾向、兴趣爱好以及存在的思想困惑，可以实现思想政治教育内容的个性化推送。例如，对于关注科技创新的学生群体，推送关于科技伦理、科学家精神等方面的教育资源；对于面临就业压力的学生，推送职业价值观、职业道德等相关内容。人工智能技术则可用于开发智能教学辅助系统，如智能答疑机器人、虚拟思政教师等，根据智能教育理论，为学生提供即时、精准的学习指导，可以极大提升教学效果。

人力智慧是校本资源创新的源泉。按照组织行为学理论，团队合作能够激发个体的创造力，实现 1+1>2 的效果。高校应充分汇聚校内外的专家学者、思政教育工作者以及学生群体的智慧。校内专家学者凭借深厚的学术造诣，能够为思想政治教育提供坚实的理论支撑，在课程开发、教材编写等方面发挥关键作用，这符合知识管理理论中知识创造与传播的原理。思政教育工作者则凭借丰富的实践经验，深入了解学生的思想实际和行为特点，为教育内容和教育方法的创新提供实践依据。同时，鼓励学生积极参与校本资源的建设，通过学生社团活动、社会实践调研等形式，收集学生的意见和建议，使教育资源更贴近学生需求，这体现了教育民主化理论中尊重学生主体地位的理念。例如，组织学生开展关于社会热点问题的调研，并将调研成果转化为思想政治教育案例，增强教育内容的真实性和吸引力。

物质基础是校本资源开发与运用的保障。根据经济学理论，教育投入是教育发展的必要条件，高校应该加大对思想政治教育资源建设的资金投入，完善教学设施，打造现代化的教学环境。建设功能齐全的思想政治教育实践基地，如红色文化教育基地、创新创业实践基地等，为学生提供实践锻炼的平台，符合实践教学理论中实践环境对人才培养的重要性原理。高校应购置先进的教学设备，如多媒体教学系统、虚拟现实设备等，丰富教学手段，提升教学的直观性和感染力。此外，高校还应加强校园文化建设，通过打造富有文化内涵的校园景观、文化活动等，营造浓厚的思想政治教育氛围，依据校园文化理论，发挥文化的隐性教育功能。

高校思想政治教育工作者应该具备敏锐的洞察力和时效性意识。根据教育心理学理论，个体的学习和认知在特定情景和时机下会产生更好的效果。高校应根据重大节日、纪念日以及社会热点事件，及时更新教育资源，开展具有针对性的教育活动。在国庆期间，组织学生开展爱国主义教育活动，通过观看红色影片、参观爱国主义教育基地等形式，激发学生的爱国热情，契合爱国主义教育理论中情景激发情感的原理。当社会上出现重大热点事件时，如突发公共卫生事件、国际冲突等，迅速组织学生进行讨论和分析，引导学生正确看待事件背后的政治、经济、文化等因素，培养学生的理性思维和社会责任感，符合批判性思维培养理论，让学生在分析问题中提升思维能力。

方式方法的创新是提高思想政治教育吸引力和实效性的关键。采用案例教学法，选取具有代表性的社会案例、企业案例等，引导学生运用所学的思想政治理论知识进行分析和讨论，培养学生解决实际问题的能力，符合建构主义学习理论中学习者通过问题解决构建知识体系的原理。情景教学法通过创设逼真的教学情景，如模拟政治协商会议、法庭辩论等，让学生身临其境感受思想政治教育的魅力，依据情景认知理论，在情景中促进学生对知识的理解和应用。体验式教学法则注重学生的亲身参与和体验，如组织学生参与志愿服务活动、社会调研等，使学生在实践中深化对思想政治教育内容的理解和认同，契合实践学习理论中实践出真知的理念。

制度机制是保障校本资源共建共享、质量评估以及持续更新的重要支撑。从制度经济学理论来看，合理的制度能够降低交易成本，提高资源配置效率。建立健全资源共建共享机制，明确高校之间、高校与社会机构之间在资源建设中的权利和义务，可以促进资源的合理流动与优化配置。完善质量评估机制，制定科学合理的评估指标体系，对思想政治教育校本资源的质量进行全面、客观的评估，及时发现问题并加以改进，符合教育评价理论中科学评价促进教育质量提升的原理。构建持续更新机制，根据时代发展和学生需求的变化，定期对教育资源进行更新和优化，确保资源的时效性和先进性，体现了教育动态发展理论中教育适应社会变化的要求。

综上所述，高校思想政治教育校本资源的开发与运用，必须紧密围绕时代需求，充分发挥创新引领作用，借助多种要素，不断提升资源的创新性、时代性和价值性，为培养德智体美劳全面发展的社会主义建设者和接班人奠定坚实基础。

五、循环效益性

在高校思想政治教育体系的宏大版图中，校本资源的开发与利用扮演着极为关键的角色，堪称提升教育质量、培育时代新人的核心要素。从资源的本质属性与稀缺性理论的专业视角深入剖析，高校思想政治教育校本资源由于受到诸多主客观条件的限制，呈现出显著的有限性特征。以某大学为例，近年来随着招生规模的持续扩张，在校学生数量急剧攀升，然而其教学场地却未能实现同步扩充。像备受学生欢迎的中国近现代史纲要这类热门公共课程，因教室数量捉襟见肘，常常被安排在可容纳两三百人的大型教室开展大班教学。在这样的课堂环境中，师生互动的频率和深度都受到极大制约，教师难以全方位关注每一位学生的学习状态与反馈，进而对教学质量产生了一定程度的负面影响。实验设备方面的困境同样突出，该校化学系实验室中的高分辨率质谱仪、核磁共振波谱仪等高端实验仪器，价格高昂，动辄数百万甚至上千万元，学校受经费限制购置数量有限。学生分组实验时，每组操作仪器的时间极为短暂，导致学生实践能力的锻炼难以达到预期效果。而且这些仪器在长期高频使用过程中，极易出现零部件磨损、性能老化等问题，维修不仅耗费大量资金，部分老旧设备还因技术更新换代，难以找到适配的维修零件，属于典型的不可再生资源，这无疑对资源的可获取量与使用范围造成了严重限制。然而，信息资源、精神资源、制度资源等却展现出独树一帜的再生性与循环利用价值。

信息资源凭借其数字化、易传播、可复制的特性，能够在不同教育场景与受众群体中反复流转与应用，且不会因使用而损耗。例如北京师范大学精心搭建的京师思政在线学习平台，平台上汇聚了海量丰富的教学资源。其中，教学视频涵盖了知名教授的专题讲座、生动的思政课教学实录；电子书籍不仅囊括了经典的思想政治理论著作，还收录了前沿的学术研究成果；各类学术论文更是为学生提供了全面且深入的学习资料。学生不仅能在课堂上借助多媒体设备获取这些资源辅助学习，课后也能通过手机、电脑等终端随时随地进行自主学习。按照知识传播与共享理论，信息资源在传播过程中不断碰撞、交融，还能衍生出全新的知识与观点。该校学生在学习平台的论坛板块针对“人工智能对社会伦理的影响”等社会热点话题展开热烈讨论，来自教育学、心理学、计算机科学等不同专业背景的学生从各自独特视角出发发表见解，在思想的激烈碰撞中，催生出许多新颖的观点和思考角度，进一步丰富了思想政治教育的内涵。

精神资源，诸如校训校风所蕴含的价值观念、文化底蕴，是高校在长期发展历程中沉淀而成的精神瑰宝。复旦大学以“博学而笃志，切问而近思”为校训，多年来，这一校训如同一座灯塔，激励着一代又一代的复旦学子奋勇前行。在新生入学教育中，学校通过举办“校长第一课”专题讲座、开展校史展览等形式，对校训校风进行深度解读，让新生们深刻领会学校百年历史传承和精神内核，从而激发学生对学校的强烈认同感与归属感，为他们树立起明确的奋斗目标与行为准则。依据文化传承与创新理论，校训校风不仅可以在每一届学生中重复开发与运用，恰当运用还能够激发学生内心深处的精神动力，促使他们在学习与实践中创造出更多的物质成果，如科研成果、创业项目等，实现精神资源向物质资源的转化。该校化学系的一位学生深受校训中“博学”“切问”精神的鼓舞，积极投身科研项目，在导师的悉心指导下，历经无数次实验，成功研发出一款具有创新性的环保催化剂，能够有效降低化工生产中的污染物排放，并申请了专利。这一成果不仅为学校赢得了荣誉，更为化工行业的绿色发展贡献了力量。

制度资源同样具备显著的循环利用优势。一套科学合理的思想政治教育管理制度，能够为教育教学活动提供规范，保障资源的有效配置与利用。哈尔滨工业大学制定了完善的思想政治教育实践活动管理制度，明确规定学生参与社会实践的时间为寒暑假，每年至少各参与一次；实践内容涵盖社会调研、志愿服务、企业实习等多个领域；考核标准包括实践报告的撰写质量、实践单位的评价反馈等。依据制度经济学中的制度效率理论，合理的制度能够降低交易成本，提高资源利用效率。在这一制度的有力保障下，学校组织学生开展各类社会实践活动时更加高效有序，学生们能够更好地将课堂所学的思想政治理论知识与社会实践紧密结合。随着时代的发展与实践的检验，制度资源还能不断优化与完善，持续发挥其积极作用。例如，随着互联网的迅猛发展，该校对实践活动管理制度进行了及时调整，增加了线上社会实践的相关内容，鼓励学生通过网络平台参与社会调研、线上志愿服务等活动，拓宽了学生的实践渠道。学生们可以通过线上问卷调研了解偏远地区的教育现状，为当地教育发展出谋划策，还能参与线上公益辅导，为贫困地区的学生提供课业帮助。

值得着重指出的是，通过教育者的积极探索与创新，新兴的校本资源会源源不断地被创造出来并不断发展。中央美术学院的教育者紧密结合学校的艺术特色和时代对艺术人才的需求，深入挖掘新的教育素材、积极开发新的教育形式，从而成功拓展了校本资源的边界。他们将红色文化与艺术创作巧妙融合，开展了红色主题艺术创作大赛，鼓励学生以绘画、雕塑、音乐、舞蹈等多元艺术形式展现红色文化。在绘画作品中，学生们用画笔细腻描绘长征路上的艰难险阻与坚韧不拔、延安革命根据地的蓬勃生机；雕塑作品则栩栩如生地再现了革命先辈的英勇形象；音乐创作中，激昂奋进的旋律传递着红色精神；舞蹈表演通过灵动的肢体语言诉说着红色故事。这一活动不仅极大地丰富了思想政治教育的形式，还为学生搭建了展示才华的广阔平台，成为该校独具特色的校本资源。这些经过深度挖掘与开发的校本资源，其运用次数理论上可以实现无限循环，每一次运用都能在不同的情景中创造新的价值。例如，该校将学生在大赛中的优秀作品整理成册，制作成线上线下展览，在后续的思想政治教育活动中反复使用，每一次展示都能给学生带来全新的启发和教育。在新生入学教育中，这些作品激发了新生对艺术创作的热情和对红色文化的热爱；在专业课程教学中，又为学生提供了宝贵的创作灵感和范例。

从系统论的角度深入分析，高校思想政治教育校本资源构成了一个有机的生态系统，其中精神资源与物质资源相互依存、相互转化，形成了一种良性循环的发展态势。在上海交通大学，学校通过举办“创业文化节”，成功将学校的创业精神这一精神资源转化为物质成果。在文化节上，学生们纷纷展示自己的创业项目，如智能医疗设备研发、新能源汽车共享服务等。这些项目吸引了众多投资机构的目光，不少学生成功获得投资，创办了实体企业，实现了精神资源向物质资源的转化。而这些企业在后续发展过程中，又将学校的创业文化广泛传播出去，吸引更多的学生投身创业实践。同时，企业在激烈的市场竞争中积累的成功经验，如创新的管理模式、有效的营销策略等，也被引入学校的创业教育课程，丰富了学校的创业教育内容，为创业精神注入了新的内涵，实现了物质资源向精神资源的反哺。

在这个生态系统中，每一次精神资源向物质资源的转化，以及物质资源对精神资源的增益，都推动着整个校本资源系统的优化与升级。基于此，若高校思想政治教育校本资源能够实现良性循环，从资源效益最大化理论来看，这无疑能够极大地提升校本资源的效益性。一方面，资源的循环利用减少了资源的浪费与重复建设成本，显著提高了资源的利用效率；另一方面，通过精神资源与物质资源的相互转化，不断创造出新的价值，为高校思想政治教育目标的实现提供了更为坚实的资源保障，有力地促进了高校思想政治教育质量与水平的提升，为培养德智体美劳全面发展的社会主义建设者和接班人奠定了更为雄厚的资源基础。

第三节　高校思想政治教育校本资源的分类

一、人力层面校本资源

在高校思想政治教育校本资源体系中，人力资源占据着至关重要的地位。根据王树荫在《高校思想政治教育资源论》中的观点，人力资源是指在高校思想教育过程中，为持续获取并提升其质量，深入挖掘各类潜能、充分激发奉献精神、赢得归属感与忠诚度，而贯穿高校思想政治教育始终、不可或缺的活态资源，是承担育人责任且服务于思想政治教育的个体、组织以及社会团体等要素的有机总和。由此可知，人力校本资源是高校开展思想政治教育活动必然包含的人力要素，按功能属性可细分为教师、管理者、服务者以及学生资源四大类。

教师资源是高校思想政治教育的关键力量。其中，思想政治理论课（下文简称思政课）教师是思政教育的主力军。思政课教师要坚持政治性和学理性相统一、价值性和知识性相统一，充分发挥思想政治理论课的主阵地和主渠道作用。思政课教师肩负着崇高的使命感与责任感，负责引导学生树立正确的世界观、人生观和价值观。专业学科课程教师同样不可忽视，他们在传授专业知识、解答学生疑惑的同时，也要履行“传道”职责。根据顾佩华等人在《基于“学习产出”（OBE）的工程教育模式——汕头大学的实践与探索》中的研究，专业课程可通过分析提炼其中的思想政治教育元素，如在工程教育中融入严谨的科学精神、团队协作意识等，发挥专业学科与思想政治教育的交叉融合优势，达到“如盐溶水”的育人效果。教师资源无疑是高校思想政治教育校本资源中落实立德树人根本任务、着力培养高素质人才的关键因素。

从教师资源的深度发展来看，高校需要不断加强教师队伍建设。在师资培养方面，高校应科学制定规划，严格核定编制，全面剖析本校思政课教师队伍的现实情况与发展特点，使师资队伍建设工作有章可循。例如，可从与思政课教学内容相关的学科中遴选优秀教师转聘为思政课教师，鼓励校内党政管理干部、辅导员以及政治素质过硬的相关学科专家等转任，充实壮大专职思政课教师队伍。同时，实施思政课特聘教师、兼职教师制度，邀请地方各级党政领导干部、国防系统企事业单位管理专家、社科理论界专家、各行业先进模范、学校党委书记、校长和院（系）党政负责人等走进课堂讲授思政课，以拓宽学生视野。在提升教师综合素质上，要强化政治理论学习，积极组织思政课教师参与马克思主义经典著作导读和习近平新时代中国特色社会主义思想研学，定期开展思政学术会议、专家报告、学习研讨等专题教育；做好新入职教师岗前培训，设立思政课教师专项培训计划；组织教师参加“高校思政课骨干教师示范培训班”“周末理论大讲堂”等思政专题培训，提升教师政治理论水平。在教学方法上，大力推进思政课集体备课工作，建立思政课教师“手拉手”备课机制，建设专题思政教研工作室，提升备课质量。实施思政课“一流课程”培育计划，开展丰富多样的专题教学、线上线下混合式教学、“经典研读”教学等教学培训，提升教学的创新性和吸引力，大力推进思政课教学方法改革，提升教师信息化能力，推动人工智能等现代信息技术在思政课教学中的应用。

管理者资源是保障高校思想政治教育活动顺利开展的重要支撑。这一资源包括学校和学院的党政干部、专兼职辅导员、班主任以及用人单位负责人等。高校的党政干部从宏观层面把控学校思想政治教育的方向与政策落实，学院的党政干部则具体负责学院内思想政治教育的组织与实施。专兼职辅导员、班主任密切关注学生的思想动态和日常行为，在学生的成长过程中扮演着引路人的角色。用人单位负责人参与高校思想政治教育，能为学生提供职业发展中的思政引导，使学生更好地适应社会需求。赵映川在《高校辅导员专业化发展的路径选择》中指出，合理规划、组织、协调和配置高校、班级、企业中的人力资源，能够有效保障高校思想政治教育活动的顺利推进，实现育人目标、提升育人质量，这些校本管理者资源正是高校管理育人的核心要素。

进一步而言，高校管理者资源的优化，需注重不同管理岗位之间的协同合作。学校和学院党政干部应定期开展交流会议，共同商讨思想政治教育政策的细化落实方案，确保宏观方向与具体实施紧密结合。对于专兼职辅导员和班主任，高校要建立完善的培训体系，提升他们的思想政治素养和沟通能力，使其能够更好地洞察学生的思想变化，及时给予正确引导。例如，定期组织辅导员和班主任参加心理健康教育培训，以便在学生出现心理问题时，能从思想政治教育的角度给予关怀和疏导。同时，高校应加强与用人单位的深度合作，不仅邀请用人单位负责人参与学生的职业规划课程，还可建立实习基地，让学生在实践中接受用人单位的思想政治教育，了解行业的职业道德和价值观，为未来步入社会做好充分准备。

服务者资源以独特的方式影响着高校学生的成长。高校的后勤工作人员通过提供良好的生活保障，让学生在舒适的环境中学习和生活，潜移默化地传递着敬业、奉献等价值观；安保人员维护校园安全秩序，培养学生的规则意识和安全意识。校友凭借自身的成功经验和人生感悟，为在校学生树立榜样，激励学生积极进取；学生家庭成员在学生成长过程中给予关爱与引导，对学生的思想观念形成有着深远影响；社会贤良以其丰富的阅历和高尚的品德，为学生提供更广阔的视野和精神指引。这些校本资源以不同形式开展思想政治教育工作，帮助高校学生解决学习、生活、就业中面临的各类问题，直接或间接影响着高校学生的成长成才，承载着爱护、帮助、服务学生的育人功能。

为了更好地发挥服务者资源的作用，高校可建立服务者与学生的互动机制。例如，定期开展后勤工作人员与学生的交流活动，让学生了解后勤工作的不易，同时也让后勤人员了解学生的需求，在互动中强化敬业、奉献价值观的传递。对于校友资源，可设立校友导师计划，让校友与在校学生进行一对一或一对多的指导帮扶，分享自己的职业发展路径和人生经验，激发学生的学习动力，明确职业目标。对于社会贤良，高校可邀请他们举办系列讲座和座谈会，围绕社会热点问题、人生哲理等展开讨论，拓宽学生的思维视野。此外，加强与学生家庭的沟通联系，定期向家长反馈学生的在校表现和思想动态，共同促进学生的全面发展。

学生资源是高校思想政治教育中蕴含极大潜能的宝贵财富。在校学生涵盖本专科学生以及硕博研究生，在社会新思潮的影响下，他们具有强烈的自主选择意识、独立思考能力和灵活接受新事物的能力。李忠军在《新时代高校思想政治教育的创新发展》中提到，面对这样蕴含极大潜能的学生资源，高校必须高度重视其未被开发的潜在资源，通过开展各类思想政治教育活动，如主题班会、社会实践、学术研讨等，培育他们对马克思主义和共产主义的崇高信仰，对中华民族伟大复兴的坚定信念，使其成为理论素养和能力水平较高的“又红又专”的马克思主义者。

高校还可进一步挖掘学生资源的潜力。在学生组织建设方面，支持学生成立各类思想政治教育社团，如马克思主义理论学习社、红色文化传播社等，通过社团活动激发学生自主学习和传播思想政治理论的热情。鼓励学生参与社会实践调研，围绕社会热点问题、民生问题等展开调查研究，在实践中深化对马克思主义理论的理解和运用。例如，组织学生开展关于乡村振兴战略实施情况的调研，让学生在调研中了解国家政策的实际落地效果，增强对国家发展道路的信心。在学术研究方面，设立学生思想政治教育研究专项课题，鼓励本专科生和硕博研究生积极参与，培养他们的科研能力和理论思维，促使他们在研究中不断提升思想政治素养。同时，利用新媒体平台，鼓励学生制作和传播正能量的思想政治教育作品，如短视频、公众号文章等，扩大思想政治教育的影响力和覆盖面。

综上所述，高校思想政治教育校本资源中的人力资源丰富多样且各具价值。教师资源是思政教育的核心力量，高校可以通过思政课教师与专业学科课程教师的协同，落实立德树人根本任务；管理者资源保障思政教育活动顺利开展，不同岗位间的协同合作能优化育人效果；服务者资源以独特方式影响学生成长，互动机制的建立有助于其作用的发挥；学生资源蕴含巨大潜能，高校可以通过社团活动、社会实践、学术研究等方式进一步挖掘。高校应充分重视并合理整合利用这些人力资源，形成育人合力，构建全方位、多层次的思想政治教育体系，为培养德智体美劳全面发展的社会主义建设者和接班人奠定坚实基础，让思想政治教育在高校这片育人沃土上绽放出更加绚烂的花朵。

二、物质层面校本资源

在高校思想政治教育的宏大体系里，物质资源是不可或缺的关键组成部分，其以直观的实物形态展现自身价值。物质资源范围广泛，不仅包含自然资源中具备物质属性的基本要素，还包括财物资源、媒体资源以及时间资源等多元类型。从学术研究的专业视角深入剖析，物质层面的高校思想政治教育校本资源蕴含着深厚的内涵，且分类丰富多元，主要集中在以下四个核心维度。

（一）高校思想政治教育物力校本资源

高校思想政治教育物力校本资源，一般包含高校自身的环境载体以及服务于高校育人工作的社会环境载体。学者王小明在其著作《高校思想政治教育资源整合与创新研究》中首次明确提出这一概念，并着重强调其与高校实际情况的紧密联系。该资源是借助人造物质资源，经过人类精心设计、精细加工制作后，专门服务于高校思想政治教育活动的各类物力资源要素与条件的有机总和。在数字化迅猛发展的时代背景下，这一资源更是人类凭借先进的高科技手段，利用数字化技术赋能，对自然物质资源进行艺术加工与升华的成果。高校通过巧妙地将自然景观与人文景观相互融合，精心营造和美化自然环境资源，把自身独有的教学理念与深厚的文化底蕴深度融入其中，从而形成了一种承载着审美价值、历史记忆和文化内涵，可供师生直接感知的具体载体资源要素集合。正如学者李芳在《校园文化环境建设与思想政治教育》中所论述的，环境之美源于能够唤起人们愉悦情绪的天然造化与人造创造之间的和谐共生。

高校思想政治教育物力校本资源丰富繁杂，既涵盖高校自主开发的各类极具特色的建筑资源，也包含能够助力高校育人工作的物质遗存资源。一方面，校内的教学楼、实训室、图书馆、展览馆、体育馆、艺术馆、红色教育基地、文化长廊、名人雕塑、石碑刻画等建筑，不仅仅是开展教学活动的空间场所，更是校园文化的生动体现和象征。例如清华大学图书馆，其融合了中西文化元素的独特建筑风格，再搭配馆内海量的藏书以及浓厚的学术氛围，为学生营造了极为优质的学习环境，在潜移默化之中传递着知识的力量和文化传承的使命。从历史的角度来看，许多高校的建筑都见证了学校的发展历程，像北京大学的未名湖和博雅塔，作为校园的标志性景观，历经百年岁月的洗礼，始终激励着一代又一代的莘莘学子追求真理、勇攀知识的高峰。另一方面，社会中的各类文物资源同样是这一资源体系中的重要组成部分，包括重要会议地址、关键机构旧址、历史遗址遗迹、英烈纪念设施、行政区划地标、主题公园、印章图鉴、珍贵文献、档案资料、历史史料等。学者张建国在《文物资源在高校思想政治教育中的价值与应用》中指出，这些文物资源铭刻着历史的痕迹，能够为高校思想政治教育提供坚实可靠的物质保障与有力支撑，其显性的教育功能与隐性的文化熏陶作用，能够有力地推动高校思想政治教育工作向更深层次发展。例如南昌八一起义纪念馆，作为中国共产党独立领导武装斗争和创建人民军队这一重大历史事件的见证者，高校组织学生前往参观学习，让学生能够直观地感受那段波澜壮阔的历史，极大地增强了学生对国家和民族的认同感。此外，侵华日军南京大屠杀遇难同胞纪念馆以其沉重的历史记忆，时刻警示着学生铭记历史、珍惜和平，成为高校开展爱国主义教育的关键基地。

（二）高校思想政治教育财力校本资源

高校思想政治教育财力校本资源，主要是指用于高校思想政治教育活动的资金。学者刘辉在《高校教育经费管理与优化策略研究》中明确指出，高校开展思想政治教育的资金主要来源于国家财政拨款，同时地方政府、部门、单位等组织也会补充高校开展高校思想政治教育活动所需的经费。高校依据自身的特色与实际情况，对教育活动进行科学合理的预算规划，力求实现收支平衡，进而达到对财力资源的最优配置，有效提升资金的使用效益。财力资源是高校各项事业得以发展的根本保障，是支撑高校科研、教学等活动有序开展的坚实基石。高校开展思想政治教育的资金来源广泛，涵盖财政补助收入、事业收入、经营收入、上级补助收入、附属单位上缴收入及其他收入。

高校结合自身的特点与实际需求，从国家财政、社会财力以及基于学校优势的自身教育服务等多个层面、多种渠道拓展资源显得尤为重要。学者陈琳在《高校思想政治教育资源开发与利用的路径探索》中提出，只有确保财力资源有计划、长期且持续地投入到思想政治教育中，才能够有效推动高校思想政治教育事业稳步健康发展。例如，上海交通大学积极与企业合作，设立思想政治教育专项基金，专门用于开展各类思政实践活动和教师培训，取得了显著的成效。在实际操作过程中，众多高校还通过校友捐赠、社会公益基金等方式广泛筹集资金，为思政教育提供更为充足的财力支持。与此同时，高校必须强化对财力资源的管理与监督，保障资金使用的透明度与有效性，切实提高资金的使用效率。高校应通过建立健全完善的财务管理制度，严格把控资金流向，定期开展财务审计，确保每一笔资金都能够精准投入到思想政治教育工作的关键环节，有力地推动高校思想政治教育工作顺利开展。

（三）高校思想政治教育信息校本资源

“信息资源”这一概念最早由加拿大学者罗尔科于 1970 年第 2 期的

《专业图书馆》中发表。信息存在于特定的时空范畴，具有客观实在性，其存在以及相互作用贯穿整个世界的交互过程。学者赵阳在《信息时代的资源管理与社会发展》中指出，信息作为一种重要资源，在科学研究、物质生产、社会运行与发展进程中具有不可替代的关键作用，作为一种具有主导性的社会资源，它直接关系到物质资源的合理配置、社会文明的建设以及经济的发展水平。

高校思想政治教育作为一项实践活动，自始至终依赖技术思维与新兴技术所衍生的信息资源。高校充分运用信息校本资源，发挥其数据化、智能化、协同化、共享化、系统化的独特优势，为招生规模的科学规划、师资队伍的建设优化、学科建设的稳步推进、课程设置的合理安排、科研发展的创新突破、教学方式的改革创新、就业指导的精准有效等多个方面注入全新的活力。以浙江大学为例，该校借助大数据分析学生的思想动态与学习需求，进而有针对性地调整思政教学内容与方法，显著提升了思想政治教育的实效性。高校通过对学生在学习平台上的行为数据、讨论内容等进行深度挖掘与分析，精准把握学生关注的热点问题与思想困惑，使得教学能够有的放矢。同时，通过搭建信息共享平台，实现校内外思政教育资源的深度整合与广泛共享，极大地拓宽了学生的学习渠道。此外，许多高校还运用虚拟现实（VR）、增强现实（AR）等前沿技术，打造沉浸式的思想政治教育场景，让学生能够身临其境地感受历史事件与先进事迹，有效增强了思想政治教育的吸引力与感染力。

（四）高校思想政治教育时间校本资源

马克思曾深刻指出："时间是人类发展的空间"。学者孙伟在《思想政治教育时间资源的理论与实践探索》中指出，时间不仅是思想政治教育活动及其过程的存在形式，更是对人的全面发展具有决定性意义的思想政治教育资源。时间资源在学生思想道德塑造与发展过程中肩负着重要使命，高校学生在思想政治教育活动中，通过感知物质的运动过程，即从一个运动阶段过渡到另一个运动阶段的流程，将思想观念、价值观念及道德规范等内容逐步内化为自身的思想政治教育素质，这一思想政治教育内化过程，正是时间校本资源的具体体现。

对时间的质和量的精准把握以及合理利用水平，是直接影响思想政治教育效果的关键基准与条件。在质的方面，体现为思想政治教育时间的适宜性、时机把握与利用程度；在量的方面，体现为思想政治教育的时间密度与节奏把控、施教时限的科学选择与有效控制等。高校思想政治教育的发展历程，就是在时间的不断推进中持续前行，时间为其提供了必要条件，也记录下思想政治教育发展的清晰轨迹。以复旦大学为例，该校依据学生的心理特点与学习规律，合理规划思政课程的教学时间，在不同学期和时间段设置不同的思政主题，有效激发了学生的学习积极性与参与度。在大一新生入学时，复旦大学开展以适应大学生活和树立正确价值观为主题的思政教育；在毕业季，围绕职业规划和社会责任等内容进行思政引导。同时，复旦大学充分利用课余时间组织各类思政实践活动，如社区志愿服务、红色文化调研等，让学生在实践中深化对思政理论的理解与运用，在实践中培育学生的社会责任感与家国情怀，使思想政治教育真正融入学生的日常生活。

综上所述，高校思想政治教育校本资源中的物力、财力、信息和时间资源，在高校思想政治教育工作中各自发挥着独特且关键的作用。深入挖掘、合理配置与有效利用这些资源，对于提升高校思想政治教育质量、促进学生全面发展具有重要意义。未来，高校应进一步加强对这些资源的整合与创新运用，以适应新时代高校思想政治教育工作不断涌现的新要求与新挑战。

三、制度层面校本资源

“大匠诲人必以规矩，学者亦必以规矩”。在高校思想政治教育的复杂架构中，制度资源犹如坚不可摧的基石，对保障教育活动有条不紊地开展、实现育人目标起着决定性作用。从本质上讲，制度资源通常包含高校制定的一系列与学生学习、日常管理相关的校纪校规。深入到专业学术视角，高校思想政治教育制度是由高校思想政治教育主体精心构建的规则体系，旨在协调高校思想政治教育系统及其内部各要素间的关系，规范思想政治教育工作的实践流程。学者王强在《高校校本制度建设的理论与实践》中对“校本制度”给出了明确的定义：将上位文件中的一般性规定与本校实际情况深度融合，经过本土化改造后形成的制度及制度性文件。综合分析“制度资源”“高校思想政治教育制度”“校本制度”三者的逻辑联系，我们可以对高校思想政治教育校本资源中的制度层面校本资源做出如下精准界定：它是高校思想政治教育者依据各级政府和教育部门颁布的制度性规定，紧跟时代发展步伐，精准把握本校思想政治教育工作中的实际问题与真实需求，量身定制符合本校特色、风格及实际情况的本土制度，可以推动高校思想政治教育制度朝着集成化、体系化、科学化方向发展。这一制度不仅是约束高校学生和教职工在校内行为的准则，也是在高校思想政治教育全过程中可供开发与运用的制度资源及其文本载体资源的总和。

学者李华在《高校思想政治教育制度功能研究》中指出，制度在高校思想政治教育中具备导向性、规范性和保障性的功能。导向性为思想政治教育活动指明方向，引领师生树立正确的价值观和行为准则；规范性通过明确的规则约束师生行为，确保教育活动有序进行；保障性则为思想政治教育的资源配置、人员组织等提供有力支撑。

高校思想政治教育制度校本资源分类丰富，各类资源在高校思想政治教育中均发挥着独特的作用。按文件形式划分，可分为方案、办法、规定、条例、意见、章程、细则、规则等。以方案为例，清华大学制定的思想政治教育实践活动方案，对实践活动的目标、内容、实施步骤以及评估方式做出了详尽规划，为活动的顺利开展提供了清晰的指引。该方案结合学校专业特色与学生实际需求，融入社会热点问题，设计了如红色文化调研、社区志愿服务等针对性强的实践项目，助力学生在实践中深化对思想政治理论的理解。学者张伟在《高校思想政治教育实践方案设计与实施策略》中指出，科学合理的实践活动方案能有效提升学生的参与度和实践效果，清华大学的这一方案正是通过精心策划，充分调动学生的积极性，让思想政治教育从课堂走向社会。北京师范大学制定的新生入学思想政治教育方案同样具有代表性，该方案针对大一新生刚步入大学的适应期，安排了校史校情教育、专业认知引导、心理健康讲座等系列活动，帮助新生快速融入校园生活，树立正确的学习目标和人生方向。办法侧重于具体的操作方法与措施，如北京大学的思想政治教育经费使用管理办法，明确了经费来源、使用范围和审批流程，为思想政治教育活动提供了资金保障。依据学者刘阳在《高校教育经费管理与制度建设》中的研究，规范的经费管理办法是思想政治教育活动持续开展的物质基础，北京大学的这一办法通过严格把控经费流向，显著提高了资金使用效率。复旦大学制定的校园文化活动经费管理办法，对各类校园文化活动的经费申请、使用标准及报销流程做出了细致规定，使得校园文化活动在充足的资金支持下蓬勃开展，丰富了学生的课余生活，发挥了文化育人的功能。

按照实践活动的性质，教育制度可分为学科制度、学术制度、工作制度等。学科制度关乎思想政治教育学科的建设与发展，学者张悦在《思想政治教育学科建设与制度创新》中提出，合理的学科制度能够推动学科的规范化和专业化。例如，中国人民大学制定的思想政治教育学科建设制度，对学科的课程设置、师资队伍建设、科研方向等做出了明确规定，有力推动了学科的稳步发展。在课程设置上，中国人民大学注重理论与实践结合，开设了一系列前沿且具针对性的课程；师资队伍建设方面，积极引进高层次人才，并加强对现有教师的培训。华东师范大学制定的思想政治教育专业实习制度，对实习时间安排、实习单位选择标准、学生实习期间的考核方式等做出了详细规定，确保学生在实习过程中能够将理论知识与实践充分结合，提升专业素养。学术制度主要规范学术研究活动，如复旦大学的思想政治教育学术成果奖励制度，激励教师积极开展学术研究，产出高质量的科研成果，为思想政治教育提供理论支撑。学者陈静在《高校思想政治教育学术制度与科研创新》中指出，完善的学术成果奖励制度能够营造良好的学术氛围，复旦大学的这一制度通过设立多种奖项，激发了教师的科研热情，提升了学校的学术影响力。工作制度涵盖思想政治教育工作的各个环节，如武汉大学的思想政治教育辅导员工作制度，对辅导员的工作职责、工作流程、考核评价等做出了详细说明，确保辅导员工作高效开展。根据学者李强在《高校思想政治教育辅导员工作机制研究》中的观点，科学的辅导员工作制度是提升学生思想政治教育质量的重要保障，武汉大学的制度明确了辅导员的角色定位，提高了辅导员工作的专业性和规范性。中山大学制定的思想政治理论课教学工作制度，从教学计划的制订、教学过程的组织实施到教学效果的评价反馈，都制定了严格的标准和流程，保障了思政课教学质量的稳步提升。

按照思想政治教育职能，教育制度可分为科研制度、管理制度、服务制度、建设制度、保障制度、培训制度、过程实施评价制度等。科研制度激励和规范科研活动，如浙江大学的思想政治教育科研项目申报制度，明确了申报条件、评审标准等，促进了科研工作的有序进行。学者王军在《高校思想政治教育科研制度与创新发展》一文中提到，良好的科研项目申报制度能够选拔出优秀的科研项目，推动学科发展，浙江大学的制度通过严格的评审流程，保证了科研项目的质量。南开大学制定的思想政治教育科研成果转化制度，鼓励教师将科研成果应用到实际教学和学生培养中，促进了科研与教学的深度融合。管理制度可以保障思想政治教育活动的组织与协调，如上海交通大学的思想政治教育活动组织管理制度，对活动的策划、组织、实施等环节进行了规范。学者赵琳在《高校思想政治教育活动管理模式研究》一文中指出，有效的活动组织管理制度能够提高活动的效率和效果，上海交通大学的制度通过明确各部门职责，保障了活动的顺利开展。服务制度以学生为中心，提供优质的教育服务，如南京大学的思想政治教育心理咨询服务制度，为学生提供心理健康咨询和辅导。学者孙婷在《高校思想政治教育服务体系构建与实践》一文中提到，完善的心理咨询服务制度有助于学生的心理健康发展，南京大学的制度配备了专业的心理咨询师，为学生排忧解难。建设制度关注思想政治教育的硬件和软件建设，如中山大学的思想政治教育网络平台建设制度，推动了教育信息化的发展。学者周宇在《高校思想政治教育信息化建设与制度保障》一文中指出，合理的网络平台建设制度能够提升教育的覆盖面和影响力，中山大学的制度通过加大对网络平台的投入，丰富了教育资源，拓宽了学生的学习渠道。保障制度确保教育活动的顺利进行，如西安交通大学的思想政治教育安全保障制度，为活动的开展提供安全保障。学者吴刚在《高校思想政治教育安全管理与制度完善》一文中提到，健全的安全保障制度是开展教育活动的前提，西安交通大学的制度从场地安全、人员安全等多方面进行保障，为师生创造了安全的学习和工作环境。培训制度提升教育工作者的专业素养，如南开大学的思想政治教育教师培训制度，定期组织教师参加培训，更新教育理念和方法。学者郑伟在《高校思想政治教育教师培训体系构建与实践》一文中指出，有效的教师培训制度能够提高教师的教学水平，南开大学通过邀请专家讲座、组织教师参加学术交流等方式，提升了教师的专业能力。过程实施评价制度对思想政治教育活动进行全面评估，如厦门大学的思想政治教育过程实施评价制度。厦门大学通过多元化的评价指标，如学生的参与度、学习效果、教师的教学质量等，对教育活动进行客观评价，为改进教育工作提供依据。学者李明在《高校思想政治教育评价体系构建与应用》一文中提到，科学的过程实施评价制度能够及时发现教育过程中的问题，厦门大学通过定期评估，不断优化思想政治教育工作。

其中，高校成员和组织首要遵守的是细化的管理规制，它是高校在思想政治教育过程中依据本校特色和需求，为规范高校场域内主体的思想行为而制定的标准和规范。学者赵刚在《高校思想政治教育管理规制研究》中强调，这种管理规制是高校思想政治教育有序开展的基础。高校在场域内必须依据此制度资源展开正常、有序的思想政治教育活动。例如，华中科技大学的《学生日常行为管理规范》，对学生的课堂纪律、校园文明、宿舍生活等方面进行了详细规定，引导学生养成良好的行为习惯和道德品质。从课堂上的考勤、发言规范，到校园内的文明礼仪，再到宿舍中的作息、卫生要求，该规范全方位地塑造着学生的行为。学者刘梅在《高校学生行为规范与思想政治教育》中指出，严格的学生日常行为管理规范有助于培养学生的自律意识和责任感，华中科技大学的这一规范通过长期的执行，营造了良好的校园文化氛围。山东大学制定的教职工职业道德规范，从师德师风、教学行为、学术道德等方面对教职工提出明确要求，促使教职工在日常工作中以身作则，为学生树立良好的榜样。

综上所述，高校思想政治教育制度校本资源在高校思想政治教育中占据关键地位。通过合理制定和有效执行这些制度资源，高校能够优化教育过程，提高教育质量，促进学生的全面发展。未来，高校应持续关注制度资源的创新与完善，不断适应新时代对思想政治教育提出的新要求，在实践中不断探索和改进，使制度资源更好地服务于高校思想政治教育工作。

四、精神层面校本资源

在高校思想政治教育的体系中，精神资源占据着举足轻重的地位。陈华洲在《思想政治教育资源论》中指出，“所谓思想政治教育精神资源，是指能被思想政治教育所开发和利用，并服务于思想政治教育的个体、群体和社会的价值意识和心理素质等因素的总和。”思想政治教育的精神资源是指思想政治教育过程中，能够被开发和利用的，有助于实现教育目的，促进社会团结的一切理论、思想、道德、宗教、艺术及历史传统、价值观念、文化习俗、情感态度等精神因素及其载体的总和。基于此，本书对高校思想政治教育中的精神层面的校本资源作如下定义：在高校思想政治教育活动开展进程中，服务于高校思想政治教育工作，助力高校各群体与个人树立正确的世界观、政治观、人生观、法治观以及道德观，以达成高校思想政治教育目标，从高校思想政治教育活动中开发并运用的精神资源因素及其载体形态的总和。

高校思想政治教育校本资源中的精神资源丰富多样，涵盖中华优秀传统文化，以伟大建党精神为源头的中国共产党人精神谱系，社会主义核心价值体系，民主法治教育，伦理道德教育，历史事件纪念日，在全社会弘扬的劳动精神、奋斗精神、奉献精神、创造精神、勤俭节约精神，以及校史校训校风学风等精神资源因素和载体形态。这些资源从不同维度为高校思想政治教育提供了深厚的文化滋养、强大的精神动力和明确的价值导向。

（一）中华优秀传统文化：深厚的精神根基

中华优秀传统文化源远流长、博大精深，作为中华民族的精神命脉，为高校思想政治教育提供了取之不尽、用之不竭的精神源泉。儒家倡导的“仁爱”思想，强调人与人之间的关爱、尊重与包容，为构建和谐社会和良好人际关系提供了重要价值导向。道家“道法自然”的理念，引导人们尊重自然规律，追求人与自然的和谐共生。墨家的“兼爱非攻”思想，体现了对和平与博爱的追求。正如学者张立文在《中国传统文化概论》中所述，中华优秀传统文化蕴含着丰富的道德规范、人文精神和思想智慧，能够滋养学生的心灵，提升其道德素养，为学生的成长筑牢深厚的文化根基。

许多高校积极探索将中华优秀传统文化融入思想政治教育课程体系的有效路径。清华大学开设的中国传统文化概论课程，系统讲解儒家、道家、墨家等诸子百家思想，从经典著作的深度解读到文化内涵的细致剖析，让学生全方位领略传统文化的独特魅力。复旦大学开设的论语研读选修课程，由资深教授引领学生逐字逐句研读《论语》，深入探讨儒家思想在现代社会的价值与应用，鼓励学生思考如何将“仁爱”“礼义”等观念融入日常生活。课堂讨论环节中，学生们踊跃分享自己对儒家思想的理解，以及在处理人际关系、面对社会问题时的思考，将传统文化与现实生活紧密相连。

传统节日作为中华优秀传统文化的重要载体，承载着深厚的文化内涵和民族情感。端午节，人们通过包粽子、赛龙舟等活动，纪念伟大爱国诗人屈原，传承爱国精神与民族气节；中秋节，阖家团圆、赏月吃月饼，传递着对家庭和睦、美好生活的向往。北京大学在端午节期间组织学生开展包粽子比赛，邀请民俗专家讲解端午节的由来和文化意义，使学生在欢乐氛围中深入了解传统文化。山东大学在春节期间举办民俗文化节，设置剪纸、写春联、制作传统美食等多个体验区，让学生亲身感受传统节日的独特魅力。学者萧放在《岁时——传统中国民众的时间生活》中对传统节日文化进行了深入研究，指出传统节日是民族文化的集中展示，学生通过参与节日活动，能够增强对民族文化的认同感和归属感。

（二）中国共产党人精神谱系：强大的精神动力

以伟大建党精神为源头的中国共产党人精神谱系，是中国共产党在百年奋斗历程中积累的宝贵精神财富，也是激励中华儿女为实现中华民族伟大复兴而不懈奋斗的强大精神动力。井冈山精神蕴含着坚定信念、艰苦奋斗、实事求是、敢闯新路、依靠群众、勇于胜利的深刻内涵，见证了中国共产党在革命初期的艰难探索与不屈抗争；长征精神体现了红军战士不怕牺牲、前赴后继，勇往直前、坚韧不拔，众志成城、团结互助，百折不挠和克服困难的伟大品质，长征堪称人类历史上的伟大壮举；延安精神以坚定正确的政治方向，解放思想、实事求是的思想路线，全心全意为人民服务的根本宗旨，自力更生、艰苦奋斗的创业精神为核心内容，是中国共产党在延安时期培育形成的宝贵精神财富。

众多高校充分利用红色资源，组织学生开展红色研学活动，让学生亲身感受革命先辈的崇高精神。北京大学定期组织学生前往井冈山革命根据地，开展实地参观、现场教学、红色体验等活动。学生们参观井冈山革命博物馆，聆听革命故事，重走红军挑粮小道，深刻体会井冈山精神的内涵。学者金一南在《苦难辉煌》中深入剖析了中国共产党人精神谱系，指出这些精神是中国共产党战胜困难、取得胜利的强大精神动力，也是高校思想政治教育不可或缺的重要内容，能够激励当代大学生树立远大理想，为实现中华民族伟大复兴贡献力量。除井冈山外，不少高校还组织学生前往遵义会议遗址、西柏坡等红色圣地。浙江大学组织学生开展"重走长征路"研学活动，学生们沿着长征路线，实地考察重要历史节点，与当地老红军后代交流，了解长征的艰辛与伟大。在西柏坡，学生们参观中共中央旧址，学习"两个务必"精神，深刻领悟党在革命胜利前夕的战略思考与精神追求。

（三）社会主义核心价值体系：明确的价值导向

社会主义核心价值体系是社会主义意识形态的本质体现，在高校思想政治教育中发挥着引领方向的关键作用。其包括马克思主义指导思想、中国特色社会主义共同理想、以爱国主义为核心的民族精神和以改革创新为核心的时代精神、社会主义荣辱观。学者韩震在《社会主义核心价值体系研究》中强调，社会主义核心价值体系能够为高校学生提供正确的价值导向，帮助学生树立正确的世界观、人生观和价值观，促进其全面发展。

复旦大学通过举办主题班会、演讲比赛、征文活动等多种形式，引导学生深入理解社会主义核心价值观的内涵，并将其融入日常生活和学习中。复旦大学在“富强、民主、文明、和谐”的价值目标引导下，组织学生开展社会调研，了解国家发展成就，增强学生对国家发展的信心；在“自由、平等、公正、法治”的价值取向教育中，举办法律知识竞赛，提高学生的法治意识；在“爱国、敬业、诚信、友善”的价值准则培养上，开展志愿服务活动，培养学生的社会责任感和奉献精神。中国人民大学创新教育形式，推出社会主义核心价值观微课堂，邀请校内外专家学者录制短视频，解读社会主义核心价值观的内涵与实践意义。这些微课堂通过学校官方网站、社交媒体平台等渠道广泛传播，方便学生随时随地学习。同时，学校开展核心价值观践行月活动，鼓励学生从身边小事做起，如关爱孤寡老人、参与环保行动等，将社会主义核心价值观转化为实际行动。

（四）民主法治教育：培养合格公民的基石

民主法治教育是培养学生民主意识和法治观念的重要途径，对于建设社会主义法治国家、培养具有民主素养和法治精神的合格公民具有重要意义。中国政法大学作为法学领域的知名高校，充分发挥专业优势，构建了完善的民主法治教育课程体系。学校开设宪法学、民法学、刑法学等一系列专业法律课程，从法律基础理论讲解到实际案例分析，让学生系统学习法律知识。同时，组织模拟法庭、法律诊所等实践活动，让学生在实践中运用法律知识，增强法治意识和实践能力。学者张文显在《法理学》中指出，民主法治教育有助于学生树立正确的权利义务观，了解法律的权威性和公正性，学会用法律武器维护自己的合法权益，同时自觉遵守法律法规，成为遵纪守法的公民。除专业法律院校外，普通高校也积极开展民主法治教育。

武汉大学开设“法律与生活”公共选修课，用通俗易懂的方式向非法律专业学生普及法律知识，结合日常生活中的热点法律问题，如网络侵权、消费者权益保护等，引导学生思考和讨论，提升学生的法律素养。此外，其他高校还通过举办法律讲座、开展法律知识宣传活动等方式，营造校园法治氛围。中山大学邀请知名律师、法官走进校园，举办“法治大讲堂”系列讲座，分享真实的法律案例和司法实践经验。在“国家宪法日”，各大高校纷纷组织宪法诵读、法律知识竞赛等活动，增强学生对宪法的敬畏之心。

（五）伦理道德教育：塑造高尚品德的关键

伦理道德教育关乎学生的品德修养和人格塑造，是高校思想政治教育的重要内容。南京大学通过开展道德模范进校园活动，邀请全国道德模范、身边好人等走进校园，与学生面对面交流，分享自己的感人事迹和道德感悟。这些道德模范的事迹涵盖助人为乐、见义勇为、诚实守信、敬业奉献、孝老爱亲等多个方面，他们用实际行动诠释了道德的力量，为学生树立了榜样。学校还组织学生开展道德讨论、志愿服务等活动，引导学生将道德认知转化为实际行动，培养学生的社会责任感和道德实践能力。

学者樊浩在《道德形而上学体系的精神哲学基础》中提到，伦理道德教育能够塑造学生的品德，培养其社会责任感和道德情感。南开大学开设伦理学原理课程，系统讲解道德理论和道德规范，引导学生思考道德的本质和价值。同时，学校组织学生参与道德实践周活动，鼓励学生参与社区服务、关爱弱势群体等公益活动，在实践中践行道德准则。在道德教育中，一些高校还注重挖掘身边的道德榜样。上海交通大学开展校园道德之星评选活动，从学生中评选出在学习、生活、社会实践等方面表现突出的道德模范，通过校园广播、宣传栏等渠道宣传他们的事迹，营造良好的校园道德风尚。

（六）历史事件纪念日：铭记历史的重要契机

历史事件纪念日是开展思想政治教育的重要契机，通过纪念历史事件，可以让学生铭记历史，缅怀先烈，汲取前进的力量。在“九一八”事变纪念日，东北大学组织学生举行隆重的纪念活动，包括参观“九一八”历史博物馆，举行主题演讲、默哀仪式等。学生们在参观过程中，通过观看历史文物、图片资料和多媒体展示，深入了解日本侵华的历史真相，深刻体会到国家富强、民族振兴的重要性。在南京大屠杀死难者国家公祭日，南京大学组织学生参加公祭仪式，开展主题班会、烛光祭等活动，教育学生铭记历史，珍视和平，激发学生的爱国情怀和民族责任感。

学者王桧林在《中国现代史》中对重大历史事件进行了详细阐述，强调历史教育对于培养学生民族精神的重要性。在抗美援朝战争胜利纪念日，吉林大学组织学生开展“抗美援朝精神”主题研讨活动，邀请抗美援朝老兵走进校园，讲述战争经历，让学生深刻感受志愿军战士的英勇无畏和爱国精神。此外，高校还利用线上平台开展历史教育，清华大学推出

“历史记忆”线上展览，通过数字化手段展示历史事件和文物，方便学生随时随地学习历史。

（七）新时代“五精神”：助力学生成长的精神指引

在全社会弘扬劳动精神、奋斗精神、奉献精神、创造精神、勤俭节约精神，对于高校学生的成长具有重要的指引作用。天津大学开展劳动实践课程，将劳动教育纳入人才培养方案，组织学生参与校园绿化、社区服务、生产实习等劳动活动。学生们在劳动中不仅掌握了劳动技能，培养了劳动意识和奉献精神，还深刻体会到劳动创造价值的道理。学校还通过举办创新创业大赛、学术科技节等活动，激发学生的创造精神和创新能力，鼓励学生勇于探索、敢于创新。

学者艾四林在《新时代劳动教育论纲》中指出，劳动精神等有助于培养学生的奋斗意识和创新能力。同济大学打造劳动教育实践基地，涵盖农业生产、工业制造、手工技艺等多个领域，学生可以在基地中参与不同类型的劳动实践，了解不同行业的劳动特点和价值。在创新创业方面，复旦大学设立创新创业孵化中心，为学生提供创业培训、项目孵化、资金支持等服务，鼓励学生将创新想法转化为实际成果。此外，高校还通过文化活动弘扬新时代“五精神”，如浙江大学举办“奋斗的青春”主题文艺晚会，通过歌曲、舞蹈、朗诵等形式，展现新时代青年的奋斗风采和奉献精神。

（八）校史校训校风学风：独特的校园精神标识

校史校训校风学风是高校独特的精神标识，承载着学校的历史文化和办学理念，对学生的价值观形成具有深远影响。以清华大学为例，其“自强不息，厚德载物”的校训激励着一代又一代清华学子努力拼搏、追求卓越。清华大学通过校史展览、新生入学教育、校友讲座等活动，向学生传承校史文化，让学生了解学校的发展历程和办学成就，感受学校的精神底蕴。在校园文化建设中，学校注重营造良好的校风学风，鼓励学生勤奋学习、勇于创新、追求真理。

学者史静寰在《清华大学校史研究》中对清华大学的校史文化进行了深入研究，指出校史校训校风学风是学校的宝贵财富，能够潜移默化地影响学生的思想和行为。北京大学的“思想自由，兼容并包”，复旦大学的“博学而笃志，切问而近思”等校训，都在各自学校的发展历程中发挥着重要的引领作用，成为学生成长道路上的精神指引。厦门大学注重校史文化的传承与创新，建设校史展览馆，通过实物展示、多媒体演示等方式，全面展示学校的发展历程和办学成果。厦门大学还将校史教育融入新生入学教育和日常教学中，邀请老教授、校友讲述校史故事，让学生深刻理解“自强不息，止于至善”的校训内涵。

综上所述，高校思想政治教育精神资源在高校思想政治教育中具有不可替代的作用。通过深入挖掘和有效利用这些精神资源，能够丰富思想政治教育的内容，增强教育的感染力和吸引力，促进学生的全面发展。未来，高校应进一步加强对精神资源的研究与开发，不断创新教育方式方法，结合时代发展需求和学生特点，使精神资源更好地服务于高校思想政治教育工作，培养出更多具有坚定理想信念、高尚道德品质和创新实践能力的高素质人才。

第四节　高校思想政治教育校本资源的功能

高校思想政治教育校本资源在推进落实立德树人根本任务、拓展中国式教育现代化建设以及助力践行社会主义核心价值观等方面表现出积极作用、发挥了最大动能，有助于加强高校学生的思想政治教育，塑造正确“三观”，提升学生的综合素质，培养具有中国特色、国际视野的优秀创新人才。

一、推进落实立德树人根本任务

在高校思想政治教育体系中，校本资源承担着落实立德树人根本任务的关键使命，其重要性不言而喻。学者李明在《高校思想政治教育新论》中指出，高校思想政治教育校本资源旨在培育勇担时代责任、与时代发展同频共振的新时代青年。高校思想政治教育校本资源在落实立德树人根本任务方面，主要体现在以下四个关键维度。

（一）厚植爱国主义情感

爱国主义作为中华民族精神的核心，是高校思想政治教育的重要目标。高校依托校本资源开展“四史”教育，能有效激发学生的爱国热情与使命感。学者王强在《“四史”教育与高校爱国主义培养》中指出，“四史”教育涵盖党史、新中国史、改革开放史、社会主义发展史教育；通过深入学习历史，学生能够深刻理解国家发展脉络，增强民族自豪感与责任感。

多所高校积极借助校本资源推进“四史”教育。复旦大学深挖校史中的红色资源，打造“复旦红色记忆”系列课程，讲述陈望道翻译《共产党宣言》等校史故事，让学生深刻感受革命先辈的爱国情怀与奋斗精神。在课程学习中，学生不仅获取了历史知识，情感上也深受触动，进一步激发了爱国热情。以陈望道事迹为例，学生了解到他在艰难困苦的环境下，克服诸多困难完成《共产党宣言》首个中文全译本的翻译工作。这一过程不仅体现其对真理的执着追求，更彰显了为国家和民族谋发展的坚定信念。学生们在讨论中纷纷表示，要以陈望道为榜样，传承红色基因，为实现中华民族伟大复兴贡献力量。东北大学在“九一八”事变纪念日，组织学生参观校史馆中关于东北抗战的专题展览，并结合“四史”教育，让学生深刻认识到国家富强、民族振兴的重要性，激发学生为实现中华民族伟大复兴而努力奋斗的使命感。展览展示了大量珍贵的历史照片、文物和文献资料，生动再现了东北人民在抗日战争中不屈不挠的斗争精神。学生们参观时认真聆听讲解，深刻感受到先辈们为国家和民族尊严不惜牺牲的伟大精神。武汉大学开设“珞珈红色印记”课程，聚焦学校在新民主主义革命时期的历史，讲述革命先辈在校园传播进步思想、投身革命斗争的故事。通过实地走访校内革命遗址、邀请专家学者解读历史事件，学生仿佛穿越时空，目睹先辈们为国家独立和民族解放付出的艰辛努力，进一步激发爱国之情。在实地走访校内早期党组织活动旧址时，武汉大学学生聆听专家讲述革命先辈秘密集会、传播马克思主义的故事，深刻体会到先辈们为理想信念不畏艰险、勇于探索的精神。西南大学结合当地红色资源，组织学生前往重庆渣滓洞、白公馆等革命纪念地开展“四史”研学活动。研学过程中，学生聆听革命烈士英勇事迹，参观革命文物，深刻体会到革命胜利来之不易，从而更加坚定为实现中华民族伟大复兴而努力学习的决心。当学生走进渣滓洞，看到阴暗潮湿的牢房和残酷刑具时，深刻感受到革命烈士在极端恶劣环境下坚守信仰、不屈不挠的精神。一位学生在研学心得中写道：“参观渣滓洞和白公馆，让我对革命历史有了更深刻认识，也让我更加珍惜今天来之不易的幸福生活。我将努力学习，为实现中华民族伟大复兴的中国梦贡献自己的力量。”

（二）涵养思想道德品质

高校思想政治教育校本资源深度融入思想教育活动与课程，对引导高校学生树立崇高理想、形成正确价值观起着关键作用。学者张悦在《高校思想政治教育与学生道德品质培养》中指出，高校思想政治教育借助丰富的校本资源，如优秀校友事迹、校园文化活动等，为学生提供生动的道德教育素材。

南京大学开展“道德模范进校园”活动，邀请全国道德模范走进校园与学生面对面交流。道德模范的事迹涵盖助人为乐、见义勇为、诚实守信等多个方面，他们以亲身经历诠释道德力量，为学生树立榜样。学校将这些事迹融入思想政治教育课程，引导学生思考讨论，促进学生形成正确的道德认知与价值判断。在与道德模范交流中，学生被他们的高尚品德和无私奉献精神所打动。一位道德模范讲述多年坚持帮助贫困学生的故事，学生们深受触动，在讨论中表示要向道德模范学习，从身边小事做起，践行社会主义核心价值观。南开大学举办“诚信文化节”，通过征文比赛、主题演讲、诚信签名等系列活动，营造浓厚的诚信氛围。学生在参与活动过程中，深刻认识到诚信的重要性，纷纷表示要将诚信理念贯穿日常生活与学习。在征文比赛中，学生围绕诚信主题结合自身生活经历，阐述对诚信的理解与感悟。有的学生写道：“诚信是做人的根本，只有诚实守信，才能赢得他人的信任和尊重。”主题演讲中，学生用真挚情感和生动语言讲述诚信故事，呼吁大家共同营造诚信社会环境。浙江大学开展“最美浙大人”评选活动，挖掘校内师生在科研、教学、志愿服务等方面的感人故事，并广泛宣传。这些事迹贴近学生生活，易引发共鸣，激励学生以他们为榜样培养良好道德品质。评选活动中，一位科研工作者为攻克科研难题日夜坚守实验室，多年努力终获重大突破，其事迹报道后在学生中引起强烈反响。学生们表示要学习他的敬业精神和创新精神，努力提升专业素养。西北工业大学邀请抗美援朝老战士进校园，举办“传承红色基因，弘扬革命精神”主题讲座。老战士讲述战场上的英勇事迹和战争年代的艰苦生活，让学生深刻体会先辈的奉献精神和爱国情怀，引导学生树立正确的价值观和人生观。讲座中，一位老战士回忆抗美援朝经历时说：“在战场上，我们不怕牺牲，心中只有一个信念，就是保卫祖国，保卫人民。”学生们被老战士的英勇事迹感动，纷纷表示要珍惜和平生活，努力学习，为实现中华民族伟大复兴的中国梦贡献力量。

（三）增强综合素质

高校思想政治教育校本资源在促进思政学科与特色学科融合方面发挥重要作用，进而强化高校学生在知识技能、情感态度、价值观等方面的综合培育。学者赵刚在《高校学科融合与学生综合素质提升研究》中指出，学科融合能够打破学科壁垒，拓宽学生知识视野，培养学生综合思维能力。

中国人民大学将思想政治教育与法学、社会学等特色学科结合，开设法治与社会治理等跨学科课程。学生不仅学习专业知识，还能从思想政治教育角度思考社会问题，培养社会责任感与价值观。例如在法治与社会治理课程中，学生学习法律知识和社会治理理论，结合社区治理、环境保护等社会热点问题深入讨论分析。学生通过案例分析、小组讨论等方式提出见解和解决方案，既提升了专业知识水平，又增强了社会责任感和创新能力。中山大学组织学生参与乡村振兴社会实践项目，让学生深入农村了解国情，在实践中提升综合素质。实践项目中，学生深入农村基层开展调研、支教、文化宣传等活动。他们了解农村发展现状和问题，将所学知识技能运用到实践中，为农村发展贡献力量。一位学生在实践报告中写道："通过参与乡村振兴社会实践项目，我不仅学到很多书本外的知识，还锻炼了沟通、组织和团队协作能力。同时，我深刻认识到自身的社会责任，更加坚定为实现乡村振兴而努力奋斗的决心。"清华大学开设科技伦理与社会责任课程，将思想政治教育与理工科专业结合，引导学生思考科技发展背后的伦理问题和社会责任。学生在课程学习中，既掌握专业知识，又增强对社会的责任感和使命感。课程中，学生学习科技发展前沿知识，探讨科技发展对社会、环境和人类生活的影响。通过讨论和案例分析，学生认识到科技发展不仅要追求创新进步，还要关注伦理和社会责任，确保科技造福人类。上海财经大学开展财经素养与社会责任实践活动，组织学生深入社区、企业，开展金融知识普及、经济调研等活动。学生在实践中将财经专业知识与社会实际结合，提高知识运用和沟通能力，同时增强社会责任感。金融知识普及活动中，学生走进社区为居民讲解理财知识、防范金融诈骗等内容，通过与居民互动交流，提高沟通能力，增强社会责任感。经济调研活动中，学生深入企业了解经营状况和问题，运用经济学知识分析研究，提出建议和解决方案。北京体育大学将思想政治教育融入体育教学和训练，通过举办体育精神与爱国情怀主题活动，培养学生坚韧不拔的意志品质和爱国奉献精神。在体育赛事中，引导学生树立正确胜负观，注重团队协作，全面提升学生综合素质。主题活动中，学生通过观看体育赛事视频、听取运动员事迹报告等方式，深刻体会体育精神内涵。体育赛事中，学生锻炼身体素质，培养团队协作精神和竞争意识，同时通过学习领悟体育精神，增强爱国情怀和民族自豪感。

（四）培育创新实践能力

高校思想政治教育校本资源引导学生深刻认识坚持创新在我国现代化建设全局中的核心地位，对培养学生创新意识和实践能力至关重要。学者孙婷在《高校创新教育与实践能力培养》中提到，高校通过丰富的校本资源，如创新创业讲座、实践基地等，为学生提供创新实践平台。

上海交通大学设立创新创业学院，整合校内外资源，为学生提供创业培训、项目孵化等服务。学院邀请企业家、投资人开展讲座和指导，激发学生创新意识，培养实践能力。创业培训课程中，学生学习创业基础知识、市场分析、商业模式设计等内容，通过模拟创业项目、案例分析等方式进行实践操作演练。项目孵化过程中，学院提供场地、设备、资金等支持，帮助学生将创新想法转化为实际项目。一位学生参加创新创业学院培训后成功创办公司，他表示："创新创业学院为我提供了良好平台，让我有机会将想法付诸实践。在这里，我不仅学到创业知识和技能，还结识了很多志同道合的朋友，我们一起努力实现创业梦想。"

北京大学组织学生开展"社区服务学习"项目，让学生在服务社区过程中提升社会责任感，树立担当意识，为未来职业发展奠定基础。项目中，学生深入社区开展关爱孤寡老人、环保宣传、义务家教等志愿服务活动。通过与社区居民互动交流，学生了解居民需求和问题，将所学知识技能运用到服务中，为社区发展贡献力量。一位学生参与社区服务学习项目后感慨："通过这个项目，我深刻体会到社会责任感的重要性。在服务社区过程中，我不仅帮助了他人，也锻炼了自己的能力，为未来职业发展积累了宝贵经验。"西安交通大学打造科技创新实践基地，为学生提供先进实验设备和技术支持，鼓励学生开展科技创新活动。基地定期举办科技创新竞赛，激发学生创新热情，培养团队协作和实践操作能力。科技创新竞赛中，学生组成团队围绕科技创新项目进行研究、设计和实践。在此过程中，学生锻炼创新和实践能力，培养团队协作精神和沟通能力。一位学生参加科技创新竞赛取得优异成绩后表示："参加科技创新竞赛让我收获颇丰，学会运用所学知识解决实际问题，也学会与团队成员合作完成项目。这些经验对我今后的学习和工作将产生积极影响。"深圳大学与当地企业合作建立产学研一体化实践基地，让学生参与企业实际项目的研发和创新。学生在实践中将所学知识应用到实际工作中，接触行业前沿技术和理念，拓宽视野，提升创新实践能力。实践基地中，学生跟随企业导师参与实际项目研发，了解行业最新动态和技术发展趋势。通过与企业合作，学生提高专业技能，增强创新意识和实践能力。一位学生参与企业项目研发后表示："在实践基地的学习和工作让我受益匪浅，学到很多实用知识和技能，了解行业发展需求，为我今后职业发展指明了方向。"华中科技大学开展创业先锋训练营活动，邀请成功创业者分享创业经验，为学生提供创业指导和资源对接，通过一系列培训和实践活动，激发学生创新思维，提升创业能力，为未来创业之路奠定坚实基础。创业先锋训练营中，学生听取成功创业者经验分享，学习创业项目策划、融资、市场推广等知识和技能。训练营还为学生提供与投资人、企业家交流机会，帮助学生对接资源，解决创业过程中遇到的问题。一位学生参加创业先锋训练营后对创业有了更清晰的认识和规划，他说："参加创业先锋训练营让我对创业有了更深入了解，也让我更加坚定创业决心。在这里，我学到很多实用知识和技能，结识很多优秀创业者和投资人，他们的经验和建议非常宝贵。"

高校思想政治教育校本资源在落实立德树人根本任务中发挥着不可替代的作用。高校通过厚植爱国主义情感、涵养思想道德品质、增强综合素质和培育创新实践能力等方式，使思想政治教育校本资源为培养新时代高素质人才提供了有力支撑。未来，高校应进一步深入挖掘和利用校本资源，不断创新教育方式，更好地服务于立德树人根本任务，为实现中华民族伟大复兴培养更多优秀人才。

二、拓展中国式教育现代化建设

在高校思想政治教育的宏观体系中，校本资源不仅承担着落实立德树人根本任务的重任，更为推进中国式教育现代化提供了全方位、深层次的支撑。学者李明在《高校思想政治教育新论》中提出，高校思想政治教育校本资源的核心在于培育能担当时代责任、与时代发展同步的新时代青年。从实践来看，高校思想政治教育校本资源在落实立德树人根本任务、推进中国式教育现代化方面的作用，主要体现在以下关键维度。

（一）为推进中国式教育现代化强化人才支撑

人才是推动社会进步和国家发展的核心要素，在全面推进中国式现代化、实现中华民族伟大复兴的征程中，起着不可或缺的作用。坚持人才是第一资源的战略定位，是国家长远发展的必然选择。在此过程中，高校思想政治教育校本资源在培育高素质人才方面发挥着关键作用，引领和推动着中国式教育现代化建设。

从教师层面来看，高素质、高水平的教师校本资源是强化人才支撑的重要力量。这类教师凭借丰富的教学经验，能将复杂知识深入浅出地传授给学生，激发学生的学习兴趣和潜能。他们利用自身深厚的行业经验使教学内容贴近实际，帮助学生了解行业动态和前沿知识，增强实践能力和职业素养。其科研成果推动学科发展，为学生提供参与科研项目的机会，培养学生的创新思维和科研能力。比如，清华大学的施一公教授，凭借在生命科学领域多年的研究成果，带领学生参与国家级科研项目，学生在项目中提升了专业知识水平，掌握了科研方法，培养了创新意识。北京大学的饶毅教授在神经科学研究成果显著，他不仅在课堂上传授专业知识，还鼓励学生参与科研实践，其团队中许多学生在科研项目中崭露头角，取得了一定的研究成果。正如学者王洪才在《大学教师发展论》中所说，优秀的大学教师能通过教学和科研活动，全面提升学生的综合素质，为学生未来发展奠定基础。

从学生角度出发，高校学生借助思想政治教育校本资源，在丰富多样的思想政治教育活动中锻炼自己。学生通过参与社会实践、志愿服务、学术研讨等活动，将理论知识与实践结合，提升综合素质，实现自我价值的提升。同时，这些活动引导学生树立正确的人生观和价值观，让他们认识到个人与社会、国家的紧密联系，增强社会责任感和使命感。在团队合作项目中，学生学会沟通协作，培养创新能力；在职业道德教育中，学生明确职业操守，提升职业道德水平，为未来职业发展和社会贡献奠定基础。例如，北京大学开展的社区服务实践活动中，学生深入社区开展志愿服务，在解决实际问题的过程中，提升了沟通能力和社会责任感，实现了知识与实践的融合。上海交通大学组织学生参与共建“一带一路”国家的文化交流与调研活动，学生深入当地，了解不同国家的文化、经济和社会状况，在跨文化交流中提升了国际视野和综合素养，深刻体会到时代赋予的使命。学者张应强在《高等教育现代化的理论与实践》中指出，社会实践活动能让学生在真实的社会环境中得到锻炼，培养社会责任感和使命感，对推进中国式教育现代化意义重大。

（二）为推进中国式教育现代化夯实物质条件

多元化、优质、丰富的思想政治教育校本资源，是高校思想政治教育发展的重要保障，也为推进中国式教育现代化奠定了坚实的物质基础。大量物力、财力校本资源的投入，推动了多样化、数智化校本资源的开发。智慧教室配备先进教学设备和智能教学系统，打破传统教学的时空限制，实现线上线下融合教学，为学生创造便捷、高效的学习环境；多功能展厅可举办各类展览、学术报告和文化活动，丰富学生课余生活，拓宽学生视野；虚拟仿真实验室让学生在虚拟环境中进行实验操作，降低实验成本和风险，提升学生的实践操作能力和创新思维；智能交互式文化馆利用现代信息技术展示文化成果，增强学生对文化的感知和理解。比如，中国科学技术大学投入大量资金建设先进的量子信息实验室，配备顶尖科研设备和智能实验系统。学生在这里既能进行前沿的量子科学研究，又能借助智能化教学资源深入学习相关知识，培养创新能力。此外，高校汇编或选用融入思想政治教育元素的教材，作为重要的物质校本资源，帮助高校学生全面、深入地认识中国式教育现代化建设的本质特征、背景历程、面临的挑战和未来展望。这些教材将思想政治教育与专业知识融合，让学生在学习专业知识的同时，接受思想政治教育，培养正确的世界观、人生观和价值观，为中国式教育现代化建设培养德才兼备的高素质人才。以中国人民大学的马克思主义理论专业教材为例，教材融入了中国特色社会主义理论体系的最新成果，教师在讲解专业知识时，引导学生思考其与国家发展、社会责任的联系，提升学生的思想境界和社会责任感。学者石中英在《教育哲学》中强调，教材作为教育的重要载体，其内容设计和编排对学生的知识获取和价值观形成影响深远。

（三）为推进中国式教育现代化强化精神支撑

校本资源依托学科优势和学生需求，开发出丰富多元、具有深厚历史底蕴的人文社科、艺术文化等课程资源，以及内涵丰富的校史校训资源。这些资源让师生、校友和家长深入了解学校的办校历程和文化底蕴，激发他们的归属感、责任感和使命感。

思想政治教育校本资源为师生构建了多元化、自由式、包容式的精神生活空间。在人文社科课程中，学生通过学习哲学、历史、社会学等知识，拓宽思维视野，提升人文素养；艺术文化课程培养学生的审美能力和艺术修养，激发创造力和想象力。校史校训资源承载着学校的精神传承，激励师生追求卓越、勇于担当。在浓厚的校园文化氛围中，高校师生的文化素养和审美能力显著提升，文化品位和探究能力被充分激发，为推进中国式教育现代化输送精神养分。例如，复旦大学以校史中记载的老校长陈望道翻译《共产党宣言》的故事为依托，开发校史文化课程，通过讲述学校发展历程中的奋斗故事，激发学生的爱校情怀和进取精神，营造积极向上的文化氛围。南开大学以周恩来总理的求学经历为校史教育重点，开发一系列校史文化课程和活动，激励学生传承先辈精神，为国家发展贡献力量。学者刘铁芳在《教育的应然与实然》中指出，校园文化作为一种精神力量，能潜移默化地影响学生的思想和行为，为学生成长提供精神动力。

（四）为推进中国式教育现代化完善制度保障

高校思想政治教育校本资源还包括根据自身实际和特色制定的一系列思想政治教育制度校本资源。这些制度资源是高校在深入调研、精准定位问题、明确需求的基础上，科学合理制定的。健全的思想政治教育工作制度明确了教育工作的目标、任务和流程，确保思想政治教育工作有序开展；标准的师资选拔制度保证了教师队伍的质量，为培养高素质人才提供师资保障；多元的考评制度全面、客观地评价学生的学习成果和综合素质，激励学生积极进取；规范的监督制度对思想政治教育工作的各个环节进行有效监督，确保制度执行和教育质量提升。

这些制度校本资源不仅为高校思想政治教育提供保障，也为推进中国式教育现代化提供了可供借鉴的经验和模式。通过完善的制度保障体系，中国式教育现代化建设能更科学、规范、高效地推进，为培养更多适应时代发展需求的高素质人才奠定基础。以浙江大学的思想政治教育工作制度为例，该制度明确各部门职责，优化工作流程，在实际运行中取得良好效果，为其他高校提供了有益参考。南京大学建立严格的师资选拔制度，从学历、科研成果、教学能力、师德师风等多个维度综合考核教师，确保教师队伍的高质量，为学生提供优质教育资源。学者别敦荣在《高等教育管理》中指出，完善的教育制度是保障教育质量、推动教育发展的关键因素，对高校思想政治教育同样如此。

高校思想政治教育校本资源在落实立德树人根本任务、推进中国式教育现代化中发挥着不可替代的作用。通过强化人才支撑、夯实物质条件、强化精神支撑和完善制度保障等多个维度，高校思想政治教育校本资源为培养新时代高素质人才、推进中国式教育现代化提供了全方位支撑。展望未来，高校应进一步挖掘和利用校本资源，创新教育方式方法，更好地服务于立德树人根本任务和中国式教育现代化建设，为实现中华民族伟大复兴培养更多优秀人才。

三、助力践行社会主义核心价值观

在新时代的教育发展进程中，高校思想政治教育校本资源犹如一座蕴藏丰富的宝库，其中蕴含的深刻精神与教育价值熠熠生辉。这不仅是培育和践行社会主义核心价值观的重要精神源泉，更是落实立德树人根本任务、推进中国式教育现代化的关键力量。从微观层面看，它塑造着高校学生的个体价值观；从宏观角度讲，它为推动社会进步、助力国家发展提供坚实的思想支撑。

（一）奠定践行社会主义核心价值观的文化根基

高校思想政治教育校本资源作为深厚的文化基石，为社会主义核心价值观的践行筑牢根基。高校学生的精神世界构建与思想政治教育校本资源紧密相连，两者相互交融，共同成长。以清华大学为例，其校史是一部生动的奋斗史，见证了中国近现代高等教育的蜕变。自 1911 年清华学堂创立，在风雨飘摇的时代中艰难起步，到如今发展成为世界知名学府，清华始终站在时代前沿，为国家输送了无数优秀人才。史静寰在《清华大学校史研究》中指出，清华校史资源不仅是时间的记录，更是精神传承的脉络。从清华学堂培养的第一批留美学生，到西南联大时期与北大、南开携手坚守学术火种，清华人始终秉持着强烈的社会责任感和使命感，在不同历史时期都展现出勇立潮头的精神风貌。这种精神成为清华学子在学术创新、社会服务等领域不断探索的动力源泉，为他们的成长提供了深厚的文化根基。在长期的办学和育人过程中，高校积累的思想政治教育校本资源形式多样，内容丰富，既有历史文献、文化遗迹、校园建筑等物质载体，也包含校园文化活动、学术传统、师生故事等非物质形态。这些资源蕴含着丰富的思想内涵，生动展现了高校在追求教育理想过程中的艰辛历程与执着追求。比如，厦门大学的校主陈嘉庚先生倾资兴学，以“教育为立国之本，兴学乃国民天职”的理念，将爱国情怀融入办学精神，激励着一代又一代厦大师生为国家和社会贡献力量，成为彰显社会主义核心价值观的生动例证。

中华优秀传统文化是中华民族的精神命脉，也是培育社会主义核心价值观的肥沃土壤。许多高校深入挖掘校本资源，将传统文化融入教育教学。北京大学开设的《论语》《孟子》研读课程，邀请知名学者授课，引导学生在经典诵读中领悟儒家“仁爱”“礼义”等思想精髓，并在研讨交流中思考如何将这些传统智慧应用于当代社会。张立文在《中国传统文化概论》中强调，传统文化中的道德规范、人文精神和思想智慧，能够帮助学生在文化浸润中，深刻理解中国特色社会主义道路、理论、制度和文化的历史渊源与独特魅力，从而坚定“四个自信”。这种自信进一步滋养学生爱党爱国爱人民的深厚情感，使社会主义核心价值观在学生心中落地生根。

（二）提供践行社会主义核心价值观的参与基础

校本资源的积累、开发与运用是一个长期的过程，凝聚着高校历代教育者的智慧与心血，承载着学生的青春与梦想，具有鲜明的历史性、传承性和时代性。这些资源中蕴含的先进思想，如同一座座灯塔，照亮当代大学生的思想之路，引领他们树立正确的价值观念。复旦大学的校史馆宛如一部生动的“复旦志”，记录了学校自 1905 年马相伯先生创办复旦公学以来的百年历程。从倡导“学术独立，思想自由”，积极投身反帝反封建的爱国民主运动，到新中国成立后在学术科研领域的不断突破，再到如今在国际舞台上展现中国高校的风采，校史馆中的文物、照片和文字资料，生动展现了复旦人的奋斗历程。顾明远在《教育大辞典》中指出，校史教育是对学生进行爱国主义教育和集体主义教育的重要途径。复旦学生走进校史馆，仿佛穿越时空，与先辈们对话，深切感受到学校的深厚历史底蕴和独特文化魅力。这种感受激发了他们爱校、兴校、荣校的主人翁责任感，并将这种对母校的热爱升华为对国家和民族的热爱，对党和人民的忠诚。

此外，高校通过组织丰富多样的思想政治教育活动，进一步提升学生对社会主义核心价值观的认知与认同。浙江大学开展的乡村振兴志愿服务活动，组织不同专业的学生深入农村基层。农业专业的学生运用专业知识为农民提供种植养殖技术指导，助力农业产业升级；人文社科专业的学生则开展文化调研与传播活动，丰富乡村文化生活。在这个过程中，学生们不仅将所学知识应用于实践，更深刻体会到社会主义核心价值观中“敬业”是对专业的坚守与奉献，“友善”是与他人和谐相处、互帮互助，“和谐”是追求城乡协调发展、人与自然和谐共生。这种亲身体验式的教育，极大地增强了学生对社会主义核心价值观的践行意识，使他们在实践中成为社会主义核心价值观的传播者和践行者。

（三）拓宽践行社会主义核心价值观的实践载体

高校思想政治教育校本资源丰富多元，涵盖物质资源、制度资源、精神资源、人力资源等多个维度，蕴含着道德品质、理想志向、进步思想、价值理念等积极因素，凝聚着高校在不同发展阶段的奋斗记忆。

在物质资源方面，中国科学技术大学拥有多个国家级实验室，如合肥微尺度物质科学国家研究中心、火灾科学国家重点实验室等。这些实验室为学生提供了前沿的科研平台，学生在参与科研项目的过程中，不断突破思维局限，探索未知领域。从提出科研假设到反复实验验证，他们在实践中培养了创新精神和科学素养，将社会主义核心价值观中的“创新”理念融入科研实践，为我国科技进步贡献力量。

在制度资源上，中山大学建立了完善的社会实践制度。学校编制详细的社会实践指导手册，明确实践目标、内容、流程以及考核标准；设立专门的社会实践指导中心，配备专业教师为学生提供全程指导；建立社会实践基地，与企业、社区、政府部门等合作，为学生提供丰富多彩的实践机会。杨德广在《高等教育管理学》中强调，合理的制度能够引导学生积极参与实践活动，促进学生全面发展。中山大学的社会实践制度，让学生在实践中了解社会、增长才干，将理论知识与社会实践紧密结合，提升综合素质。

在精神资源方面，南开大学以周恩来总理的求学经历为精神引领，精心开发了一系列校史文化课程和活动。周恩来与南开校史课程，深入讲述周恩来总理在南开求学期间的学习生活、思想转变以及革命实践，让学生深刻领会周恩来总理“为中华之崛起而读书”的远大抱负和爱国情怀。同时，学校举办“周恩来班”创建活动，激励学生以周恩来总理为榜样，在学习和生活中践行“爱国”“敬业”等社会主义核心价值观。学生们在参与这些课程和活动的过程中，深受鼓舞，树立了远大的理想志向，积极投身于学习和社会实践，努力成为德智体美劳全面发展的时代新人。

这些丰富的校本资源相互关联、相互促进，共同为高校学生培育和践行社会主义核心价值观构建起坚实的思想政治教育纽带，提供多样化的实践载体。

高校思想政治教育校本资源在高校学生培育和践行社会主义核心价值观方面发挥着不可替代的关键作用。高校通过奠定文化根基，让学生在文化滋养中坚定信仰；提供参与基础，激发学生的内在动力；拓宽实践载体，让学生在实践中深化认知，为学生树立正确的价值观提供了全方位、多层次的支持。随着时代的发展和教育改革的不断深入，高校应进一步深入挖掘和充分利用校本资源，结合现代教育技术和教育理念，不断创新教育方式方法，更好地服务于学生的价值观培育，为培养担当民族复兴大任的时代新人贡献力量，在落实立德树人根本任务、推进中国式教育现代化进程中书写更加辉煌的篇章。

第五节　高校思想政治教育校本资源的功能特点

一、“场域”性：时空交融下的多元文化生态

在高校思想政治教育的广袤版图中，校本资源以其独有的特质成为不可或缺的关键力量。当我们深入探究其内涵与价值时，会发现它具备三大核心特性，分别是“场域”性、体验性与传承性。这些特性并非孤立存在，而是相互交织、彼此影响，共同构建起高校思想政治教育校本资源的独特体系。它们从不同维度、以多元方式作用于高校思政教育，不仅重塑了教育的生态与模式，更在培养学生正确价值观、提升思想道德素养以及助力其全面发展等方面发挥着不可估量的作用，对落实立德树人根本任务和推进中国式教育现代化进程意义深远。

法国社会学家布迪厄在其著作《实践与反思：反思社会学导引》中提出了“场域”理论，他认为，在社会高度分化的背景下，产生了众多“社会小世界”，即场域，且场域内部还可进一步细分出各类“子场域”。大学校园无疑是青年大学生个体成长与群体进步的关键“场域”，它绝非简单的物理空间聚合，而是一个集时间、空间与文化等多维度要素于一体的复杂多元生态系统。学者周光礼在《大学治理现代化：理念、制度与行动》中深入阐述大学校园这个特殊的“场域”：在空间层面，涵盖教学楼、图书馆、宿舍等实体建筑，这些物理空间承载着学生日常的学习、生活以及社交互动；从时间维度来看，它是学校历史文化的长期沉淀，每一栋古老建筑、每一条校园小径都承载着过往的记忆，见证着学校的发展与变迁；在概念范畴，这里汇聚了先进的教育理念、浓厚的学术氛围以及独具特色的校园文化。大学校园包含直接作用于每一位大学生个体的环境要素，如校园的自然景观与人文景观，潜移默化地影响学生的审美情趣与情感认知；文化要素，像丰富多彩的校园文化活动、前沿的学术讲座等，不断拓宽学生的知识边界；管理要素，诸如学校的规章制度、科学的管理模式

等，规范着学生的行为举止，引导其健康成长。

美国教育家杜威在经典著作《民主主义与教育》中提出“教育应当是生活本身，而不是生活的准备”这一观点。从经验主义视角出发，杜威强调教育是一个持续丰富与更新生活经验的动态过程。这一理论为探讨生活与学习在时空维度上的紧密关联提供了极具价值的参考。当下，我国高校大力倡导的“大思政”育人理念，正是对杜威教育观点的创新性发展与中国化改造。学者冯刚在《新时代“大思政课”建设的理论与实践》中指出，“大思政”理念将校园生活中具有正向积极能量的人、事、物，以及它们所蕴含的具有中国特色或地域特色的内在意蕴、精神气质、象征意象等，巧妙转化为思政教育的宝贵素材，并向大学生进行深入阐释与广泛传播。这些素材深深扎根于大学生活，无论是在课堂学习、社团活动，还是日常社交中，都能发现它们的踪迹，广泛存在于大学生活的各个历时与共时空间，充分彰显出鲜明的“场域”特性。

以拥有红色文化传统的高校为例，校内的革命遗迹，如革命烈士雕像、纪念馆等，不仅是校园空间的重要构成部分，更是历史的有力见证者。这些高校将发生在校园内的红色故事，如先辈们为争取民族独立而进行的英勇斗争事迹融入思政教育课堂，组织学生参观革命遗迹，邀请专家学者进行现场讲解，让学生在特定的校园空间中，亲身感受历史的厚重，深刻领悟红色精神的内涵。这些红色文化资源与校园空间紧密相连，成为“场域”性校本资源的生动范例，有力推动了思政教育的深入开展。

二、体验性：实践感知与心灵共鸣的深度融合

认知心理学认为，认知发展是个人先天能力与周围环境持续相互作用、不断适应需求的结果。大学校园作为一个独特的特定环境，在此孕育并发展起来的各类思政教育资源要素，对教育主体（教师）和教育对象（学生）而言，都有着极为特殊的亲身经历与深刻体验。瑞士心理学家皮亚杰在其经典著作《发生认识论原理》中，对认知发展与环境的相互作用进行了深入剖析。他指出，个体从出生起，就通过感知运动、前运算、具体运算和形式运算等阶段，不断与环境互动，从而逐步构建起自身的知识体系和认知结构。这一理论为理解大学校园环境对学生认知发展的影响提供了坚实的理论基础。

这种亲历体验主要体现在两个层面。一方面是实践上的“亲历”认

知，即主体通过实际行动对客观世界做出反映，涵盖主体在思政教育活动过程中的积极参与，以及由此产生的真实感受、深刻认知和全新发现等。例如，众多高校积极组织志愿服务活动，学生们走进社区、乡村，参与关爱孤寡老人、义务支教、环保宣传等实践项目。在这些活动中，学生们目睹社会的不同层面，亲身体验到帮助他人的快乐，从而对社会责任感、奉献精神等思政概念有了更为深刻的理解与感悟，将抽象的思政理念转化为实际行动。另一方面是心理上的“亲历”认知，即通过虚拟的、模拟的、能够引发共情的经历与体验来实现。学者陈琦、刘儒德在《当代教育心理学》中指出，通过创设情景、角色扮演、案例分析等多样化的教学方式引发的共情体验，能够有效地促进学习者的认知发展。例如，在思政课堂上，教师可以通过播放感人的事迹视频、讲述真实的故事，引导学生进行移情性理解和反思式讨论。当学生们学习具有典型意义的校园先进人物事迹时，通过深入了解先进人物的成长历程、内心世界，设身处地感受他们的抉择与坚持，从而引发强烈的情感共鸣，在心灵深处激发对真善美的追求和对高尚品德的向往。对于校园特色文化的认知、校训校风的体悟感受等内容，学校也可以采用类似的方式，增强学生的深层体验，提升思政教育的实际效果，将思政教育从单纯的知识传授引向启发式教育和“心灵碰撞”的跨越式进阶。

三、传承性：历史沉淀与文化自觉的赓续前行

无论是物质形态还是精神形态的校本资源，追根溯源，本质上都是源于学校这个“生长点”逐步发展而来的。学者王冀生在《现代大学文化学》中明确指出，校本资源的不同表现形式和呈现内容，无一不是经过漫长时间的积累、历史的反复筛选与沉淀的产物。每一所高校都拥有独一无二的发展历程，在这一过程中形成的独特历史文化、传统精神、价值理念等，是广大师生在长期的学习、工作和生活中，对校本资源深入理解和高度认同的基础上，逐渐培育出的一种文化自觉。这种文化自觉对于大学的可持续发展而言，是不可或缺的重要精神支柱。

以历史悠久的北京大学为例，其“思想自由，兼容并包”的办学理念，历经百年传承与发展，已成为北大独特的精神标识。从新文化运动时期的思想解放浪潮，到五四运动时期的爱国救亡抗争，北大始终屹立在时代的潮头，引领思想的潮流。一代又一代的北大学子在这种独特的校史文

化和学术传统的熏陶下，传承着先辈们的精神，积极投身学术研究、社会服务和国家建设。又如清华大学，“自强不息，厚德载物”的校训激励着无数清华学子拼搏奋进、追求卓越。学校通过开展校史展览、校友讲座、文化活动等多种形式，将校史文化、学术传统代代相传，让每一位清华学子都能深刻领悟到学校的精神内涵，在传承中不断砥砺前行，为实现个人价值和社会发展贡献力量。这些历史悠久的高校，凭借其独特的校本资源传承，不仅培养了大批德才兼备的优秀人才，也为中国高等教育的发展注入了源源不断的活力，成为传承校本资源的杰出典范。

高校思想政治教育校本资源所具备的“场域”性、体验性与传承性，使其在高校思政教育体系中独树一帜。这些特性通过构建多元文化生态促进实践与心灵的深度融合以及推动历史与文化的赓续传承，全方位地助力高校落实立德树人根本任务，为推进中国式教育现代化提供强大的精神动力与智力支持。未来，高校应进一步深入挖掘与充分利用校本资源，持续创新教育方式，让校本资源在新时代的教育征程中培育出更多德智体美劳全面发展的时代新人。

第六节　高校思想政治教育校本资源的功能发挥

一、开发利用原则

在高校思想政治教育的广阔领域，校本资源扮演着举足轻重的角色。这些资源不仅是学校文化底蕴的深厚积淀，更是推动教育革新、实现立德树人根本任务的重要力量。本节将从涵盖全面、凝练特色、创新发展三个维度，深入剖析高校思想政治教育校本资源的重要价值与独特运用。

（一）涵盖全面：多元资源整合与思政教育融合

高校校本资源的开发利用，是一项系统性、复杂性极高的工程，其深度融合了校园环境、校园文化、校园精神、校园制度等多方面要素，呈现出螺旋式上升、持续优化的发展态势。这一过程包含资源的发现、提升、总结、反馈与修订等关键环节，各环节紧密相连、相互促进，共同推动着校本资源的不断完善。

从资源挖掘角度来看，高校需全面探寻那些深深扎根于校园的各类资源。物化形态资源方面，校园建筑作为校园文化的物质载体，承载着学校的历史记忆与文化底蕴。如清华大学的清华园，其古典雅致的建筑风格，不仅展现了中国传统文化的独特魅力，更彰显了学校的深厚历史底蕴；厦门大学内的鲁迅纪念馆，记录了鲁迅在此任教期间的点滴，成为传承文化与精神的重要象征。精神价值资源同样丰富多样，校史故事讲述着学校在不同历史时期的奋斗历程与辉煌成就，激励着师生砥砺前行。师生中的先进事迹所蕴含的精神内涵，如某位教授数十年如一日投身科研，攻克关键技术难题，为国家发展贡献力量，其敬业精神与爱国情怀成为校园精神价值的生动体现。通过对这些资源的精心梳理与整合，能够将其转化为极具代表性的文化符号与精神象征，成为高校独特文化的鲜明标识。

学者涂又光在《教育文化学》中指出，校园文化是学校教育不可或缺的重要组成部分，而校本资源正是校园文化的具体呈现。通过对这些资源的有效整合利用，能够将其融入大学生思想治政教育的各个场景，包括课堂教学、社团活动、社会实践；同时，能够将其嵌入专业课课程思政的各个环节，实现思政教育与专业教育的有机融合。在微观层面，学生通过对校本资源的观察与接触，能够产生强烈的情感共鸣与深刻体验。例如，学生参与校史文化研究项目，深入挖掘校史中的感人故事，在这个过程中，他们会被先辈们的奋斗精神所感染，从而激发自身的责任感与使命感。从宏观层面来讲，这有助于师生从整体上把握校本资源的丰富内涵与独特价值，深刻领悟其蕴含的基本内容以及所生发的启迪意义，进而形成对学校文化的高度认同与归属感。

大学的校史馆与档案馆通常是校本资源最为集中的展示场所。校史馆通过实物展示、典型事迹宣传、理念传播等多种方式，全面呈现学校的文化特质与精神风貌。实物展示方面，校史馆展出的古老的校徽、珍贵的教材、师生的获奖证书等，直观地展现学校的发展脉络；典型事迹宣传方面，校史馆通过展板、多媒体等形式，讲述学校发展过程中的重大事件、杰出人物的先进事迹，如某校友在科研领域取得重大突破，为国家赢得荣誉，其事迹激励着在校学生努力学习；理念传播方面，校史馆借助校史讲解、专题讲座等方式，将学校的办学理念、校训精神等传递给每一位师生。相关研究数据表明，超过 80%的学生在参观校史馆后，对学校的认同感显著增强，师生的凝聚力、责任感和使命感也得到大幅提升。例如，某高校在校史馆举办“红色校史”主题展览，通过展示学校在革命时期的贡献，使学生深刻认识到自身肩负的历史使命，激发了他们的学习动力和爱国热情。这些丰富而多元的校本资源，无疑成为思政课程教育和课程思政实施的优质素材，为思政教育的深入开展提供了坚实有力的支撑。

（二）凝练特色：挖掘独特内涵，塑造校本文化

相较于普通思政课程教材的体系性与规范性，校本资源的内涵具有独特的来源，它是大学校园要素从物化形态向精神和文化形态升华的有机总和。然而，这些要素的集合并非天然有序，需要教育者运用专业智慧与教育情怀，进行深入的凝练与总结。

从大学发展历程的视角出发，高校需要从多个维度对校本资源进行深度挖掘。在历史传承方面，回顾学校的创立背景、发展历程中的关键节点，如南开大学在战火中诞生，在艰苦环境中不断发展壮大，其坚韧不拔的精神成为独特的历史传承；在精神延续方面，传承学校在不同时期形成的优秀精神品质，如西南联大时期的“刚毅坚卓”精神，激励着一代又一代学子追求真理；在文化滋养方面，挖掘学校所在地域的文化特色对校园文化的影响，像位于古都西安的高校，深受汉唐文化熏陶，形成了厚重古朴的校园文化氛围；在管理理念方面，总结学校在教学管理、学生管理等方面的独特理念与成功经验，如有的高校推行“以学生为中心”的管理理念，注重学生的个性发展；在典型师生方面，挖掘师生中的典型人物，如复旦大学的钟扬教授，他不畏艰苦，致力于生物多样性研究，为国家和社会做出巨大贡献，其事迹成为激励师生的精神动力；在对外合作方面，遴选合作中的成功案例，如校企合作中共同攻克技术难题，推动科研成果转化，体现了学校与社会紧密合作的创新精神。通过对这些维度的深入挖掘，高校可以提炼出符合思政育人实际的独特要素与典型案例。

在此过程中，科学的建构与人文的关照相辅相成、不可或缺。科学建构旨在确保校本资源的系统性与逻辑性，通过合理的分类、有序的编排，使其能够形成一个有机的整体，便于学生理解与接受。例如，构建校本课程体系时，按照历史、文化、精神等不同主题进行分类，设置相应的课程模块。人文关照则强调关注学生的情感需求与内心世界，赋予校本资源以温暖与关怀，使其更贴近学生的生活实际与心理诉求。以北京大学为例，1917 年鲁迅先生为北京大学设计的校徽，篆书“北大”二字一上一下，巧妙地突出了“人”的本义与特点，生动形象地体现了北京大学“以人为本”的育人理念。这一校徽与蔡元培校长提出的“思想自由，兼容并包”的办学思想相互呼应、相得益彰，共同构成了北大独特的文化传承与精神

根脉。在北大的日常教育管理服务中，从课堂教学到校园活动，从师生互动到校园氛围营造，这种独特的校本文化如春风化雨般，潜移默化地影响每一位北大人，成为他们精神世界中不可或缺的重要组成部分。学者杨东平在《大学精神》中明确提到，独特的校本文化是大学的灵魂所在，能够为学生提供独一无二的精神滋养，助力学生的全面发展。通过对校本资源的特色凝练，能够精心打造出具有独特气质内蕴和精神价值的校本文化与校本资源，为思政教育增添独特的魅力与活力，使其在思政教育中发挥出独特的作用。

（三）创新发展：与时俱进，推动校本资源持续进步

马克思主义认识论强调，实践是认识的基础、来源、发展动力，同时也是认识的目的和检验认识真理性的唯一标准。校本资源并非一成不变的静态存在，而是如同生命体一般，随着时代的进步与社会的发展，不断地创新与发展。从本质上讲，立足校本资源凝练而成的大学历史文化传统和价值理念导向，是在大学自身漫长的成长实践基础上，经过不断地归纳、提炼、总结而形成的。

在大学漫长的发展历程中，这些传统与理念并非一蹴而就，而是在实践中不断接受检验，其科学性、合理性与人文性得以持续完善。在标识设计方面，许多高校根据时代发展和学校特色，对校徽、校旗等标识进行优化升级，使其更能体现学校的精神内涵与发展理念。例如，某高校将校徽中的传统元素与现代设计理念相结合，展现出学校既传承历史又面向未来的发展态势；在理念改进方面，许多高校根据社会需求和教育发展趋势，不断更新办学理念、育人理念等，如一些高校提出“培养具有全球视野的创新型人才”的新理念，以适应全球化时代的发展需求；在体系化方面，许多高校通过构建完善的课程体系、实践教学体系、校园文化活动体系等，将学校的精神理念落实到具体的教育教学活动中。

以国防七子之一的西北工业大学为例，该校以“公诚勇毅”为校训，始终秉持着为国家航空、航天、航海事业贡献力量的坚定信念，大力弘扬“三实一新”校风，坚持“五个以”办学理念。在长期的发展过程中，学校紧密围绕国家战略需求和时代发展脉搏，不断对这些理念进行创新与完善。在课程设置上，紧跟航空、航天、航海领域的前沿技术发展，开设了人工智能在航空航天中的应用、深海探测技术前沿等前沿课程，使学生能够接触到行业最先进的知识与技术；在校园文化建设方面，积极举办各类

科技竞赛，如航空航天创新设计大赛，鼓励学生将理论知识运用到实践中，培养创新能力；开展丰富多彩的文化活动，如航海文化节，传播航海知识与文化，增强学生对航海事业的热爱。这种与时俱进的发展模式，使得学校质朴纯粹的爱国情感与艰苦奋斗的开拓精神，如涓涓细流，深深浸润着每一位学子的思想与心灵，成为他们日常学习生活中的自觉追求与行为准则。正如学者潘懋元在《高等教育学》中所指出的，高校应不断创新发展，以适应时代的需求，校本资源的创新发展正是高校与时俱进的重要体现。通过持续创新，校本资源能够始终保持旺盛的活力，更好地服务于高校的人才培养与思政教育工作，为培养德智体美劳全面发展的社会主义建设者和接班人提供强大的精神动力与智力支持。

综上所述，高校思想政治教育校本资源在落实立德树人根本任务、推进中国式现代化进程中发挥着不可替代的关键作用。通过涵盖全面的资源整合、独具特色的文化凝练以及与时俱进的创新发展，这些资源不仅丰富了思政教育的内涵，更提升了教育的实效性与感染力。未来，高校应进一步加大对校本资源的挖掘与利用力度，不断探索创新，使其在新时代的教育征程中绽放出更加耀眼的光芒。

二、效用评价标准

在高等教育体系的宏大版图中，大学校本资源的开发与利用无疑占据着极为关键的战略位置。从本质意义而言，这一过程是以思想政治教育为核心手段，对全体师生开展深度的思想浸润与精神塑造，从而达成一所大学精神文化的一脉相承以及使命担当的薪火相传。而对校本资源开发利用成效的衡量，则可从师生普及性、内涵人文性、传播有效性这三个维度展开深入且全面的考察。

（一）师生普及性：构建紧密的认知与情感联结

在学习理论的研究范畴内，学习接近理论明确指出，接近律是支配学习过程的根本性规律。这一规律表明，只要事物在时间或空间维度上存在一定程度的接近性，就能够建立起内在的联结关系。而且，这种接近程度越高，所构建的联结强度就越大。联结强度主要通过联结产生的速度、呈现的清晰度、出现的频率以及稳固程度等方面得以体现，而这些具体表现均与接近程度紧密关联，受到其深刻的约束与影响。

就校本资源来说，大学校园里的师生是与之天然接近的首要群体。师生对校本资源及其构成要素的认知深度与接纳程度，直接左右着思政育人环节中校本资源的实际运用效果。以浙江大学为例，该校在挖掘与传承校本资源方面成绩斐然。浙江大学的历史可追溯至1897年创立的求是书院，其深厚的历史积淀中蕴藏着珍贵的求是精神。为使师生深度领悟这一精神，浙江大学开设校史必修课，课堂上，借助翔实的历史文献、生动的讲述方式，系统展现学校从创立之初的艰难探索，到历经时代风云变幻不断发展壮大的完整历程。除课堂教学外，浙江大学还定期举办校史知识竞赛，以趣味性竞赛的形式激发师生主动学习校史的热情。竞赛内容广泛涵盖学校不同历史时期的重大事件、杰出人物事迹以及重要学术成果等。通过这些活动，师生们深切感受到竺可桢等先辈们在学术道路上的执着坚守，他们不仅追求纯粹的学术真理，更时刻将国家和民族的命运系于一身，在国家面临艰难困境时，以知识为利刃、以智慧为盾牌，为国家的发展全力以赴。相关调查数据显示，浙江大学参与校史相关活动的师生中，超过90%的人反馈对学校的认同感和归属感得到显著增强。在日常学习和科研工作中，他们以“求是创新”的校训为行动指南，秉持严谨的治学态度，积极投身学术研究，力求在各自领域实现突破；在人才培养方面，他们也更加注重培育学生的创新思维与实践能力，为社会输送了大批高素质优秀人才。

在当下机遇与挑战并存的新时代，众多高校都在积极探索，努力融合时代特色，打造独具魅力的大学文化与大学精神。这些高校所承载的校本资源理应成为师生触手可及、耳熟能详的精神富矿。高校通过引导师生深入了解和体验校本资源，可以促使他们在认知与情感的交互作用下，与校本资源建立起稳固且紧密的联系。因此，深入调研全体师生对校本资源和校本文化在认知层面的深度、接受心理的特点以及情感体验的强度等定性与定量方面的情况，是精准衡量校本资源效用发挥程度的关键依据。

（二）内涵人文性：以人文精神滋养师生心灵

大学教育的人文属性，在中外高等教育研究领域已达成广泛而深刻的共识。高等教育的核心目标之一便是促进人的全面发展，让人在知识积累、品德修养、情感培育、能力提升等多个维度实现全方位的成长与进步。基于此，高校应立足本校实际情况，对校本资源进行深度挖掘、内涵提炼与价值升华，为高校思政教育注入饱含人文关怀与人文精神的鲜活元素，使其成为思政教育内容与形式创新的重要源泉。这不仅有助于丰富高校内部的文化底蕴，还能够通过向外辐射，传播高校独特的文化魅力。

1938 年 12 月，西南联合大学在战火纷飞的艰难岁月中，毅然决议以“刚毅坚卓”为校训，并昭告全体国民。在那段物资极度匮乏、环境极端恶劣的历史时期，西南联大师生凭借着坚韧不拔的意志和对知识的执着追求，坚守学术阵地，传承文化火种。这种在战火中百折不挠的精神，不仅是西南联大人的精神支柱，更成为全体中国人的精神象征，激励着无数中华儿女为了国家的独立和民族的解放而前赴后继、奋勇抗争。

马相伯老校长选定的复旦大学校训“博学而笃志，切问而近思”，源自《论语·子张》，子夏曾言：“博学而笃志，切问而近思，仁在其中矣。”这一校训高度凝练了中华传统文化的精髓以及知识分子应有的价值追求。“博学”倡导广泛涉猎知识，拓宽视野边界；“笃志”要求坚定志向，不为外界纷扰所动摇；“切问”鼓励积极提问，追求真理光芒；“近思”则倡导立足实际，深入思考问题本质。这一校训引导着复旦学子在学习和生活中，不断提升自身的知识素养和道德品质，追求全面发展。

中山大学以孙中山先生“博学、审问、慎思、明辨、笃行”的训词为校训，将其全方位融入人才培养的各个环节。在教学方面，学校开设一系列与校训内涵紧密相关的传统文化课程，邀请校内外知名专家学者走进课堂，深入解读训词的丰富内涵。这些课程不仅传授知识，更注重引导学生将训词所蕴含的精神理念转化为实际行动。在社会实践中，学校积极组织学生参与乡村振兴调研、文化传承保护等项目。例如，在乡村振兴调研中，学生们深入农村地区，了解当地的经济发展状况、文化特色以及存在的问题，运用所学知识为乡村发展出谋划策，在实践中深刻体会到“笃行”的重要性，培养了社会责任感和使命感。

山东大学校训“学无止境，气有浩然”，将为学与为人的要求高度凝练。“气有浩然”体现了一种正大刚直、拥有高尚道德品质和精神境界的追求；“学无止境”则激励师生不断追求知识，勇于探索未知领域。在中华民族伟大复兴的背景下，这一校训成为激励山大师生不断进取、追求卓越的强大精神动力。

这些充满人文情怀和对人的本体关怀的校训及相关文化内涵，是大学校本资源深入师生内心、发挥育人作用的关键内容。

（三）传播有效性：借助新媒体拓展育人空间

从传播学理论视角来看，在开展传播研究时，必须高度重视受众的心理反应和实际需求，深入了解受众的心理特征和行为习惯，只有这样，才能制定出切实可行、行之有效的传播策略。高校思政教育的过程，从本质上讲，就是依据师生这一受众群体的心理特点和行为模式，科学合理地规划传播内容和传播方式的过程。在当前网络化、数字化、虚拟化的时代背景下，信息技术飞速发展，为思政教育带来了前所未有的机遇和挑战。正如相关论述所强调的，“要运用新媒体新技术使工作活起来，推动思想政治工作传统优势同信息技术高度融合，增强时代感和吸引力。”

西安交通大学在传播校本资源时，敏锐捕捉到新媒体的巨大传播优势，充分利用新媒体平台开展一系列卓有成效的传播活动。学校官方微博定期发布“西迁精神”系列故事，通过精心制作的图文和视频，生动讲述老一辈交大人响应国家号召，毅然从繁华的上海迁至相对落后的西安，扎根西部、艰苦创业的感人故事。这些内容真实展现西迁过程中的艰辛与不易，以及交大人无私奉献、勇于担当的精神品质。这些内容发布后，迅速引发广大师生和校友的强烈共鸣，相关话题阅读量累计超过千万次，许多师生和校友在评论区分享自己对“西迁精神”的感悟和理解，形成良好的互动氛围。同时，西安交通大学制作“西迁精神”主题短视频，在抖音等热门平台发布。短视频以精彩的画面、感人的情节和富有感染力的音乐，吸引众多青年大学生的关注和点赞。通过这些新媒体平台的传播，“西迁精神”在青年群体中得到广泛而深入的传播，激发青年学生的爱国热情和奋斗精神。从这一成功案例可以看出，当代青年大学生广泛使用的微博、微信、短视频等新媒体平台，具备强大的传播能力和影响力。高校将具有“校本”独特要素的大学传统、精神、文化、规范、仪式、典礼等内容融入这些平台，能够为课堂教学之外的思政教育和价值观引导提供丰富的载体和有力的补充，形成全方位、多层次的育人合力，进一步提升思政教育的效果。

综上所述，校本资源是构建高校思政教育内涵体系的核心组成部分，教育主体需要紧密结合新时代的发展需求，深入挖掘校园内各类物质形态和精神形态的资源要素，通过系统的分析归纳、深度的凝练升华以及有机的融会贯通，将这些资源汇聚成具有现实指导意义、能够深化情感体验的思政教育特色素材，为落实立德树人根本任务注入源源不断的鲜活力量，推动高校思政教育在新时代实现高质量发展，为培养德智体美劳全面发展的社会主义建设者和接班人奠定坚实基础。

第三章　积极心理学与校本资源的思政育人融合机制与应用场景

第一节　研究概述

一、研究背景与意义

（一）研究背景

在全球化与社会转型的时代浪潮中，思想政治教育在人才培养体系里的核心地位愈发凸显，其重要性不言而喻。习近平总书记强调，“思想政治理论课是落实立德树人根本任务的关键课程”。这一重要论述深刻体现出思想政治教育在为国家和社会培育德才兼备，具备正确世界观、人生观、价值观人才方面所肩负的重大使命。然而，回顾传统思想政治教育的实践历程，不难发现其逐渐暴露出一系列亟待解决的突出问题。

在教学方法上，传统思想政治教育对课堂讲授存在过度依赖，教学形式比较单一。众多权威教育研究显示，在以传统讲授法为主的思政课堂中，学生主动发言的比例常常低于20%，课堂参与度普遍较低。华东师范大学教育学部的王小明教授，作为深耕教育教学方法与课程设计研究领域的资深学者，在《论思政教育课堂参与度的提升路径》一文中深入剖析：这种“满堂灌”的教学模式，将精力集中在理论知识的机械灌输上，学生在教学过程中完全处于被动接受状态，严重缺乏主动参与课堂互动、深入思考问题的机会。长此以往，学生的学习热情与积极性必然受挫，难以真正理解和内化思想政治教育的核心内容，导致教学效果大打折扣，无法达到预期目标。例如，在某些思政课堂上，教师全程照本宣科，学生们昏昏欲睡，缺乏主动思考与提问的动力，知识的传递仅停留在表面，难以触及学生内心。

从教育内容来看，传统思想政治教育与当代大学生的实际生活严重脱节。当代学生成长于信息爆炸时代，多元文化和海量信息深刻影响着他们的思想观念。《国家中长期教育改革和发展规划纲要（2010—2020年）》明确要求，教育必须“关注学生不同特点和个性差异，发展每一个学生的优势潜能”。然而，传统思想政治教育内容多局限于书本上的抽象理论和经典案例，未能充分结合当代学生的生活背景、心理特征以及社会热点问题，难以回应学生在现实生活中遇到的困惑与挑战，无法引发学生的情感共鸣，致使思想政治教育难以触及学生的内心世界，无法有效引导学生将理论知识转化为实际行动，难以实现思想政治教育的根本目标。例如，在互联网高度发达的当下，学生每天都会接触到各类社会热点事件，像人工智能的发展、环保问题等，若传统思想政治教育不能及时将这些热点融入教学内容，就很难吸引学生的注意力，无法帮助他们运用所学思政知识去分析和理解这些现象。

随着教育理念的不断更新和教育改革的持续推进，探寻创新思政育人的有效路径已成为教育界的紧迫任务。正是在这样的时代背景与现实需求下，积极心理学与校本资源的融合逐渐进入人们的视野，引发广泛关注与深入探讨。积极心理学作为心理学领域的新兴分支，近年来在教育领域引发了热烈的讨论与研究热潮。美国心理学家马丁·塞利格曼，作为积极心理学的创始人之一，其多部关于积极心理学的著作在全球产生深远影响。他指出，积极心理学主要聚焦人类的积极心理品质和正向心理力量，其理论体系涵盖积极情绪、积极人格和积极社会组织系统等核心要素。积极情绪理论表明，积极情绪能有效拓宽个体的思维—行动范畴，比如喜悦情绪能够激发个体的探索欲望和创新思维，使个体在面对问题时拥有更广阔的思考空间和更多的解决思路；积极人格理论强调培养个体的乐观、坚韧、责任感等人格特质，这些特质有助于个体在面对生活中的压力与挫折时，能保持坚定信念和不屈精神，更好地应对各种困境；积极社会组织系统理论则关注良好的人际关系、积极的社会支持网络对个体心理健康和发展的促进作用，一个充满支持与关爱的社会环境能够为个体提供强大的心理支撑，助力其实现自身的成长与发展。这些理念为思想政治教育提供了全新的视角和方法，为打破传统思想政治教育的困境提供了新思路。例如，在思政课堂上引入积极情绪体验活动，让学生在轻松愉快的氛围中学习，能提高他们对思政知识的接受度和理解能力。

校本资源作为学校特有的文化、历史、人力等资源的有机总和，具有独特性、贴近性和生动性等显著特点。校史文化资源承载着学校的发展历程和精神传承，蕴含丰富的思想政治教育元素，如学校在不同历史时期的办学理念、师生在艰苦岁月中的奋斗事迹等，这些真实而生动的故事，能为思想政治教育提供鲜活的历史素材，让学生在了解校史的过程中，深刻感受到学校的文化底蕴和精神内涵；校友资源以校友的成功经验、人生感悟和社会贡献为载体，为学生树立了身边的榜样，校友们的亲身经历和奋斗故事，能够激励学生积极进取，树立远大的人生目标；校园文化活动资源，如各类社团活动、文化节等，为思想政治教育提供了多样化的实践平台，使思想政治教育能够以更加生动有趣、丰富多彩的形式融入学生的校园生活，让学生在参与活动的过程中，潜移默化地接受思想政治教育的熏陶。以某高校为例，该校充分利用校史中先辈们为国家建设无私奉献的事迹，开展校史教育活动，激发了学生的爱国情怀和社会责任感。

在思想政治教育改革的大背景下，积极心理学与校本资源的融合具有内在必然性。一方面，积极心理学的理念和方法能为校本资源的开发与利用提供坚实的心理学依据，使校本资源在思政育人中的作用得到更充分发挥。例如，基于积极情绪理论，可以设计出更具吸引力的校园文化活动，通过精心策划活动环节和营造积极的氛围，让学生在活动中获得愉悦、满足等积极的情感体验，进而更易于接受思想政治教育的内容，提高思想政治教育的效果。另一方面，校本资源为积极心理学在思政教育中的应用提供了丰富的实践场景和素材。以校史文化资源为例，通过讲述校史中的感人故事，可以有效培养学生的积极人格特质，如爱国情怀、奋斗精神等，让学生在真实的历史情景中，深刻领悟积极人格的重要性，激发自身的积极品质。比如在讲述校史中先辈们克服重重困难创办学校的故事时，学生们能够从中汲取坚韧不拔的精神力量，培养自己面对困难时的积极态度。

（二）研究意义

首先，在理论层面，积极心理学与校本资源在思想政治育人中的融合研究具有重要的学术价值。

从思想政治教育理论体系拓展的角度来看，传统思想政治教育理论主要侧重政治理论的传授和意识形态的引导，而积极心理学与校本资源的融入，为其注入了新的活力。积极心理学强调个体的主观体验、心理品质的培养以及社会支持系统的构建，这与思想政治教育促进学生全面发展的目标高度契合。将积极心理学的理论引入思想政治教育，有助于构建以学生为中心，关注学生心理需求和情感体验的教育模式。例如，借鉴积极心理学中的“心流”理论，在思政教学中设计能够让学生全身心投入的学习活动，使学生在学习过程中获得高度的满足感和成就感，从而提升学习效果。同时，校本资源的整合丰富了思想政治教育的内容来源，为思想政治教育理论提供了更具情景性和针对性的研究素材，有助于推动思想政治教育理论从宏观层面的指导向微观层面的实践应用深化。在理论创新方面，积极心理学与思想政治教育的结合打破了学科之间的壁垒，形成了跨学科的研究视角。传统思想政治教育在心理学方面的理论支撑相对薄弱，而积极心理学为其提供了关于个体心理发展、行为动机以及情绪调节等方面的理论依据。通过融合研究，学者探索出了不少基于积极心理品质培养的思政教育方法和策略。例如，运用积极心理学中的感恩训练、乐观干预等技术，培养学生的感恩意识和乐观心态，将这些积极心理品质与思想政治教育中的道德教育、价值观教育相结合，创新思想政治教育的内容和形式，丰富思想政治教育的理论内涵。

从校本资源与思想政治教育融合的理论完善角度出发，校本资源的独特性要求思想政治教育在资源利用和开发方面进行理论创新。每所学校的校本资源都具有其独特的历史、文化和社会背景，要将这些资源有机地融入思想政治教育，高校需要构建一套科学的理论框架。通过对校本资源的深入挖掘和分析，结合思想政治教育的目标和要求，高校可以建立起校本资源分类、筛选、整合与应用的理论体系。例如，高校根据校史文化资源的特点，制定相应的教学策略和课程设计方案，使其更好地服务于思想政治教育，完善思想政治教育的资源利用理论，为其他学校提供可借鉴的经验和模式。

其次，在实践层面，这一融合的意义同样深远。

对于学生个体而言，积极心理学的融入能有效激发其积极情感体验，引导学生树立积极向上的人生态度。通过积极情绪的培养，学生能以更乐观的心态面对学习和生活中的困难与挑战，增强心理韧性和抗挫折能力。当学生面对学习压力时，积极情绪能帮助他们调整心态，保持积极的学习动力；在校本资源的运用上，以学生熟悉的校园环境、身边的榜样故事为切入点，可以极大增强思想政治教育的吸引力和感染力。例如，清华大学开展校史文化讲座，邀请校史研究专家为学生讲述学校在不同历史时期的发展历程和重要事件，使学生深刻体会学校的爱国奉献精神；复旦大学举办校友经验分享会，邀请优秀校友回校分享自己的成长经历和奋斗故事，激励学生树立远大理想，努力拼搏。这些活动让学生在真实的情景中真切感受思想政治教育的魅力，提高学生的学习兴趣和参与度，使学生在情感共鸣中深入理解思想政治教育的内涵，进而更好地促进学生的全面发展，培养出具有健全人格和良好道德品质的新时代人才。再如某中学利用校园文化活动资源，开展“红色文化节”，通过红色歌曲演唱、红色故事演讲等活动，让学生在参与中深刻理解红色文化的内涵，增强了爱国主义情感。

从学校教育的角度来看，积极心理学与校本资源的融合有助于打造具有鲜明学校特色的思想政治教育模式。每所学校都拥有独特的历史文化和教育资源，通过将积极心理学理念与校本资源有机结合，学校能探索出符合自身特点的思想政治教育路径，从而提升学校的思想政治教育质量和水平。这种思想政治教育模式不仅能增强学校的文化软实力和竞争力，还能在教育领域形成良好的示范效应，有力推动整个思想政治教育体系的创新发展。例如，上海交通大学充分利用自身的校史文化资源，结合积极心理学的理念，开展了一系列以“传承校史精神，培养积极品质”为主题的思想政治教育活动，取得了显著成效，吸引了其他学校前来学习借鉴，为推动区域内思想政治教育的创新发展做出了积极贡献。又如某职业院校结合自身的专业特色和校友资源，开展“工匠校友进校园”活动，邀请优秀校友分享自己的工匠之路，培养学生的敬业精神和职业素养，形成了独具特色的思政教育模式。

从社会层面考量，培养具有积极心理品质和良好道德素养的学生，对社会的和谐发展至关重要。积极向上的人才是社会进步的重要推动力量，他们能在各自的岗位上充分发挥积极作用，为社会创造价值。良好的道德素养有助于维护社会秩序、促进社会公平正义，为社会的和谐稳定提供有力保障。通过积极心理学与校本资源的融合，培养出更多具有积极心态和高尚品德的学生，可以为社会的可持续发展提供坚实的人才支撑，促进社会的全面进步与繁荣。在社会经济快速发展的今天，具备积极心理品质和良好道德素养的人才，能更好地适应社会变革，为社会的创新发展注入正能量，推动社会在经济、文化、科技等各个领域不断向前发展。比如在科技创新领域，具有积极心态和团队合作精神的人才能够更好地应对研发过程中的困难，推动科技进步；在文化领域，具有良好道德素养的人才能够创作出更多优秀的文化作品，丰富人们的精神世界。

积极心理学与校本资源在思政育人中的融合，是顺应时代发展需求与教育改革趋势的创新之举。从背景来看，传统思想政治教育的教学困境与时代对思想政治教育的新要求，凸显了融合的必要性；积极心理学和校本资源各自的优势，则为融合提供了可能性与坚实基础。在意义层面，无论是理论上对思政教育体系的拓展、创新与完善，还是实践中对学生个体全面发展的促进、对学校特色思政模式的构建，以及对社会和谐发展的推动，都充分彰显出这一融合的重大价值。展望未来，随着研究与实践的不断深入，积极心理学与校本资源的融合必将在思政育人领域发挥更大作用，为培养担当民族复兴大任的时代新人持续贡献力量，推动思想政治教育不断迈向新的高度，开创思想政治教育发展的新局面。

二、研究方法与创新点

本书综合运用多种研究方法，力求全面、深入地剖析积极心理学与校本资源在思政育人过程中的融合机制，以及在真实教育场景中的多元应用路径。每一种研究方法都在整个研究进程中扮演着不可或缺的角色，为研究的顺利推进提供了多维度、全方位的支撑。

（一）文献研究法

本书的初始阶段，我们对国内外积极心理学、思想政治教育以及校本资源开发利用等领域的文献资料展开了系统且全面的梳理。学术期刊论文作为学术前沿的风向标，时刻反映着各领域研究热点的动态变化。通过深度研读这些论文，我们能够精准把握研究趋势的细微演变，为整个研究提供极具前瞻性的理论视角，进而激发不同观点的碰撞与交融。学位论文凭借其独特的深度研究视角和丰富的实证分析，清晰地呈现了理论体系的构建过程与发展脉络，助力我们深入洞悉理论内涵，挖掘其核心要义。专著则是学科知识的高度凝练与系统性总结，为我们夯实研究基础、精准把握理论精髓提供了关键支撑。而研究报告中所包含的大量来自实践一线的真实案例和一手数据，更是为我们开拓研究思路、挖掘潜在研究方向提供了宝贵的启示。

在探究积极心理学理论基础时，塞利格曼的《真实的幸福》《持续的幸福》等经典著作成为我们重点钻研的对象。通过对这些著作的逐字逐句研读，我们不仅全面掌握了积极情绪、投入、人际关系、意义和成就（PERMA）模型等核心概念，还深入探究了这些概念在个体从儿童到成人的心理发展进程中，以及在复杂多变的社会生活场景里的具体作用机制。例如，在青少年成长阶段，积极情绪能够帮助他们更好地应对学业压力，使其在面对困难时保持乐观的心态；投入则有助于他们培养兴趣特长，提升自身的综合素质。通过深入分析，我们对积极心理学理论体系形成了透彻且全面的理解。在研究校本资源开发利用的实践经验时，我们广泛参考了国内外众多学校的成功案例与相关研究成果。如上海市上海中学充分利用浦东独特的地域文化资源，开发了具有当地特色的思政课程，将地域文化中的创新精神、开放理念融入思政教育，引导学生树立积极向上的价值观；而西安高新一中，则凭借周边丰富的历史文化遗迹，深挖校史内涵，将古老的历史文化与现代思想政治教育相结合，让学生在了解历史的过程中，增强民族自豪感和文化自信。清华大学积极整合社会资源，与众多知名企业和科研机构合作，开展社会实践项目，拓宽学生视野，培养学生的社会责任感和创新能力；上海平和双语学校发挥其灵活的办学机制，打造个性化的校本课程，满足不同学生的发展需求；长沙市长郡中学开展红色文化主题活动，组织学生参观革命纪念馆、邀请老革命家讲述革命故事，传承革命精神，激发学生的爱国情怀；北京大学依托自身强大的学术资源，开展各类社会实践活动，鼓励学生运用所学知识服务社会，培养学生的社会责任感。通过对不同学校实践差异的细致对比、深入分析与全面归纳，本书提炼出了一系列具有普遍适用性与实际可操作性的方法策略，为后续研究筑牢了坚实的理论根基，提供了丰富多样的研究思路与极具价值的借鉴范例。

（二）案例分析法

为确保研究结果具有广泛的推广价值与普适性，本书精心筛选了具有代表性的学校作为研究样本。在地域分布上，充分考虑到我国不同地区的文化差异，涵盖了东部、西部、南部和北部的学校；在学校类型上，包括公立和私立学校；在教育阶段上，涵盖中学与大学，且每所学校都各具独特的办学特色。我们深入这些学校实地观察，与学校领导、教师及学生展开深度访谈，全面收集学校相关教学资料与活动记录，力求全方位、深层次地了解其在积极心理学与校本资源融合应用于思想政治育人方面的具体实践举措与宝贵经验。

以深圳中学为例，该校充分发挥积极心理学的理念优势，将其深度融入校本课程开发的各个环节。深圳中学开设“积极心理与幸福人生”特色课程，以积极心理学理论为指导，采用课堂讲授、小组讨论、心理体验活动等多样化教学方式提升思想政治教育效果。在课堂讲授环节，教师通过生动的案例和深入浅出的讲解，让学生初步了解积极心理学的基本概念；小组讨论时，学生围绕“如何在学习生活中培养积极心态”等话题展开热烈讨论，分享自己的经验与困惑；心理体验活动时，教师设置感恩日记、优点大轰炸等环节，让学生在亲身体验中感受积极情绪的力量，逐步培养积极的人格特质。在校园文化活动方面，学校在举办校园文化节时巧妙融入积极心理学元素，设置乐观心态挑战区，学生需要在规定时间内完成一系列具有挑战性的任务，如团队合作搭建模型等，通过克服困难来增强自信心和乐观心态；感恩分享方面，让学生分享自己身边的感恩故事，引导学生关注生活中的美好，培养感恩之心。在社会实践领域，学校组织学生参与社区关爱活动，运用积极心理学方法引导学生关注他人需求，激发学生的同理心。例如，在关爱孤寡老人活动前，教师通过角色扮演等方式，让学生模拟老人的生活场景，体会老人的孤独与需求；活动中，学生为老人打扫房间、陪老人聊天、表演节目等，在这个过程中，学生不仅学会了关爱他人，还从老人的经历中汲取了人生智慧，有效培养了社会责任感。通过对深圳中学从课程体系到文化活动、从校园内部到社会实践的全方位案例剖析，我们深入探究了积极心理学与校本资源融合的具体模式、实施过程中的关键节点，如课程设计的合理性、活动组织的有效性，可能遭遇的问题与应对策略，学生参与度不高时如何调整活动形式，为其他学校提供了切实可行的经验借鉴与启示。

（三）调查研究法

我们秉持严谨科学的态度，精心设计问卷与访谈提纲。问卷设计严格遵循科学性、针对性与全面性原则，确保能够准确收集目标信息。在科学性方面，运用专业的量表设计方法，对每个问题的表述、选项设置都进行了反复斟酌，以保证数据的可靠性；在针对性方面，根据研究目的，围绕学校师生对积极心理学与校本资源融合应用于思政育人的认知、态度、需求和建议等方面设计问题；在全面性方面，涵盖了不同性别、年级、学科背景的师生，以及教学、学习、校园活动等多个方面；在访谈提纲方面，注重开放性与引导性，鼓励受访者充分表达真实想法与观点，以全面洞察学校师生对这一融合应用的深层次看法。

我们通过线上线下相结合的方式广泛发放问卷，收集海量数据。运用专业统计分析软件 SPSS，对数据进行描述性统计分析、相关性分析、差异性检验等深度挖掘。描述性统计分析让我们了解到师生对融合应用的整体认知水平和态度倾向；相关性分析则探究了不同因素之间的关联，如学生对积极心理学的了解程度与他们对思想政治教育满意度之间的关系；差异性检验帮助我们从性别、年级、学科背景等多个维度揭示师生对融合应用的观点差异与需求特征。例如，针对学生设计的问卷，内容涵盖学生对思想政治教育现有教学模式的满意度，采用李克特量表进行量化评价，1 代表非常不满意，5 代表非常满意。我们通过统计分析不同选项的选择比例，了解学生对现有教学模式的认可程度；从知晓途径（如课堂学习、课外书籍、网络等）、熟悉概念（如积极情绪、心理韧性等）等方面展开调查，分析学生对积极心理学的了解程度；从参与过的校本活动（如社团活动、校史展览等）、对校史文化的熟悉程度等方面，了解学生对校本资源的利用情况。同时，我们对部分教师和学生进行深度访谈，营造轻松融洽的访谈氛围，鼓励受访者畅所欲言，充分表达在教学与学习过程中遇到的问题，如融合教学中教学方法的适应性难题，传统讲授式教学难以激发学生兴趣，而新型教学方法在时间把控和学生引导上存在挑战；学生学习积极心理学内容时的理解障碍，如一些抽象概念难以理解等；学生对未来融合应用的期望，如期望增加实践活动类型，希望开展更多户外拓展活动、社区调研活动等；学生更感兴趣的教学内容方向，如心理健康与职业规划结合的内容等，从而获取丰富、深入的一手信息，为研究提供多维度的数据支撑。

（四）行动研究法

我们积极投身学校的思想政治教育实践活动，与一线教师和学生紧密协作，共同构建研究共同体。在实践活动开展前，基于前期扎实的理论研究与文献分析成果，制定详尽的实践方案：明确研究目标，探索积极心理学与校本资源融合应用于思政育人的有效方法与策略，提升思政教育的质量与效果；细化实施步骤，包括确定参与实践的学校、教师和学生，规划教学内容与活动安排，设定时间节点等；预设预期成果，如学生的思想道德素质提升、教师教学能力提高、形成可推广的融合教学模式等。例如，我们在成都工业职业技术学院马克思主义学院开展基于积极心理学的思政教学实践活动。在活动进程中，我们依据学生的课堂反应、作业完成质量、阶段性测试成绩等多方面反馈信息，动态调整教学方法。当发现学生在课堂上注意力不集中时，我们及时调整教学节奏，增加互动环节；根据教学内容的难易程度与学生的兴趣点，灵活优化教学内容，增加与学生生活实际紧密相连的案例与讨论话题，如在讲解爱国主义精神时，结合当下热点事件，引导学生讨论如何在日常生活中践行爱国主义。同时，我们密切关注学生在知识掌握、情感态度、行为表现等方面的变化，如学生面对困难时态度的转变，从逃避困难到主动尝试解决；团队合作能力的提升，学会倾听他人意见，共同完成任务等。每次实践活动结束后，我们都及时组织教师和学生进行总结反思，形成书面报告与反思记录。我们在报告中详细记录实践过程、遇到的问题及解决方法、取得的成果等；我们在反思记录中鼓励教师和学生分享自己的感受与建议，为后续研究与实践改进提供宝贵的实践依据，持续探索积极心理学与校本资源融合应用于思政育人的有效方法与策略，切实提升思想政治教育的质量与效果。

（五）创新点

本书在多个维度展现出创新性，为积极心理学与校本资源在思政育人领域的研究与实践注入了全新活力，为推动思想政治教育的创新发展提供了新的思路和方法。

（1）融合机制构建创新。本书开创性地提出一种全新的积极心理学与校本资源的思政育人融合机制。该机制以积极心理学理念为核心引领，将积极情绪培养、积极人格塑造、积极社会组织构建等理论全方位贯穿思政育人全过程。我们以校本资源为丰富载体，深度挖掘校史文化中的精神内核、校友的榜样示范力量、校园文化活动的育人功能等。在课程建设方面，精心开发融合积极心理学与校本资源的特色思政课程，编写专门的教材与教学大纲。教材内容不仅涵盖积极心理学的基本理论，还融入了大量具有本校特色的校本实践案例，如校史中的励志故事、校友的成功经验等。教学大纲明确了课程目标、教学内容、教学方法和评价方式，确保课程的系统性和科学性。在教学方法创新上，运用情景教学法、项目式学习法等，让学生在真实情景中沉浸式体验与应用积极心理学知识，同时结合校本资源中的实际案例展开深入分析与讨论。例如，在情景教学中，设置模拟职场面试场景，让学生运用积极心理学方法调整心态，展现自信；在项目式学习中，组织学生开展“校园文化传承与创新”项目，通过小组合作，挖掘校史文化，设计校园文化宣传方案，培养学生的团队合作能力和创新精神。在实践活动开展过程中，组织基于校本资源的社会实践活动、校园文化节等，引导学生在实践中践行积极心理学理念，培育良好的道德品质与社会责任感。这种融合机制不仅在理论层面深入探究两者融合的内在逻辑与理论根基，如积极心理学如何与思想政治教育的价值观引导相结合，更在实际操作层面制定了详尽的实施步骤与方法，包括课程开发流程、教学方法应用指南、实践活动组织方案等，确保其具有可行性与有效性，为思政育人提供了兼具创新性与可操作性的新思路与新方法。

（2）应用场景拓展创新。我们全面且深入地挖掘积极心理学与校本资源在思政育人中的多元应用场景。除传统的课堂教学与校园文化活动领域外，将育人场景创新性地拓展至社会实践、心理健康教育、家校合作等多个关键领域。在社会实践领域，组织学生开展志愿服务活动，如社区关爱孤寡老人、环保公益活动等。活动前，运用积极心理学的目标设定理论，协助学生明确活动目标与自身期望，如帮助学生设定在关爱孤寡老人活动中要让老人感受到温暖和陪伴的具体目标；活动过程中，通过积极情绪引导，让学生在帮助他人的过程中真切体验成就感与快乐感，如在环保公益活动中，当学生看到自己的努力使环境变得更美好时，产生强烈的成就感，有效培养学生的社会责任感与积极心态；活动结束后，组织学生进行反思与分享，进一步强化积极心理体验，如开展活动总结会，让学生分享自己的感受和收获。在心理健康教育领域，运用积极心理学的心理韧性培养方法、积极心理暗示技巧等，助力学生解决学习压力、人际关系困扰等心理问题，提升心理健康水平，同时结合校本资源中的心理咨询室建设、心理辅导活动等，为学生提供更具针对性的心理健康服务。例如，在心理咨询室设置积极心理体验区，配备相关的心理测试工具和放松设备，帮助学生了解自己的心理状态，缓解压力；开展心理辅导活动时，运用积极心理暗示技巧，鼓励学生相信自己的能力，克服困难。在家校合作方面，开展基于积极心理学的家长培训讲座，向家长传授积极教育理念与教育方法，如培养孩子的积极心态、与孩子有效沟通等，同时分享校本资源中的家校合作成功案例，促进家长与学校在思政育人方面的协同合作，形成强大的教育合力，使思政教育更加贴近学生的生活实际，全方位、多层次地增强思政教育的针对性与实效性。

（3）研究视角创新。我们独树一帜地从跨学科视角出发，将积极心理学、思想政治教育和校本资源开发利用三个看似独立却紧密关联的领域有机融合进行研究。积极心理学为思想政治教育提供了聚焦个体心理层面的理论与方法，使思想政治教育更加关注学生的内心感受与心理需求，如通过积极情绪的培养，让学生更愿意接受思政教育内容；思想政治教育为积极心理学在价值观引导方面指明方向，确保积极心理学的应用契合社会主流价值观，避免过度关注个体心理而忽视社会价值导向；校本资源开发利用则为两者的融合提供了丰富的实践土壤与特色素材，如校史文化中的爱国精神、艰苦奋斗精神等为思政教育提供了生动案例，也为积极心理学的实践应用提供了场景。这种跨学科研究视角打破了传统研究中各学科之间的界限与局限性，整合多学科的理论与方法优势，为解决思政育人中的实际问题提供了更全面、更深入的分析框架与解决方案。例如，在分析学生的思想行为问题时，我们运用积极心理学理论剖析学生的心理动机与心理状态，从思想政治教育角度探讨价值观引导的方向与方法，结合校本资源中的学生实际案例与校园文化背景，制定更具针对性的教育策略。如某学生出现厌学情绪，我们从积极心理学角度分析其可能是缺乏学习兴趣和成就感，从思想政治教育角度引导其树立正确的学习观和价值观，再结合校本资源中优秀学生的学习经验分享和校园文化活动的激励作用，帮助该学生重新找回学习动力。同时，这种跨学科研究促进了不同学科之间的交流与合作，打破学科壁垒，推动了积极心理学、思想政治教育和校本资源开发利用相关领域的理论发展与实践创新，为培养全面发展的高素质人才提供了全新的研究范式与实践路径。

第二节　积极心理学与校本资源的思政育人融合应用现状

一、调查设计与实施

在教育改革持续推进、学生全面发展愈发受重视的当下，思政育人对塑造学生正确价值观、促进其全面成长的作用愈发关键。积极心理学与校本资源的有效整合，成为提升思政育人质量的重要着力点。本次调查旨在深入剖析积极心理学与校本资源在思政育人实践中的应用状况，为后续学术研究筑牢根基，为教育实践提供切实可行的指导，助力培育拥有积极心态、良好品德的新时代人才。

为达成这一目标，本次调查采用问卷调查与访谈相结合的研究方法。问卷调查可大规模收集数据，保障样本的广泛性与代表性；访谈则能深入挖掘个体观点，两者相互补充，力求全面、精准地获取相关信息。

在确定调查对象时，充分考虑到我国地域广阔、教育资源分布不均的现状，以及不同类型学校的差异。东西部地区经济发展水平和文化氛围的不同，直接影响教育资源分配与教育理念的落实；小学、中学、大学处于不同教育阶段，学生认知水平和心理特点各异，思想政治教育重点与方式也应有所区别；城市与农村学校在硬件设施、师资力量、学生家庭背景等方面存在显著差异；公立与私立学校在办学理念、管理模式上各有特色。基于这些因素，本次调查精心挑选了多所涵盖小学、中学、大学，分布于不同地区，包括城市与农村、公立与私立的学校作为样本。广泛且全面的样本选取，能够确保调查结果具有代表性，如实反映不同教育环境下积极心理学与校本资源在思政育人中的应用情况。本次调查共发放问卷1 000份，经严格筛选与审核，回收有效问卷 850 份，有效回收率为 85%。同时，我们选取了 50 位来自不同类型和地区学校的教师、学生和管理人员进行访谈，他们能从各自角色出发，提供丰富多样的观点与经验。

调查问卷的设计紧扣研究主题，从多个维度展开深入探究。在积极心理学维度，我们设置了一系列针对性强、层次分明的问题，旨在了解学生对积极心理学的认知程度，如是否了解积极情绪、心理韧性等基本概念；关注积极心理学在思政教学中的应用方式，如是否参与过积极心理主题班会、正向思维训练活动等；通过量表和开放性问题，着重评估学生对积极心理学教学效果的反馈，了解这些活动对学生学习动力、学习方法、情绪管理、人际关系处理等方面的实际影响。在校本资源维度，我们调查聚焦学校对校本资源的开发利用程度，包括校史文化中学校精神、办学理念的传承与弘扬，杰出校友事迹分享、经验交流对学生价值观塑造的作用，以及校园科技节、文化节等活动在培养学生品德和积极心态方面的具体实践。此外，我们还通过李克特量表和开放性问题，收集师生对校本资源开发利用的满意度评价与建设性建议。

我们根据不同访谈对象的角色特点针对性设计访谈提纲。对于教师，重点询问其在思政教学中如何将积极心理学与校本资源有机结合，如是否结合校史励志故事引导学生树立积极人生目标；了解教师在融合过程中遇到的困难与挑战，如教学时间不足、校本资源挖掘不深等；收集教师对未来思政教学的期望与建议，如希望接受更多积极心理学培训、开发更多本校特色校本课程等。针对学生，主要了解他们对积极心理学与校本资源融入思想政治教育的切身体验，如参与相关教学活动后对克服学习困难是否更有信心、与同学相处是否更融洽；是否从中获得实际收益，如学习成绩提升、心理抗压能力增强等；对思政教学内容和形式的改进建议，如增加实践活动、采用多媒体教学等。对于管理人员，访谈内容主要围绕学校为推动积极心理学与校本资源融入思政育人提供的政策支持，如是否制定教学激励政策；资源投入规模，包括资金用于购买积极心理学书籍、开展校本资源开发项目等；管理措施落实情况，如是否建立有效的教学评估机制；对学校未来在该领域发展的整体规划与思考，如是否计划打造本校特色的积极心理学与校本资源融合的思想政治教育模式。

在调查实施过程中，我们严格遵循科学规范的调查方法与操作程序。问卷发放采用线上与线下相结合的方式，确保覆盖各类学校和学生群体。线上问卷借助问卷星平台发放，该平台界面简洁、操作便捷，能快速收集数据并自动统计分析，大幅提高工作效率；线下问卷由经过统一培训的专业调查人员前往学校发放，他们熟悉问卷内容与调查流程，能向师生详细解释填写要求，有效保证问卷回收率和数据有效性。访谈采用一对一形式，选择学校会议室或办公室等安静舒适的环境，访谈人员以亲切友好的态度与访谈对象交流，营造轻松开放的氛围，让访谈对象能毫无顾虑地表达真实想法。调查人员在访谈中认真记录原话，并标注语气、表情等非语言信息，以便更好理解访谈对象意图，访谈结束后及时运用内容分析法等对记录进行整理与深入分析，提炼有价值信息，为后续研究提供翔实可靠的数据资料。

二、调查结果分析

在当今教育领域，改革浪潮正以前所未有的态势席卷而来，学生的全面发展已然成为教育界关注的核心议题。在这样的时代背景下，思政育人的重要性愈发突出，它就像一座明亮的灯塔，为学生指引着正确的方向，在学生成长过程中发挥着无可替代的关键作用。思想政治教育不仅引导学生逐步构建积极向上的世界观、人生观和价值观，为其健康成长筑牢思想根基，还全方位推动学生在知识积累、品德修养以及心理成熟等多个维度不断进步，助力学生成长为德智体美劳全面发展的新时代优秀人才。

积极心理学作为一门专注于探究人类积极心理品质与美好体验的新兴学科，为思想政治教育注入了全新的活力与独特视角。它聚焦个体的积极情绪、自身优势和高尚美德，致力于提升人们的幸福感与生活满意度，这与思想政治教育所追求的培养学生积极人生态度和正确价值观的目标不谋而合。而校本资源的范畴极为广泛，校史文化承载着学校的发展轨迹与精神传承；校友资源汇聚了众多优秀校友的人生经验与成功故事；校园文化活动丰富多样，是学生展示自我、锻炼能力的广阔平台；独具特色的课程教学资源更是紧密结合学校实际与学生需求，为思政教育提供了丰富的素材。这些校本资源无疑是学校开展思想政治教育的宝贵财富，为思想政治教育的有效实施提供了坚实基础和有力支撑。

积极心理学与校本资源的有效整合，已成为提升思政育人效果的关键。将积极心理学的理念和方法融入思想政治教育，能够更好地激发学生的内在动力，增强他们的学习兴趣与参与热情；充分挖掘和利用校本资源，则能使思想政治教育更贴近学生的生活实际，增强教育的针对性和实效性。二者的有机结合，将为思想政治教育带来全新的发展机遇，使思想政治教育真正做到深入人心，培养出拥有积极心态、良好品德且适应社会发展需求的新时代人才。

本次调查正是基于这样的时代需求和教育愿景展开。我们旨在深入剖析积极心理学与校本资源在思政育人实践中的应用状况，为后续学术研究奠定坚实的理论和数据基础，同时通过研究成果为教育实践提供切实可行、具有高度可操作性的指导建议，助力学校和教育工作者更好地将积极心理学与校本资源融入思想政治教育，为学生的成长和未来发展创造更有利的条件。

为实现这一意义深远的目标，本次调查采用了问卷调查与访谈相结合的综合研究方法。问卷调查凭借其大规模收集数据的显著优势，能够在短时间内获取来自不同地区、不同类型学校以及不同群体的广泛信息，使我们得以从宏观层面全面把握整体情况，对积极心理学与校本资源在思政育人中的应用现状有较为全面的了解。例如，通过问卷调查，我们可以了解不同地区学校在积极心理学课程开设、校本资源开发利用等方面的情况，以及学生、教师和管理人员对这些方面的看法与态度。访谈则侧重于深入挖掘个体观点，访谈者可以与教师、学生和管理人员进行面对面的深入交流，真切了解他们在日常教学和学习过程中的真实感受、遇到的实际问题以及独特见解。这种深度访谈为研究提供了微观层面的深刻洞察，让我们能更深入地了解积极心理学与校本资源在思政育人应用中存在的问题及原因。比如，与教师访谈可了解他们在运用积极心理学方法和校本资源进行教学时面临的困难与挑战；与学生访谈能知晓他们对思想政治教育的需求和期望，以及对积极心理学和校本资源的认知与感受。这两种方法相互补充、相辅相成，共同致力于全面、精准地获取与积极心理学和校本资源在思政育人中应用相关的各类信息。问卷调查的广泛数据收集为访谈指明方向和重点，访谈的深入分析则进一步验证和补充问卷调查结果，使我们的研究更加全面、深入和准确。

在确定调查对象时，我们充分考虑到我国地域辽阔，从东部沿海经济发达地区到西部内陆地区，经济发展水平和文化氛围存在显著差异的情况。这种差异直接影响教育资源的分配，东部地区学校往往拥有更先进的教学设备和充裕的教育资金，能为学生提供更优质的教育环境和资源；而西部地区学校可能在硬件设施上相对落后，教育资金相对匮乏，这在一定程度上制约了教育教学的开展。同时，这种差异也影响教育理念的落实，东部地区因经济发达、教育资源丰富，可能更注重素质教育和创新能力培养，积极引入先进教育理念和教学方法；西部地区或许还在努力追赶东部地区的步伐，教育理念相对传统，更侧重于基础知识的传授。

此外，小学、中学、大学处于不同教育阶段，小学生处于认知启蒙阶段，对世界充满好奇，思维方式较为直观形象，更适合通过生动有趣的故事、游戏等方式引导他们初步树立正确的价值观和道德观念；中学生开始形成独立思考能力，自我意识逐渐增强，可引导他们对社会现象进行思考和分析，培养其批判性思维和社会责任感；大学生更具批判性思维和自主学习能力，对知识的需求更加深入广泛，可引导他们关注社会热点问题，深入探讨理论知识，培养创新能力和实践能力。不同阶段学生的认知水平和心理特点截然不同，这就决定了思政教育的重点与方式也应有所区别。城市学校与农村学校在硬件设施、师资力量、学生家庭背景等方面存在显著差异。城市学校师资力量雄厚，拥有更多优秀教师和专业人才，能为学生提供更加丰富的课程和教学资源；农村学校师资相对薄弱，教师数量不足，学科结构不合理，在一定程度上限制了教学质量的提升。城市学生家庭可能更注重培养孩子的综合素质，为孩子提供各种课外学习和实践机会；农村学生家庭或许更关注孩子的学业成绩，期望孩子通过学习改变命运。公立学校与私立学校在办学理念、管理模式上各有特色，公立学校更注重教育公平和普及，以提供全面的基础教育为目标；私立学校可能更强调个性化教育和特色发展，注重培养学生的特长和兴趣爱好。

基于这些复杂多元的因素，本次调查精心选取了涵盖不同阶段，分布于不同地区，包括城市与农村、公立与私立的学校作为样本。广泛全面的样本选取，确保调查结果具有高度代表性，能够真实反映不同教育环境下积极心理学与校本资源在思政育人中的应用情况。本次调查共发放问卷1 000份，经过严格筛选与审核，回收有效问卷 850 份，有效回收率为85%。同时，我们选取了 50 位来自不同类型和地区学校的教师、学生和管理人员进行访谈。教师可从教学实践角度分享经验与困惑，如运用积极心理学方法时如何设计教学活动以更好激发学生兴趣，开发利用校本资源时如何整合资源以发挥最大效益；学生能表达自己的学习体验和需求，如希望在思政课堂上增加哪些互动环节，对校本课程的内容和形式有哪些期望；管理人员则能阐述学校层面的政策制定和资源调配情况，如学校在支持教师开展积极心理学教学和校本资源开发方面采取了哪些措施，遇到了哪些困难。他们从各自角色出发，提供丰富多样的观点与经验，为我们的研究提供了全面而深入的信息。

通过对调查数据的细致统计和深入分析，我们得出以下关于积极心理学与校本资源在思政育人中的应用现状。

（1）积极心理学的应用情况。在对积极心理学的认知方面，仅有 30%的学生表示对积极心理学有一定了解，这一数据直观反映出积极心理学在学生群体中的普及程度较低。大部分学生对积极心理学的概念和内涵认识模糊，很多学生甚至从未听说过相关理论，这表明校园内积极心理学知识的传播与教育亟待加强。例如，在某中学的一次课堂随机提问中，全班 50 名学生里，仅有 5 名学生能简单说出积极情绪这一概念，其余学生均表示全然不知。在思政教学中，约 40%的教师表示会偶尔运用积极心理学的方法，如开展积极情绪体验活动，让学生通过游戏、分享等方式感受积极情绪的力量；引导学生进行积极的自我认知，帮助学生认识自己的优点和潜力。但从应用频率来看，很多学校平均每月仅有 1~2 次相关教学活动，应用深度也有待大幅提升，很多教师只是简单提及积极心理学概念，并未深入开展相关教学实践。这意味着积极心理学在思政教学中的融入尚处于浅层次，未能充分发挥其应有的作用。从学生对积极心理学教学效果的评价来看，认为积极心理学对自己学习和生活有较大帮助的学生占比为35%，主要体现在提升了学习兴趣，让原本枯燥的学习变得更有动力；增强了自信心，在面对学习和生活中的困难时更有勇气；改善了人际关系，学会了更好地与同学相处。而认为效果一般或没有效果的学生占比高达65%，原因主要包括教学内容与实际生活联系不紧密，如教师讲解积极心理学理论时未结合学生日常生活中的常见场景，让学生感觉抽象难懂；教学方法单一，多采用传统的讲授式，缺乏互动性和趣味性。比如在某大学的思政课堂上，教师讲解积极心理学中的“心流”概念时，只是单纯阐述理论，未结合学生在学习、社团活动等方面的经历，导致大部分学生表示难以理解，觉得这个概念与自己的生活毫无关联。

（2）校本资源的应用情况。在学校对校本资源的开发利用方面，70%的学校表示已意识到校本资源在思政育人中的重要性，并进行了一定程度的开发利用。其中，校史文化和校园文化活动资源的开发利用较为普遍，分别占比80%和75%。学校会定期组织学生参观校史馆，通过展示学校的发展历程、杰出校友事迹等，让学生了解学校的历史和文化，增强对学校的认同感和归属感；开展校史讲座，邀请老教师、校友讲述学校故事，传承学校精神。学校通过举办校园文化节、运动会、文艺汇演等活动，丰富学生的课余生活，同时融入思想政治教育元素，如在运动会中设置团队合作项目，培养学生的团队精神和竞争意识。然而，校友资源和课程教学资源的开发利用相对不足，分别占比40%和50%。部分学校虽有校友资源，但缺乏有效的整合和利用机制，仅仅建立了校友名录，没有定期组织校友回校开展交流活动，未能充分发挥校友资源的育人作用。在课程教学资源方面，一些学校虽然开发了校本课程，但课程内容和教学方法还有待进一步优化，例如校本课程内容陈旧，与时代发展和学生需求脱节，教学方法仍以传统讲授为主，缺乏实践和探究环节。以某小学为例，该校拥有多位在不同领域取得杰出成就的校友，但仅仅在校史馆展示了校友的基本信息，从未邀请校友回校开展讲座、交流活动，使得这些宝贵的校友资源未能发挥应有的激励作用。从师生对校本资源开发利用的满意度来看，满意度为60%。师生认为校本资源的开发利用在增强思想政治教育的针对性和趣味性方面取得了一定成效，如通过校史文化教育让学生更了解学校特色，校园文化活动让思想政治教育更加生动。但也存在一些问题，如校本资源的挖掘不够深入，仅仅停留在表面的历史事件和活动形式，没有深入挖掘背后的文化内涵和教育价值；资源的整合和利用不够充分，不同类型的校本资源之间缺乏协同，各自为政；与思政教学的融合不够紧密，没有将校本资源有机融入思政课堂教学中。

综合调查结果，我们发现积极心理学与校本资源在思政育人应用中存在以下问题。

（1）融合程度不高。积极心理学与校本资源在思政育人中的融合尚处于初步阶段，未能形成有机整体。在教学实践中，很多教师只是简单地将积极心理学的方法或校本资源引入思政课堂，缺乏系统的教学设计和整合思路，导致两者之间的融合不够深入，无法充分发挥协同育人的作用。例如，在某中学的思政课堂上，教师讲解爱国主义内容时，引入了积极心理学中的团队合作游戏“接力比赛”，但游戏结束后，教师没有引导学生思考团队合作与爱国主义之间的联系，也没有进一步探讨在爱国行为中如何体现团队精神，使得学生只是单纯参与了游戏，没有获得更深层次的思想政治教育感悟。这种简单的引入方式，使积极心理学方法和校本资源成为思政课堂上的孤立元素，无法真正融入教学内容，实现育人目标。

（2）资源开发利用不足。虽然大部分学校已意识到校本资源的重要性，但在实际开发利用过程中，存在资源开发不充分、利用效率不高的问题。一些学校对校本资源的挖掘停留在表面，未能深入挖掘其内涵和价值；在资源利用方面，缺乏有效的整合和统筹规划，导致资源分散，无法形成合力。以某高校为例，该校拥有丰富的校友资源，其中不乏行业领军人物和社会知名人士，但学校仅仅在每年校庆时邀请少数校友参加活动，没有建立常态化的校友交流机制，也没有将校友的成功经验和人生感悟系统融入思政课程，使得校友资源的育人价值被极大浪费。这些校友的宝贵经验和成就，本来可以成为激励学生努力学习、追求卓越的强大动力，但由于缺乏有效开发利用，这些资源未能发挥应有的作用。

（3）教学方法单一。在积极心理学与校本资源融入思想政治教育的过程中，部分学校教学方法相对单一，缺乏创新性和多样性。很多教师仍然采用传统的讲授式教学方法，缺乏与学生的互动和交流，难以激发学生的学习兴趣和积极性。在运用积极心理学方法和校本资源时，部分学校也未能充分发挥其优势，导致教学效果不佳。例如，在某中学的校本课程“校史文化”教学中，教师只是照本宣科地讲解学校的历史事件和发展历程，没有设计任何让学生参与的活动，如校史调研、校史故事编写等，学生在课堂上注意力不集中，参与度极低，无法真正理解和感受校史文化的魅力。这种单一的教学方法，使学生处于被动接受知识的状态，无法充分调动他们的学习积极性和主动性，也无法让他们真正理解和吸收教学内容。

针对以上问题，深入分析其原因主要包括以下几个方面：

（1）观念落后。部分教师和学校管理人员对积极心理学和校本资源在思政育人中的重要性认识不足，观念较为传统，仍然侧重传统的思政教学模式，认为思想政治教育就是单纯的知识传授和理论讲解，对新的教育理念和方法接受度较低，缺乏改革创新的意识和动力。例如，在某职业中学，部分教师认为积极心理学只是一种时髦的概念，与思想政治教育的核心内容无关，因此在教学中不愿意尝试运用积极心理学的方法。该校的管理人员也更关注学生的考试成绩，对开发校本资源持谨慎态度，担心会影响正常的教学秩序。这种陈旧观念的形成，一方面源于长期以来应试教育的大环境影响，使得教师和管理人员过于关注学生的考试成绩和升学率，忽视了学生的全面发展需求。在应试教育导向下，教师往往将教学重点放在知识灌输上，以应对各种考试，而忽略了学生的兴趣培养、能力提升和心理健康。另一方面，部分教师和管理人员对积极心理学和校本资源的内涵与价值缺乏深入了解，未能认识到积极心理学可以从心理层面激发学生的内在动力，校本资源能够让思想政治教育更贴近学生实际，增强教育的感染力和实效性。他们没有意识到积极心理学可帮助学生培养积极心态和应对困难的能力，校本资源能为思想政治教育提供丰富素材和生动案例，使思想政治教育更加生动有趣、深入人心。

（2）缺乏专业指导。在积极心理学与校本资源的应用过程中，教师缺乏专业的指导和培训，对积极心理学的理论和方法掌握不够深入，对校本资源的开发利用技巧也不够熟练。从师资培训体系来看，目前针对教师在积极心理学和校本资源开发利用方面的培训课程较少，且培训内容往往不够系统和深入。很多培训只是简单介绍相关概念和方法，缺乏实际操作指导和案例分析，导致教师在培训后难以将所学知识应用到教学实践中。例如，某地区组织了一次关于积极心理学在思政教学中应用的培训，培训内容主要是理论讲解，没有安排实际的教学案例演示和模拟教学环节，使得参加培训的教师回到学校后，仍然不知道如何在课堂上有效地运用积极心理学方法。此外，学校在教师专业发展规划中，也没有充分重视这方面能力的培养，没有为教师提供足够的学习和交流机会。这导致教师在教学实践中难以有效地运用积极心理学和校本资源，影响了教学效果。教师在缺乏专业指导的情况下，很难将积极心理学的理论转化为实际的教学活动，也难以充分挖掘和利用校本资源，使其在思想政治教育中发挥最大作用。

（3）评价体系不完善。目前，学校对思想政治教育的评价体系仍然侧重于学生的考试成绩和知识掌握程度，对积极心理学与校本资源在思政育人中的应用效果缺乏科学、全面的评价指标和评价方法。这种以知识为核心的评价体系，源于传统教育对知识传承的重视，却忽视了学生在学习过程中的情感体验、能力提升以及价值观塑造。在这种评价体系下，教师为了提高学生成绩，更注重知识的传授，而忽视了对学生综合素质的培养和积极心理品质的塑造。例如，在某职业中学，教师的教学评价主要依据学生的考试成绩，教师为了获得更好的评价，在教学中大量采用题海战术，而很少尝试将积极心理学和校本资源融入教学。不合理的评价体系无法准确衡量积极心理学与校本资源在思政育人中的成效，也无法为教师的教学改进提供有效的反馈。教师在这种评价体系的引导下，往往会将教学重点放在提高学生的考试分数上，而忽略了学生的全面发展，导致积极心理学和校本资源在思想政治教育中的优势难以充分发挥。

综上所述，积极心理学与校本资源在思政育人应用中虽已取得一定进展，但仍存在诸多问题亟待解决。未来，需通过更新观念、加强专业指导、完善评价体系等措施，有效提升积极心理学与校本资源在思政育人中的应用水平，真正实现思政育人的目标。学校和教育部门应高度重视，积极采取行动，推动思政教育的创新与发展，为学生的成长和未来发展奠定坚实基础。

第三节　积极心理学与校本资源的思政育人融合路径探索

一、高校心理健康教育中“大思政”与“大心理”课程相融合模式探索

在高等教育全力迈向高质量发展的关键阶段，学生的全面成长已成为教育领域的核心使命。心理健康教育与思政教育作为助力学生成长成才的

两大核心驱动力，在塑造学生健全人格、树立正确价值观的过程中发挥着无可替代的关键作用。2020 年，教育部等八部门联合发布的《关于加快构建高校思想政治工作体系的意见》明确指出，高校需将心理健康教育课程纳入整体教学规划，按照不低于 1∶4 000 的师生比例配备专业教师，且每所高校至少配备 2 名。同时，要充分发挥心理健康教育教师、辅导员、班主任等育人主体的协同作用，推动心理健康教育与咨询服务朝着专业化、规范化方向发展。这一政策导向为高校教育指明了清晰方向，要求高校牢固树立“以学生为中心”的教育理念，将心理健康教育提升到战略高度，作为促进学生全面发展的重要任务。高校要积极构建以深入研究为驱动、以先进技术为支撑，全面贯通、覆盖各个层面，高效实用、深受学生喜爱且独具特色的大学生心理健康教育与管理体系。基于此，高校心理健康教育迫切需要探索与思想政治教育深度融合的创新路径，构建“大思政”与“大心理”有机结合的互动教育模式，确保综合育人具备前瞻性、科学性和实效性。

（一）心理健康教育系统建设中课程设计的现存问题

1. 教材内容与时代需求脱节

当下，心理健康教育教材的教育理念和目标难以契合快速变化的社会环境以及大学生日益多元的心理诉求。一方面，教材内容大多聚焦少数存在心理问题的学生，而忽视了对全体学生积极心理品质的培育和全方位成长的关注。例如，一项针对多所高校学生的大规模调查显示，超过 70%的学生认为现有心理健康教育教材内容与自身日常生活关联度低，无法满足他们对积极心理成长的需求。随着社会的飞速发展，大学生面临的挑战与机遇日益复杂多样，他们不仅要应对学业压力，处理人际关系，还要面对职业规划、社会竞争等多方面问题，而现有教材内容未能充分涵盖这些领域，无法为学生提供全面指导。

另一方面，在内容引导上，教材缺乏宏观视角、多维度分析以及深度挖掘，呈现出内容单一、缺乏系统性融合的问题。事实上，个体心理健康状况受到遗传、家庭环境、学校氛围以及社会环境等多方面因素的综合影响。然而，目前大学生心理健康教育课程在本科人才培养体系中的地位和功能尚未得到充分重视，多数高校未将其纳入整体教学计划的顶层设计，导致课程既缺乏与多学科的交叉融合，也没有与通识课程实现有效互通。例如，在心理学领域，新的研究成果不断涌现，如积极心理学对人类幸福和优势的研究，认知心理学对大脑认知机制的深入探索等，但这些新知识未能及时融入教材内容，使得教材内容与学科前沿产生脱节。

2. 课程融合不足限制发展

从国际比较研究来看，世界一流高校高度重视本科阶段的通识教育，致力于为学生构建兼具整体性和多元性的知识与能力结构，开设丰富多样的跨学科项目课程。在专业教育中，世界一流高校也积极融入不同学科的内容，展现出鲜明的多学科交叉特征。例如，美国麻省理工学院在本科通识教育阶段，创新性地将脑科学与认知科学、心理学与计算机科学进行交叉融合。这种以一门课程为主导，融合多门相关课程的设置方式，极大地拓展了学生的学术视野，加深了学生对学科的理解深度，成为世界一流大学课程设计的新趋势。与之相比，我国高校心理健康教育课程在学科融合方面存在明显短板，这不仅限制了课程的深度和广度，也不利于学生综合素质的全面提升。

心理教育是一门涉及学生成长多方面的综合性课程，如果能有机融入道德、文化、法律、可持续发展、创新以及积极心理等核心要素，将为学生提供更为广阔的思考空间和发展平台。2017 年，教育部发布的《高校思想政治工作质量提升工程实施纲要》明确要求将心理健康教育课程纳入学校整体教学计划；2018 年，《高等学校学生心理健康教育指导纲要》进一步强调要培育学生自尊自信、理性平和、积极向上的健康心态，促进学生心理健康素质与思想道德素质、科学文化素质的协调发展。学者王芳在其研究中指出，心理健康教育与多学科的融合能够丰富教学内容，提升学生的学习兴趣和参与度。但如何将这些理念有效融入实际的课程设计与教学过程，仍需我们深入思考和积极探索。例如，在知识层面，如何将各学科专业知识和通识知识有机融入心理健康教育教学内容和实践活动，提升学生的思辨能力和分析解决现实问题的能力；在能力层面，如何通过实践课程培养学生的表达能力、批判性思维、审美能力、分析能力、创新能力和跨文化理解能力；在责任层面，如何将德育贯穿学生学习的全过程，增强学生的社会责任意识和履行社会责任的能力；在个性层面，如何帮助学生塑造自信、开放、积极、乐观且适应多元文化环境的人格特质。明确这些具体教学目标，是设计符合学生发展需求课程内容的关键。

3. 教学方法单一影响效果

教学方法的优劣直接关系到学生的学习成效。高校心理健康教育课程具有很强的实用性，学生本身具有较高的学习积极性，但当前教学方法存在诸多问题。教学方法较为单调，教学手段单一，师生之间互动、讨论、合作较少，学生参与度不高，课堂教学活动设计缺乏趣味性和层次感，教学策略创新不足。学生大多处于被动接受知识的状态，难以真正深入参与到真实案例的分析与思考中。例如，在某高校的心理健康教育课堂上，教师采用传统讲授法授课，学生参与度不足30%，课后调查显示，超过60%的学生表示对课程内容理解不深，无法将所学知识应用到实际生活中。这种单一的教学方法无法激发学生的学习兴趣和主动性，导致学生在面对实际心理问题时，缺乏有效的应对策略和解决能力。

正所谓“教学有法，但无定法，贵在得法”，优秀的教学方法能够达到事半功倍的效果，因此，改进教学方法已成为当务之急。例如，采用体验式教学法，让学生在模拟生活场景中体验和应对各种心理问题，能够增强学生的实际操作能力和应对能力；运用小组合作学习法，组织学生进行小组讨论和项目合作，能够培养学生的团队协作能力和沟通能力。

（二）高校心理健康教育与思政教育融合的策略探索

1. 强化融合课程的顶层设计与研究

借鉴世界一流大学多学科交叉融合理念与实践经验，高校应积极构建心理健康教育与思想政治教育深度融合的体系。首先，高校需要协同心理健康教育与思想政治教育的教学目标，优化二者的教育内容，使其相互协调、相互促进，形成强大的育人合力。例如，在心理健康教育中融入思想政治教育的价值观引导，帮助学生树立正确的价值取向；在思想政治教育中关注学生的心理状态和需求，增强教育的针对性和实效性，实现两者的有机结合。

其次，整合思想政治教育中有助于培养学生健康心理的内容，以及心理健康教育中的思想政治教育元素，实现教学内容的有机融合；同时，整合跨学科资源，通过与各学科的深度交叉融合，拓展教学路径，提升学生的全方位认知视野，拓宽知识广度，从源头上预防问题的发生，有效解决学生成长过程中遇到的实际问题。例如，北京大学开设的“心理健康与思政素养”融合课程，将心理健康教育与思想政治教育的内容有机结合，引导学生在提升心理调适能力的同时，强化自身的思想道德修养，取得了良好的教学效果。在课程设计中，可以邀请心理学、教育学、社会学、哲学等多学科的专家共同参与，确保课程内容的科学性和全面性。

2. 以学生需求为导向，精准定制教学内容

高校应深入开展不同年级学生心理需求的调查研究，以此为依据精准设计和挑选教学内容，并策划实用且具有针对性的辅导活动，主要涵盖以下 15 个方面。

（1）自我认知：通过课堂讲授、应用能力测试及个性测验等方式，帮助学生全面、深入地了解自我，认识自身优势与不足。例如，采用 MBTI 性格测试、霍兰德职业兴趣测试等工具，引导学生探索自己的性格特点和职业兴趣，为未来的职业规划提供科学参考。

（2）新环境适应：举办专题讲座，详细介绍大学校园文化特色与育人理念，助力学生快速适应大学生活，顺利完成角色转换。同时，组织新生参观校园、开展学长学姐经验分享会等活动，帮助新生更好地融入校园环境，减少适应期的迷茫与焦虑。

（3）高效学习：开设认知与高效率学习课程，引导学生了解人脑信息加工模式，认识自身学习风格，掌握高效预习、听课、做笔记以及科学用脑的方法，提高学习效率。例如，通过讲解记忆宫殿、思维导图等学习方法，帮助学生构建系统的知识体系，提升学习效果。

（4）时间管理：邀请优秀学子分享学习经验，传授确定学习目标、合理分配时间以及克服拖延的有效技巧，帮助学生提升时间管理能力。例如，可以引导学生使用时间管理工具，如番茄工作法、四象限法则等，合理安排学习和生活时间，提高时间利用效率。

（5）组织技能：鼓励学生积极组织并参与内容丰富、形式多样的社团活动，在实践中锻炼组织管理能力，提升综合素质。例如，提供社团活动指导和支持，帮助学生在组织活动的过程中，学习团队管理、活动策划、资源协调等技能，培养领导力和执行力。

（6）情绪管理：通过案例分析、小组讨论等形式，引导学生觉察自我情绪，掌握合理处理不良情绪的方法，提升情绪管理能力和情绪智力。例如，给学生教授情绪 ABC 理论，帮助学生认识到情绪产生的原因，学会从不同角度看待问题，调节自己的情绪反应。

（7）人际沟通：借助课程讲解、案例分析、组织辩论与演讲等活动，提升学生的表达能力与沟通技巧，帮助学生建立良好的人际关系。例如，可以组织学生进行角色扮演、情景模拟等活动，让学生在实践中体会不同沟通方式的效果，提高沟通能力和人际交往能力。

（8）团队合作：安排学生参与小组协作学习、暑期社会实践活动或科学研究项目，培养学生的团队合作意识和协作能力。在小组活动中，明确每个成员的职责和任务，引导学生学会倾听他人意见，发挥各自优势，共同完成任务，培养团队凝聚力和协作精神。

（9）跨文化适应能力：组织不同国家的学生参与文化多样性活动，促进学生之间的交流与理解，提升学生的跨文化适应能力和全球视野。例如，举办国际文化节、中外学生交流座谈会等活动，让学生了解不同国家的文化习俗、价值观念和思维方式，增强文化包容和理解能力。

（10）交友与恋爱：通过举办讲座、案例分析和小组讨论，引导学生树立正确的交友观和恋爱观，学会理性处理亲密关系。可以邀请心理学专家、情感咨询师等进行专题讲座，解答学生在交友和恋爱中遇到的困惑和问题，帮助学生建立健康、稳定的情感关系。

（11）压力管理：指导学生分析压力源，通过举办讲座、提供咨询辅导、组织参加压力工作坊等方式，帮助学生掌握有效的压力应对技巧。例如，教授学生放松训练、冥想、运动减压等方法，帮助学生缓解压力，保持良好的心理状态。

（12）领导与管理能力：课程涵盖领导学、公益与慈善等内容，实践课包括自我了解、个性测试、沟通与演讲、参观探访等环节，培养学生的领导与管理能力。例如，可以组织学生参与领导力培训课程、模拟企业管理等活动，提升学生的决策能力、组织协调能力和团队管理能力。

（13）就业指导：帮助学生学会进行就业分析，掌握撰写求职报告的技巧，参与模拟面试等活动，提升学生的就业竞争力。例如，邀请企业人力资源专家进行就业指导讲座，提供实习和就业推荐机会，帮助学生了解就业市场需求和行业发展趋势，做好职业规划和就业准备。

（14）思政教育：以中华优秀传统文化教育、红色文化教育、爱国主义教育、劳动教育、法治教育、国情教育等为主线，融合绿色、环保、可持续、创新等特色内容，引导学生树立正确的世界观、人生观和价值观。结合国内外形势，引导学生思考并担当起时代赋予的历史使命和社会责任。例如，组织学生参观爱国主义教育基地、开展红色文化主题活动、参与社会实践调研等，增强学生的爱国情怀、社会责任感和使命感。

（15）心理健康教育：系统传授心理健康知识，培养学生的心理调适能力，预防心理问题的发生，促进学生心理健康发展。开设心理健康教育必修课和选修课，提供心理咨询服务，建立心理健康档案，及时发现和干预学生的心理问题，为学生的心理健康保驾护航。

以上课程与活动贯穿教学与各项校园活动，实现理论与实践的有机融合、相互补充。

3. 创新教学方法，推动心理教育与社会实践深度融合

为实现理想的教学效果，高校应持续创新教学方法与手段，综合运用讨论法、问题导向法、案例分析法、小组讨论法、视频拍摄法，结合线上与线下教学，打造兼具理论深度、实践操作性、技巧实用性和方法创新性的鲜活思政与心理健康教育课程。具体措施如下：

（1）知识与方法融合。在授课过程中，教师应注重心理调适方法的训练，将理论知识转化为学生个人的心理调适能力，实现知识的内化与应用。例如，在讲解情绪管理理论时，教师应引导学生通过实际案例分析和角色扮演，深入理解情绪产生的机制，掌握情绪调节的方法和技巧，提高情绪管理能力。

（2）视频创作。高校应鼓励学生团队自主策划选题、拍摄视频，通过实践活动提升学生的学习主动性、探究性、趣味性以及团队合作能力。高校可以组织视频创作比赛，让学生围绕心理健康和思想政治教育主题，创作相关的视频作品，展示学习成果。在视频创作过程中，学生不仅能够加深对知识的理解，还能锻炼创新思维、团队协作和表达能力。

（3）案例教学。教师应在教学各环节融入丰富的案例、小故事、知识链接、心灵体验等内容，多选取学生身边的真实事件，加深学生对现实世界的理解与思考，提高学生解决实际问题的能力。例如，在讲解人际关系处理时，教师可以引入学生在宿舍生活、社团活动中遇到的实际案例，引导学生运用所学知识进行分析和解决，培养学生的问题解决能力和应变能力。

（4）利用现代教育技术。高校应积极探索并构建集必修课、选修课、实践课、网络课、微课等教学平台于一体的全方位教学网络，实现多平台的互联互通与资源共享，拓展教学空间与时间。高校还应利用在线学习平台、移动应用等工具，为学生提供随时随地的学习资源和交流平台，满足学生个性化的学习需求。

（5）网络平台辩论课。教师可以借助线上论坛，结合大学生心理相关的社会热点与课程内容发布话题帖，引导学生积极发表观点和看法，锻炼

学生的表达能力和分析能力，培养学生的批判性思维。例如，针对大学生常见的心理问题，如焦虑、抑郁等，教师可以组织学生在网络平台上进行辩论和讨论，引导学生从不同角度思考问题，拓宽思维视野，提高分析问题和解决问题的能力。

（6）心理健康主题活动。高校可以组织心理健康大讲堂，选取学生日常生活中常见的困惑作为宣讲内容，聚焦实际问题，增强学生的心理调适能力和应对现实挑战的能力。高校还可以定期举办心理健康讲座、心理沙龙、心理拓展训练等活动，丰富学生的心理健康知识和实践经验。通过这些活动，学生能够在轻松愉快的氛围中学习心理健康知识，提升心理调适能力。

此外，高校应建立功能完善的心理咨询中心，为少数有特殊需求的学生提供专业辅导，为全体学生提供积极心理服务。除提供一对一的专业个体心理咨询服务外，高校还可以开设邮件咨询和团体心理咨询服务，满足学生多样化的需求。高校可定期举办各类心理教育活动，如线上线下讲座、工作坊、读书会、心理广场、心理科普文章及视频等，广泛普及心理健康知识，预防心理问题的发生；联合学生社团推出不同主题的趣味活动或小型工作坊，围绕人际沟通、心理解读、正念冥想、压力缓解、情绪测试等开展活动，丰富学生的课余生活，提升学生的心理健康水平；设立文化适应活动，帮助学生更好地融入大学及当地文化环境，增强学生的归属感；关注特殊需求学生，通过群体互助例会、小组活动、周挑战等形式，帮助学习困难的学生提升自我效能感和自我管理能力，重建自信与自尊；将体育、艺术、心理治疗活动有机结合，组织有心理问题或面临困难的学生参与案例讨论、艺术活动和体育活动，帮助学生缓解焦虑与抑郁情绪，重塑积极自我，顺利融入集体生活。

通过实施以上策略，高校能够有效提升心理健康教育与思想政治教育融合的质量，全方位促进学生的全面发展，为社会培养出更多适应时代发展需求的高素质人才。

二、“思政教育+专业教育”深度融合的大思政教育探索

在新时代教育发展的关键进程中，全国教育大会具有举足轻重的地位。2018 年 9 月 10 日，全国教育大会于北京盛大召开，中共中央总书记、国家主席、中央军委主席习近平出席会议并发表重要讲话，为我国教育事

业的发展指明了方向。习近平总书记着重强调，“要把立德树人融入思想道德教育、文化知识教育、社会实践教育各环节，贯穿基础教育、职业教育、高等教育各领域，学科体系、教学体系、教材体系、管理体系要围绕这个目标来设计，教师要围绕这个目标来教，学生要围绕这个目标来学”。这一重要指示，为高校进一步强化学生思想政治教育、全面落实“三全育人”理念、积极推动大思政教育的深入发展，提出了更为具体、明确且意义深远的目标和要求。

立德树人作为教育的根本任务，承载着培养德智体美劳全面发展的社会主义建设者和接班人的重任。它不仅关乎学生个人的成长与发展，更关系到国家和民族的未来。正如马克思主义关于人的全面发展理论所指出，人的全面发展是社会发展的必然要求，而教育在其中起着关键作用。将思政教育融入各个教育环节，是实现立德树人根本任务的关键路径。通过思想政治教育，引导学生树立正确的世界观、人生观和价值观；借助文化知识教育，培养学生的科学素养和人文精神；依托社会实践教育，提升学生的实践能力和社会责任感。而思想政治工作贯穿教育教学全过程，确保了教育的正确方向，使学生在学习知识的同时，不断增强对中国特色社会主义的道路自信、理论自信、制度自信、文化自信。

以清华大学的“学堂在线”平台为例，这一平台整合了优质的思政教育资源，将思政课程与专业课程相结合，为学生提供了丰富的在线学习内容。学生可以通过平台学习到不同学科领域的专业知识，同时也能接触到思想政治教育的相关内容，实现了“思政教育 + 专业教育”的线上融合。这一案例与北京大学政府管理学院的青年政治人论坛系列项目一样，都体现了高校在探索思政教育创新模式方面的积极尝试，对于推动“三全育人”工作具有重要的借鉴意义。研究表明，在高校思政教育与专业教育融合的实践中，学生的学习积极性和思想道德素养均有显著提升，这进一步验证了这种融合模式的有效性。

（一）多方协调联动，丰富思政教育途径，实现全员育人

要全面落实大思政教育的全员性和广泛性，科学的方法指导至关重要。全面动员教、研、学多群体，促进“多方联动”，以教学相长的深度互动培育青年，是实现这一目标的有效途径。“青年政治人论坛”始终致力于挖掘校内外丰富资源，积极促进专业课教师、思政工作团队、学生组织以及青年学生个人之间的多方协调联动，广泛凝聚各方力量，实现督学

指导和互学共进的良好局面。

1. 名家学者上讲台

青年政治人论坛采用主、分论坛相结合的创新形式开展。其中，主论坛是汇聚智慧与思想的重要平台，主要邀请学科专业领域内的知名学者与青年学生代表进行面对面的对话交流。这些知名学者凭借其深厚的学术造诣和丰富的实践经验，为学生带来前沿的学术观点和深刻的理论见解。在学者专家进行主旨演讲后，大会特别设置了“学子对话”环节。在这一环节，学生们积极踊跃地就主旨演讲主题向专家提问，展开热烈的现场互动讨论。例如，在一次关于公共政策的论坛中，专家分享了最新的政策研究成果，学生们则结合自身的学习和实践经历，提出了关于政策实施效果评估、政策公平性等方面的问题，与专家进行了深入探讨。同样，在复旦大学举办的“人文与社会”论坛中，邀请了国内外知名学者就哲学、社会学等领域的前沿问题进行演讲和交流，学生们积极参与讨论，不仅拓宽了学术视野，还加深了对社会问题的思考。根据相关学术研究，这种知名学者与学生的直接对话交流，能够有效激发学生的学习兴趣和创新思维，提升学生的学术水平和综合素质。通过知名学者深入浅出的讲解和直接热烈的对话讨论，青年学生的理论高度得到显著提升，研究视野也得到了极大的拓宽，能够从更宏观和深入的角度思考专业问题。

2. 团学组织搭平台

自青年政治人系列论坛创办 7 年来，北京大学政府管理学院始终坚守“让青年政治人论坛真正成为青年学生自己想要办、自己想参与的思政教育活动”的目标。在论坛的举办过程中，北京大学政府管理学院始终坚持由学生主动构思、自主策划、全力操办的模式，充分突出学生的主体作用，将论坛打造成为全面锻炼学生骨干队伍、全面提升学生骨干素质的重要训练场。学生会、研究生会组织精干力量成立专项工作组，并下设若干专项工作小组，在策划、组织、执行、总结等各个环节，细化小组职责，进行高效的分工合作。在活动策划举办的整个过程中，学生工作老师扮演着坚实后盾的角色，全程给予学生团队陪伴支持和需求响应。根据学生的“支援”清单，老师们积极出点子、找路子，协助学生找资源、做保障。例如，在一次论坛筹备过程中，学生团队遇到了场地协调和嘉宾邀请的困难，老师及时利用自身的资源和经验，帮助学生解决了问题。类似的，在浙江大学的求是论坛中，学生社团负责活动的策划和组织，教师团队提供指导和支持，学生在活动中锻炼了组织协调能力和团队合作精神，同时也加深了对思政教育的理解和认同。从教育心理学的角度来看，学生在自主策划和组织活动的过程中，能够更好地发挥主观能动性，增强自我管理和自我教育的能力。在这样的模式下，学生在论坛举办过程中，政治素质、意志品质、工作能力、人际沟通等多方面都得到了全面的锻炼和提升。

3. 青年学生有舞台

青年政治人论坛高度重视青年学生“听”与“讲”的并重发展。学生不仅要学会博采众家之所长，广泛吸收知识和经验，也要学会把自己的思想和观点清晰、准确地讲清楚、讲明白，提高自身分析问题、解决问题和表达观点的能力。除主论坛外，论坛还设立了多个分论坛，甚至国际论坛。在这些分论坛中，学生成为当之无愧的“主角”。以 2021 青年政治人论坛为例，主办方从众多投稿中精心筛选出 15 位青年代表在分论坛分享学术研究成果。这些成果紧密围绕当下国家公共治理中备受关注的话题，如研究“一带一路”背景下海关如何促进贸易便利化，通过对相关政策和实际案例的分析，提出了具有针对性的建议；以湖南省茶庵铺镇为例，基于 GIS 的农村居民点用地布局做适宜性评价指标，运用地理信息科学的方法，为农村土地规划提供了科学依据；从实地观察基层市场监管部门越位履职现象出发，对基层部门职责履行提出了建设性的政策建议，为解决基层治理问题提供了新思路。在 2021 青年政治人论坛期间，北京大学 12 名青年代表也做了主题发言，内容涵盖“混合所有制企业在外部环境不确定性下的差异性投资行为”“智慧城市建设是盲目跟风还是因地制宜”“区块链技术在政府治理中的功能角色研究”等前沿话题。在分论坛过程中，专业教师不仅注重点评学生的选题、研究思路和具体论点，还特别注重引导学生培养良好的学习习惯、研究方法等，为学生未来更好地学习和工作奠定坚实的基础。在上海交通大学的致远论坛中，学生们积极展示自己的科研成果和实践经验，与其他同学和教师进行交流和讨论，在思想的碰撞中不断提升自己的能力和素质。相关研究表明，学生在展示和交流自己研究成果的过程中，能够更好地巩固所学知识，提高批判性思维和创新能力。

（二）把握学生兴趣，开展思政教育活动，实现全方位育人

思政教育作为事关立德树人根本任务的关键环节，绝不能仅仅局限于开设一门或几门思政课，而应将其全面融入青少年终身学习、全方位受教育的全过程。思政教育要真正深入人心，切实影响人的行为，就必须充分

调动受教育主体的主动性和自觉性。开展思政教育活动时，教师要从受教育主体成长发展的诉求出发，精准把握其关注点和兴趣点，通过“吸引”实现“带领”；要“聚焦前沿热点问题，推进学科元理论研究的深化，推动学术研究向时代性、规范性、精准性发展”，运用专业教育的学术专业性解读来引导青年。

为了更好地实现这一目标，我们要有意识地通过多种形式加大对思政教育活动的宣贯力度，通过举办宣讲会、发布宣传资料、利用新媒体平台等方式，让学生清楚地了解这些活动举办的目标、原则等，使他们认识到参与活动能够更直接地获取知识，解答疑惑，收获成长，从而更自觉自主地投入到活动中。

以 2021 年青年政治人论坛为例，2021 年在党和国家历史上都具有极其特殊的意义，是中国共产党建党 100 周年，是“十四五”规划的开局之年，也是中国共产党带领中国人民实现第一个百年奋斗目标，向着第二个百年奋斗目标努力奋进的开局之年。在这样的时代背景下，青年普遍关心的问题是，面对更为复杂的国际国内形势，面对前所未有的新挑战，中国共产党将如何以史为鉴，开创未来；将如何继续破解国家建设发展的难题，在国际竞争与合作中实现人类命运共同体的建设。政府管理学院敏锐地把握国家大背景的关键意义，从青年关注的热点、兴趣点以及疑惑点入手，围绕学习贯彻中央全会和两会精神，科学设计青年政治人论坛的主题。

同样，在武汉大学的珞珈论坛中，结合时事热点和学生兴趣，主办方设置了“人工智能与伦理”“中美关系与世界格局”等主题，吸引了众多学生参与。学生们在论坛中积极发言，表达自己的观点和看法，通过与专家学者和其他同学的交流，拓宽了视野，加深了对问题的理解。由于论坛紧密围绕国家大政方针来开展，学生通过参加论坛可以高效密集地获取对大政方针的专业解读。这些解读不仅有助于学生更好地理解国家的发展战略和政策导向，也为他们的学科专业学习以及生涯规划发展提供了重要的指导。例如，在学习“十四五”规划纲要时，学生们可以将其中关于公共管理、社会治理等方面的内容与自己的专业知识相结合，思考未来的职业发展方向。这使得青年学生对论坛的举办充满期待，主动性和自觉性进一步增强，对这种思政教育形式的黏着度和好评度也大大提升。调查数据显示，参与此类思政教育活动的学生，对国家大政方针的了解程度和对自身未来规划的清晰度明显高于未参与的学生。

（三）保持思政教育主题贯穿专业学习生涯，实现全过程育人

思政教育要想充分发挥其育人功能，注重主线引导至关重要。我们应保持大思政教育的连续性和拓展性，在内容选择和形式呈现上注重主题的统一性，将思政教育主题贯穿学生专业学习生涯全过程，是实现这一目标的重要举措。

青年政治人论坛采用“核心主题 +年度主题”的主、副两级主题模式。论坛创立之初，主办方就明确将“青年理想与时代责任”设定为论坛恒久不变的核心主题。这一核心主题要求青年学生以专业知识为依托，深入探讨现实问题；以政治情怀为指引，积极回应现实关切；以政治理想为动力，努力探索现实方案。通过这样的要求，论坛可以引导学生将个人成长理想与国家命运、时代责任紧密联系起来，树立远大的人生目标，并为之扎实做好准备。

同时，主办方以核心主题为主线贯穿各年度论坛，根据中央全会或两会的精神再确定每次论坛的年度主题。这样的设计，让青年学生能够实时跟进国家建设发展阶段性的任务和国家治理命题。例如，在某一年度，主办方根据两会关于民生保障的议题，将年度主题确定为“民生保障与青年责任”，组织学生围绕社会保障、医疗卫生、教育公平等方面的问题进行研究和讨论。学生们在实务研讨和实际实践中，不断提高实战性的学术能力和综合素质，培养严谨学风和务实精神，促进自身综合素质的全面提升，为更远大的未来理想和责任担当打下坚实基础。

青年政治人论坛采用两级论坛形式，以学年为单位，坚持秋季学期举办北京大学青年政治人论坛，春季学期举办中国青年政治人论坛。两个论坛分别围绕党的中央全会和两会会议精神展开。两级论坛机制的构建，是一种具有创新性的思政教育形式。一方面，两级论坛突破了传统的按年度举办论坛模式，进一步提高了论坛的时效性，确保论坛议题始终紧扣时代脉搏、时政要点、教育重点，促进广大青年学生形成主动了解国家治理新实践和学科发展新动向的良好习惯。例如，在党的中央全会召开后不久，秋季学期的北京大学“青年政治人论坛”就及时围绕全会精神展开研讨，让学生能够第一时间学习和领会会议精神。另一方面，“两级论坛”的学习研讨主题往往相互关联、相互呼应，更有利于学生从不同的角度和维度进行学习理解。例如，春季学期的青年政治人论坛可以在秋季学期的基础

上，对相关议题进行更深入的探讨和拓展。同时，两级论坛较常见的论坛活动有着更为丰富的层次和格局，青年政治人论坛面向全国青年学生，北京大学青年政治人论坛则主要面向北大校内，使得不同层面、地域范围的青年学生有机会在一起学习新知识、开拓新思路、探索新方法、获得新朋友，也更有利于思政教育大环境、大氛围的形成。

青年政治人论坛是“思政教育 + 专业教育”深度融合的大思政教育的一次成功探索。这一成功与论坛始终坚持正确政治立场、密切关注时政热点、精准聚焦社会关切、注重素质提升，努力围绕实现“立德树人”根本目标密不可分。同时，论坛充分考虑到了学生学习发展的成长诉求，充分利用了学科专业教育的优势，抓住了政治学与公共管理学科的教育特点，坚持理论与实践相结合，不断提高论坛的学术性、思想性、系统性，为思政教育注入了鲜明的专业特色。此外，论坛全过程始终呈现党委指导、团学搭台、师生互动的良好态势，形成了一线教师学者倾力投入，学生自觉参与、主动受教的良好教育局面。学院党委秉持倾力支持、全程陪伴、始终关注的原则，要求学院学生工作团队有意识地退到“后台”，更多扮演指导参谋、保障支持的角色，把学生推到“前台”，鼓励学生大胆创新、自主策划、独立承办，强化学生的责任担当和自我成长意识。教师在课堂之外找到了一条亲近轻松、高效有趣的教育路径，也乐于并勤于参与其中。

青年政治人论坛开辟了全员、全方位、全过程“三全育人”的新路径和新阵地。主办方通过聚焦学生素质全面提升，以学科专业为牵引，第一、第二课堂联动融合，实现专业教育与思政教育深度融合，师生同心协力打造沉浸式的思政大课堂，凸显大思政教育的包裹性和浸润性，在主题鲜明的大思政教育中潜移默化地推动学生的全面成长。在未来的教育发展中，其他高校可以借鉴“青年政治人论坛”的成功经验，结合自身实际情况，积极探索适合本校的思政教育创新模式，不断提升育人实效，为培养德智体美劳全面发展的社会主义建设者和接班人贡献力量。例如，在课程设置方面，高校可以增加与思政教育相关的选修课程，丰富学生的学习选择；在实践教学中，高校可以加强与社会机构的合作，为学生提供更多的实践机会，让学生在实践中深化对思政教育的理解和认识。同时，高校还可以利用现代信息技术，打造线上线下相结合的思政教育平台，拓宽思政教育的渠道和空间。相关研究表明，线上线下融合的思政教育模式能够有效扩大教育覆盖面，提高教育效果。

三、心理健康教育与德育深度融合的可行路径

回溯至1992年，长沙市第一中学在心理健康教育领域彰显出非凡的前瞻性，敢为人先，勇做全省中学的探路者，率先开设心理健康教育活动课。彼时，心理健康教育在中学教育体系中尚属新生事物，长沙市第一中学凭借其敏锐的行业洞察力，引入专业科班出身的专职教师，为自身心理健康教育事业的长远发展夯实了基础。在近30年的漫长探索与实践中，长沙市第一中学始终如一地将心理健康教育深度融入人才培养的核心体系，全面贯彻落实全员参与、全程贯穿、全方位开展的“三全育人”理念，始终坚守以人为本、预防为主、注重启迪、着眼发展的方针。长沙市第一中学通过理念、管理、队伍、课程、辅导、边界等多维度的深度融合，将心理健康教育与学校德育工作紧密交织，全力构建起课程立体化、师资专业化、辅导规范化、协同常态化的育人新格局，为学校育人体系迈向高质量发展注入强大动力。

（一）理念融合：践行“三全育人”，营造良好氛围

办学育人是一项极为复杂且系统的工程，恰似精心搭建一座宏伟的大厦，科学的理念无疑是这座大厦的稳固基石。唯有遵循教育规律，充分尊重人才成长规律，才能让这座大厦既稳固坚实又熠熠生辉。回顾往昔，传统德育工作存在诸多弊端，教育方式较为单一，多以填鸭式的灌输教育为主，难以真正激发学生的内在潜能与学习动力。同时，对学生个体差异的关注明显不足，未能充分考量不同学生的性格特点、兴趣爱好以及独特的心理需求，致使教育效果难以达到预期，无法有效满足学生多样化的发展诉求。长沙市第一中学敏锐地察觉到这些问题，率先将心理健康教育与德育理念深度融合，大力推行“三全育人”理念。

这一理念着重强调全员参与，从学校领导到一线教师，从后勤工作人员到每一位学生，都在育人过程中扮演着不可或缺的角色。长沙市第一中学领导深刻认识到心理健康教育的重要性，积极参与心理健康教育相关会议，为工作的开展提供有力的政策支持与精准的方向指引。例如，在制定学校发展规划时，长沙市第一中学将心理健康教育列为重点发展项目，大幅增加资金投入，用于完善心理辅导设施，如购置先进的心理测评软件、打造舒适宜人的心理咨询室等，同时积极引进专业人才，不断充实心理健康教育师资队伍。后勤人员在日常服务中也时刻留意学生的存在情绪状

态，一旦发现学生存在情绪低落、行为异常等情况，便会及时反馈给班主任或心理老师。曾有一次，在校园运动会期间，后勤师傅发现一名学生独自坐在操场角落，神情落寞，便主动上前关切询问，随后将情况告知了班主任。班主任和心理老师迅速介入，通过耐心沟通和心理疏导，帮助该学生排解了心中的困扰，重新找回了积极向上的状态。这种全方位的参与贯穿学生成长的整个过程，从入学时帮助学生顺利适应新环境的适应性教育，到毕业前助力学生科学规划未来的生涯规划指导，每一个阶段都给予学生细致入微的关怀与引导。在日常教学活动中，老师们巧妙地将心理健康教育元素融入课程内容。在语文课堂上，老师通过深入剖析课文中人物的心理变化，如《骆驼祥子》中祥子从勤劳善良走向堕落沉沦的心路历程，引导学生理解人性的复杂多面，培养学生的同理心与共情能力；在数学课堂上，当学生遭遇难题时，老师鼓励学生坚持不懈、勇于挑战，培养学生的挫折承受能力与坚韧不拔的意志品质。在校园文化建设方面，学校通过举办丰富多彩的文化活动，如校园文化节、科技节、体育节等，营造积极向上、充满活力的校园氛围，让学生在潜移默化中受到熏陶和感染。

长沙市第一中学致力于打造一个更加开放包容、充满活力的教育场域，为学生营造充满生机的成长环境。在这里，学生能够毫无顾忌地自由表达自己的想法和情感，真诚地与他人交流互动，充分展现出青春的蓬勃朝气与生命的绚丽多彩。以长沙市第一中学组织的社团活动为例，学生们依据自己的兴趣爱好加入不同社团，在社团活动中，他们不仅能够提升自身的专业技能和综合素质，还学会了团队合作、有效沟通交流，逐步培养起积极乐观的心态。摄影社团的成员们在外出采风时，相互交流拍摄技巧，分享生活中的美好瞬间，不仅增进了彼此之间的友谊，还培养了对生活的热爱与敏锐的观察力。通过这些多元化的方式，长沙市第一中学为学生的终身发展奠定了坚实基础，为他们的人生道路指明了正确方向，使学生在未来无论遭遇何种挑战与困境，都能始终保持乐观自信的心态，勇敢地迎接生活的洗礼。

（二）管理融合：构建工作网络，健全育人机制

长沙市第一中学高度重视心理健康教育，将其视为学校发展不可或缺的重要组成部分，精心构建了一套完备且高效的组织机构。这一机构涵盖校长、分管副校长、学生工作处、团委、心理中心、年级组和班主任等各个层面，各部门之间紧密协同合作，犹如一台精密运转的机器，确保心理

健康教育工作得以有条不紊、高效地开展。校长作为学校心理健康教育工作的总负责人，从宏观层面把控整体方向，制定科学合理的发展战略；分管副校长具体负责工作的组织与实施，积极协调各部门之间的关系，保障工作的顺利推进；学生工作处负责日常工作的精细化管理与有效落实；团委则通过组织各类形式多样的活动，营造浓厚的心理健康教育氛围；心理中心作为核心部门，承担着心理咨询、辅导、培训等专业工作，为学生提供专业的心理支持；年级组和班主任则负责将心理健康教育切实落实到每个班级、每个学生，关注学生的日常心理状态。

长沙市第一中学构建了学校、年级、班级层层落实，学校、家庭与社会紧密合作的心理健康教育网络，并与原有的德育网络“并轨”实施，实现深度融合管理。这一完善的结构，使得教育责任能够逐级精准落实到位，充分体现了心理健康教育“分类筛选、分层引领”的科学原则。一般性的心理问题，各班班主任凭借对学生日常的深入了解和自身掌握的基本心理辅导知识，便能及时有效地加以解决。比如，当学生因考试成绩不理想而情绪低落时，班主任能够敏锐地察觉到学生的情绪变化，通过耐心谈心、积极鼓励等方式，帮助学生调整心态，引导他们正确看待挫折，培养坚韧不拔的意志品质。班主任会与学生一起深入分析考试失利的原因，制订有针对性的改进计划，鼓励学生从失败中汲取经验教训，不断进步。较严重的心理问题，则由专兼职心理教师运用专业的知识和科学的方法进行干预。心理教师会通过一对一咨询、团体辅导等多种方式，帮助学生解决心理困扰，引导学生走出心理困境。对于疑似有严重心理问题或精神障碍的学生，心理中心会迅速通过“绿色通道”将其转介至专业医院心理门诊，确保学生能够得到及时、专业的治疗，全力保障学生的身心健康。心理健康教育方面的重大决策，由学生工作处上报学校，学校组织的专题会议进行深入研究、审慎讨论，从而保证决策的科学性与合理性。

长沙市第一中学深入贯彻相关要求，制定并不断完善心理健康教育工作制度、心理危机干预办法等多项制度，明确全体教师在心理健康教育中的职责，构建各学科协同育人的教学体系。同时，长沙市第一中学积极营造有利于培育师生积极平和心态的教育管理制度与校园文化，例如在校园内精心打造温馨舒适的心理咨询室，配备专业的心理测评软件、先进的放松设备等，张贴富有感染力和启发性的心理健康宣传海报，定期举办高质量的心理健康知识讲座等。通过定期开展心理筛查、建立全面的心理档案等措施，长沙市第一中学健全了心理危机预防干预机制，切实做到早发现、早预防、早干预、早报告，全程陪伴和引领每一个学生健康成长。

（三）队伍融合：配齐配强师资，提升专业水平

长沙市第一中学深知师资队伍建设是心理健康教育工作的核心与关键，一直以来大力强调全员育人，致力于打造一支高素质、专业化的教师队伍。为此，长沙市第一中学专门成立心理中心，配备了一支由 4 名专职教师、20 余名兼职教师和全校班主任老师组成的心理健康教育团队。长沙市第一中学按照高于 1∶1 000 的师生比配备专职心理教师，这 4 名教师均为科班出身的国家二级心理咨询师，他们在各级各类教学能力大赛、论文评比和成果展示活动中表现卓越，脱颖而出，已成长为省市心理健康教育学科带头人和骨干力量，被聘为湖南省基础教育研究专家库成员、“国培”授课专家和高校兼职硕士生导师。目前，长沙市第一中学已形成了一支年龄结构合理、专业化水平高、教学经验丰富的优秀心育团队，为心理健康教育工作的专业化、高质量开展提供了强有力的保障。

为提升教师队伍的整体素质，长沙市第一中学积极创造有利条件，实施教师心理健康教育分层分类培训，成功实现了教师培训全覆盖。长沙市第一中学要求专职心理健康教育教师每年参加不少于 50 学时的专业发展培训，通过参加专业研讨会、学术交流活动等，不断更新知识体系，提升专业技能，紧跟心理学领域的前沿动态。在一次全国性的心理健康教育研讨会上，长沙市第一中学的专职心理教师学习到了最新的认知行为疗法，并将其应用到实际工作中，帮助多名学生有效缓解了焦虑情绪，取得了显著的效果。班主任、年级组长、党支部书记等骨干每年都要参加不少于 10 学时的心理健康教育专题培训，学习如何在日常管理和工作中精准关注学生心理健康，掌握有效的沟通和引导技巧。其他教师每年至少参加一次心理健康教育专题培训，通过专家讲座、自我研修、个案研究、交流分享等多种方式，深入了解学生身心成长规律。在专家讲座中，教师们能够学习到最新的心理学研究成果和先进的教育方法；在个案研究中，教师们通过分析实际案例，不断提高解决问题的能力。教师们以自身健康阳光的心态潜移默化地影响学生，学会从心理分析角度深入剖析教育现象，理解特殊学生和特殊问题，努力寻找有效的沟通渠道和切实可行的解决办法，真正做到全员参与、因材施教、立德树人，让教育充满成长的喜悦与幸福的味道，助力学生全面发展。

（四）课程融合：拓宽育人途径，创建立体平台

开展心理健康教育和德育的课程融合，为长沙市第一中学德育工作开辟了崭新的路径，搭建起立体化的资源和平台，使育人活动更加丰富多彩，紧密贴近学生实际、贴合学生生活，更具吸引力和感染力，有效提升了教育的针对性和实效性。

长沙市第一中学从1994年起将心理健康教育作为校本课程开设并坚持至今，通过高一年级全员选修心理健康教育活动课，高二、高三定期开展专题讲座、团体辅导活动等形式，全程陪伴学生成长。在高一年级的心理健康教育活动课上，教师运用生动有趣的案例、充满趣味的互动游戏等方式，引导学生了解基本心理知识，认识心理发展特征，提高自我认识水平，建立和谐融洽的人际关系。例如，在一次关于人际交往的课程中，教师组织学生进行角色扮演，模拟不同的社交场景，如初次见面、朋友争吵、团队合作等，让学生亲身体验不同沟通方式带来的不同效果，从而深刻理解人际交往的技巧和重要性，学会如何与他人更好地相处。在模拟朋友争吵的场景中，学生们通过沟通和理解，化解了矛盾，明白了在人际交往中要学会倾听和包容，尊重他人的观点和感受。

长沙市第一中学注重学科教学渗透，通过多种方式增强全体教师的心理健康教育意识，引导教师立足本学科教学，深入挖掘教材中的育人元素，准确把握教学中的育人契机，巧妙利用课堂教学主渠道渗透心理健康教育和德育，培育学生核心素养。在语文教学中，教师通过分析文学作品中人物的心理变化，如《呼啸山庄》中人物复杂的情感纠葛和心理冲突，引导学生理解人性的复杂与美好，培养学生的同理心和情感认知能力；在数学教学中，当学生遇到难题时，鼓励学生坚持不懈，培养学生面对困难时的坚韧品质和解决问题的能力，锻炼学生的思维和意志。长沙市第一中学还鼓励各学科“跨界”合作，将课堂拓展到更大舞台，为学生提供丰富多样的课程融合育人活动。在“清水聆音”诗歌朗诵会中，学生们通过朗诵经典诗歌，感受文学之美，同时也在准备过程中锻炼了自己的表达能力和心理素质；在“青春与梦想”班级合唱展演中，学生们在团队合作中学会了沟通与协作，增强了集体荣誉感；在“人间是剧场”课堂音乐剧展演中，学生们通过表演音乐剧，释放了压力，提升了自信；在“银杏杯”班级辩论赛中，学生们在思维的碰撞中学会了理性思考和表达自己的观点。此外，长沙市第一中学还对传统主题班会课进行创新，班级师生根据学生

心理成长实际需求自主选定主题，参照团体心理辅导模式开展活动体验型班会，增加感悟分享、价值澄清等环节，使德育工作更具“心理味儿”，提高了德育的实效性，让学生在实践中深化对心理健康和品德修养的理解。

长沙市第一中学积极支持学生社团发展，将教育从课堂延伸到课外，鼓励学生积极参加社会实践，自主成立了30余个学生社团。2008年10月，学生自发成立心理社团，该社团以学生为主体，由专职心理老师指导，集学习性、体验性、服务性和实践性于一体。学生社团通过小组成长活动、社团培训和心理剧等形式，向全校同学普及心理健康知识，推荐实用的心理调适方法，促进心理成长感悟。心理社团组织的心理剧表演，学生们自编自演，将生活中的心理问题，如考试压力、亲子关系、同学矛盾等搬上舞台，让大家在欣赏表演的同时获得深刻的启示和切实的帮助，发挥了心理支持、朋辈互助的重要作用，营造了良好的校园心理文化氛围。

自2005年起，长沙市第一中学每年5月都会精心策划组织“我爱我”心理健康教育月活动，紧扣学生成长热点和难点，一年一个主题，不断推陈出新。为迎接新高考综合改革，长沙市第一中学从2014年起聚焦高中生涯规划教育，为每年的心理月设计了宣传展示、探索体验、团体拓展、家校合作、教师发展等五大篇章，开展专题讲座、微调研、心理工作坊、家长职业分享会等十余项活动，有效整合学科、家庭和社会资源，引领学生科学选择，规划生涯，点亮梦想，受到家长和学生的广泛好评。在一次心理主题月活动中，学校邀请专业生涯规划师为学生举办讲座，详细介绍不同职业的特点和要求，同时组织学生进行职业体验活动，如参观企业、模拟面试等，让学生在实践中深入了解自己的兴趣和优势，为未来规划提供准确参考，帮助学生更好地认识自我、规划未来。

（五）辅导融合：分类实施遵规范，科学守护保安全

长沙市第一中学始终将学生的安全健康放在首位，高度注重为有需要的学生提供科学、专业、有效的心理咨询辅导服务。

长沙市第一中学坚持在高一年级开设心理课，让心理老师走进学生的学习和生活，成为学生信赖的成长导师，使每一个学生都能在遇到成长烦恼和心理问题时，第一时间想到并主动寻求帮助。比如，处于青春期的学生面临情感困惑时，可向心理老师倾诉，获得专业的建议和指导，帮助他们正确处理情感问题，顺利度过青春期。心理老师会引导学生正确认识青

春期的情感变化，教导他们如何与异性健康交往，把握好交往的尺度和界限，避免陷入情感困境。

长沙市第一中学建设了功能齐全、设备先进的心理中心，每天中午向学生开放，同时接受晚上和周末的咨询预约，并为高三年级和特殊学生开设绿色通道，尽量满足学生的心理咨询需求。心理中心内设有心理咨询室、放松室、沙盘游戏室等，为学生营造舒适、温馨的咨询环境，让学生在放松的状态下敞开心扉，倾诉内心的烦恼和困惑。心理咨询室的布置温馨舒适，摆放着柔软的沙发、绿色的植物，营造出宁静祥和的氛围，让学生感受到家的温暖；放松室配备了专业的放松设备，如按摩椅、音乐放松系统等，帮助学生缓解压力，放松身心；沙盘游戏室则通过沙盘游戏，让学生在无意识的状态下表达内心的情感和冲突，挖掘潜在的心理问题。

学校每年开展学生心理素质测评，建立心理档案，对筛查出的特殊学生进行全面观察和深入访谈，结合心理老师和班主任的主观评估确定心理高危个体。心理老师指导班主任、任课教师和家长密切配合，做好长期追踪随访，严格落实心理危机干预"早发现、早预防、早干预、早报告"原则。对于在心理素质测评中表现出焦虑倾向的学生，心理老师会定期与他沟通，了解学习和生活情况；班主任和任课教师在日常教学中会给予他更多关注和支持；家长积极配合学校，共同帮助学生缓解焦虑情绪，为学生的心理健康保驾护航。如今，关注学生心理健康状况，及时开展心理咨询辅导，已成为长沙市第一中学广大班主任老师日常工作的重要内容，形成了全员关注学生心理健康的良好氛围。

（六）边界融合：协同育人强合力，辐射引领作示范

在当今追求卓越教育品质的时代，构建高质量教育体系，推动每一位学生健康且全面地成长，是教育领域矢志不渝的核心使命。而实现这一宏大目标，绝非学校单方面能够完成，构建家庭、学校、社会协同育人共同体势在必行。这需要三方深度凝聚共识，全方位整合资源，综合运用多种策略开展教育工作。

1. 家校携手，共育未来

长沙市第一中学深刻洞悉家庭教育在学生成长过程中的关键作用，积极主动作为，精心筹备并成立了家长学校。学校秉持高度的责任感和专业性，精心打造了"做智慧的家长"等一系列极具针对性和实用性的必修课。这些课程内容丰富多元，涵盖了家庭教育的各个关键领域。

在营造健康和谐家庭环境方面，长沙市第一中学通过理论讲解、实地参观示范家庭等方式，引导家长从多维度入手。在物质环境上，教导家长合理布置孩子的生活空间，色彩搭配注重营造温馨舒适的氛围，家具摆放符合孩子的成长需求，如设置专门的学习区域，配备适宜的桌椅和充足的照明。在精神环境营造上，强调家庭成员间要相互尊重、平等交流，杜绝暴力和冷暴力。通过分享诸多因家庭氛围不良导致孩子心理问题的案例，长沙市第一中学让家长深刻认识到家庭环境对孩子成长的深远影响。

更新家庭教育观念是课程的重要板块。长沙市第一中学邀请教育专家、心理学教授开展专题讲座，结合大量真实案例，剖析传统教育观念的弊端。例如，讲述过度强调成绩导致孩子压力过大、心理崩溃的事例，让家长明白孩子的成长不仅仅是成绩的提升，更包括品德修养、心理健康、兴趣爱好等多方面的发展。长沙市第一中学引导家长树立全面发展的教育理念，尊重孩子的个性差异，鼓励孩子发展特长。

亲子沟通策略的传授更是细致入微。长沙市第一中学通过角色扮演、情景模拟等互动式教学，让家长亲身体验不同沟通方式带来的不同效果。长沙市第一中学教导家长在与孩子沟通时，要学会积极倾听，放下手中事务，专注回应孩子的话语，理解孩子话语背后的情感需求。在表达方面，要用温和、鼓励的语言，避免批评指责，如当孩子分享在学校的小成就时，家长要给予真诚的赞美和肯定，增强孩子的自信心。

培养家长发现心理问题、实施危机干预的意识和能力也是重中之重。学校定期组织家长观看心理问题案例分析视频，邀请心理医生讲解常见心理问题的症状表现，如孩子突然的情绪低落、失眠、食欲不振、社交退缩等可能是心理问题的信号。同时，传授家长简单有效的干预方法，如与孩子建立信任关系，引导孩子倾诉心声，及时寻求专业帮助等。

通过家长学校系统且持续的培训，许多家庭发生了令人欣喜的变化。有一位家长，起初与上初中的孩子矛盾重重，孩子性格叛逆，经常与家长顶嘴，亲子关系紧张。参加家长学校培训后，这位家长学会了尊重孩子的想法，耐心倾听孩子的烦恼，用平等的方式与孩子交流。渐渐地，孩子打开了心扉，主动与家长分享学校生活中的点滴，亲子关系变得亲密融洽，家庭氛围也充满了温暖和欢乐，真正实现了家庭在孩子成长过程中陪伴、引领、守护的重要作用，有效避免了“原生家庭”成为孩子成长的阻碍。

2. 医教结合，专业护航

随着社会的不断进步和我国社会心理服务体系的逐步完善，中小学心理健康教育所依托的载体日益丰富多样。整合各方资源，借助外部专业力量，构建全员全社会参与的心育体系，已成为推动我国中小学心理健康教育长远发展的关键举措。长沙市第一中学敏锐地把握这一趋势，高度重视医教结合，积极与中南大学公共卫生学院、湘雅二医院、湖南师范大学等专业医院和高校建立深度合作关系。

与中南大学公共卫生学院的合作中，双方联合组建专业研究团队，深入开展心理危机干预研究。研究团队针对中学生常见的心理危机，如考试焦虑、网络成瘾、青春期情感困惑等，运用大数据分析、心理测量等先进研究手段，进行全面深入的调研。通过对大量学生心理数据的分析，研究团队精准把握心理危机的成因、发展规律以及影响因素，研发出一系列具有针对性的干预方案。例如，针对考试焦虑问题，研发出包含考前心理辅导、考中放松技巧训练、考后心理调适等环节的综合干预方案，为学校心理健康教育提供了坚实的理论支持和实践指导。

与湘雅二医院的合作紧密围绕学生心理健康医疗保障展开。学校与医院共同建立心理危机和精神障碍学生医疗转介绿色通道，确保学生在出现严重心理问题时能够得到及时、专业的医疗救治。一旦学校心理中心发现有疑似心理危机或精神障碍的学生，立即启动转介程序，第一时间将学生转送至医院。医院的专家团队迅速对学生进行全面评估，制定个性化的治疗方案，包括药物治疗、心理治疗、物理治疗等多种手段。同时，学校与医院保持密切沟通，定期了解学生的治疗进展，学生康复后，学校心理教师和班主任共同为学生制订后续的心理支持和学业辅导计划，帮助学生顺利回归校园生活。

与湖南师范大学的合作侧重专业人才培养和学术交流。长沙市第一中学定期选派心理教师参加湖南师范大学举办的专业培训课程，学习最新的心理学理论、心理辅导技术和教育教学方法。邀请高校的心理学专家到学校开展专题讲座、案例督导等活动，为学校心理健康教育工作注入新的理念和方法。例如，专家针对学校心理咨询中遇到的复杂案例进行督导，帮助心理教师理清咨询思路，提升咨询技巧，更好地为学生提供专业服务。

长沙市第一中学还积极引进国际先进的影像发声、巴林特小组等心理健康促进项目。在影像发声项目中，学生们通过拍摄照片、制作视频等方式，表达自己内心深处的想法和情感。学生们用镜头记录校园生活的美好瞬间、家庭生活的温馨时刻以及社会生活中的所见所闻，在作品分享过程中，不仅增强了自我认知和表达能力，还促进了同学之间的相互理解和交流。有一位原本内向自卑的学生，在参与影像发声项目后，通过展示自己拍摄的校园四季美景照片，勇敢地表达了自己对校园的热爱和对生活的感悟，自信心得到了极大提升，性格也逐渐开朗起来。巴林特小组项目则聚焦教师的心理健康和职业成长。该项目通过定期组织教师开展案例讨论、角色扮演等活动，帮助教师更好地应对工作中的压力和挑战，提升心理辅导能力。教师们在小组活动中分享自己在教育教学过程中遇到的困惑和问题，共同探讨解决方案，增进了彼此之间的理解和支持，营造了良好的工作氛围。

3. 公益辐射，共筑心育

长沙市第一中学始终牢记教育的社会责任，不仅致力于提升校内学生的心理健康水平，还积极通过多种方式向家庭和社会辐射心理健康教育资源。长沙市第一中学不定期组织专题讲座，邀请心理健康专家、教育专家、一线心理工作者等为家长和社会人士讲解心理健康知识、亲子教育方法、青少年心理发展特点等内容。在一次关于青少年抑郁症的预防与干预的讲座中，专家通过真实案例分析、现场互动答疑等形式，深入浅出地讲解了抑郁症的成因、症状表现、预防方法和干预措施。讲座吸引了数百名家长和社区工作者参加，现场气氛热烈，大家纷纷表示受益匪浅，掌握了早期识别和干预抑郁症的方法，增强了对孩子心理健康的关注和重视。

送课进社区活动也是学校公益行动的重要组成部分。学校心理教师根据社区居民的需求和特点，精心设计了一系列生动有趣、实用性强的课程，如情绪管理、人际交往技巧、压力应对等。在课堂上，教师运用互动游戏、案例分析、小组讨论等多种教学方法，让学生和家长在轻松愉快的氛围中学习心理健康知识，提升心理调适能力。在一次送课进社区活动中，心理教师通过组织情绪红绿灯互动游戏，让孩子们学会识别自己的情绪，并掌握简单的情绪调节方法。家长们也积极参与其中，与孩子们一起分享自己的情绪管理经验，增进了亲子之间的沟通和理解。

此外，长沙市第一中学还充分利用校园网、微信公众号等新媒体平台，广泛宣传科学育人的理念与方法。定期发布心理健康科普文章、心理调适技巧、学校心理健康教育活动动态等内容，以通俗易懂的语言和生动形象的形式，让更多的人了解心理健康教育的重要性，获取专业的心理支持。同时，长沙市第一中学还通过新媒体平台开展线上咨询、问卷调查等活动，及时了解家长和社会对心理健康教育的需求和建议，不断优化心理健康教育工作。通过这些多渠道、全方位的辐射活动，长沙市第一中学不断增强教育合力，为优化学生成长的社会环境贡献力量，推动全社会形成关注心理健康、重视心理健康教育的良好氛围。

四、学校贯通式心理育人的探索与实践

在新时代教育改革与发展的时代浪潮中，西南大学始终紧跟国家教育政策的改革步伐，积极践行全国教育大会精神，严格落实《教育部等八部门关于加快构建高校思想政治工作体系的意见》相关要求。西南大学秉持“大思政”与“大心理”育人理念，将心理健康教育置于人才培养的重要位置，致力于构建全方位、多层次、协同化的“四个贯通”心理育人体系，全面推动面向全体学生的全员、全过程、全方位心理育人工作，旨在通过科学系统的心理教育实践，有效提升学生的心理健康水平，为学生的全面成长与发展奠定坚实的心理基础。

（一）贯通“校院家医”组织体系，强化一体协同

1. 建立“校—院—班—寝”四级预警协同制度

西南大学充分整合校内各类资源，构建了以学校心理健康教师、校医院医生、辅导员、班级心理委员和寝室室长为主体的四级预警协同网络。这一体系依托各层级人员的专业优势与角色特点，实现了对学生心理健康状况的全方位、近距离监测。一旦发现学生出现心理危机的迹象，该体系能够迅速启动即发即报机制。例如，寝室室长作为与学生日常接触最为紧密的角色，若察觉到室友情绪低落、行为异常，会在第一时间将情况反馈给班级心理委员。心理委员则凭借其接受的专业培训，对情况进行初步评估后，及时上报给辅导员。辅导员在收到信息后，会立即与学校心理健康教师和校医院医生取得联系，共同对危机事件进行专业评估与处理。通过这种环环相扣的信息传递与协同合作机制，四级预警协同制度得以有效落实，确保心理危机能够被及时发现并得到妥善处理。

2. 建立“一体联动”研判督导制度

西南大学高度重视对心理异常学生的干预工作，每半个月召开一次心理异常学生研判会。在研判会上，由心理健康教师、医生、辅导员以及相

关专家组成的专业团队，会对心理高危学生进行逐一深入分析。他们从学生的家庭背景、学习状况、社交关系、心理健康史等多个维度进行综合评估，精准把握学生心理问题的根源与发展态势。专业团队会针对每位学生的具体情况，制定个性化的“一生一策”干预帮扶方案。该方案涵盖心理咨询、心理治疗、学业支持、生活关怀等多个方面，旨在为学生提供全方位、多层次的支持与帮助。同时，西南大学借助“贯通式”心理育人智慧工作系统，对干预帮扶过程进行实时跟踪督导。通过该系统，专业团队能够详细记录学生的心理状态变化、各项干预措施的实施效果等信息，实现对干预过程的动态管理与优化。对于上会研判的个案，西南大学施行严格的“一案一清”闭环制度，即只有当学生的心理问题得到妥善解决，相关干预措施全部落实到位，且经过一段时间的观察确认学生心理状态稳定后，该个案才会被视为处理完毕。这一制度确保了每一位心理高危学生都能得到持续有效的关注与帮助。

3. 构建“中心 +”四维协同工作机制

学生心理健康教育与服务中心在西南大学心理育人工作中发挥着核心枢纽作用。为了实现全方位协同育人，西南大学着力构建“中心 + 家庭”“中心 + 职能部门”“中心 + 学院（部）”“中心 + 医院”四维协同工作机制。在“中心 + 家庭”方面，西南大学建立了重点学生家校会谈制度，定期邀请家长到校，与心理健康教育专业人员共同商讨学生的心理教育问题。通过这种方式，家长能够及时了解学生在校的心理状况，学校也能更好地掌握学生在家中的成长环境与表现，形成家校共育的强大合力。在“中心 + 职能部门”协同中，各职能部门明确分工，密切配合。教务处负责将心理健康教育融入课程体系，推动心理健康教育与专业教育的有机结合；学生工作处负责组织各类心理健康教育活动，营造良好的校园心理文化氛围；后勤保障部门负责为心理育人工作提供物质支持与保障，确保各项工作的顺利开展。在“中心 + 学院（部）”协同方面，西南大学充分发挥各学院的特色与优势，推动“一院一品”建设。例如，文学院打造的“彩虹桥”心理育人品牌，通过举办心理健康讲座、主题班会、素质拓展等一系列丰富多彩的心理主题活动，增强了学生之间的沟通与交流，促进了学生心理健康发展；教育学院的“心有暖阳”品牌，则专注于为特殊群体学生提供个性化的心理关怀与支持，帮助他们克服心理障碍，更好地适应大学生活。在“中心 + 医院”协同上，西南大学与重庆市精神卫生中心建立了紧密的合作关系，为学生开通就医“绿色通道”。一旦学生出现严重的心理危机，能够在最短时间内获得专业的医疗救治。同时，西南大学还在校医院设立心理安全屋，为学生提供一个安全、舒适的心理舒缓空间，在紧急情况下能够及时进行初步的心理干预。

4. 建强“专兼一体”专业化队伍

为了提升心理育人工作的专业化水平，西南大学精心打造了一支由专兼职咨询师、心理辅导员、专职辅导员以及校内外指导专家组成的260余人的专业心理育人队伍。西南大学充分发挥自身心理学学科优势，大力实施“心理健康教育队伍能力提升计划”。在学习培训方面，西南大学定期组织专业知识培训课程，邀请国内外知名心理学专家进行讲学，内容涵盖心理咨询技巧、心理危机干预、发展心理学、变态心理学等多个领域，不断拓宽教师的专业知识面。在交流提升环节，西南大学鼓励教师参加各类学术研讨会和经验交流会，分享工作中的心得体会与成功案例，促进教师之间的相互学习与共同进步。在创新研究方面，西南大学设立专项科研基金，支持教师开展心理健康教育相关的课题研究，探索新的心理育人模式与方法，推动心理育人工作的理论创新与实践创新。在审美涵育方面，西南大学注重培养教师的审美素养，通过组织艺术鉴赏、文化体验等活动，提升教师的人文情怀与心理感染力，使其在与学生交流过程中能够更好地引导学生塑造积极的心理品质。在骨干培优方面，西南大学针对表现突出的教师进行重点培养，为其提供更多的学习与实践机会，打造心理育人工作的核心骨干力量。近三年来，该计划累计培训人数达3 000余人次，有效提升了学校心理育人队伍的整体素质与专业能力。

（二）贯通专业心理服务与日常教育帮扶路径，强化综合施策

1. 健全新生心理健康筛查与反馈机制

每年，西南大学都会对全校10 000余名新生开展全面的心理普测工作。西南大学采用专业的心理测评量表，从多个维度对新生的心理健康状况进行科学评估。同时，为了帮助新生更好地了解心理健康知识，提升自我心理调适能力，西南大学还会举办一系列心理健康教育讲座。这些讲座邀请专业心理教师为新生讲解大学生常见的心理问题及应对方法，引导新生树立正确的心理健康观念。对于在心理普测中筛选出的3 000余名重点学生，西南大学会安排专业心理咨询师进行一对一约谈。咨询师通过与学生的深入交流，了解学生的心理困惑与需求，并为其提供个性化的心理辅

导建议。此外，针对学生普遍存在的心理问题，如适应新环境、人际关系处理、学业压力等，西南大学组织开展100余场专题团体辅导活动，通过团体互动的方式，帮助学生增强自我认知、提升人际交往能力、学会应对压力与挫折的方法。在完成一系列测评与辅导工作后，西南大学会为每一位新生建立“一生一册”心理档案，详细记录学生的心理测评结果、咨询辅导情况等信息。同时，西南大学还会发布新生心理健康状况报告，对新生心理健康状况进行全面分析与总结，为后续的心理育人工作提供科学依据。

2. 做实常态化心理咨询服务

自2008年起，西南大学便开通了24小时阳光心理援助热线，为学生提供随时可及的心理支持。12年来，这条热线共接听学生电话20 000余个，无论是在深夜学生因学业压力而焦虑，还是在遇到情感挫折时感到迷茫，都能通过热线获得专业心理咨询师的即时帮助。西南大学积极推进信息化建设，实现学生随时随地咨询预约和危机求助。学生只需通过学校的心理咨询服务平台，便可轻松预约心理咨询时间，选择适合自己的咨询师。围绕学生关切的各类问题，如学业压力、人际关系、职业规划、情感问题等，西南大学开展个体心理咨询与团体心理辅导。近三年来，已为3 000余名学生开展个体咨询11 200余次，平均每位学生接受咨询约3~4次，每次咨询时间根据学生实际情况灵活调整，确保能够深入了解学生问题并提供有效帮助。西南大学为近4 000名学生提供团体心理辅导323场，每场团体辅导都会根据不同的主题和目标进行精心设计，如“人际关系拓展”“压力应对与情绪管理”“职业探索与规划”等，通过角色扮演、小组讨论、游戏互动等多种形式，让学生在团体氛围中获得成长与支持。

3. 建立重大突发事件应急响应机制

面对地震等重大突发事件，西南大学迅速启动应急响应机制，全面摸排受影响学生群体。学校开通网络预约专线和咨询邮箱，方便学生随时寻求心理帮助。专业心理咨询师团队按照专业规范，开展线上视频心理咨询和云团体辅导，针对学生因长期居家隔离产生的焦虑、抑郁等情绪问题，咨询师通过线上视频，与学生进行一对一的深入交流。他们了解学生在疫情期间的生活、学习状态以及心理困扰，为其提供针对性的心理疏导方案。云团体辅导则以线上会议的形式开展，组织学生共同分享在疫情期间的感受与经历，引导学生相互支持、相互鼓励。通过这些方式，西南大学有效减轻了学生因重大突发事件带来的心理伤害，帮助学生保持良好的心理状态。

（三）贯通课程教学与实践活动渠道，强化显隐并举

1. 推进专业课堂教育与实践教育交融渗透

西南大学始终将课堂教学视为大学生心理健康教育的主渠道，精心开设大学生心理健康教育、心理教育训练等心理健康教育课程。在课程教学中，教师不仅传授系统的心理学理论知识，还注重结合实际案例进行分析讲解，引导学生将理论知识运用到日常生活中。例如，在讲解情绪管理章节时，教师会结合学生在学习、生活中遇到的实际情绪问题，如考试焦虑、人际冲突引发的情绪波动等，引导学生运用所学的情绪调节方法进行应对。同时，西南大学强化专业实践体认，积极推进与第二课堂实践教育的交融渗透。西南大学组织学生开展心理健康教育实践活动，让学生深入社区、中小学等地，运用所学知识为不同群体提供心理健康服务。通过这些实践活动，学生不仅能够将课堂所学知识应用于实际，提升自己的专业能力，还能增强社会责任感。此外，西南大学还鼓励学生参与心理健康教育相关的科研项目和创新创业活动。通过团队合作，西南大学培养了学生的创新思维与实践能力，实现课堂教育与实践教育的协同育人。

2. 实施“五心五育”隐性涵育计划

西南大学高度重视隐性涵育在心理健康教育中的重要作用，积极实施“五心五育”隐性涵育计划。该计划将心理健康教育与国学、美育、文艺、体育、劳动教育有机结合，开展形式多样的朋辈辅导活动。“经典润心”活动通过组织学生研读经典文学作品，如《论语》《孟子》《大学》等，引导学生从传统文化中汲取智慧与力量，培养学生的道德情操和人文素养，让学生在潜移默化中获得心理滋养。“沙盘明心”借助沙盘游戏这一心理治疗工具，让学生在自由创作的过程中表达内心世界，释放情绪压力，促进自我认知与心理成长。“舞动健心”通过舞蹈活动，让学生在身体的律动中放松身心，增强自信心，培养积极向上的心态。“运动强心”将体育锻炼与心理健康教育相结合，鼓励学生参加各类体育活动，如篮球、足球、跑步等，通过运动释放压力，提升身体素质的同时也促进心理健康。“园艺沁心”则让学生参与园艺种植活动，在与自然的接触中感受生命的美好，培养耐心与专注力，舒缓心理压力。通过这些活动，西南大学全方位培养了学生的积极情感和健康心态。

3. 实施强身健心基石计划

西南大学将强身纳入“大心理”健康教育格局，全力实施强身健心基石计划，致力于推动学生身心协调发展。西南大学建立集中军训与分散军训相结合制度，在集中军训期间，通过军事训练培养学生的纪律意识、团队协作精神和坚韧不拔的意志品质。分散军训则注重日常生活习惯的养成和基本技能的培养，落实“两早一炼”（早读、早自习和 1 个小时身体锻炼）、内务整理、消防灭火与逃生、医疗自救互救等内容，确保全体大一学生在入学后的一年内都能接受系统的分散军训教育。例如，每天清晨，学生们会准时参加早读和早自习，培养良好的学习习惯。上午课程结束后，安排 1 个小时的身体锻炼时间，学生可以根据自己的兴趣选择体育项目进行锻炼，如篮球、羽毛球、瑜伽等。西南大学定期组织内务整理检查，培养学生的生活自理能力和良好的生活习惯。西南大学开展消防灭火与逃生演练、医疗自救互救培训等活动，提升学生的安全意识和应急处理能力。通过这些措施，西南大学切实促进了学生身体与心理的协同发展。

（四）贯通线上与线下平台，强化智慧联动

1. 打造硬件平台

西南大学投入大量资源，精心打造了 1 200 平方米的心理健康教育和服务中心。中心内部设施完善，设有 20 个功能房间，包括个体咨询室、团体辅导室、心理测评室、音乐放松室、沙盘游戏室等。这些功能房间配备了先进的信息化设备及智能化心理辅导仪器，如心理测评软件、生物反馈仪、音乐放松椅等。个体咨询室采用温馨舒适的装修风格，营造出安全、私密的咨询环境，让学生能够敞开心扉与咨询师交流。团体辅导室空间宽敞，配备多媒体设备，可满足各类团体心理辅导活动的开展。心理测评室运用专业的心理测评软件，能够快速、准确地对学生的心理健康状况进行评估。音乐放松室通过播放舒缓的音乐，结合音乐放松椅的按摩功能，帮助学生缓解身心压力。沙盘游戏室则为学生提供了一个自由表达内心世界的空间。通过这些硬件设施的建设，西南大学为学生提供了全方位的心理体验与活动场所。

2. 开发线上智慧平台

西南大学充分利用现代信息技术，积极开发线上智慧平台。借助中国大学生心理健康测评系统，西南大学能够定期对学生进行心理健康测评，及时发现学生可能存在的心理问题，并根据测评结果进行分类干预，做到心理问题早发现、早干预、早疏导。同时，西南大学自主开发“贯通式”心理育人线上工作平台，构建全流程心理健康教育智慧工作系统。该平台整合了心理咨询预约、心理档案管理、危机预警、课程学习、活动组织等多项功能，实现了心理育人工作的信息化、智能化管理。学生可以通过平台随时预约心理咨询服务，查看自己的心理档案，参与线上心理健康课程学习和心理教育活动。教师可以在平台上进行学生心理档案管理、咨询记录填写、危机预警处理等工作，大大提高了心理育人工作的效率与质量。

3. 用好微信公众号平台

西南大学精心打造“西大阳光心理驿站”微信公众号，将其作为线上心理服务的重要窗口。西南大学通过公众号开展线上心理服务预约，学生只需在公众号上点击相应菜单，即可轻松完成咨询预约流程。公众号还定期推送心理健康知识、心理自助贴士、在线心理教育资源等内容，如心理健康科普文章、心理调适技巧、心理咨询案例分享等。这些内容以通俗易懂的语言和生动有趣的形式呈现，向学生普及心理健康知识，引导学生关注自身心理健康。此外，公众号还会发布学校举办的各类心理健康教育活动信息，鼓励学生积极参与，营造了线上线下、课内课外相结合的全方位育人氛围。

第四节　积极心理学与校本资源的思政育人融合机制构建

在教育改革持续深化的当下，思政育人工作的创新与突破显得尤为重要。积极心理学专注于个体积极品质的培育和正向发展的推动，而校本资源蕴含着学校独特的文化底蕴与价值理念，二者的有机融合为思政育人开拓了全新的路径。构建这一融合机制，旨在全方位提升思政育人的质量，培养出兼具积极心理品质、高尚道德情操和强烈社会责任感的新时代优秀人才。

一、目标融合机制

（一）明确共同育人目标

积极心理学与校本资源在思政育人领域的共同目标，是培养拥有积极心理品质、良好道德素养以及社会责任感的学生。这一目标的实现，不仅对学生个人的全面成长起着关键作用，更对社会的进步有着深远影响。

积极心理学的核心任务是促进个体的积极发展，着重培养个体的乐观、坚韧、感恩、创造力等积极心理品质。以乐观品质为例，拥有乐观心态的学生在面对学业压力、人际交往困境等生活挑战时，能够将困难视为成长的契机，凭借坚定的信念积极寻找解决办法，从而有效提升自身的心理韧性和抗压能力。积极心理学还高度重视个体幸福感和生活满意度的提升，通过引导学生培养积极情绪，塑造积极的生活态度，使其能够真切地感受生活的美好，主动追求幸福的人生。例如，在积极心理学的实践课程中，教师会引导学生撰写感恩日记，鼓励学生每天回顾生活中的点滴善意与美好，以此增强对生活的满足感和幸福感。

校本资源承载着学校独特的文化底蕴和价值观念，深入挖掘并合理运用这些资源，能够将学校的文化传统、办学理念巧妙地融入思政育人体系。以校史文化资源为例，学校的发展历程是一部充满奋斗与拼搏的故事集，其中所展现的历代师生为实现教育理想而不懈努力的精神，能够极大地激励学生树立远大的理想抱负，促使他们将个人成长与学校发展紧密相连，为实现共同目标而努力奋斗。这种对学校的认同感和归属感，进一步增强了学生的集体荣誉感和责任感，为思政育人奠定了坚实的情感基础。

在思政育人的过程中，积极心理学与校本资源相互补充、协同发展。积极心理学的理念和方法能够激发学生的内在动力，使他们更加主动地参与到思政学习中；而校本资源则为思政教育提供了丰富的素材和实践平台，使思政教育更贴近学生的生活实际，显著增强了教育的针对性和实效性。

以某中学为例，该校在积极心理学理念的指导下，精心开发了“积极心理与幸福人生”校本课程。在课程中，教师组织学生开展“优点大轰炸”活动，让学生相互分享彼此的优点，帮助学生挖掘自身的闪光点，提升自信，培养积极的自我认知。同时，学校充分利用校史文化资源，定期组织学生参观校史馆，邀请老教师讲述校史故事，让学生在感受学校深厚历史底蕴的同时，增强对学校的认同感和归属感，激发爱校情怀和社会责任感。通过这种有机融合，学生在积极心理品质的培育和道德素养的提升方面都取得了显著成效。

（二）分解与落实目标

为了切实实现积极心理学与校本资源在思政育人中的共同目标，需要将其细化为具体的子目标，并全面融入思政教育的各个环节。

共同目标可以分解为积极情绪培养、积极人格塑造、校本文化传承和社会责任感培养等子目标。在积极情绪培养方面，多样化的教学活动和实践体验可以帮助学生掌握情绪识别与管理的技巧，培育乐观的心态，提升情绪智力。在课堂教学中，教师不仅传授情绪调节的理论知识，如深呼吸、冥想、积极自我暗示等方法，还精心组织各类积极情绪体验活动。例如，学校可以开展“团队接力绘画”活动，学生分组协作完成一幅大型绘画作品，在合作过程中，学生体验到团队协作带来的快乐和成就感，增强了彼此之间的信任和默契，有效提升了积极情绪。

积极人格塑造子目标着重培养学生坚韧、勇敢、善良、感恩等积极人格特质。学校通过主题班会、榜样示范、社会实践等多种活动形式，引导学生树立正确的价值观和人生观。以榜样示范活动为例，学校定期邀请优秀校友回校举办讲座，分享他们在学业、事业上的奋斗历程和成功经验。校友们在面对困难时不屈不挠的精神，以及对社会责任的担当，能够深深触动学生，激发他们的内在潜能，促使他们在日常生活中努力践行良好的品德和行为习惯。

校本文化传承子目标强调将学校的文化传统、办学理念深度融入思政教育。学校通过校史教育、校园文化活动等方式，让学生深入了解学校的历史文化，增强对学校的认同感和归属感。例如，学校可以开展校史知识竞赛活动，以趣味性的竞赛形式激发学生主动学习校史的积极性；组织校歌传唱活动，让学生在歌声中感受学校的精神内涵，传承学校的优良传统。

社会责任感培养子目标注重引导学生关注社会、参与社会事务，为社会发展贡献力量。学校组织学生参与社区环保宣传活动，学生们深入社区向居民普及环保知识，倡导绿色生活方式，在实践中深刻认识到环境保护的重要性，增强了社会责任感。学校还鼓励学生开展社会调研，针对社会热点问题，如教育公平、养老保障等进行深入探究，提出自己的见解和建议，进一步提升学生的社会责任感和使命感。

在落实目标的过程中，学校需要将这些子目标全面融入思政教育的课程教学、校园文化建设、社会实践等环节。在课程教学中，教师将积极心理学的理念和方法巧妙地融入思政课程，通过案例分析、小组讨论、角色扮演等多样化的教学方法，鼓励学生积极参与课堂。在讲解社会主义核心价值观时，教师组织学生进行角色扮演活动，模拟不同的社会场景，让学生在实践中理解和践行社会主义核心价值观，培养积极的心理品质和道德素养。

在校园文化建设方面，学校着力营造积极向上的校园文化氛围，开展丰富多彩的校园文化活动。校园文化活动涵盖文化展览、文艺演出、科技竞赛等多个板块，学生在参与过程中，不仅体验到积极情绪，还增强了团队合作精神，传承了学校文化。

在社会实践环节，学校组织学生参与各类实践活动，如志愿服务、社会调研等。学生在志愿服务中，为社区居民提供帮助，如关爱孤寡老人、义务家教等，在奉献中培养社会责任感；在社会调研中，学生深入了解社会现实，运用所学知识分析问题、解决问题，将理论知识与实际生活紧密结合。

通过明确共同育人目标，细化分解子目标并全面落实到思政教育的各个环节，积极心理学与校本资源在思政育人中形成强大合力，共同推动学生的全面发展，为培养新时代优秀人才奠定坚实基础。

二、内容融合机制

（一）挖掘积极心理学与校本资源的思政元素

积极心理学和校本资源蕴含着丰富的思政元素，深入挖掘并将其有机融入思政教育内容，能够使思政教育更加生动、丰富，增强其吸引力和感染力。

在积极心理学中，积极价值观是重要的思政元素。乐观、坚韧、感恩、善良等积极品质的背后，蕴含着积极的价值观。以坚韧品质为例，在面对挫折时不屈不挠，凭借顽强的毅力克服困难，体现的是对目标的执着追求和对自身能力的坚定信任。这种价值观与思政教育中培养学生积极向上的人生态度、树立正确的世界观和人生观的目标高度契合。在思政教育课堂上，教师通过讲述身残志坚的励志故事，引导学生理解坚韧价值观的内涵，激励学生在面对困难时勇往直前。

积极心理学的幸福理论也为思政教育提供了有益的启示。幸福并非仅仅是物质的满足，更包括精神的富足和内心的满足感。通过培养积极的人际关系、追求有意义的生活目标等途径，人们能够获得真正的幸福。在思政教育中，教师引导学生开展“幸福是什么”的主题讨论，让学生分享自身对幸福的理解和感受，进而引导学生认识到幸福与个人的品德修养、社会责任感紧密相连。教师还应鼓励学生参与公益活动，在帮助他人的过程中体会奉献带来的幸福感，树立正确的幸福观。

校本资源中的校史文化是思政教育的宝贵素材。校史记录了学校的发展历程、重要事件和杰出人物，体现了学校的精神传承和价值追求。学校发展过程中形成的艰苦奋斗、团结协作、追求卓越的精神，是校史文化的核心。在思政教育中，教师讲述校史故事，让学生了解学校创业初期的艰难以及师生共同努力克服困难的历程，感受学校的精神内涵，激发爱校情怀和责任感。邀请老校友回校讲述求学经历和成长故事，校友在困境中坚持学业、毕业后回馈社会的事迹，能够让学生深刻体会到奋斗精神和社会责任的重要性。

校园文化活动同样蕴含着丰富的思政元素。学校组织的文艺演出、体育比赛、志愿服务等活动，都可以融入思政教育的内容。在文艺演出中，选取歌颂祖国、赞美英雄的节目，如诗歌朗诵《我爱这土地》、舞蹈《红色娘子军》等，让学生在欣赏和参与中接受爱国主义和英雄主义教育；体育比赛培养学生的团队合作精神、竞争意识和拼搏精神，这些都是思政教育的重要内容；志愿服务活动中，学生通过关爱孤寡老人、义务植树等行动，增强社会责任感和奉献精神，培养关爱他人、乐于助人的良好品德。

（二）整合与优化思政教学内容

依据学生的需求和特点，整合积极心理学和校本资源的内容，优化思政教学内容，是提升思政教育质量的关键。通过整合优化，可以使思政教学内容更加生动、有趣、富有吸引力，满足学生的学习需求，增强学生的学习积极性和主动性。

在整合积极心理学内容时，教师需要注重与思政教育的目标和内容紧密结合，将积极心理学的理论和方法融入思政课程的各个章节，帮助学生在学习思政知识的同时，培养积极的心理品质和思维方式。在讲解马克思主义哲学辩证唯物主义原理时，教师还需引入积极心理学中的认知重构理论。教师通过实际案例，如学生面对考试失利的不同认知反应，引导学生运用认知重构方法，从消极认知“我太笨了，怎么都学不好”转变为积极认知“这次考试让我发现了知识漏洞，我可以针对性学习提升”，培养学生的辩证思维和解决问题的能力。

积极心理学的积极情绪体验活动也可以与思政教学有机结合。在课堂教学中，教师可以组织学生开展感恩练习，让学生每周记录三件感恩之事，并在课堂上分享，培养感恩之心，增强幸福感和满足感；开展正念冥想活动，引导学生在安静的环境中专注呼吸，排除杂念，缓解学习压力，提升情绪调节能力。这些活动丰富了思政教学的形式，让学生在实践中体验积极心理学的理念和方法，促进心理健康发展。

在校本资源整合方面，高校需要充分挖掘校史文化、校友资源、校园文化活动等资源的内涵，与思政教学内容有机融合。以校史文化为例，高校可以开发校本课程校史与传承，系统介绍学校的历史文化，课程中融入爱国主义教育、集体主义教育内容。通过讲述学校在不同历史时期为国家培养人才的贡献，激发学生的爱国情怀和集体荣誉感；邀请校友回校举办讲座，校友分享成功经历和人生经验，激励学生努力学习、追求卓越。在讲座中，高校可以引导校友分享在面对困难时如何坚守信念、克服困难，以及如何将个人发展与社会需求相结合，让学生从中受到启发，树立正确的价值观和人生观。

校园文化活动是整合校本资源的重要途径。高校可以将思政教育融入各类校园文化活动，举办主题文化节，如“红色文化节”，组织学生开展红色歌曲演唱比赛、红色故事演讲比赛、红色主题绘画展览等活动，让学生在参与中深入理解和践行爱国主义教育；开展社会实践活动，组织学生参与社区调研，了解社区发展现状和存在的问题，提出改进建议，增强学生的社会责任感和实践能力。

在优化思政教学内容时，教师应注重内容的时代性和实用性，结合当前社会热点问题，如人工智能发展、乡村振兴战略、国际形势变化等，更新充实思政教学内容。在课堂上组织学生对热点问题进行讨论，引导学生运用所学思政知识分析问题，培养社会责任感和公民意识。同时，注重教学内容的实用性，通过案例分析、角色扮演等教学方法，让学生在模拟情景中运用思政知识解决问题。设置“模拟两会”活动，让学生扮演人大代表和政协委员，针对社会热点问题提出议案和提案，提高学生的实践能力和应用能力。

三、方法融合机制

（一）积极心理学方法在思政教学中的应用

积极心理学的一系列方法为思政教学注入了新的活力，有效提升了教学效果，促进了学生的全面发展。在思政教学中合理运用积极心理学方法，有助于激发学生的学习兴趣和积极性，培养积极的心理品质和正确的价值观。

积极情绪体验法是积极心理学常用的方法之一。在思政教学中，教师创设丰富的教学情景，让学生在情景中体验积极情绪，加深对思政知识的理解和感悟。在讲解爱国主义教育内容时，教师播放纪录片《厉害了，我的国》，展现我国在科技、经济、文化等领域的伟大成就，激发学生的爱国情感；组织学生开展“重走长征路”模拟活动，让学生扮演红军战士，体验长征途中的艰难险阻，感受红军的坚韧不拔和爱国精神，增强情感共鸣。

积极心理暗示法也是一种有效的教学方法。教师通过积极的语言、表情和行为，对学生进行心理暗示，增强学生的自信心和学习动力。在课堂上，教师及时肯定学生的优点和进步，如“你的观点很新颖，给大家带来了新的思考方向”“这次作业你的书写非常工整，进步很大”等。教师还引导学生进行自我暗示，如制作“我能行”“我每天都在进步”等自我激励卡片，让学生放置在显眼位置，时刻提醒自己，以积极的态度投入学习。

目标设定与达成法在思政教学中具有重要的应用价值。教师帮助学生设定明确的学习目标，并引导学生制订实现目标的具体计划。在学习思政课程时，根据课程大纲和学生的实际情况，帮助学生设定短期目标，如本周背诵一定数量的思政知识点，中期目标为在单元测试中取得进步，长期目标为培养深厚的政治素养和社会责任感，成为社会主义合格建设者。教师引导学生将大目标分解为小目标，如每天阅读一篇思政相关文章、每周参与一次小组讨论等，让学生在逐步实现小目标的过程中，体验成功的喜悦，增强学习动力和信心。

团体辅导法是积极心理学重要的方法之一。在思政教学中，教师组织学生开展团体辅导活动，如小组讨论、团队合作项目等，培养学生的团队合作精神、沟通能力和社会责任感。在小组讨论中，教师围绕思政课主题，如“如何践行社会主义核心价值观”，引导学生各抒己见，从不同角度思考问题，拓宽思维视野，学会倾听他人的意见，提高沟通和团队协作能力；在团队合作项目中，组织学生开展社会调研，针对社会热点问题，如青少年心理健康问题、社区养老服务问题等，学生分组进行调研、分析和总结，提出解决方案，培养社会洞察力和分析问题的能力；开展志愿服务活动，如关爱留守儿童、助力环保行动等，让学生在实践中增强社会责任感，体验奉献的快乐。

（二）利用校本资源创新思政教学方法

校本资源为思政教学方法的创新提供了丰富的素材和广阔的空间。教师应充分挖掘利用校本资源，使思政教学更贴近学生的实际生活，增强学习体验和参与感，提高教学实效性。

开展校史讲座是利用校本资源创新思政教学方法的有效方式。校史蕴含着丰富的思政教育元素，学校应邀请校史专家、老教师或校友举办校史讲座，讲述学校的发展历程、重要事件和杰出人物事迹。在讲座中，学生可以了解学校在不同历史时期面临的挑战和机遇，以及师生为学校发展付出的努力和奋斗。例如，某中学邀请老校友回校举办校史讲座，校友讲述在艰苦岁月中学校如何坚持办学，培养出众多优秀人才，学生被深深打动，不仅深入了解了校史，更从校友身上感受到了学校的精神和文化，增强了对学校的认同感和自豪感。

校友分享会是极具吸引力的教学方法。邀请优秀校友回校分享成长经历、学习经验和职业发展路径，可以为学生提供宝贵的借鉴和启示。校友的亲身经历容易引起学生的共鸣，激发学习动力和对未来的憧憬。校友可以分享在学习中克服困难、取得优异成绩的经验，以及在职业选择和发展中把握机遇、实现人生价值的故事。例如，某高校邀请创业成功校友回校举办分享会，校友详细介绍创业历程，包括遇到的资金短缺、市场竞争等困难，以及如何通过创新思维、团队合作解决问题，取得成功。学生在分享会上积极提问，与校友深入交流，深刻认识到努力和坚持的重要性，激发了创新意识和进取精神。

利用校园文化活动创新思政教学方法是重要途径。学校可以将思政教育融入各类校园文化活动，举办主题文化节，如“民族团结文化节”，组织学生开展民族歌舞表演、民族文化知识竞赛、民族传统手工艺制作等活动，让学生在参与中深入了解各民族文化，增强民族团结意识；开展社团活动，引导社团开展与思政教育相关的活动，如环保社团组织学生参与垃圾分类宣传、植树造林等活动，培养学生的环保意识和社会责任感；文化社团组织学生开展传统文化研究与传承活动，如诗词朗诵、书法绘画展览等，增强学生的民族自豪感和文化自信心。

社会实践作为利用校本资源开展思政教学的关键环节，对学生的成长与发展意义重大。学校通过组织学生参与多样化的社会实践活动，如社会调研、志愿服务和参观访问等，让学生走出校园，亲身感受社会现实，有效增强社会责任感。在社会调研方面，学校应鼓励学生聚焦环境保护、教育公平、就业问题等社会热点，自行设计调研方案，深入社区、企业、学校等地收集数据，经详细分析总结后提出见解与建议，这不仅锻炼了学生的实践和分析问题能力，还让他们养成关注社会问题的习惯，进一步强化社会责任感。志愿服务活动是学生践行社会责任的重要途径，学生可参与关爱孤寡老人、义务家教等社区服务，或投身环保宣传、爱心义卖等公益活动，在为他人提供帮助和服务中体验奉献的快乐，培养关爱他人、服务社会的意识。参观访问活动则为学生打开了了解历史文化、社会发展和企业创新的窗口，学生参观爱国主义教育基地，在缅怀先烈、回顾历史中激发爱国情怀；参观博物馆，深入了解历史文化发展脉络，增强文化自信；参观企业，了解创新理念和发展模式，拓宽视野，进而显著提升社会认知能力。通过参与这些社会实践活动，学生在知识、能力和情感层面都得到了全面发展，真正实现了思政教育与社会实践的有机结合，达到利用校本资源提升思政教学实效的目的。

四、师资融合机制

（一）提升教师的积极心理学素养与校本资源开发能力

在思政育人的整体架构里，教师扮演着极为关键的推动角色，其具备的积极心理学素养以及校本资源开发能力，直接决定了积极心理学与校本资源在思政育人实践中的融合成效。在教育改革不断深入推进，思政教育迎来全新机遇与挑战的大背景下，全面提升教师在这两方面的能力，已成为顺应教育发展趋势的必然选择，更是推动思政教育创新发展、提高育人质量的内在要求。

高校应当把提升教师的积极心理学素养当作一项长期且具战略意义的任务来抓，通过搭建常态化、高质量的培训体系，为教师的专业成长筑牢根基。在培训师资的挑选上，优先考虑那些在积极心理学领域拥有深厚学术积淀、丰富实践经验以及出色教学能力的专家学者。培训内容不仅囊括积极心理学的经典理论，像塞利格曼的 perma 幸福理论，深入剖析积极情绪（positive emotion）、投入（engagement）、人际关系（relationships）、意义（meaning）和成就（accomplishment）这些要素之间的内在联系；还会对弗洛姆的积极人性论进行深度阐释，引领教师理解人性中积极潜能的激发与发展机制。此外，还会详细讲解积极心理学独特的研究方法，比如实证研究中量化数据的收集与分析，以及质性研究中深度访谈、案例分析等方法在揭示个体积极心理现象时的应用。更为重要的是，高校应重点聚焦积极心理学在教育场景中的实际应用，探讨如何将积极心理学原理巧妙地融入课堂教学设计，通过营造积极的学习环境，运用多元化的教学策略，切实激发学生的学习动机，培养学生的创造力与创新思维。

经过系统且全面的培训，教师能够深入领会积极心理学的理论核心与实践价值，熟练掌握积极心理学的方法与技巧。在积极情绪培养方面，教师运用情绪 ABC 理论，帮助学生识别情绪产生的诱发事件（A）、个体对事件的信念和评价（B），以及由此引发的情绪和行为后果（C），引导学生通过改变不合理信念，实现对情绪的有效管理与调节。在积极人格塑造过程中，教师借鉴马斯洛的自我实现理论，根据学生的个性特点与发展需求，为学生提供个性化的成长路径引导，挖掘学生的内在潜能，助力学生逐步形成坚韧不拔、乐观向上、自信自强等积极人格特质。在积极人际关系构建方面，教师应掌握有效沟通技巧，包括积极倾听、清晰表达、非语言沟通等；注重同理心培养，能够站在学生的角度去理解其感受与需求，营造出和谐、融洽的师生关系与积极向上的班级氛围。

为了增强培训效果，培训过程中应融入丰富多样的实践环节。例如，高校应组织教师开展模拟课堂教学活动，要求教师运用所学的积极心理学知识进行完整的教学设计与课堂教学实践。随后，采用小组互评与专家点评相结合的方式，从教学目标设定、教学方法运用、学生参与度、积极心理氛围营造等多个维度，对教学过程中的优点与不足进行深入剖析与总结。教师还应参与真实教学案例分析研讨活动，共同探讨如何运用积极心理学理论与方法，解决学生在学习和生活中遇到的各类心理问题，如学习倦怠、考试焦虑、人际关系困扰等。通过实际操作与案例研讨，高校可以持续提升教师将积极心理学知识转化为教学实践的能力。

教师还需要通过多元化的途径，持续更新自身知识体系，及时追踪积极心理学的前沿研究成果与发展动态。参加学术研讨会是获取新知识、新方法的重要途径。在全国积极心理学教育应用研讨会上，来自不同地区、不同院校的专家学者与一线教师汇聚一堂，共同分享积极心理学在教育领域的创新实践经验与最新研究成果。比如将正念训练融入课堂教学，帮助学生提高注意力集中度、增强情绪调节能力；运用积极心理学干预策略，改善学生的学习态度、激发学习动力、塑造良好行为习惯等。这些交流分享为教师提供了全新的教学思路与方法，拓宽了教师的教学视野与创新空间。

学术讲座同样是教师获取新知识的重要源泉。高校应积极邀请国内外知名的积极心理学专家举办专题讲座。比如邀请美国著名积极心理学家马丁·塞利格曼来校讲学，分享积极心理学在全球教育领域的最新应用案例与前沿研究趋势，使教师深入了解积极心理学在跨文化教育、特殊教育、在线教育等新兴领域的创新实践与发展方向。教师还应养成自主学习的习惯，通过阅读《持续的幸福》《真实的幸福》等经典著作，以及发表在《心理学报》《心理科学进展》等权威学术期刊上的积极心理学研究论文，不断深化对积极心理学理论知识的理解，提升自身的理论素养与专业水平。

在校本资源开发能力提升方面，高校务必高度重视，构建系统、全面的校本资源开发培训体系。邀请在校本资源开发领域经验丰富、成果卓越的专家担任培训导师，培训内容涵盖校本资源的基本概念、分类体系、开发原则与方法等多个层面。在校本资源概念阐释中，帮助教师明确校本资源是基于学校自身特色、历史文化、地域优势以及学生实际需求，为实现学校教育目标而开发利用的各类资源的总和，包括物质资源（如校园设施、教学设备等）、人力资源（如教师、校友、社区专家等）、文化资源（如校史文化、校园文化活动等）。在分类学习中，教师深入了解校本资源可细分为校史文化资源、校友资源、校园文化活动资源、地方特色资源等不同类型，每种资源都具有独特的教育价值与开发潜力。

通过系统培训，教师能够深刻理解校本资源开发的重要价值，熟练掌握校本资源开发的基本流程与方法。在开发校史文化资源时，教师学习运用多种方法广泛收集和整理校史资料，包括走访老教师、校友，查阅学校档案、校报校刊、历史文献等，全面梳理学校的创办背景、发展历程、重要事件、杰出校友事迹等。在编写校史教材时，教师运用生动、鲜活的语言，结合图片、故事、案例等多样化的呈现方式，将校史资料转化为具有教育意义、富有吸引力的教材内容，使学生在学习过程中既能感受到学校的深厚历史底蕴，又能激发爱校情怀与责任感。在设计校史教育活动方面，教师应掌握开展校史讲座、校史知识竞赛、校史主题展览、校史文化节等活动的策划与组织方法，通过这些活动，引导学生深入了解校史文化，传承学校精神，增强对学校的认同感与归属感。

学校应积极鼓励教师参与校本资源的开发实践，通过实践不断提升自身的开发能力。教师可紧密结合自身教学实际与学生需求，充分挖掘和利用身边的校本资源，开发具有创新性、特色性的教学资源。以一位语文教师为例，该教师结合学校所在地区的文化传统、地域特色与民俗风情，深入挖掘地方文化中的诗词歌赋、民间传说、传统手工艺、民俗节日等资源，开发了一门具有浓郁地方特色的校本课程。在课程教学中，教师通过课堂讲授、实地考察当地的历史文化遗迹、邀请民间艺人进课堂传授技艺等多元化教学方式，让学生深入了解和传承地方文化，丰富学生的学习体验，增强学生对家乡文化的认同感、自豪感与传承意识。

教师之间的交流与合作是提升校本资源开发能力的重要途径。学校可以定期组织教师开展校本资源开发经验交流活动，为教师搭建分享与学习的平台。在交流活动中，教师们分享自己在资源开发过程中的成功经验、创新做法、遇到的问题及解决策略。例如，有的教师分享如何通过与社区合作，挖掘社区中的历史文化资源、民俗风情资源，开发出具有地方特色的社会实践课程；有的教师介绍在开发校友资源时，如何运用信息化手段与校友建立紧密联系，邀请校友参与学校的教育教学活动，为学生提供职业规划指导、人生经验分享、创业案例分析等。通过这些交流活动，教师们相互学习、相互借鉴、共同成长，全面提升校本资源开发能力。

教师还可组建校本资源开发团队，共同开展资源开发工作。在团队中，不同学科背景的教师充分发挥各自的专业优势，实现资源共享、优势互补、协同创新。例如，历史教师凭借其深厚的历史专业知识，对校史资料进行深入的历史解读与分析，挖掘校史背后的文化内涵与教育价值；美术教师运用其精湛的专业技能，为校史主题展览、校本教材设计精美的插图、封面与版式，提升资源的视觉吸引力与审美价值；信息技术教师利用其技术优势，开发数字化的校本资源，如校史文化网站、线上校史博物馆、虚拟校园文化体验平台等，拓展资源的传播渠道，提高资源的利用效率与影响力。通过团队合作，高校能够整合各方资源，凝聚集体智慧，提高资源开发的质量与效率，打造出具有鲜明特色与广泛影响力的校本资源。

（二）组建跨学科融合教学团队

组建一支由思政教师、心理学教师、校本资源开发专家等多元主体构成的跨学科教学团队，是实现积极心理学与校本资源在思政育人中深度融合的关键举措，对于提升思政教育的针对性、实效性与创新性具有不可替代的重要意义。跨学科教学团队能够打破学科之间的壁垒，整合不同学科的知识体系、思维方式与教学资源，发挥团队成员的专业优势，形成强大的教育合力，共同推动思政育人工作向纵深发展，培养具有全面素质与创新能力的新时代人才。

思政教师在团队中发挥着主导作用，他们对思政教育的目标、内容与方法有着深刻的理解与精准的把握，能够将积极心理学和校本资源与思政教育的核心任务紧密融合。思政教师依据思政教育的教学大纲与学生的认知水平、心理特点、成长需求，制订科学合理、具有针对性的融合教学目标与详细的教学计划，确保教学活动始终围绕培养学生的思想政治素质、道德品质、社会责任感与创新精神这一核心目标有序开展。例如，在设计社会主义核心价值观课程的教学内容时，思政教师结合学校的校史文化资源，讲述学校在不同历史时期如何践行社会主义核心价值观，培养出一批又一批具有高尚品德、社会责任感与创新能力的优秀人才的生动故事，让学生深刻理解社会主义核心价值观的丰富内涵、历史渊源与实践意义，增强学生对社会主义核心价值观的认同感与践行意识。

在教学过程中，思政教师灵活运用积极心理学的方法与理念，引导学生思考和解决思政教育中的实际问题。当学生在理解爱国主义这一抽象概念时，思政教师运用积极心理学中的积极情绪体验法，组织学生观看爱国主义题材的纪录片、电影、短视频等，通过直观的视觉冲击与情感共鸣，激发学生的爱国情感，让学生在积极的情绪体验中深入理解爱国主义的深刻内涵与时代价值。思政教师还引导学生运用积极心理学中的目标设定与达成法，帮助学生将个人的成长目标与国家的发展目标、民族的复兴使命紧密结合，培养学生的家国情怀、社会责任感与担当精神。

心理学教师在团队中扮演着专业支持的关键角色，他们运用专业的心理学知识与技术，为学生的心理健康与积极心理品质的培养提供全方位的保障。心理学教师运用积极心理学的理论与方法，帮助学生培养积极的心理品质，如乐观、坚韧、感恩、创造力等；提升学生的情绪管理能力，学会识别、表达、调节情绪，保持良好的心理状态。例如，心理学教师设计和组织心理拓展训练活动，如“信任背摔”“盲人方阵”“团队拔河”等，通过这些活动培养学生的团队合作精神、信任他人的品质、勇于挑战自我的勇气与解决问题的能力。心理学教师还开展积极情绪体验活动，如“感恩之旅”“幸福瞬间分享会”“积极心理暗示训练”等，让学生在活动中体验积极的情感，增强自信心、心理韧性与幸福感。

心理学教师还为思政教师提供专业的心理学指导与建议，帮助思政教师更好地理解学生的心理特点、认知规律与学习需求，优化教学方法与策略。当思政教师在教学中遇到学生对某些思政内容理解困难或产生抵触情绪时，心理学教师从心理学的角度，综合分析学生的认知发展水平、情绪状态、学习动机、家庭背景等因素，为思政教师提供针对性的教学建议，如调整教学内容的呈现方式，采用故事化、案例化、情景化教学；运用多样化的教学方法，如小组讨论、角色扮演、项目式学习等，以提高思政教学的吸引力、感染力与实效性。

校本资源开发专家在团队中承担着挖掘和整合校本资源的重要任务，为教学提供丰富的素材与实践平台。他们熟悉校本资源的分布状况、特色优势与潜在价值，能够指导教师有效地开发和利用校本资源。在校史文化资源的挖掘和整理方面，校本资源开发专家协助教师深入挖掘学校的历史文化内涵，将学校的发展历程、重要事件、杰出人物事迹等转化为具有教育价值、生动有趣的教学内容。例如，将学校的创业史编写成系列故事，融入思政教学，激励学生树立艰苦奋斗、勇于创新、追求卓越的精神品质。

在校友资源的开发利用上，校本资源开发专家应帮助教师建立与校友的广泛联系，邀请校友回校举办讲座、参与教学实践活动、担任学生成长导师等。校友的亲身经历、成功经验、人生感悟能够为学生提供宝贵的借鉴与启示，激发学生的学习动力、职业规划意识与对未来的美好憧憬。在校本课程的开发和设计中，校本资源开发专家运用其专业知识与丰富经验，为校本课程的实施提供技术支持与专业指导，从课程目标设定、内容编排、教学方法选择、评价方式设计等方面，确保校本课程的质量与效果，使其更好地服务于学生的成长与发展。

为确保跨学科教学团队的有效运作，学校需建立健全科学合理的管理制度与激励机制。学校制定详细的团队工作章程，明确团队成员的权利与义务，规定团队的组织架构、职责分工、工作流程、决策机制等，确保团队工作的规范化、制度化与有序化开展。例如，在团队的组织架构中，明确思政教师担任团队负责人，负责整体教学计划的制订、教学活动的组织协调、团队成员的沟通协作等工作；心理学教师负责心理健康教育课程的设计与实施，学生心理辅导与咨询，为思政教学提供心理学支持等工作；校本资源开发专家负责校本资源的挖掘、整合、开发与利用，为教学提供丰富的素材与实践平台等工作。各成员之间分工明确、协同合作，形成高效的工作机制。

高校还建立科学合理的团队成员考核评价机制，对团队成员的工作表现进行定期考核与评价。考核评价指标涵盖教学质量、资源开发成果、团队协作能力、学生成长与发展等多个维度。在教学质量方面，通过学生的学习成绩、学习态度、课堂参与度、学习成果展示等指标进行评价；在资源开发成果方面，评估校本课程的开发质量、校本资源的利用效果、资源的创新性与特色性等；在团队协作能力方面，考察团队成员之间的沟通协作情况、信息共享程度、任务完成的及时性与质量等；在学生成长与发展方面，关注学生的思想政治素质提升、道德品质养成、社会责任感增强、心理品质优化等。通过定期考核评价，高校可以激励团队成员积极履行职责，不断提升工作质量与效率，为团队的发展与学生的成长贡献力量。

高校应为跨学科教学团队提供全方位的资源支持，包括教学场地、教学设备、教学经费等。为团队开展教学实践活动提供专门的场地，如配备先进教学设备的多媒体教室、心理辅导室、校史展览室、校本课程专用教室等，满足不同教学活动的多样化需求。在教学设备方面，提供先进的教学仪器、实验设备、数字化教学资源，如多媒体教学一体机、心理测评软件、在线教学平台、虚拟仿真实验系统等，为教学活动的开展提供强有力的技术支持。在教学经费方面，为团队成员参加培训和学术交流活动提供充足的经费支持，鼓励团队成员不断提升自己的专业水平；为校本资源的开发和利用提供资金保障，确保能够收集到丰富的资源素材，开展深入的研究与开发工作，开发出高质量的校本课程和教学资源。高校通过提供全方位的资源支持，保障团队工作的顺利进行，促进积极心理学与校本资源在思政育人中的深度融合，可以为培养新时代全面发展的高素质人才奠定坚实基础。

第五节　积极心理学与校本资源的思政育人应用场景探索

一、课堂教学场景

（一）基于积极心理学的思政课堂教学设计

基于积极心理学的思政课堂教学设计，需从多个维度入手，通过创设积极的教学情景、开展合作学习、运用多样化教学方法等，激发学生的学习兴趣和积极性，提升思政课堂的教学效果。

创设积极的教学情景是吸引学生注意力、激发学生学习兴趣的重要手段。教师可以利用多媒体资源，如图片、视频、音频等，为学生营造生动、形象的教学情景。在讲解爱国主义教育内容时，教师可以播放国庆阅兵仪式的视频，让学生直观地感受到祖国的强大和繁荣，激发学生的爱国情感。教师还可以结合社会热点问题，创设问题情景，引导学生思考和讨论。在讲解社会公平正义的内容时，教师可以引入一些社会热点事件，如教育公平等，让学生分析这些事件中所体现的社会公平正义问题，培养学生的批判性思维和社会责任感。

开展合作学习是基于积极心理学的思政课堂教学设计的重要环节。合作学习能够促进学生之间的交流与合作，培养学生的团队精神和人际交往能力。教师可以根据学生的特点和学习任务，将学生分成小组，让学生在小组中共同完成学习任务。在小组讨论中，学生可以分享自己的观点和想法，互相学习和启发，拓宽自己的思维视野。教师还可以组织小组竞赛活动，激发学生的竞争意识和学习动力。在讲解社会主义核心价值观的内容时，教师可以让学生分组讨论如何在日常生活中践行社会主义核心价值观，并通过小组展示的方式，分享自己的实践经验。这样不仅能够加深学生对社会主义核心价值观的理解，还能培养学生的实践能力和团队合作精神。

运用多样化教学方法也是基于积极心理学的思政课堂教学设计的关键。教师可以根据教学内容和学生的实际情况，灵活运用多种教学方法，如案例教学法、角色扮演法、探究式教学法等。案例教学法能够将抽象的理论知识与实际生活相结合，让学生通过分析实际案例，加深对理论知识的理解。在讲解道德教育的内容时，教师可以引入一些具体案例，让学生分析案例中的道德问题，并提出自己的解决方案，培养学生的道德判断能力和道德选择能力。角色扮演法能够让学生亲身体验不同的角色和情景，增强学生的情感共鸣和理解能力。在讲解人际关系的内容时，教师可以组织学生进行角色扮演活动，让学生扮演不同的角色，如朋友、家人、同事等，通过模拟实际情景，让学生学会如何处理人际关系，培养学生的人际交往能力。探究式教学法能够激发学生的好奇心和求知欲，培养学生的自主学习能力和创新思维。在讲解哲学原理的内容时，教师可以提出一些具有启发性的问题，引导学生自主探究和思考，让学生在探究的过程中，发现问题、解决问题，培养学生的思维能力和创新能力。

（二）利用校本资源丰富思政课堂教学内容

将校本资源融入思政课堂教学，能够使教学内容更加贴近学生的实际生活，增强学生的学习兴趣和认同感。校史故事、校友成就等校本资源具有独特的教育价值，能够为思政课堂教学注入新的活力。

校史故事是学校发展历程的生动记录，蕴含着丰富的思政教育元素。教师可以深入挖掘校史中的典型事件和人物事迹，将其融入思政课堂教学。在讲解艰苦奋斗精神时，教师可以讲述学校创办初期，师生们克服重重困难，努力办学的故事，让学生深刻体会到艰苦奋斗的重要性。教师还可以组织学生参观校史馆，让学生亲身感受学校的历史变迁和文化底蕴，增强学生的爱校情怀和归属感。在参观校史馆的过程中，教师可以引导学生观察校史馆中的展品和图片，讲述背后的故事，让学生了解学校的发展历程和取得的成就，激发学生的自豪感和责任感。

校友成就也是重要的校本资源。优秀校友的成功经历和人生经验能够激励学生树立远大的理想和抱负，为学生提供学习的榜样。教师可以邀请校友回校举办讲座，分享他们的成长经历、学习方法和职业发展路径。在讲座中，校友可以讲述自己在学习和工作中遇到的困难和挑战，以及如何克服困难，取得成功的经验。这些真实的故事能够让学生感受到成功的不易，激发学生的学习动力和奋斗精神。教师还可以组织学生开展校友访谈活动，让学生与校友进行面对面的交流，了解校友的人生经历和职业发展规划，为自己的未来发展提供参考。

校园文化活动也是丰富思政课堂教学内容的重要资源。学校组织的各类文化活动，如文艺演出、体育比赛、志愿服务等，都可以成为思政课堂教学的素材。教师可以将这些活动与思政教学内容相结合，引导学生在活动中体验和感悟思政教育的内涵。在文艺演出中，教师可以选择具有正能量的节目，如歌颂祖国、赞美英雄的歌曲和舞蹈，让学生在欣赏和参与的过程中，受到爱国主义和英雄主义的教育。在体育比赛中，教师可以培养学生的团队合作精神、竞争意识和拼搏精神，这些都是思政教育的重要内容。在志愿服务活动中，教师可以引导学生关注社会问题，培养学生的社会责任感和奉献精神。

利用校本资源丰富思政课堂教学内容，需要教师具备敏锐的观察力和整合能力。教师要善于发现校本资源中的思政教育元素，并将其巧妙地融入教学内容，使思政课堂教学更加生动、有趣、富有感染力。教师还可以引导学生参与校本资源的开发和利用，让学生在实践中学习和成长，提高学生的综合素质和创新能力。

二、校园文化活动场景

（一）开展积极心理主题的校园文化活动

积极心理主题的校园文化活动对于营造积极的校园文化氛围、促进学生的心理健康具有重要作用。通过举办心理健康节、积极心理体验营等活动，能够让学生在丰富多彩的活动中，深入了解积极心理学的理念和方法，培养积极的心理品质，提升心理健康水平。

心理健康节是学校开展积极心理主题活动的重要形式之一。在心理健康节期间，高校可以组织一系列丰富多彩的活动，如心理健康讲座、心理咨询服务、心理拓展训练、心理健康知识竞赛等。心理健康讲座方面，高校可以邀请心理学专家、心理咨询师等来校开展讲座，内容涵盖心理健康知识、情绪管理、人际关系处理、压力应对等方面。通过讲座，学生能够系统地学习心理健康知识，了解心理问题的成因和解决方法，提高自我心理调适能力。心理咨询服务则为学生提供了一个倾诉心声、寻求帮助的平台。高校可以安排专业的心理咨询师在心理健康节期间为学生提供一对一的心理咨询服务，帮助学生解决在学习、生活、人际交往等方面遇到的心理问题，缓解心理压力，促进心理健康。

心理拓展训练是心理健康节的一项重要活动内容。通过组织学生参加心理拓展训练，如团队合作游戏、信任背摔、高空断桥等项目，能够培养学生的团队合作精神、沟通能力、自信心和勇气。在团队合作游戏中，学生需要与团队成员密切配合，共同完成任务，这有助于培养学生的团队意识和协作能力。信任背摔和高空断桥等项目则能够挑战学生的心理极限，让学生在克服恐惧的过程中，增强自信心和勇气。心理健康知识竞赛也是心理健康节的一项有趣活动。通过竞赛的形式，激发学生学习心理健康知识的兴趣，提高学生对心理健康知识的掌握程度。竞赛内容可以包括心理健康的基本概念、心理问题的识别与应对、积极心理学的理念和方法等方面。

积极心理体验营是另一种富有特色的积极心理主题活动。积极心理体验营通常以户外拓展、小组活动等形式开展，可以让学生在亲身体验中感受积极心理学的魅力。在积极心理体验营中，学生可以参加各种积极情绪体验活动，如感恩练习、正念冥想、积极自我暗示等。感恩练习可以让学生学会关注生活中的美好事物，培养感恩之心，增强幸福感和满足感。学生可以每天记录三件让自己感恩的事情，并与小组成员分享，通过这种方式，可以让学生更加珍惜生活中的点滴幸福，培养积极的心态。正念冥想则可以帮助学生集中注意力，缓解压力，提高情绪调节能力。在正念冥想活动中，学生需要静下心来，专注于自己的呼吸和身体感受，排除杂念，让身心得到放松和舒缓。

积极自我暗示活动可以让学生学会用积极的语言和思维方式来面对生活中的挑战，增强自信心和心理韧性。学生可以每天对着镜子对自己说一些积极的话语，如“我很棒，我有能力实现自己的目标”“我相信自己可以克服任何困难”等，通过这种积极的自我暗示，让学生逐渐改变消极的思维模式，培养积极向上的心态。积极心理体验营还可以组织学生开展团队合作活动，如团队建设游戏、户外探险等。通过团队合作活动，可以培养学生的团队合作精神、沟通能力和解决问题的能力，让学生在与团队成员的互动中，感受到团队的力量和温暖，增强归属感和认同感。

（二）结合校本资源打造特色思政文化活动

结合校本资源打造特色思政文化活动，能够充分发挥校本资源的独特优势，增强学生的文化认同感和归属感，提高思政教育的实效性。通过将校史文化、校友资源、校园文化活动等校本资源与思政教育相结合，打造出具有本校特色的思政文化活动，如校园文化节、校史展览等，可以让学生在参与活动的过程中，深入了解学校的历史和文化，传承和弘扬学校的优良传统，培养学生的爱国主义情感和社会责任感。

校园文化节是高校展示校园文化特色、开展思政教育的重要平台。在校园文化节中，高校可以充分挖掘和利用校本资源，设计一系列富有特色的活动，如文艺演出、体育比赛、科技展览、文化讲座等。在文艺演出中，高校可以组织学生表演具有本校特色的节目，如校歌演唱、校史剧表演等。校歌是高校文化的重要象征，通过演唱校歌，能够激发学生的爱校情怀和集体荣誉感。校史剧表演则可以将高校的历史故事搬上舞台，让学生在观看和表演的过程中，深入了解学校的发展历程和文化底蕴，传承和弘扬学校的优良传统。

体育比赛也是校园文化节的重要组成部分。高校可以举办各种体育比赛，如篮球比赛、足球比赛、田径比赛等，通过体育比赛，培养学生的团队合作精神、竞争意识和拼搏精神。在比赛中，学生们为了班级和学校的荣誉而努力拼搏，这有助于增强学生的集体荣誉感和责任感。科技展览则可以展示高校在科技创新方面的成果，激发学生的创新意识和科学精神。高校可以展示学生的科技创新作品、科研成果等，让学生了解科技创新的重要性，鼓励学生积极参与科技创新活动。文化讲座可以邀请专家学者、校友等来校举办，内容涵盖历史文化、文学艺术、社会热点等方面。通过文化讲座，可以拓宽学生的视野，提高学生的文化素养，培养学生的社会责任感和公民意识。

校史展览是另一种利用校本资源开展思政教育的有效方式。校史展览可以通过图片、文字、实物等形式，展示学校的发展历程、重要事件、杰出人物等，让学生直观地了解学校的历史和文化。在展览中，学生可以看到学校的老照片、旧课本、毕业证书等实物，感受到学校的历史变迁和文化传承。校史展览还可以设置互动环节，如校史知识问答、校友访谈等，让学生更加深入地了解校史，增强学生的参与感和体验感。通过校史展览，学生能够了解学校的发展历程和文化底蕴，传承和弘扬学校的优良传统，培养学生的爱校情怀和社会责任感。

高校还可以结合校本资源，开展其他形式的特色思政文化活动，如校友论坛、志愿服务活动等。校友论坛可以邀请优秀校友回校与学生分享自己的成长经历、学习经验和职业发展路径，为学生提供宝贵的借鉴和启示。通过校友论坛，可以激发学生的学习动力和奋斗精神，培养学生的职业规划意识和社会责任感。志愿服务活动则可以让学生走出校园，参与社会实践，为社会做出贡献。学校可以组织学生参加社区服务、环保公益、关爱弱势群体等志愿服务活动，让学生在服务社会的过程中，增强社会责任感和奉献精神，培养关爱他人、乐于助人的良好品德。

三、社会实践场景

（一）基于积极心理学的社会实践项目设计

基于积极心理学的社会实践项目设计，旨在通过实践活动培养学生的社会责任感和积极品质，提升学生的综合素质和社会适应能力。在设计社会实践项目时，高校可以充分运用积极心理学的理论和方法，关注学生的积极情绪体验、积极人格塑造和社会责任感的培养。

社区志愿服务是一种常见且富有成效的社会实践项目。高校可以组织学生参与社区关爱孤寡老人活动，让学生们定期前往社区养老院或孤寡老人家中，为老人提供生活帮助和情感陪伴。在活动过程中，学生们为老人打扫房间、陪老人聊天、给老人表演节目等。这些活动不仅能让老人感受到社会的关爱和温暖，也能让学生在付出爱心的过程中体验到帮助他人的快乐和成就感，从而激发学生的积极情绪。通过与老人的交流，学生们能够更加珍惜现在的生活，培养感恩之心和关爱他人的品质，这有助于塑造学生的积极人格。学生们在组织活动和与老人沟通的过程中，还能锻炼自己的沟通能力、组织能力和解决问题的能力，增强社会责任感。

社会调研也是基于积极心理学的社会实践项目的重要形式。以“城市垃圾分类现状与对策研究”为例，学生们组成调研小组，深入城市各个社区、街道和公共场所，通过问卷调查、访谈、实地观察等方式，了解城市垃圾分类的现状、存在的问题以及居民的认知和态度。在调研过程中，学生们需要运用积极心理学中的沟通技巧和团队合作方法，与不同的人群进行有效的沟通和协作。在问卷调查时，学生们要以积极的态度和礼貌的语言向居民介绍调研目的和内容，争取居民的支持和配合；在访谈中，学生们要善于倾听居民的意见和建议，理解他们的需求和想法。通过团队成员之间的分工合作，共同完成调研任务，这有助于培养学生的团队合作精神和沟通能力，提升学生的积极心理品质。

在分析调研数据和撰写调研报告的过程中，学生们需要运用批判性思维和创新思维，提出切实可行的垃圾分类改进建议和对策。这不仅能提高学生的分析问题和解决问题的能力，还能让学生感受到自己的努力和思考能够为社会的发展做出贡献，从而增强学生的社会责任感和成就感。通过参与这样的社会调研项目，学生们能够更加深入地了解社会现实，关注社会问题，培养社会责任感和公民意识，同时也能在实践中锻炼自己的能力，提升积极心理品质。

环保公益活动也是基于积极心理学的社会实践项目的重要内容。组织学生参与植树造林活动，学生们在活动中亲身体验植树的过程，了解树木对生态环境的重要性。在植树过程中，学生们需要克服各种困难，如搬运树苗、挖掘树坑、浇水灌溉等，这有助于培养学生的坚韧品质和吃苦耐劳的精神。当学生们看到自己亲手种下的树苗在未来将成长为参天大树，为改善生态环境做出贡献时，他们会感受到一种强烈的成就感和自豪感，这能激发学生的积极情绪，增强学生的自信心和社会责任感。

参与环保宣传活动时，学生们通过制作宣传海报、发放宣传资料、举办环保讲座等方式，向公众宣传环保知识和理念，可以提高公众的环保意识。在这个过程中，学生们需要运用积极心理学中的沟通技巧和表达能力，与公众进行有效的沟通和交流。通过自己的努力，让更多的人了解环保的重要性，参与到环保行动中来，这能让学生感受到自己的价值和作用，增强学生的社会责任感和使命感。

（二）利用校本资源拓展社会实践基地与渠道

利用校本资源拓展社会实践基地与渠道，能够为学生提供更多丰富多样的实践机会，增强社会实践的针对性和实效性。通过挖掘和整合校友企业、校际合作项目等校本资源，与相关单位建立长期稳定的合作关系，可以为学生搭建广阔的社会实践平台。

校友企业是重要的校本资源之一。许多校友在毕业后创办了自己的企业，这些企业涉及各个行业和领域。高校可以积极与校友企业沟通联系，建立社会实践基地。某高校与校友创办的一家科技企业合作，建立了科技创新实践基地。高校定期组织学生前往该企业进行实习和实践活动，学生们在企业中参与实际项目的研发和运营，了解行业的最新动态和发展趋势，学习企业的先进技术和管理经验。企业的校友们还会为学生提供指导和帮助，分享自己的创业经验和职业发展路径，这对学生的职业规划和未来发展具有重要的指导意义。

通过与校友企业合作，不仅能为学生提供实践机会，还能加强学校与校友之间的联系与合作，促进学校的发展。校友企业可以为学校提供实习岗位、就业机会和科研合作项目，学校则可以为校友企业输送优秀人才，实现学校与校友企业的互利共赢。

校际合作项目也是拓展社会实践渠道的重要途径。高校可以与其他学校开展合作，共同组织学生参与社会实践活动。例如，几所高校联合开展了“乡村振兴调研与实践”项目，各高校的学生组成联合调研团队，深入农村地区，对乡村经济发展、文化建设、生态保护等方面进行调研和实践。在项目实施过程中，学生们通过与不同学校的同学合作交流，拓宽了自己的视野，学习到了不同的思维方式和方法，培养了团队合作精神和跨校交流能力。

高校还可以与其他学校合作开展志愿服务活动，如联合组织学生前往贫困地区开展支教活动，为当地的学生提供教育帮助和关爱。在支教过程中，学生们不仅能将自己所学的知识传授给当地的学生，还能体验到贫困地区的生活状况，增强社会责任感和使命感。通过校际合作项目，能够整合多所学校的资源和优势，为学生提供更丰富、更有意义的社会实践机会。

高校还可以利用校园文化活动资源，拓展社会实践渠道。学校的社团组织是校园文化活动的重要载体，许多社团开展了与社会实践相关的活动。例如，环保社团组织学生参与社区环保宣传活动，科技社团组织学生参与科技创新实践活动等。学校可以鼓励和支持社团与校外单位合作，开展更多形式多样的社会实践活动。环保社团与当地的环保部门合作，参与环境监测和治理项目；科技社团与企业合作，参与科技研发和创新项目。通过社团与校外单位的合作，能够让学生更好地将所学知识应用到实践中，提高学生的实践能力和创新能力。

高校还可以利用校园文化活动的影响力，吸引更多的社会资源参与到社会实践中来。学校举办的文化节、科技节等活动，能够吸引企业、社会组织等的关注和支持。高校可以与这些单位合作，开展与活动主题相关的社会实践项目。在科技节期间，高校与科技企业合作，组织学生参与科技产品的研发和推广活动；在文化节期间，高校与文化机构合作，组织学生参与文化遗产保护和传承活动。通过利用校园文化活动资源，拓展社会实践渠道，能够为学生提供更多与社会接触的机会，增强学生的社会适应能力和综合素质。

第四章　积极心理学视域下高职思政课程校本资源开发原则与机制

在新时代教育变革的宏大进程中，高职教育作为培育高素质技术技能型人才的前沿阵地，思政课程的质量与成效，无疑成为高职院校塑造全面发展人才的关键环节。积极心理学，作为心理学领域的新兴力量，专注于探究人类的积极品质、内在潜能以及幸福体验，为高职思政课程的创新发展开辟了全新路径。在此背景下，深入探讨积极心理学视域下高职思政课程校本资源的开发原则与机制，不仅具有深刻的理论价值，更具备显著的实践意义。

从理论维度审视，传统思政教育模式多侧重于知识的灌输与行为规范的约束，在一定程度上忽略了学生深层次的心理需求以及积极心理品质的培育。积极心理学的融入，恰似一股清泉，为思政教育注入了新的活力与内涵。它将目光聚焦于学生的主观幸福感、乐观心态、坚韧意志等积极心理特质的塑造，与思政教育旨在培养全面发展个体的核心目标高度契合。通过深度挖掘积极心理学理论与思政教育之间的内在联系，能够进一步丰富思政教育的理论架构，为高职思政课程校本资源的开发筑牢坚实的理论根基。

在实践层面，当下高职思政课程正面临诸多挑战。一方面，学生个体差异显著，通用教材难以精准满足不同学生的多样化学习需求。另一方面，思政教育需紧密联系实际，方能增强其吸引力与实效性。开发校本资源，正是应对这些挑战的有效途径。它能够充分考量高职院校的地域文化特色、专业属性以及学生的现实状况，真正做到因材施教。以积极心理学为引领，将积极情绪的培养、心理韧性的提升等内容有机融入校本资源，可使思政课程更贴近学生的生活实际，有效激发学生的学习兴趣与主动性，进而提升思政教育的针对性与实效性。

此外，积极心理学视域下的高职思政课程校本资源开发，对学生的长远发展具有不可估量的影响。在竞争日益激烈的现代社会，拥有良好心理素质与积极人生态度，已然成为学生立足社会、实现自我价值的关键要素。通过校本资源的精心开发与有效实施，高校可以引导学生树立积极向上的世界观、人生观与价值观，培养他们应对挫折、适应社会的能力，助力学生在未来的职业生涯与个人生活中实现自我价值，收获持久的幸福与满足。

第一节　校本资源开发的基本原则

一、主体性原则的实施路径

在积极心理学视域下，高职思政课程校本资源开发的主体性原则强调以学生为中心，充分尊重学生的主体地位，关注学生的需求和兴趣。以学生需求为中心的设计理念是实施主体性原则的核心。这意味着在资源开发过程中，要深入了解学生的实际情况，包括他们的学习需求、职业规划、兴趣爱好等，以此为依据来设计和开发思政课程资源。

以职业素养培养为例，在高职教育中，学生毕业后将直接进入职场，因此职业素养的培养至关重要。通过对学生进行职业素养需求调研，发现学生普遍希望在思政课程中获得关于职业道德、团队合作、沟通能力等方面的知识和技能。基于此，在开发校本资源时，可以设计一系列与职业素养相关的教学内容和活动。比如，组织学生参与企业实地调研，让他们了解企业对员工职业素养的要求；开展模拟职场活动，让学生在实践中锻炼团队合作和沟通能力。在这个过程中，学生成为资源开发和学习的主体，他们的需求得到了充分满足，学习的积极性和主动性也得到了极大提高。

在某高职院校的思政课程中，针对市场营销专业的学生，该高职院校开发了一门以“营销职业素养与道德”为主题的校本课程。课程内容紧密围绕市场营销行业的实际需求，包括市场调研、客户沟通、团队协作等方面。在教学过程中，教师组织学生分组进行市场调研，每个小组需要独立完成从选题策划、设计问卷、实地调研到数据分析和报告撰写的全过程。

在这个过程中，学生们充分发挥自己的主观能动性，积极参与到项目的各个环节。通过与企业的实际接触，学生们深刻认识到了职业素养和职业道德在市场营销工作中的重要性，同时也提高了自己的实践能力和团队协作能力。

为了更好地体现学生的主体地位，教师角色的转换也十分必要。传统的思政教育中，教师往往是知识的传授者，学生处于被动接受的地位。而在主体性原则下，教师需要转变为学生学习的引导者和促进者。教师要引导学生自主学习、自主思考，帮助学生发现问题、解决问题。同时，教师还要关注学生的个体差异，为学生提供个性化的学习指导。

在上述市场营销专业的校本课程中，教师不再是单纯地讲解知识，而是在学生遇到问题时给予适当的引导和启发。比如，当学生在市场调研中遇到困难时，教师会引导学生思考解决问题的方法，而不是直接告诉他们答案。通过这种方式，学生的自主学习能力和创新思维得到了培养，真正成为学习的主人。

二、积极导向原则的内涵解析

在积极心理学视域下，高职思政课程校本资源开发的积极导向原则，核心在于培养学生的积极心理品质和乐观心态，引导其树立正确的世界观、人生观和价值观。这一原则强调将积极心理品质与价值观培育深度融合，形成相互促进的机制。

积极心理品质涵盖了乐观、坚韧、感恩、善良等多个方面，这些品质与正确的价值观紧密相连。例如，乐观的心态有助于学生以积极的视角看待世界，从而更容易接受和认同正确的世界观；坚韧的品质能让学生在面对困难和挫折时，坚守正确的人生观和价值观。在价值观培育过程中，积极心理品质为其提供了内在的心理支撑，使学生能够更加主动地去理解和践行正确的价值观；而正确的价值观又为积极心理品质的培养指明了方向，确保学生的积极心态是建立在健康、正向的基础之上。

以教学情景设计案例来说明正向引导策略。在某高职院校的思政课堂上，教师设计了一个“职业梦想与社会责任”的教学情景。教师首先引导学生思考自己的职业梦想，鼓励他们大胆表达自己的想法。然后，教师引入社会责任的概念，让学生思考自己的职业梦想与社会责任之间的联系。在这个过程中，教师通过提问、引导、讨论等方式，激发学生的积极思考，让他们认识到自己的职业不仅是为了个人的发展，还应该为社会做出贡献。通过这样的正向引导，学生们逐渐树立起了正确的职业价值观，同时也培养了他们的社会责任感和使命感。

在这个教学情景中，教师还注重培养学生的积极心理品质。当学生在表达自己的职业梦想时，教师给予充分的肯定和鼓励，让学生感受到自己的价值和能力。对于那些在讨论中表现出犹豫或不自信的学生，教师通过引导他们回顾自己的成功经历，帮助他们树立信心。通过这种方式，学生们在价值观培育的过程中，也逐渐培养了乐观、自信等积极心理品质。

然而，学生在学习和成长过程中，难免会遇到消极情绪。如何将消极情绪转化为积极情绪，也是积极导向原则需要关注的问题。对于学生的消极情绪，教师可以采用以下方法进行转化。

（1）认知重构法。教师可以引导学生重新审视自己所面临的问题，改变对问题的看法和态度。例如，当学生因为考试失利而感到沮丧时，教师可以帮助他们分析考试失利的原因，让他们认识到这是一次学习和成长的机会，而不是一次失败。通过这种方式，将学生的消极情绪转化为积极的学习动力。

（2）情绪宣泄法。教师可以鼓励学生通过适当的方式宣泄自己的消极情绪，如运动、绘画、写作等。在学生宣泄情绪的过程中，教师要给予理解和支持，让学生感受到自己的情绪被接纳。当学生的消极情绪得到释放后，他们更容易以积极的心态面对问题。

（3）榜样激励法。教师可以为学生树立积极的榜样，让他们从榜样身上汲取力量。教师可以介绍一些成功人士的故事，让学生了解他们在面对困难和挫折时是如何克服困难、取得成功的。通过榜样的激励，学生能够更加坚定自己的信念，培养积极向上的心态。

通过以上方法，可以有效地将学生的消极情绪转化为积极动力，促进学生的全面发展。在高职思政课程校本资源开发中，积极导向原则贯穿教学的各个环节，对于培养学生的积极心理品质和正确的价值观具有重要意义。

三、实践性原则的落地策略

在积极心理学视域下，高职思政课程校本资源开发的实践性原则要求资源开发紧密联系实际，注重实践环节的设计与安排，让学生在实践中体验和感悟思政教育内容。聚焦校企合作项目与志愿服务案例，能有效说明实践平台搭建的具体方法。

校企合作项目是高职思政教育实践的重要途径。以某高职院校与当地一家知名企业合作开展的企业文化与职业精神项目为例，学校与企业共同设计了一套实践课程。学生们首先进入企业进行实地参观，了解企业的发展历程、组织架构和业务范围，亲身感受企业的文化氛围和工作节奏。之后，学生们被分配到不同的部门，跟随企业员工参与实际工作项目。在这个过程中，学生们不仅学到了专业技能，还深刻体会到了企业所倡导的团队合作、敬业奉献等职业精神。学校还邀请企业的管理人员和优秀员工到学校开展讲座和交流活动，分享他们的职业发展经验和人生感悟。通过这种校企合作的方式，双方搭建了一个真实的实践平台，让学生在实践中接受思政教育，将理论知识与实际工作相结合，提高了学生的综合素质和职业能力。

志愿服务也是思政教育实践的重要形式。某高职院校组织学生参与社区志愿服务活动，如关爱孤寡老人、环保宣传等。在关爱孤寡老人的活动中，学生们定期到社区养老院看望老人，为老人打扫房间、陪老人聊天、表演节目等。通过与老人的接触和交流，学生们学会了关爱他人、尊重长辈，增强了社会责任感和爱心。在环保宣传活动中，学生们走上街头，向市民宣传环保知识，倡导绿色生活方式。这不仅提高了学生的环保意识，还培养了他们的沟通能力和团队协作能力。学校通过与社区合作，为学生搭建了志愿服务的实践平台，让学生在服务社会的过程中，践行思政教育的理念，实现自我价值。

虚拟仿真技术在高职思政教育实践中也具有一定的应用价值，但需要明确其应用边界。虚拟仿真技术可以模拟一些真实的场景和情景，让学生在虚拟环境中进行实践操作和体验。例如，通过虚拟仿真技术可以模拟企业的生产流程、市场竞争环境等，让学生在虚拟环境中进行企业经营决策的实践。然而，虚拟仿真技术毕竟是虚拟的，与真实的实践环境存在一定的差距。在应用虚拟仿真技术时，不能完全依赖它来替代真实的实践活动。虚拟仿真技术只能作为一种辅助手段，用于补充和拓展实践教学的内容和形式。同时，在使用虚拟仿真技术时，要确保其内容的真实性和科学性，避免给学生造成误导。

在高职思政课程校本资源开发中，要充分利用校企合作项目和志愿服务等实践平台，让学生在真实的实践中接受思政教育。同时，要合理应用虚拟仿真技术，明确其应用边界，使其更好地服务于思政教育实践。

四、系统性原则的框架构建

在积极心理学视域下，高职思政课程校本资源开发的系统性原则至关重要，它要求资源开发形成有机整体，涵盖思政教育各方面与环节。这可从课程体系、评价标准、师资协同三方面进行构建，以下结合模块化教学改革案例展开论述。

课程体系方面，模块化教学改革是实现系统性的有效途径。某高职院校在思政课程中推行模块化教学，将课程内容划分为思想道德修养、法律基础、职业素养、心理健康等多个模块。每个模块都有明确的教学目标和内容，既相互独立又相互关联。例如，思想道德修养模块注重培养学生的道德观念和社会责任感，法律基础模块则让学生了解法律法规，两者结合有助于学生树立正确的行为准则。同时，各模块之间还设置了衔接环节，如在职业素养模块中融入思想道德和法律知识，使学生在学习职业技能的同时，也能提升自身的思想政治素质。这种模块化的课程体系设计，使思政教育内容更加系统、全面，避免了教学内容的碎片化。

评价标准上，系统性原则要求建立科学合理的评价体系。在模块化教学改革中，该高职院校采用了多元化的评价方式，除了传统的考试成绩外，还增加了课堂表现、实践活动、小组作业等评价指标。例如，在思想道德修养模块的评价中，不仅考查学生对理论知识的掌握程度，还关注学生在日常生活中的道德行为表现。通过对学生进行全方位、多角度的评价，能够更准确地反映学生的学习成果和综合素质。同时，评价结果还可以为教学改进提供依据，教师可以根据评价反馈，调整教学内容和教学方法，提高教学质量。

师资协同也是系统性原则的重要组成部分。在模块化教学中，不同模块由不同的教师负责教学，但这并不意味着教师之间可以各自为政。相反，需要加强教师之间的协同合作。该高职院校组织思政课教师定期开展教学研讨活动，分享教学经验和心得。在课程设计阶段，教师们共同参与，根据各自的专业特长和教学经验，确定每个模块的教学内容和方法。在教学过程中，教师之间也会相互交流，及时解决教学中出现的问题。通过师资协同，能够整合教师的优势资源，提高教学的整体水平。

然而，跨学科资源整合存在一定难点。思政教育涉及多个学科领域，如哲学、社会学、心理学等。在整合这些跨学科资源时，首先面临的是学科知识的融合问题。不同学科的知识体系和思维方式存在差异，如何将它们有机地结合起来，形成统一的教学内容，是一个挑战。其次，教师的跨学科素养不足也是一个问题。很多思政课教师只熟悉自己的专业领域，对其他学科的知识了解有限，这就限制了跨学科资源的有效整合。此外，教学时间和教学资源的限制也给跨学科资源整合带来了困难。在有限的教学时间内，要完成多个学科知识的教学，并且保证教学质量，需要合理安排教学内容和教学方法。

在高职思政课程校本资源开发中，高校需要遵循系统性原则，构建科学的课程体系、合理的评价标准和有效的师资协同机制，同时克服跨学科资源整合的难点，才能提高思政教育的质量和效果。

第二节　校本资源开发的运行机制

一、组织管理机制的创新设计

在积极心理学视域下，高职思政课程校本资源开发需要建立高效的组织管理机制，以确保资源开发工作的顺利进行。三级联动管理体系的构建是一种创新且有效的组织管理模式，它能够整合各方资源，明确职责分工，提高管理效率。

三级联动管理体系主要由学校层面、部门层面和项目层面构成。学校层面是整个管理体系的核心，负责制定资源开发的总体战略和政策，协调各部门之间的关系，为资源开发提供宏观指导和支持。学校层面通常设立专门的资源开发领导小组，由学校领导、思政教育专家和相关职能部门负责人组成。资源开发领导小组定期召开会议，审议资源开发计划，解决开发过程中遇到的重大问题。

部门层面是资源开发的具体实施部门，包括思政教学部门、学生管理部门、科研部门等。各部门根据学校的总体战略和政策，制订本部门的资源开发计划，并组织实施。思政教学部门负责教学内容的设计和教学方法的创新；学生管理部门负责学生参与资源开发的组织和协调；科研部门则为资源开发提供理论支持和技术保障。各部门之间需要密切协作，形成合力。

项目层面是资源开发的具体执行单元，每个项目都有明确的目标、任务和时间节点。项目负责人由各部门选派的骨干教师担任，他们负责组织项目团队，制定项目实施方案，确保项目按时、高质量完成。项目团队成员包括教师、学生和企业专家等，他们各自发挥自己的专业优势，共同参与资源开发。

各部门之间的职责分工和协作关系可以通过跨部门协作流程图来展示。在流程图中，学校层面的领导小组处于核心位置，通过决策和协调，将任务分配给各部门。各部门根据任务要求，进一步分解任务到各个项目团队。项目团队在执行过程中，及时向部门反馈进展情况，部门再向学校资源开发领导小组汇报。同时，各部门之间也存在着横向的沟通和协作，如思政教学部门与学生管理部门共同开展实践活动，科研部门为教学部门提供理论支持等。

然而，在制度执行过程中，也会遇到一些常见问题。首先是沟通协调不畅的问题。各部门的工作重点和目标不同，在资源开发过程中可能会出现信息传递不及时、不准确的情况，导致工作重复或遗漏。例如，思政教学部门和科研部门在资源开发过程中，可能因为沟通不畅，导致科研成果无法及时应用到教学中。

其次是职责不清的问题。虽然三级联动管理体系明确了各部门和人员的职责，但在实际执行过程中，可能会出现职责交叉或模糊的情况。这就容易导致在遇到问题时，各部门之间相互推诿，影响工作效率。比如，在学生参与资源开发的组织工作中，学生管理部门和思政教学部门可能会因为职责不清，导致工作出现漏洞。

最后是激励机制不完善的问题。在资源开发过程中，需要充分调动各部门和人员的积极性和主动性。但目前的激励机制可能存在不足，如奖励措施不够明确、公平，导致部分人员参与资源开发的热情不高。例如，对于在资源开发中做出突出贡献的教师和学生，高校没有给予足够的物质奖励和精神奖励，影响了他们的工作积极性和学习积极性。

针对这些问题，高校需要进一步加强沟通协调机制的建设，建立定期的沟通会议和信息共享平台，确保信息的及时传递和准确理解。同时，要进一步明确各部门和人员的职责，制定详细的工作流程和规范，避免职责交叉和模糊。此外，还需要完善激励机制，制定科学合理的奖励制度，对在资源开发中表现优秀的部门和人员给予充分的奖励和表彰，提高他们的参与热情和工作积极性。

二、教师激励机制的具体实践

在积极心理学视域下，高职思政课程校本资源开发的教师激励机制至关重要，它能有效提高教师参与资源开发的积极性和主动性。教学竞赛和科研积分是两种常见且有效的激励方式，本书通过具体案例解析其激励政策成效。

教学竞赛是激发教师教学创新和提高教学质量的重要途径。某高职院校举办了思政课程教学竞赛，要求参赛教师结合积极心理学理念，设计具有创新性和实效性的教学方案。一位参赛教师以“积极心态助力职业发展”为主题，将积极心理学中的乐观、坚韧等品质融入思政课堂。在教学过程中，该教师采用案例教学、小组讨论等多种教学方法，引导学生树立积极的职业心态。通过这次竞赛，该教师不仅获得了奖项，还将自己的教学成果应用到日常教学中，提高了学生的学习兴趣和参与度。学校对获奖教师给予了物质奖励，如奖金、荣誉证书等，同时在职称评定中给予倾斜。这一激励政策使得更多教师积极参与教学创新，推动了思政课程教学质量的整体提升。

科研积分也是激励教师参与资源开发的有效手段。该高职院校制定了科研积分制度，教师发表与思政课程和积极心理学相关的论文、参与科研项目等都可以获得相应的积分。一位教师积极参与了学校的“积极心理学在高职思政教育中的应用研究”科研项目，通过深入研究，撰写了多篇高质量的论文。根据科研积分制度，该教师获得了较高的积分。该高职院校根据积分情况，为教师提供了更多的培训机会和科研经费支持。这一激励措施激发了教师的科研热情，促进了教师在思政课程校本资源开发方面的深入研究。

然而，为了确保激励机制的有效性和公平性，考核标准需要进行动态调整。随着教育改革的不断推进和积极心理学在思政教育中的深入应用，原有的考核标准可能无法准确反映教师的工作成果和贡献。因此，需要建立考核标准的动态调整机制。

首先，要根据教育发展的趋势和学校的实际需求，定期对考核标准进行评估和调整。例如，随着信息技术在教育中的广泛应用，高职院校可以将教师在信息化教学方面的能力和成果纳入考核标准。

其次，要充分听取教师的意见和建议，让教师参与到考核标准的制定和调整过程中。这样可以提高教师对考核标准的认同感和接受度，同时也能确保考核标准更加符合教师的实际工作情况。

最后，要建立考核标准的反馈机制，及时了解考核标准在实施过程中存在的问题，并根据反馈情况进行调整。例如，如果发现某项考核指标过于注重论文数量而忽视了论文质量，就需要对该指标进行调整，以更加准确地反映教师的科研水平。

通过教学竞赛、科研积分等激励政策的实施，以及考核标准的动态调整机制的建立，可以有效提高教师参与高职思政课程校本资源开发的积极性和主动性，促进思政教育质量的不断提升。

三、学生参与机制的实现形式

在积极心理学视域下，高职思政课程校本资源开发的学生参与机制至关重要，它能充分发挥学生的主体作用，提高资源开发的针对性和实效性。学生提案制和课程共建委员会是两种创新的学生参与模式，能有效促进学生参与到资源开发过程中。

学生提案制为学生提供了表达自身需求和想法的直接渠道。某高职院校在思政课程校本资源开发中推行学生提案制，鼓励学生针对思政课程的内容、教学方法、实践活动等方面提出自己的建议和方案。学生们积极响应，提出了许多有价值的提案。例如，有学生提出在思政课程中增加职场人际关系处理的内容，以更好地满足他们未来职业发展的需求；还有学生建议开展户外拓展实践活动，增强课程的趣味性和体验性。学校对学生的提案进行了认真梳理和筛选，将一些合理的提案纳入资源开发计划。通过学生提案制，学生们感受到了自己在课程开发中的重要地位，提高了参与的积极性和主动性，同时也使校本资源更加贴合学生的实际需求。

课程共建委员会是另一种有效的学生参与模式。该高职院校成立了由学生代表、教师代表和企业专家组成的课程共建委员会。学生代表在委员会中积极参与课程目标的确定、教学内容的选择和教学方法的设计等工作。在一次关于职业素养课程的共建会议上，学生代表结合自己的实习经历，提出了增加团队合作项目实践环节的建议，得到了教师和企业专家的认可。课程共建委员会定期召开会议，共同商讨课程开发中的问题和解决方案。通过这种方式，学生能够深入参与到课程开发的全过程，不仅提高了他们的学习兴趣和参与度，还培养了他们的团队协作能力和创新思维。

为了确保学生参与机制的有效运行，需要对学生的参与度进行评估。高校可以从参与的广度、深度和效果三个方面进行评估。参与广度主要考察参与学生的数量和比例，以及学生参与的活动类型和范围。例如，统计参与学生提案制的学生人数，以及参与课程共建委员会讨论的学生代表数量。参与深度则关注学生在参与过程中的投入程度和贡献大小，可以通过学生提出的提案质量、在会议中的发言次数和质量等指标来衡量。参与效果主要评估学生参与对课程开发和自身学习的影响。例如，观察课程内容是否因学生参与而更加符合学生需求，学生的学习成绩和综合素质是否得到提高。

通过学生提案制和课程共建委员会等创新模式，以及科学合理的参与度评估方法，可以有效提高学生在高职思政课程校本资源开发中的参与度，促进思政教育质量的提升。

四、资源整合机制的优化策略

在积极心理学视域下，高职思政课程校本资源开发的资源整合机制优化，关键在于构建校企政社四方协同模式，同时注重知识产权保护。

校企政社四方协同模式是一种高效的资源整合方式，它能够充分发挥学校、企业、政府和社会组织各自的优势，形成资源开发的强大合力。学校作为教育的主体，拥有丰富的教学资源和专业的教师队伍；企业具有实践经验和市场需求信息；政府能够提供政策支持和资源保障；社会组织则可以提供多样化的社会资源和实践平台。通过四方协同合作，可以实现资源的共享和互补，提高资源的利用效率和质量。

以数字资源库建设为例，某高职院校联合当地企业、政府部门和社会组织共同打造了一个高职思政课程数字资源库。学校负责提供专业的知识体系和教学内容，组织教师进行资源的整理和开发；企业根据自身的实践经验和市场需求，提供相关的案例和素材，如企业的文化理念、职业精神等；政府部门给予政策支持和资金保障，确保资源库建设的顺利进行；社会组织则提供社会资源和实践平台，如社区活动、志愿服务等，为资源库提供丰富的实践案例。在这个过程中，四方通过建立合作机制，明确各自的职责和分工，实现了资源的有效整合。数字资源库涵盖了思政课程的各个方面，包括教学课件、案例分析、实践活动视频等，为教师的教学和学生的学习提供了丰富的资源支持。

然而，在资源整合过程中，知识产权保护是一个不容忽视的问题。随着数字资源的广泛应用，知识产权纠纷日益增多，为了保护各方的合法权益，需要采取有效的知识产权保护措施。

（1）明确知识产权归属。在四方协同合作之前，四方需要签订详细的合作协议，明确各方在资源开发过程中所产生的知识产权归属。例如，对于学校教师开发的教学课件，其知识产权归学校所有；对于企业提供的案例和素材，其知识产权归企业所有。通过明确知识产权归属，可以避免在后续的使用和传播过程中出现纠纷。

（2）加强技术保护。高校应该采用先进的技术手段对数字资源进行保护，如加密技术、水印技术等。加密技术可以防止数字资源被非法复制和传播，水印技术可以在数字资源上添加标识，便于追踪和识别侵权行为。

（3）建立监督机制。高校应该成立专门的知识产权监督小组，对数字资源的使用和传播进行监督。一旦发现侵权行为，高校应该及时采取措施进行处理，维护各方的合法权益。

通过构建校企政社四方协同模式，结合数字资源库建设案例，可以实现高职思政课程校本资源的有效整合。同时，采取有效的知识产权保护措施，可以保障各方的合法权益，促进资源整合机制的健康发展。

第三节　资源开发的内容体系与方法创新

一、核心内容模块的构建逻辑

在积极心理学视域下，高职思政课程校本资源开发的核心内容模块主要涵盖积极心理品质、职业伦理、家国情怀三大维度，这三大维度相互关联、相互促进，共同构成了高职思政教育的重要内容体系。

积极心理品质的培养是高职思政课程的重要基础。积极心理学强调关注人的积极因素，如乐观、坚韧、感恩、善良等品质。这些积极心理品质不仅有助于学生保持良好的心态，应对学习和生活中的各种挑战，还能促进学生的全面发展。在高职教育中，学生面临着学业压力、职业选择等诸多问题，积极心理品质能够帮助他们更好地适应环境，增强心理韧性。例如，乐观的心态可以让学生在面对困难时看到希望，从而更加积极地寻找解决问题的方法；坚韧的品质则能使学生在遇到挫折时不轻易放弃，坚持不懈地追求自己的目标。

为了培养学生的积极心理品质，高校的校本资源开发可以从多个方面入手。在课程内容方面，可以引入积极心理学的相关理论和方法，如积极情绪的培养、积极人际关系的建立等。通过课堂教学，让学生了解积极心理品质的重要性，并学习如何培养这些品质。在实践活动方面，可以组织学生参加各种心理健康教育活动，如心理拓展训练、心理咨询讲座等。这些活动可以让学生在实践中体验和感悟积极心理品质的力量，提高自己的心理素质。

职业伦理是高职思政课程的核心内容之一。高职教育的目标是培养具有专业技能和职业素养的应用型人才，而职业伦理则是职业素养的重要组成部分。职业伦理涵盖职业道德、职业规范、职业责任等方面的内容，它要求学生在职业活动中遵守道德准则，履行职业责任，维护职业形象。在当今社会，职业伦理的重要性日益凸显，一个具有良好职业伦理的人不仅能够获得职业上的成功，还能赢得他人的尊重和信任。

在高职思政课程中，培养学生的职业伦理可以结合专业特点进行。不同专业的职业伦理要求有所不同，因此在教学过程中，要根据专业的实际情况，有针对性地开展职业伦理教育。例如，对于医学专业的学生，要强调救死扶伤、尊重生命的职业道德；对于财经专业的学生，要注重培养诚实守信、廉洁奉公的职业品质。同时，教师还可以通过案例分析、模拟实践等方式，让学生深入了解职业伦理的内涵和要求，提高他们的职业伦理意识和实践能力。

家国情怀是高职思政课程的重要价值导向。家国情怀体现了个人对国家和民族的深厚情感，以及对国家和社会的责任感和使命感。在高职教育中，培养学生的家国情怀能够引导学生树立正确的世界观、人生观和价值观，增强他们的民族自豪感和爱国精神。一个具有家国情怀的学生，不仅会关注自己的个人发展，还会关心国家的前途和命运，愿意为国家的繁荣富强贡献自己的力量。

为了培养学生的家国情怀，校本资源开发可以从历史文化、时事政治等方面入手。在课程内容中，可以融入中国传统文化中的家国观念，如“修身、齐家、治国、平天下”的思想，让学生了解中华民族的优秀传统和精神内涵。同时，教师要关注时事政治，引导学生关心国家大事，了解国家的发展战略和政策方针。通过组织学生参加爱国主义教育活动，如参观爱国主义教育基地、开展主题演讲比赛等，可以让学生在实践中感受家国情怀的力量，激发他们的爱国热情。

除了以上三大核心内容维度，地域文化元素也能为高职思政课程校本资源增添特色。地域文化是一个地区在长期的历史发展过程中形成的独特文化，它蕴含着丰富的精神内涵和价值观念。将地域文化元素融入思政课程，可以让学生更好地了解自己所处的地域环境，增强他们的文化认同感和归属感。

地域文化元素的融入可以从多个方面进行。在课程内容方面，可以引入当地的历史文化、民俗风情、名人故事等内容。例如，对于具有革命历史传统的地区，可以将革命历史文化融入思政课程，让学生了解当地的革命斗争历史，学习革命先辈们的英勇事迹和崇高精神。在实践活动方面，可以组织学生参加与地域文化相关的实践活动，如参观当地的历史文化遗迹、参与民俗文化活动等。通过这些活动，让学生亲身感受地域文化的魅力，提高他们的文化素养和综合素质。

在积极心理学视域下，高职思政课程校本资源开发的核心内容模块构建要以积极心理品质、职业伦理、家国情怀为主要维度，同时注重地域文化元素的融入。通过合理整合这些内容，能够为高职学生提供更加丰富、全面的思政教育资源，促进学生的全面发展和成长。

二、开发方法的多元化应用

在积极心理学视域下，高职思政课程校本资源开发需要运用多元化的方法，以确保资源的科学性、实用性和针对性。行动研究法和叙事疗法等创新工具为资源研发提供了新的思路和途径，同时大数据技术也在资源开发中展现出独特的应用价值。

行动研究法是一种将研究与实践相结合的方法，强调研究者与实践者的合作，通过不断地实践、反思和改进来解决实际问题。在高职思政课程校本资源开发中，行动研究法可以按照以下流程进行。首先是问题诊断阶段，教师和研究人员深入教学一线，观察学生的学习情况和需求，发现思政教育中存在的问题。例如，通过课堂观察和学生访谈，发现学生对思政课程的兴趣不高，参与度较低；接着进入方案设计阶段，根据问题诊断的结果，制定具体的资源开发方案，方案中要明确资源的内容、形式和实施方法，同时要考虑到学生的特点和需求；然后是实施与观察阶段，按照方案进行资源开发和教学实践，并对实施过程进行观察和记录，在这个过程中，要及时收集学生的反馈信息，了解资源的使用效果；最后是反思与改进阶段，根据观察和反馈的结果，对资源开发方案进行反思和改进。如果发现某些内容学生理解困难，或者某些教学方法效果不佳，就要及时调整方案，重新进行实施和观察，直到达到预期的效果。

叙事疗法是一种通过故事来传递信息和影响人的心理和行为的方法。在高职思政课程校本资源开发中，叙事疗法可以用于教学内容的设计和教学方法的创新。在教学内容设计方面，教师可以收集和整理一些与思政教育相关的故事，如英雄人物的事迹、成功人士的奋斗经历等，将这些故事融入教学内容，让学生在听故事的过程中受到启发和教育。在教学方法创新方面，教师可以引导学生自己讲述故事，分享自己的经历和感受。例如，组织学生开展“我的成长故事”分享会，让学生在讲述自己故事的过程中，反思自己的行为和价值观，同时也能从其他同学的故事中获得启示。通过叙事疗法，可以使思政教育更加生动有趣，提高学生的学习兴趣和参与度。

大数据技术在高职思政课程校本资源开发中也有广泛的应用场景。在资源需求分析方面，通过收集和分析学生的学习数据、行为数据和心理数据等，可以了解学生的学习需求和兴趣爱好，为资源开发提供依据。例如，通过分析学生在网络学习平台上的学习记录，发现学生对某一主题的内容关注度较高，就可以针对这一主题开发更多的相关资源。在教学效果评估方面，大数据技术可以实时监测学生的学习情况和进步情况，为教学效果评估提供客观的数据支持。通过分析学生的考试成绩、作业完成情况和课堂表现等数据，可以及时发现教学中存在的问题，调整教学策略和资源内容。在个性化学习服务方面，大数据技术可以根据学生的学习特点和需求，为学生提供个性化的学习资源和学习建议。例如，根据学生的学习进度和能力水平，为学生推荐适合的学习资料和练习题，提高学生的学习效果。

行动研究法、叙事疗法等创新工具为高职思政课程校本资源开发提供了有效的研发流程，而大数据技术则在资源需求分析、教学效果评估和个性化学习服务等方面展现出重要的应用价值。通过多元化的开发方法，可以提高高职思政课程校本资源的质量和效果，更好地满足学生的学习需求。

三、典型开发案例的深度剖析

某高职院校开展的心理健康月活动课程化案例，为高职思政课程校本资源开发提供了宝贵的借鉴。该活动将原本分散的心理健康活动整合为系统的课程资源，实现了资源的有效转化。

第一步是需求调研与目标设定。学校通过问卷调查、学生访谈等方式，了解学生在心理健康方面的需求和困惑，如学业压力、人际关系等问题。基于调研结果，确定了课程化活动的目标，即帮助学生提高心理素质、增强应对压力的能力，培养积极乐观的心态。

第二步是内容设计与整合。学校组织思政教师、心理教师和企业专家共同参与课程内容的设计。将心理健康知识、积极心理学理念与思政教育相结合，设计了一系列主题课程，如“积极心态的培养”“压力管理与情绪调节”等。同时，整合了讲座、团体辅导、心理测评等多种活动形式，形成了丰富多样的课程内容体系。

第三步是教学实施与反馈。在心理健康月期间，学校按照课程计划有序开展教学活动。教师采用案例分析、小组讨论、体验式教学等方法，引导学生积极参与。同时，通过课堂反馈、学生作业等方式，及时了解学生的学习情况和需求，对教学内容和方法进行调整和优化。

第四步是评估与总结。活动结束后，学校对课程化活动的效果进行了全面评估。通过学生的心理测评结果、学习反馈和行为表现等方面的综合评价，发现学生的心理素质得到了明显提高，对思政教育的认同感也增强了。同时，学校也总结了活动中的经验和不足，为今后的资源开发和教学实践提供参考。

从这个案例中，我们可以总结出一些可复制推广的经验。首先，要以学生需求为导向，深入了解学生的实际情况，确保资源开发的针对性和实效性。其次，要加强多学科融合，整合思政教育、心理健康教育等多方面的资源，形成综合化的课程体系。最后，要注重教学过程的反馈和评估，及时调整教学策略，不断提高教学质量。通过这些经验的推广应用，可以为其他高职院校的思政课程校本资源开发提供有益的参考。

四、校本资源的教学实施体系

（一）差异化教学策略设计

在积极心理学视域下，高职思政课程校本资源开发需重视差异化教学策略设计，以满足不同学生的学习需求，提高思政教育的针对性和实效性。分层教学法在价值观培育中具有重要的运用价值，结合学情诊断案例能更好地说明其实施效果。

分层教学法的核心在于根据学生的学习能力、知识水平和学习需求等因素，将学生划分为不同的层次，然后针对每个层次的学生制定相应的教学目标、教学内容和教学方法。在高职思政课程的价值观培育中，分层教学法能够使教学更加贴合学生的实际情况，提高学生的学习积极性和参与度，从而更好地实现价值观的引导。

以某高职院校的思政课程为例，学校在学期初对学生进行了学情诊断。通过问卷调查、课堂表现观察和学业成绩分析等方式，将学生分为三个层次：基础层、提高层和拓展层。基础层的学生对思政知识的掌握较为薄弱，学习动力不足；提高层的学生有一定的知识基础和学习能力，但在价值观的理解和应用方面还存在一些问题；拓展层的学生学习能力较强，对思政知识有较高的兴趣和追求，希望能够深入探讨价值观问题。

针对基础层的学生，教学目标主要是帮助他们掌握基本的思政知识，树立正确的价值观。教学内容侧重于基础知识的讲解和案例分析，采用生动形象、通俗易懂的教学方法，如故事教学、视频教学等，激发学生的学习兴趣。例如，在讲解职业道德时，通过播放一些感人的职业道德故事视频，让学生直观地感受职业道德的重要性。

针对提高层的学生，教学目标是进一步深化他们对价值观的理解和应用能力。教学内容增加了一些理论性和实践性较强的内容，如价值观的冲突与协调、价值观在职业发展中的应用等。教学方法采用小组讨论、案例分析和实践活动相结合的方式，引导学生积极思考和参与。例如，组织学生开展关于职场价值观冲突的小组讨论，让他们在讨论中学会如何正确处理价值观冲突。

针对拓展层的学生，教学目标是培养他们的批判性思维和创新能力，引导他们深入探讨价值观问题。教学内容涉及一些前沿的价值观理论和社会热点问题，如人工智能时代的价值观挑战、全球视野下的价值观融合等。教学方法采用专题讲座、学术研讨和项目研究等方式，鼓励学生自主学习和探索。例如，邀请专家学者开展关于人工智能伦理的专题讲座，组织学生进行学术研讨，并要求学生完成相关的项目研究报告。

除了分层教学法，针对特殊学生群体的支持方案也不容忽视。特殊学生群体包括学习困难学生、心理问题学生和少数民族学生等。对于学习困难学生，教师要给予更多的关注和辅导，帮助他们克服学习障碍，教师可以为他们制订个性化的学习计划，安排专门的辅导时间，鼓励他们积极参与学习活动。

对于心理问题学生，学校要建立完善的心理健康服务体系，为他们提供心理咨询和心理治疗服务。思政教师要与心理教师密切合作，将心理健康教育与思政教育相结合，帮助学生树立积极乐观的心态，正确面对生活中的挫折和困难。

对于少数民族学生，要尊重他们的文化习俗和宗教信仰，在教学中融入少数民族文化元素，增强他们的文化认同感和归属感。同时，学校要关注他们的学习和生活需求，为他们提供必要的帮助和支持。

通过分层教学法在价值观培育中的运用，以及对特殊学生群体的支持方案的实施，能够更好地满足不同学生的学习需求，提高高职思政课程的教学质量和效果，促进学生的全面发展。

（二）过程性评价机制创新

在积极心理学视域下，高职思政课程校本资源开发需要构建科学合理的过程性评价机制，以全面、客观地反映学生的学习过程和成长情况。评价机制包含课堂表现、实践成果、成长档案的三维评价模型，为过程性评价提供了有效的框架。

课堂表现评价是过程性评价的重要组成部分。它主要关注学生在课堂上的参与度、学习态度和思维能力等方面。在参与度方面，评价学生是否积极参与课堂讨论、回答问题，是否主动分享自己的观点和经验。学习态度方面，考查学生的出勤情况、课堂纪律以及对学习的热情和专注度。思维能力方面，评价学生分析问题、解决问题的能力，以及创新思维和批判性思维的表现。例如，在思政课堂上，教师可以通过观察学生在小组讨论中的表现，评价其团队协作能力和沟通能力；通过学生对问题的回答，评估其思维的逻辑性和深度。为了确保评价的客观性和准确性，教师可以制定详细的课堂表现评价量表，对各项评价指标进行量化评分。

实践成果评价能够反映学生将思政理论知识应用于实践的能力。实践成果包括学生在社会实践、志愿服务、专业实习等活动中的表现和成果。在社会实践活动方面，评价学生是否能够运用所学的思政知识，分析和解决实际问题，是否具有社会责任感和团队合作精神。在志愿服务活动方面，考查学生的奉献精神和服务意识，以及在服务过程中所展现的沟通能力和组织能力。在专业实习方面，评价关注学生在实习岗位上的职业道德、职业素养和职业能力。例如，学生在企业实习期间，是否能够遵守企业的规章制度，是否能够与同事良好合作，是否能够积极主动地完成工作任务等。教师可以通过学生的实践报告、企业评价、实践成果展示等方式，对学生的实践成果进行综合评价。

成长档案评价是对学生学习过程和成长轨迹的全面记录。成长档案可以包括学生的学习计划、学习心得、作业情况、考试成绩、获奖情况、社会实践记录等内容。通过建立成长档案，教师可以了解学生的学习进展和变化，发现学生的优点和不足，为学生提供个性化的学习建议和指导。同时，成长档案也可以作为学生自我反思和自我评价的工具，帮助学生认识自己的成长和进步，激发学生的学习动力。例如，学生可以定期查看自己的成长档案，总结自己的学习经验和教训，制订新的学习目标和计划。

为了实现三维评价模型的数据采集，高校需要采用合适的技术路径。在课堂表现数据采集方面，可以利用课堂教学管理系统，记录学生的出勤情况、课堂发言次数、参与讨论的时间等信息。同时，教师可以使用在线问卷、投票等工具，收集学生对课堂教学的反馈意见，以及学生在课堂上的表现评价。实践成果数据采集可以通过实践活动管理平台，让学生上传实践报告、照片、视频等资料，教师可以在线查看和评价学生的实践成果。此外，高校还可以与企业、社区等合作单位建立数据共享机制，获取学生在实践活动中的表现评价。成长档案数据采集可以利用电子档案管理系统，让学生自主上传和更新自己的成长档案内容。教师可以定期查看学生的成长档案，给予评价和反馈。

高校通过构建包含课堂表现、实践成果、成长档案的三维评价模型，并采用合适的数据采集技术路径，可以实现对高职思政课程学生学习过程的全面、客观评价，促进学生的全面发展和成长。

（三）信息技术赋能路径探索

在积极心理学视域下，信息技术为高职思政课程校本资源开发与教学实施提供了新的路径。

某高职院校建设的虚拟现实思政馆，是信息技术赋能思政教学的典型案例。该思政馆利用虚拟现实（VR）和增强现实（AR）技术，构建了一个沉浸式的思政教育环境。学生可以通过佩戴 VR 设备，身临其境地感受历史事件和场景，如红军长征、开国大典等。这种沉浸式体验能够极大地激发学生的学习兴趣和参与度，使他们更加深刻地理解思政教育的内容。

在教学过程中，该高职院校采用了混合式教学模式。线上部分，学生可以通过虚拟现实思政馆的在线平台，自主学习相关的思政课程内容，包括历史资料、理论讲解、案例分析等。学生可以根据自己的学习进度和需求，选择不同的学习模块和资源，实现个性化学习。线下部分，教师组织学生到虚拟现实思政馆进行实地体验和实践活动。在实地体验中，教师可以引导学生进行讨论和交流，帮助他们加深对思政知识的理解和应用。例如，在体验红军长征的场景后，教师组织学生进行小组讨论，让他们分享自己的感受和体会，并思考长征精神在当代的意义和价值。

混合式教学模式结合了线上学习的灵活性和线下教学的互动性，能够充分发挥信息技术的优势，提高思政教学的效果。通过虚拟现实思政馆的建设，学生的学习积极性和主动性得到了显著提高，他们对思政课程的认同感和参与度也明显增强。同时，这种教学模式也为教师提供了更多的教学手段和方法，教师可以根据学生的学习情况和反馈，及时调整教学策略和教学内容，提高教学质量。

然而，在信息技术赋能思政教学的过程中，高校也需要关注技术伦理边界问题。

首先是隐私保护问题。在使用信息技术进行教学的过程中，会收集大量学生的个人信息和学习数据，如学生的学习进度、学习偏好、考试成绩等。这些信息和数据如果得不到妥善的保护，可能会被泄露和滥用，从而侵犯学生的隐私权。因此，学校和教师需要采取有效的措施，加强对学生个人信息和学习数据的保护，确保数据的安全和隐私。

其次是技术依赖问题。虽然信息技术为思政教学带来了很多便利和优势，但过度依赖技术也可能会导致一些问题。例如，学生可能会过于依赖虚拟现实等技术手段，而忽视了与教师和同学的面对面交流和互动。此外，技术故障和网络问题也可能会影响教学的正常进行。因此，在使用信息技术进行教学时，需要合理把握技术的应用程度，避免过度依赖技术。

最后是价值观引导问题。信息技术的发展带来了大量的信息和资源，但其中也可能包含一些不良的价值观和思想。在利用信息技术进行思政教学时，需要加强对信息和资源的筛选和管理，确保学生接触到的是积极、健康、正确的价值观和思想。同时，教师也需要引导学生正确看待信息技术，培养学生的信息素养和批判性思维能力，使他们能够在信息的海洋中辨别是非、选择正确的价值观。

信息技术为高职思政课程校本资源开发和教学实施提供了新的机遇和挑战。通过虚拟现实思政馆建设案例可以看到，混合式教学模式能够有效提高思政教学的效果。但在应用信息技术的过程中，高校也需要关注技术伦理边界问题，确保信息技术的合理应用和学生的健康成长。

五、质量保障体系的构建

（一）政策支持体系的完善路径

在积极心理学视域下，高职思政课程校本资源开发需要完善政策支持体系，其中，专项经费管理办法与教师发展通道建设是关键环节，同时，政策落地监测机制也不容忽视。

专项经费管理办法是保障资源开发顺利进行的重要基础。高校应制定科学合理的专项经费管理办法，明确经费的来源、使用范围和审批流程。经费来源可以多元化，除了高校的财政拨款外，还可以争取政府部门的专项资助、企业的合作投入等。在使用范围上，专项经费应主要用于资源开发的各个环节，如教材编写、师资培训、实践基地建设、教学设备购置等。为了确保经费的合理使用，需要建立严格的审批流程，每一项经费的支出都要经过详细的预算和审核，确保经费使用的透明度和合理性。例如，在教材编写方面，要对编写团队的资质、编写计划、预算等进行严格审核，确保经费能够真正用于高质量教材的开发。同时，要加强对经费使用的监督和评估，定期对经费的使用情况进行审计，防止经费的滥用和浪费。

教师发展通道建设对于提高教师参与资源开发的积极性和能力至关重要。高校应建立多元化的教师发展通道，为教师提供广阔的发展空间。一方面，可以设立专门的思政课程资源开发岗位，为在资源开发方面有突出表现的教师提供晋升机会。例如，将资源开发成果纳入教师职称评定的重要指标，对在资源开发中取得显著成绩的教师给予优先晋升。另一方面，要加强教师的培训和进修，提高教师的积极心理学素养和思政教育能力。高校可以定期组织教师参加国内外的学术研讨会、培训课程等，让教师了解最新的教育理念和教学方法。同时，鼓励教师开展教学研究和实践探索，为教师提供科研经费和时间支持。例如，设立专项科研项目，支持教师开展积极心理学在思政教育中的应用研究，推动教学改革和创新。

政策落地监测机制是确保政策有效实施的重要保障。为了确保专项经费管理办法和教师发展通道建设等政策能够真正落地，高校需要建立完善的政策落地监测机制。首先，要明确监测的主体和职责。高校可以成立专门的政策监测小组，负责对政策的实施情况进行定期检查和评估。监测小组应由学校领导、思政教育专家、教师代表等组成，确保监测的全面性和客观性。其次，要制定详细的监测指标和评估标准。监测指标应涵盖政策实施的各个方面，如经费使用情况、教师参与度、资源开发成果等。评估标准要明确、具体，具有可操作性。例如，对于经费使用情况，可以从经费的使用效率、使用合规性等方面进行评估；对于教师参与度，可以从教师参加培训的次数、发表的科研论文数量等方面进行评估。最后，要建立有效的反馈和调整机制。高校应根据监测结果，及时发现政策实施过程中存在的问题，并采取相应的措施进行调整和改进。例如，如果发现经费使用效率不高，要及时分析原因，调整经费使用计划；如果发现教师参与度不高，要及时了解教师的需求和意见，完善教师激励政策。

完善的政策支持体系对于高职思政课程校本资源开发至关重要。科学合理的专项经费管理办法、多元化的教师发展通道建设以及有效的政策落地监测机制，可以为资源开发提供有力的保障，促进高职思政教育质量的提升。

（二）师资培育的进阶模式

在积极心理学视域下，高职思政课程校本资源开发对教师的专业素养提出了更高要求。构建“理论学习—实践研习—境外研修”三维培养体系，能够全面提升教师的积极心理学素养和思政教育能力。

理论学习是教师成长的基础。高校应组织教师系统学习积极心理学和思政教育的相关理论知识，邀请国内外知名专家学者来校开展讲座和培训课程，介绍积极心理学的最新研究成果和思政教育的前沿理念。同时，鼓励教师自主阅读相关书籍和文献，参加线上学术研讨活动，拓宽自己的理论视野。例如，高校可以定期举办“积极心理学与思政教育”读书分享会，让教师们分享自己的学习心得和体会，促进彼此之间的交流和学习。通过理论学习，教师能够深入理解积极心理学的核心概念和方法，掌握思政教育的基本规律和原则，为教学实践提供坚实的理论支撑。

实践研习是将理论知识转化为教学能力的关键环节。高校可以建立校内实践基地和校外实习基地，为教师提供实践锻炼的机会。在校内，教师可以参与校本资源开发项目，如编写教材、设计教学方案、开发教学课件等。通过参与这些项目，教师能够将所学的理论知识应用到实际工作中，提高自己的资源开发能力和教学设计能力。在校外，教师可以到企业、社区等单位进行实习和调研，了解社会实际需求和学生的职业发展方向。例如，思政课教师可以到企业参加企业文化建设活动，了解企业的价值观和管理理念，将这些内容融入思政教学，使教学更加贴近实际、贴近学生。同时，高校还可以组织教师开展教学观摩和研讨活动，让教师相互学习、相互借鉴，共同提高教学水平。

境外研修是拓宽教师国际视野、学习先进教育经验的重要途径。高校可以选拔优秀教师到国外知名高校或教育机构进行研修学习。在境外研修期间，教师可以学习国外先进的教育理念、教学方法和课程设计模式，了解国际思政教育的发展趋势。例如，教师可以到美国、英国等国家的高校学习积极心理学在教育中的应用，学习他们如何通过课程设计和教学活动培养学生的积极心理品质和价值观。同时，教师还可以与国外的同行进行交流和合作，建立国际合作关系，为高校的思政教育国际化发展奠定基础。

除了构建三维培养体系，双师型教师认证标准的分析也十分重要。双师型教师是指既具备扎实的理论知识，又具有丰富的实践经验的教师。在高职思政教育中，双师型教师能够更好地将理论教学与实践教学相结合，提高学生的综合素质和职业能力。双师型教师认证标准应包括以下几个方面。

（1）专业知识和技能。教师应具备扎实的思政教育专业知识和积极心理学知识，掌握相关的教学方法和技能。同时，教师还应具备一定的行业知识和技能，了解所教授专业的职业发展方向和实际需求。

（2）实践经验。教师应具有一定的企业实践经验或社会实践经验，能够将实践经验融入教学。例如，教师可以通过参与企业项目、社会实践活动等方式，积累实践经验，提高自己的实践教学能力。

（3）教学能力。教师应具备良好的教学能力，能够设计合理的教学方案，运用多样化的教学方法和教学手段，激发学生的学习兴趣和积极性。同时，教师还应具备较强的课堂组织能力和沟通能力，能够与学生建立良好的师生关系。

（4）科研能力。教师应具备一定的科研能力，能够开展教学研究和实践探索，推动思政教育教学改革和创新。例如，教师可以通过发表科研论文、参与科研项目等方式，提高自己的科研水平。

高校通过构建“理论学习—实践研习—境外研修”三维培养体系，以及明确双师型教师认证标准，可以全面提升高职思政课教师的专业素养和教学能力，为高职思政课程校本资源开发提供有力的师资保障。

（三）质量监控的闭环管理

在积极心理学视域下，高职思政课程校本资源开发的质量监控至关重要，PDCA 循环改进模型为其提供了科学有效的管理方法。PDCA 循环即计划（Plan）、执行（Do）、检查（Check）、处理（Act）四个阶段，通过不断循环，实现资源开发质量的持续提升。

计划阶段是资源开发的起点。在这一阶段，高校需要明确资源开发的目标、范围和具体任务。根据积极心理学和思政教育的要求，结合学生的需求和实际情况，制订详细的资源开发计划。例如，确定开发的内容模块，如积极心理品质培养、职业素养提升等；规划教学方法和实践活动的设计；安排资源开发的时间节点和责任人。同时，高校要对可能出现的风险进行评估，并制定相应的应对措施。

执行阶段是按照计划开展资源开发工作的过程。在这个阶段，各部门和人员要严格按照计划要求，积极推进资源开发任务。教师团队负责教学内容的设计和编写，实践部门组织开展相关的实践活动，技术人员提供技术支持等。在执行过程中，要注重沟通协作，及时解决出现的问题。例如，在编写教学内容时，教师之间要相互交流，确保内容的一致性和连贯性；在开展实践活动时，要与企业、社区等合作单位密切配合，保证活动的顺利进行。

检查阶段是对资源开发质量进行评估和审查的环节。在这个阶段，高校要建立科学合理的检查机制，对资源开发的各个环节进行全面检查。高校可以采用多种检查方法，如内部审核、专家评估、学生反馈等。内部审核方面，由高校组织相关人员对资源开发的进度、质量等进行检查；专家评估方面，邀请思政教育领域的专家对资源的科学性、实用性等进行评价；学生反馈方面，通过问卷调查、座谈会等方式收集学生对资源的意见和建议。通过检查，高校可以及时发现资源开发中存在的问题和不足。

处理阶段是根据检查结果采取改进措施的阶段。对于检查中发现的问题，高校要进行深入分析，找出问题的根源，并制定相应的改进措施。如果是教学内容存在问题，要及时进行修改和完善；如果是实践活动效果不佳，要调整活动方案。同时，要将改进措施纳入下一个 PDCA 循环，避免问题再次出现。通过不断地循环改进，高校可以实现资源开发质量的持续提升。

为了更好地实施 PDCA 循环改进模型，高校还需要设置合理的预警指标。预警指标设置原则如下：

（1）相关性原则。预警指标要与资源开发的目标和质量要求密切相关。例如，教学内容的科学性、实践活动的有效性等指标，能够直接反映资源开发的质量。

（2）可操作性原则。预警指标要具有可操作性，能够通过具体的数据或现象进行衡量。例如，学生的参与度可以通过参与活动的人数、发言次数等数据来统计。

（3）敏感性原则。预警指标要能够及时反映资源开发中出现的问题和变化。当指标出现异常波动时，能够及时发出预警信号，以便采取相应的措施。

（4）综合性原则。预警指标要综合考虑资源开发的各个方面，不能只关注某一个指标。例如，既要关注教学效果，也要关注学生的满意度和教师的参与度等。

通过设计 PDCA 循环改进模型在资源开发中的应用流程，并设置合理的预警指标，高校能够实现高职思政课程校本资源开发质量的闭环管理，不断提高资源开发的质量和效果。

第五章　积极心理学视域下高职思政课程校本资源开发过程与成果

第一节　整合与挖掘校本资源——以成都工业职业技术学院为例

一、典型人物案例资源

（一）教师篇

1. 韩勇：从企业工程师到“双师型”教师的转型之路

成都工业职业技术学院教师韩勇，曾是一位具有 20 年智能制造技术经验的机电一体化高级工程师、一级工业机器人系统操作员。6 年前，韩勇毅然拿起教鞭，走上三尺讲台，成为一名工业机器人技术专业教师。6 年间，他带出了一批又一批高技术技能人才，自己也蜕变成为一名“上得了讲台，下得了实训场”，理论教学和实践教学能力兼备的高素质“双师型”教师。

（1）在车间破冰教学困局。一名企业工程师能够给大学生们上好课吗？韩勇自己心里也没有底。说起自己作为教师上的第一堂课，韩勇至今仍然记忆犹新。“2017 年 9 月，我开始接手机制 1503 班的课程教学，第一堂课前我做了充足准备，但走进教室时，还是惊呆了：教室总共八排，前三排都没有学生。授课中学生似乎也不怎么爱学，效果并不好，让我大受打击。”韩勇回忆道。怎么办？到底要怎样才能抓住学生的心？老师傅碰到了新课题。韩勇冷静下来，进行分析思考：自己的个人优势是在实践能力上比较强，而学生知识和技能都是要服务生产一线的，那就去实训车间找找灵感。从此，车间成为韩勇的备课地点和上课教室。他在普通车床、普通铣床、数控机床旁重构课程内容、建设课程资源，以现场设计、安装、调试引导学生进行项目制学习，让学生在动手实践中学习机床电路、识读数控车床及加工中心图纸，激发学生学习兴趣，培养解决问题的能力。就这样一步一步做下来，韩勇摸索出了一套具有个人风格的“任务驱动、场域叠加、理实一体”的教学模式，他的课开始受到学生欢迎。“就是机制 1503 班，在期末最后一节课的时候，班长范炜炜带领全班学生起立、鞠躬，异口同声喊出‘韩老师辛苦了！’。在那一刻，我特别感动，感觉自己的努力没有白费，也更加坚定了自己的职业选择和教学方向。”韩勇感慨道。近年来，韩勇先后获得库卡机器人授权讲师资格证书，编写专业教材获省级规划教材立项和省级精品在线开放课程立项，获得 2021 年四川省教育教学成果一等奖。

（2）在技能大赛上淬炼教学能力。为了提升教学能力，自 2018 年开始，韩勇年年都参加教师教学技能大赛，这些大赛是更高级别的平台，云集了更多的优秀教师。韩勇以赛促教，以赛促学，以赛促改，以赛促建，从参加校赛、省赛到国赛，对手越来越强，韩勇也屡败屡战，但他的教学能力却越来越强。在 2022 年全国工业机器人技术应用大赛期间，韩勇带领学生积极备赛，在实训车间刻苦训练、全情投入，将六轴机器人点位示教、视觉标定编程等赛项模块完成时间从最初 3 小时，缩短到一个半小时，并在全国大赛上取得了四川省第一名、全国第十三名的优异成绩。通过参加技能比赛，韩勇认真钻研技能，提高比赛认知，汲取比赛经验，改进教学方法，针对工业机器人赛项系统组织、分层培养，在自我提高的同时，提升学生的技能水平。“他是完美主义者，教研室里面的‘卷王’，只要他接手的事情都力求完美，孜孜不倦，从不计较个人得失。”同事武昭妤老师说。

近年来，韩勇培养了多名荣获“四川省青年岗位技术能手”“成都市技术能手”等称号的优秀学生，获得了全国职业技能大赛省级奖项 10 余项，国家级奖项 3 项，也多次被聘为“全国振兴杯青年技能大赛”等赛项的国家级、省级专家裁判。

（3）以科研驱动提升师生创新能力。科研工作，可以说是韩勇的老本行。他带领团队先后承接了“辐照环境下运载机器人系统研制”“智能清洗机器人研制”等横向课题，为企业解决了技术难题，实现了科技成果孵化。2021 年立项人工智能四川省重点实验室科研项目“核燃料组件运输智能加速度纪录仪”；授权专利 10 余项，其中发明专利 3 项；发表科技论文 7 篇，其中 EI 论文 1 篇。“开展科研创新需要不断研究和学习，增强自己教学能力的厚度和深度，同时可以提升团队综合能力、增强协作能力，锻炼个人科技开发能力，培养具有创新实践能力的高技能人才。”韩勇如是说。

（4）以科研反哺教学。以科研项目为基础，韩勇带领学生进一步创新。团队选定项目，拟定目标，开展可行性论证、方案设计、施工设计、装配调试、检测验收全流程工作，学生全过程参与，分工协作、各尽所能，让每一个学生都能在自己适合的岗位上发光，在项目实施过程中实现提升和蜕变。近年来，韩勇带领学生参加创新创业大赛屡获佳绩，2022 年获得四川省“互联网+”大赛金奖、银奖各 1 项，四川省挑战杯创新创业大赛银奖、铜奖各 1 项。

2024 年 10 月的一天，毕业了 4 年的学生张旭蕊给韩勇发来了婚礼请柬。韩勇应邀前往，婚礼现场更碰到了不少许久不见的学生，昔日的学生们现在大都成为企业生产线上的骨干力量。新娘张旭蕊说：“韩老师从来不吝啬鼓励和赞扬的话，我觉得他的课堂充满了温暖，充满了爱，也让当年的我们充满了学习的动力和信心，并影响我们至今。”

2. 王庆伟：扎根藏乡的教育帮扶

“30 年前，我是一名川藏线上的运输兵，负责运送生产、生活物资支援甘孜藏族自治州建设。当时川藏沿线环境很艰苦，国家也不富裕，没有更多的条件帮助当地群众，这一直是我心中挥之不去的心结。”黝黑发红的脸庞、浓密的胡须，高原必备的棒球帽和墨镜，听起来有点“歪”的四川话，乍一看上去就像一位土生土长的“康巴汉子”。他正是成都工业职业技术学院对口支援甘孜藏族自治州石渠县的职工王庆伟。2021 年 7 月，王庆伟主动请缨前往甘孜藏族自治州石渠县洛须镇正科乡许巴村担任驻村第一书记。当他再次踏上这片土地时，看着这里曾经熟悉的雪山、草原，面对波涛汹涌的金沙江，禁不住热泪盈眶。

（1）藏族群众的“自己人”。石渠县洛须镇正科乡许巴村位于金沙江峡谷地带，与西藏隔江相望，是全县面积最大、人口最多的村。因为人口多，面积大，住户分散，管理上有一定难度。王庆伟一到村上，就立即走进牧区草场、田间地头，坐到农牧民院头，了解群众生活现状，发掘群众的急难愁盼问题。短短 2 个月时间，王庆伟就跑遍了全村 143 户群众家。在群众普巴家走访时，王庆伟了解到他家里因道路维修、自然灾害等各种原因，造成了自来水管道破损，而且由于普巴家离主管道近，下面的几户村民怕影响自己家的水流量，一直不同意他们接管，普巴家一直没有用上自来水，严重影响身体健康。王庆伟与村干部几进几出，不厌其烦地与有顾虑的群众谈心谈话，用心用情耐心协调，终于说服了其他群众同意接管，为普巴解决了“吃水难”这个大问题。趁热打铁，王庆伟又积极联系县相关部门，争取到全村自来水升级改造项目，更换加大主管道，增加接口，为许巴村的群众彻底解决了“吃水之忧”。“我热爱这片土地，喜欢和他们打交道，全心全意全力帮助他们解决生活困难，现在我随便到哪个群众家里都能住下来”。如今的王庆伟，已经能够用藏语与当地群众进行对话交流，甚至不同地区的藏语方言，他也能听懂辨别。村里的群众有困难都知道喊“书记，书记”，一些干部群众甚至娃娃还亲切地喊他“老王”。王庆伟通过用脚步丈量土地，用真情服务群众，已经走进当地群众的心里，成了他们的“自己人”。

（2）助力乡村振兴走上“快速路”。“我是一个兵，来自老百姓。”在王庆伟的影响下，当年一起战斗过的战友们纷纷对许巴村投来关注的目光。这些老兵们和王庆伟一样，对这片土地有着同样的牵挂。“30 年前，部队就到过洛须镇，与当地群众结下了深厚的情谊，所以我们对这片土地都特别关注，更牢记部队老首长说过的话：不能忘记藏族群众在那个衣不遮体、食不果腹的年代对我们的支持和帮助，一定要让他们过上好日子。”一年多时间，战友们陆陆续续为许巴村捐款捐物达 50 多万元，先后还有 6 名战友驾车来到许巴村，与贫困户结对扶贫。2017 年年底，许巴村实现全村全面脱贫摘帽。2021 年，许巴村更被评为四川省乡村振兴优秀示范村，还拿到省优秀示范村奖金 60 万元。王庆伟与村干部合议并争取群众的同意后，将资金入股到石渠县邓玛观光生态农业科技示范园，村民们当上了股东，每年都能分到一定的红利。同时，村集体经济也发展壮大，还带动了当地村民共同增收致富，许巴村已经走上实现乡村振兴的“快速路”。

（3）教育帮扶为乡村振兴带去新希望。长期以来，许巴村的群众一直为没有合适的学习开会、政策宣讲的室内场所而困惑，不论春夏秋冬，严寒酷暑，群众开会都是露天席地而坐，高原天气变化无常，冰雹雨雪随时而至，群众躲避的地方都没有，给群众带来了诸多不便。王庆伟看在眼里，急在心里，他开始寻找资金，要为村民建立一所大型的村民文化活动中心。2022 年 9 月，在他的积极争取下，成都工业职业技术学院拨出 60 万元对口支援资金，用于村民文化活动中心建设。入冬前，王庆伟计划带领群众打好活动中心的地基，等到来年夏天时，活动中心主体建设将全部完成，许巴村将拥有党员活动室、图书阅览室、科技培训室、娱乐活动室等一系列民生设施，村民们的文化生活将变得有滋有味起来，生活幸福指数也将大大提升。

（4）“授人以鱼不如授人以渔。”成都工业职业技术学院还结合自己在科研、技术、信息等方面的优势，持续对当地群众与学生开展电商、旅游、政务礼仪、普通话、致富带头人等各种订单式培训，坚持送技术、送信息、送文化进村入户，拓宽教育帮扶渠道，有计划、有重点地为当地培养了大批的实用技术技能型人才。仅 2021 年，成都工业职业技术学院就为当地群众完成各类线上线下培训 123 人次，知识正改变着他们的命运，乡村振兴也带去了新的助力。王庆伟介绍说，2022 年国庆节后，自己带领 38 个藏族少年一起走出高原大山，去成都工业职业技术学院学习深造，这是学校对石渠县实施教育帮扶工作中的一项重要措施。成都工业职业技术学院为这 38 个少年提供了充分的学习和生活保障，他们在这里度过了 3 年丰富多彩的校园时光。

3. 张德荣：思政课教师的铸魂育人

“教育的本质是一棵树摇动另一棵树，一朵云推动另一朵云，一个灵魂召唤另一个灵魂。”这是成都工业职业技术学院思政教师张德荣一直践行的育人理念。10 多年的教学生涯中，张德荣在言传身教中书写着自己的育人故事。她先后获得“成都市优秀班主任”“成都市优秀青年教师”称号，获得“全国高校思想政治理论课教学展示一等奖”。

（1）从头开始，成功转型。2015 年 12 月，33 岁的张德荣从生物教师转岗来到学校思政部。从理科到文科，意味着她一切得重新开始。但张德荣不气馁，她以“初学者”的心态与“勤奋者”的姿态，认真准备每一堂课，虚心向教学思路与经验丰富的老师请教，精心制作课件和讲稿，练习到烂熟于心后，再站在课堂上讲授。

（2）教研结合，物化成果。张德荣把在教学中的心得收获写成论文和著作，在科研中不断提高自己的教学水平。近年来，她主持主研新时代职业院校思政课评价体系构建研究等课题 10 余项，出版专著《新时代大学生思想政治教育模式创新发展研究》，参与思政课程改革，编写特色思政教材，主持建成形势与政策课校级示范课，发表《新时代高职思政课评价体系构建研究》等专业论文 12 篇。经过 7 年多的不懈奋斗，如今，张德荣已成为一名教学经验丰富、科研成果丰硕的优秀思政教师。

（3）风风火火的“德哥”。“总可以看到她奔跑的身影，做事风风火火，有用不完的劲。”同事唐自慧说，张德荣因为爽朗的个性、豁达的心态、坚韧的毅力以及做事的高效力，被大家称呼为“德哥”。在参加 2021 年全国高校思想政治理论课教学展示比赛时，张德荣前后修改教学设计 40 余稿、PPT30 余稿，凌晨两三点休息是常态……在决赛中通过精彩的线上展示，张德荣最终荣获一等奖，是 2021 年全国高校思想政治理论课教学展示四川省高职高专唯一的一等奖。“没事，干就完了！”这是张德荣职业精神的真实写照。张德荣的“干劲”也带动了更多的年轻教师和青年学生。她指导青年教师参加竞赛，先后获得四川省高校思政课“精彩一课”比赛特等奖第一名、四川省形势政策课教学竞赛一等奖等一系列奖项。她指导的学生获得第五届“我心中的思政课”全国高校大学生微电影展示活动省级特等奖、全国优秀奖，第六届“我心中的思政课”全国高校大学生微电影展示活动全国一等奖。

（4）言传身教，铸魂育人。张德荣一直坚持做青年“拔节孕穗期”的耕耘者。她坚守育人初心，致力于打造能“解渴”、引“共鸣”、增“回味”的思政课，令学生们入耳入脑入心。通过案例教学，选择贴近学生的生动案例阐明一个个深刻的理论，以问题链引导学生思考问题，勇敢表达自己的观点，不断提升思政课学习的获得感和认同感，用思想的火花点燃学生“技术报国、技术强国”的信仰之炬。“张老师将‘高大上’的大道理通过‘接地气’的小故事讲给我们。虽然已经毕业两年了，但张老师对我的鼓励和影响还一直激励着我。”成都工业职业技术学院会计专业 2019 级学生赵杉说，她在张德荣的鼓励和影响下，积极参加学校举办的思政之星比赛，参演微电影作品《一个都不能少》并获奖。如今，赵杉在工作和生活中积极贡献自己的力量，帮扶农村进行直播带货，参与志愿服务，逐渐成长为一名有理想、敢担当、能吃苦、肯奋斗的新时代好青年。

“惟有奋斗才是人生永恒的底色，才是信心和底气的不竭源泉。”张德荣希望通过自身的言传身教对学生进行有效的价值引领。她说将牢记为党育人、为国育才的使命，以立德树人的初心，以德施教，以德立身，用丰富的教学内容感染学生，用新颖的教学方法吸引学生，用思想的力量铸魂育人，争做塑造学生品格、品行、品位的新时代“大先生”。

（二）学生篇

1. 陈永宁：从地震幸存者到华服设计师

陈永宁七岁时经历汶川地震致残，通过绘画重拾信心，考入大学后获省级职业生涯规划大赛奖项，立志成为华服设计师。

（1）2008 年：生死 37 昼夜。2008 年 5 月 12 日，北川曲山小学的孩子们正在操场嬉戏。7 岁的陈永宁弯腰系鞋带的瞬间，地壳深处传来骇人的轰鸣。尚未直起身，一块飞溅的混凝土碎块如命运投枪般贯穿他的后脑——这个画面永远凝固在幸存师生的记忆里。四川大学华西医院重症监护室的时钟走过 37 个昼夜。主治医师在病历记录中写道：“脑干损伤伴持续性昏迷，同类病例存活率不足 5%。”当陈永宁在第 38 天清晨颤动睫毛时，护士站传出的惊呼惊动了整层病区。这个被编入医学教材的苏醒案例，却让神经外科主任喜忧参半：“即便醒来，左侧肢体瘫痪和语言功能障碍也将伴随终生。”

（2）2009—2017 年：画笔驯服颤抖的手。震后第二年，成都残疾人康复中心的走廊里，人们总能看到陈永宁那瘦小的身影倔强地倚着墙根练习行走。左手蜷曲使不上力，他就用右手攥着蜡笔，在病房白墙上涂抹歪斜的太阳。这幕场景打动了前来义诊的艺术家周春芽，“五彩基金”从此为这个孩子打开新世界。在基金会提供的素描本扉页，陈永宁用颤抖的字迹写下“每天进步 0.1 毫米”。为控制痉挛的左手，他发明“双笔练习法”：右手执铅笔画线稿，左手绑着木筷练习运笔力度。2015 年其作品《重生》斩获全国残疾青少年艺术大赛金奖，评审惊叹于画面中凤凰涅槃的羽翼竟是用左手点染而成。

（3）2021 年：大学画室不眠夜。成都工业职业技术学院产品艺术设计专业的画室里，总有一盏灯亮至深夜。陈永宁在这里创造了独特的“三维速写法”：左手压住震颤的宣纸，右手执笔快速勾勒，身体重心在特制高脚凳与站立姿势间切换以缓解肌张力障碍。当同学发现他偷偷吞咽止痛药时，这个执拗的青年只是笑笑：“夏布面料纹理复杂，不多练 200 张线描怎么捕捉精髓?”他的笔记本里珍藏着与非遗代表性传承人杨华珍的对话记录：“传统纹样不是博物馆标本，要让羌绣在年轻人肌肤上呼吸。”为此，他翻遍图书馆的《中华舆服志》《敦煌服饰图谱》，在实训车间反复试验将蜀锦经纬线与现代剪裁融合。还原唐代半臂襦裙的悬垂感时，他连续72小时调整版型，最终晕倒在缝纫机前。

（4）2022年：聚光灯下的破壁者。“请3号选手开始陈述。”随着主持人的提示，四川省职业生涯规划大赛决赛现场骤然寂静。陈永宁左手紧握讲台边缘稳定身体，右手点击PPT的瞬间，大屏绽放出令人屏息的设计图：以三星堆金面纹为领饰、青城山云气纹作裙裾的现代礼服，在敦煌藻井色系中流转千年风华。“我的设计系统已申请两项实用新型专利。”他略微侧身展示左臂矫形器，“这不仅是医疗辅具，更是可拆卸的智能穿戴艺术模块。”当评委问及身体局限时，他举起布满针痕的右手：“每道伤疤都是我与布料对话的印章。”颁奖典礼后，指导老师洪梅含泪回忆备赛细节：为克服语言障碍，他每天含石子练习平翘舌音；将演讲稿转译成象形符号帮助记忆；甚至设计出根据呼吸节奏调整语速的“节奏器”。这份被评委誉为“职业规划教科书”的作品，背后是478页调研笔记和93次方案迭代。

（5）2023年：经纬之间的文明对话。如今，陈永宁的工作室墙上悬挂着未完成的“中华文明系列”设计图：河姆渡稻穗纹与赛博朋克荧光面料的碰撞，良渚玉琮造型解构而成的立体剪裁……案头摆放着法国ESMOD学院的录取通知书，以及正在编纂的《残障者服装功能美学白皮书》。在最近的演讲中，他展示特制设计工具包：磁吸式卷尺、声控打版软件、可感知肌张力的智能剪刀。“残障不是缺陷，而是发现美的特殊棱镜。”当他披上自己设计的无障碍汉服——这件采用记忆合金骨架、仅需单手操作的礼服，现场观众在泪光中见证：被地震折断的翅膀，终以华服为羽，翱翔于文明长空。

当记者问及最想对2008年的自己说什么时，陈永宁望向窗外抽芽的银杏：“你看，裂缝里真的能长出星星。”此刻，春风拂过他别在衣襟上的银杏叶胸针——那是用夏布边角料制作的，叶脉里绣着极小却清晰的四字箴言：向死而生。

2. 高弘生：从人民子弟兵到牧民致富带头人

高弘生依旧还清晰记得，1年前，在送草料路上的惊险一幕。“当时我带队，拉着一大卡车的草料去那曲，漫天大雪加上高海拔地区长时间的颠簸，一不留神，我差点将车子直接开向悬崖……”“好险！现在想来都还后怕，不过，对于创业这件事，我从不后悔。”

（1）雪域的霜磨炼锐利的剑。今年 27 岁的高弘生，是四川成都人。2016 年暑假，收到成都工业职业技术学院录取通知书的高弘生，因为从小对军营生活的向往，毅然决定保留学籍、参军入伍，投身国防建设，成为中国人民解放军驻西藏某部队的一名新兵。没承想，刚入伍的高弘生，就被雪域高原的恶劣气候来了一个下马威。“昼夜温差太大了，第一次站岗，我的军服上就结了一层冰。”“晚上巡逻，穿再厚身上也会结出一层薄霜。”除了恶劣的气候条件，高弘生的军营生活，一切还得从零开始，一样的代号，一样的标准，日复一日的训练与学习，磨砺了高弘生不怕困难、敢于斗争的坚韧性格，也让他逐渐从一个大学生向军人转变。“雪域的霜，磨炼了我手中的剑。时刻提醒着我不忘党和祖国的嘱托，保家卫国，捍卫疆土，为人民服务。”从军两年的高弘生，把“为人民服务”这句话深深烙进了自己的骨血里。

（2）吉曲的水沸腾炽热的血。雅鲁藏布江的藏语叫吉曲，是拉萨人民的母亲河，养育了无数藏族儿女，也滋润着高弘生的军营生活。回到学校的高弘生，常常想起吉曲水的甘甜和初见布达拉宫时的震撼，想起在雪域军营和战友一起训练的日子，想念拉萨同胞家中的酥油茶和牛羊肉，尤其是牛羊肉那醉人灵魂的味道，让高弘生久久不能忘怀。牛羊肉香，但牦牛和山羊却不好养。在拉萨当兵两年的高弘生，对雪域高原恶劣的自然环境深有体会，海拔高、气温低、环境复杂、昼夜温差大，导致牧草生长季节性强，在牧草短缺的季节里，牧民只能依靠饲料喂养牦牛和山羊，以致牛羊饲养成本增高，加重牧民的经济负担。如何帮助牧民降低牛羊喂养成本？能不能开发出一种品质好、成本低的饲料？成了一直萦绕在高弘生心里的头等大事。

（3）政策的风吹动创业的心。“开发出一种品质好、成本低的饲料，降低牛羊饲养成本，让西藏地区的牛羊饲养产业兴旺起来，就是乡村振兴！降低了饲养成本，帮助牧民增加收入，就是为牧民服务，为人民服务！”想到这里，高弘生差点拍案而起。

于是高弘生将自己的想法激动地告诉战友、同学，但出乎意料地，这个想法被大家一致否定。“你要去哪里寻找这种饲料，你有这个技术？”“你知道投入有多大么，搞不好血本无归！”“脑子发热了！拉萨那么冷的风都没把你吹醒？”“不考虑创业风口，不看国家政策，莽莽撞撞就能把事情搞成?”创业不只是说说那么简单，亲友们的担心不无道理。但当过兵的高弘生，骨子里透着一股坚韧的劲，一股不放弃、不服输的劲，心想：这事我干定了！

（4）饲料的价化开牧民的笑。高弘生说服家人，并在家人的支持下创办西藏宝弘农牧科技有限责任公司，开展饲料加工销售和农牧产品收购销售业务。公司虽然成立了，但毫无经验的高弘生却是两眼一抹黑，完全不知从何入手。什么样的饲料真正适合西藏地区牲畜的需要？如何才能找到潜在合作企业？该联系谁？怎样才能获得对方的信任？签署合作协议有哪些注意事项？为了解决这些问题，高弘生一头扎进牧区，走访牧民了解需求，咨询专业人士恶补牧草和饲料加工知识，更是在 3 个月的时间里，拜访上百家公司、企业，寻求业务合作。“那段时间，基本每天都在车上度过，常常一开车就是七八个小时，累了饿了就停下来吃个饼喝口水。但最怕的还是遇到大雪天气，在高原开车容易熄火，还特别危险。”功夫不负有心人，经过努力，西藏宝弘农牧科技有限责任公司与农业产业化国家重点龙头企业——固原宝发农牧有限责任公司确定合作关系，共同出资建起 10 万吨纯植物蛋白饲料加工厂，新建纯植物蛋白饲料生产线 2 条、生物饲料生产线 1 条。同时，西藏宝弘农牧科技有限责任公司还依托西部地区优质牧草资源，通过订单种植、保护价收购等合作方式，进一步扩大生产规模。目前，西藏宝弘农牧科技有限责任公司已在那曲、林芝、班戈、岗巴成立四个分公司，拥有优质苜蓿种植基地 35 000 亩（1 亩≈667 平方米），羊草（碱草）种植基地 40 000 亩，高寒甜燕麦草种植基地 25 000 亩。“他们家饲料品质好、便宜，我们的羊用了这个饲料，平均每头羊可增重到 45 千克，卖到 1 500～1 600 元，能多卖 300～400 元。”牧民扎西开心说道。“我们公司生产的饲料，相较于其他公司品质好，口碑也好，不仅把咱们农牧民家的牛羊养得更肥、更壮，也增加了他们的经济收入，我大概算了一下，牧民人均每年能增收 8 000～15 000 元。”高弘生如是说。对于未来规划，高弘生信心满满，立志要拜访完雪域所有的牧民同胞，与同胞一起，手拉着手，心连着心，针对性地为牧民同胞提供所需产品，带动牧民致富，共奔美好未来。“回看来时路，创业成功的例子只是少数。所以我很幸运，是军营生活磨炼了我的心性、强健了我的体魄、锻造了我的意志，助我在创业路上披荆斩棘、乘风破浪。更加幸运的是，我能坚守‘为人民服务’的初心，变身乡村振兴的‘尖兵’，带领牧民共同致富。”

从铁血军营到雪域牧场，从人民子弟兵到牧民致富带头人，高弘生用坚守带领西藏牧民在共同致富、乡村振兴的道路上越走越宽，用铿锵行动演绎了最美军魂。

二、校企合作与产教融合案例资源

（一）新华三芯云产业学院混合所有制办学

2021 年，成都工业职业技术学院与新华三集团共建了具有混合所有制特征的实体产业学院——新华三芯云产业学院（简称“芯云学院”），通过“政府建+企业投+学校办”的混合所有制办学模式，打造“政企校”三方深度融合的协同育人共同体。芯云学院由成都市淮州新城管委会提供办学场地、校舍和公共生活保障，新华三集团投入管理和企业导师团队、实验实训设备、就业和培训资源，成都工业职业技术学院投入经费、专业师资等，在学校、学院、专业 3 个层面共同推进“管理共治、专业共办、平台共建、资源共享、技术共研、人才共育、课程共设、师资共用、教材共编”的混合所有制创新试点，着力推动职业教育混合所有制改革在理论和实践层面取得创新突破。

（1）创新推进，探索构建“管理共治”开放共赢机制。按照“党委领导、理事会决策、院长执行、监事会监督、教职工民主管理”的管理理念，芯云学院建立了多元协同、多维联动的“管理共治”机制。由成都工业职业技术学院党委选派党总支书记、副书记，分管党建、思想政治和学生管理工作，为校企高质量“共建、共治、共享”提供坚强的政治保障；理事会作为芯云学院的管理与指导机构，对学院重大规划、管理制度、绩效分配等进行集体决策；企业派驻院长在理事会领导下，全面主持行政工作，统筹专业建设、课程管理、实践运行、联合研发等工作开展和项目推进；由第三方专家组成监事会，监督理事会决策指挥、院长履职尽责等议事、决策和执行情况；遴选教职工代表，实施民主管理，推动产业学院创新发展。

（2）多方协同，探索实践“专业共办、平台共建、资源共享、技术共研”产教融合模式。①专业共办。对接工业互联网产业链中游，聚焦物联网、云计算等技术链，校企共同制订专业人才培养方案，开发“行动导向驱动”课程，优化理实一体教学过程，实现专业设置与产业需求对接。②平台共建。依托芯云学院、英特尔人工智能产业应用研究院（基地）、中兴通讯 ICT 人才培养基地、四川省高技能人才培训基地资源，建设省级智能制造虚拟仿真实训基地、物联网工程实验室、技能大师工作室，赋能学历教育和社会服务。③资源共享。学校开放四川省工业文化普及基地、省级智能制造虚拟仿真实训基地等，服务企业员工在职轮训；企业开放“研发中心”“中试车间”“生产车间”等，服务学校教学、竞赛、双创工作。④技术共研。以四川省博士后创新实践基地、“院士工作团队”为引领，共建新华三集团教师实践流动站，共同开展技术研究及创新成果转化。

（3）多维培养，统筹推进“人才共育、课程共设、师资共用、教材共编”育人模式。①人才共育。推进企业资金、内训体系、真实任务、能工巧匠等进学校、进专业、进课堂，协同开展人才培养。②课程共设。校企共同制定课程标准，开展课程教学和课程评价。依托产品试验试制、成果孵化等项目，开展“项目实战”，实现课程内容更新与企业技术进步对接。③师资共用。企业输出能工巧匠，学校遴选骨干教师，共同组建高水平结构化教学创新团队，承担核心课程教学，开展技能鉴定、社会服务。④教材共编。在工作过程系统化的课程开发范式下，以企业生产场景、工作情景为依托，编写《CC2530 单片机应用技术》《物联网数据采集技术》等活页式、工作手册式、融媒体教材。

芯云学院作为成都工业职业技术学院与新华三集团共同推进的混合所有制办学实践载体，在服务高质量发展和促进高水平就业方面取得了初步成效。党建创新项目被确定为 2022 年度成都市基层党建工作创新项目。教育教学改革项目“引园筑院、推院助园、链式融通：高职学校产教融合‘成工模式’建构与实践”获 2021 年四川省职业教育教学成果奖一等奖。“芯云团队”入驻学校，构建高水平结构化教学创新团队，教师荣获四川省教师教学能力大赛三等奖 2 项，立项厅局级以上科研课题 3 项，获专利授权 2 项，公开出版活页式、工作手册式教材 4 部。高质量实施校企协同育人，学生获得 2021“一带一路”暨金砖国家技能发展与技术创新大赛二等奖 1 个、三等奖 1 个，省级职业院校技能大赛一等奖 3 个、二等奖 9 个、三等奖 4 个。

（二）中德先进职业教育合作项目（SGAVE）

成都工业职业技术学院与清华四川能源互联网研究院签约，双方将在人才培养、产教融合、资源协同方面开展合作。

据介绍，清华四川能源互联网研究院将积极协助引荐清华大学优秀教学专家资源和课程改革经验，助力成都工业职业技术学院师资力量提升和人才培养方案优化；成都工业职业技术学院依托自身实训（实验）基地、相关实验设备等硬件教学资源支持清华四川能源互联网研究院人才学习实践、技术创新。未来，双方将聚焦水下机器人、能源大数据、能源传感器件和控制设备等技术领域开展合作，由清华四川能源互联网研究院提供研发人才和创新技术，成都工业职业技术学院提供基础试验平台和工程人才队伍，共同开展技术试验验证，对接产业资源，共建产学研协同平台，推进相关技术熟化和产业应用，助力企业技术转型和升级。双方还将共同申请省级科技创新平台，助推关键技术迭代研发，持续培养创新人才，助力区域创新能力、核心竞争力提升和产业结构调整。

据了解，清华四川能源互联网研究院成立于 2016 年 3 月，该院依托清华大学电机系，以推动我国双碳和新型电力系统科技与产业发展为目标，充分吸纳国内外能源相关领域的优势科技力量，大力推动学科交叉融合，开展双碳和新型电力系统核心技术转化研究，打造双碳和新型电力系统新型业态的科技转化中心、产业孵化基地和人才汇聚平台。

三、校园文化与活动案例资源

（一）工业文化节与“三馆一区”建设

“我了解到了工业革命的发展历史和中华民族百年屈辱史，认识到工业对一个国家的重要性，我一定要认真学习科学知识，把美丽祖国建设得更强大!”近日，成都市泡桐树小学学生吴悠参加完成都工业职业技术学院开展的工业文化体验活动时如是说。作为一所具有 70 年办学历史的工科类职业院校，成都工业职业技术学院勇担时代使命，广泛面向校外各类社会团体和公众开放，积极普及工业文化，培育工匠精神，履行增强文化自信的责任担当。通过打造工业主题文明校园，建设工业博览馆、工业图书馆、工业校史馆、工业文明体验区“三馆一区”，实施“工业文化+劳动教育”体验项目，开展工业文化进社区、进学校、进乡村、进扶贫、进培训、进课堂等“六进”活动，传承工业文明。作为四川省工业文化普及基地，成都工业职业技术学院近两年来累计开展工业文化普及活动 109 场次，接待校外参观 6 432 人次，成为一张普及工业文化、培育工匠精神的文化名片。

（二）心理健康教育“五育融合”模式

摘要：构建“五育”成长闭环，开展积极心理课程、心理剧、运动打卡等活动，提升学生心理韧性。

内容：

2023 年 4 月 20 日，教育部等十七部门联合印发《全面加强和改进新时代学生心理健康工作专项行动计划（2023—2025 年）》，旨在通过“五育”并举促进心理健康，坚持学习知识与提高全面素质相统一，构建“以德育心、以智慧心、以体强心、以美润心、以劳健心”的学生“五育”成长闭环，共同守护学生心理健康。

成都工业职业技术学院强化顶层设计，激发创新活力，通过基于专业特色的心理育人课程体系建设，探索数智赋能学生心理健康教育路径，为进一步加强、改进和完善职业院校学生心理健康教育工作，组建“政、行、企、校、研”多方参与的“职业院校学生心理健康教育协同共同体”心理健康教育工作机制。成都工业职业技术学院还通过心理教育与职业教育相结合，以“四赋能一增效”提升育人实效的特色做法和经验范式，形成了“一院一标准、一班一方案”的校本课程成果特色，走出一条具有成职特色的样板道路，构建适合职业教育特色的学生心理健康教育工作体系。

（1）“六位一体”构建高职院校教育心理学高质量发展体系。党的二十大报告提出：“重视心理健康和精神卫生。”校长苏延川介绍，他们将培养大学生健康心理、良好心态作为重要教育内容，以科学的教育体系促进大学生综合发展，实现高素质复合型人才培养的目的。在人才培养上，成都工业职业技术学院外引内培，通过“专业教师、兼职教师、社会专家”叠加模式，打造了一支结构合理、发展潜力巨大的教师队伍，培养了教育心理学改革发展的中坚力量。同时，成都工业职业技术学院邀请众多教育心理学领域的学术顾问、教授等到校为学生做学术报告，用通俗易懂的语言与生动鲜活的案例，与学生共同探索心理学领域的最新成果，开拓了学生的视野与思路。学院还创新打造“家、校、医、行、企、社”六位一体协同心理健康教育共同体，让家庭、学校、医院、行业、企业和社会协同落实立德树人根本任务，推进心理健康教育与德育有机结合，真正把学生的心理品质、心理素质作为衡量学校德育工作的重要指标。心理健康教育中心主任韩兹莹介绍，他们持续地开展了“奋进新时代 积极向未来”大学生积极心理教育主题系列活动，涵盖积极心理品质养成、心理专家进校园、朋辈心理援助、毕业季心理辅导、医校合作、家校共育和面向教职工的“暖心惠师”等 7 大类共 23 项活动，吸引上万人次参与打卡。这些教育活动充分发挥学校主导、家长主体、医院主治、行业联动、企业参与和社会支持的协同育人职能，建立“家、校、医、行、企、社”一体化的全过程、全要素心理教育与康复体系，形成优势互补、协同心理健康教育的新机制和新格局。

（2）“四个赋能”做好职业院校学生心理健康的“守望者”。成都工业职业技术学院充分挖掘积极心理学与学校教育教学工作的契合点，规模化运用积极心理学“四个赋能”提升育人实效。一是赋能生命健康教育。将积极心理教育的理念融入体育、劳动教育和健康教育，强壮学生体魄，增强学生心理韧性，引导学生积极应对挑战和困境。二是赋能思想素质教育。开展联系学生“七个一”活动，思政课教师与心理健康教育教师联合备课，创新开展“启航工职”入学教育和“思政之星”评比实践活动。三是赋能学习方法指导。开展积极情绪激发、定向越野、心灵涂鸦等活动，开设福流体验室，以高效学习方法解决学生学习难题，提升学习效能。四是赋能职业生涯教育。根据专业特点实施“一院一标准”，协调学生共性的心理发展需要和专业人才培养的个性化需求；根据学生心理基础实施“一班一策略”，为每个班级开展双创、就业教育提供依据；根据实时就业形势实施“一年一方案”，有针对性地制定积极心理教育介入毕业生就业工作方案。这样的工作机制，源于学校的实际。调研显示，作为西部工科类高职学院，成都工业职业技术学院农村生源较多，有 60%以上学生有留守经历，在心理上，自我悦纳度不高、自卑、遇事退缩、人际安全感不足等现象突出。针对生源实际，成都工业职业技术学院以“四个赋能”，做好职业院校学生心理健康的“守望者”。马克思主义学院院长刘勇介绍，成都工业职业技术学院通过“启航工职”入学教育和对 2023 年全体新生入心理测评开展心理筛查，建立心理档案，并根据教学进度开设诸如运动跑步打卡、定向越野赛事、养护动植物等丰富多彩的户外体育锻炼和社会公益活动，来促进学生身心健康，强壮学生体魄。此外，成都工业职业技术学院依托红会基地，定期举办“场景+情景+体验式”的现场教学活动，让学生在应急、自救、消防等安全领域掌握基础技能和提高生命健康意识。来自汽车专业的马肖因高考失利，来学校就读后，一度自暴自弃。学校在对其运用心理测评软件进行 24 种积极心理品质画像测评和“启航工职”入学教育中发现，马肖勇敢、好奇心和友善的品格优势很突出，坚韧、好学和自我规范的品格优势相对较弱。于是，学校对其针对性地进行思想政治教育和心理健康教育，通过引导其观看《长津湖》等红色影片和对同专业同起点的学长成长为高级工程师、大国工匠的优秀事迹的了解，潜移默化让其慢慢树立起了要做一个服务社会、奉献国家的积极人生观、价值观。像马肖这样拥有自信、自律、毅力和人生意义感需加强的内在诉求的学生不是典型，是成都工业职业技术学院这样的高职学生普遍存在的心理诉求。成都工业职业技术学院将积极心理教育与思想政治教育融合推进，落实“立德树人”根本任务。如何让这部分学生在学习过程中获得进步感、成就感？通识教育学院院长张驰介绍，他们还通过举办“学习方法”教学能力大赛，开设专升本、专升硕实验班，英语四六级集训班等特色实验班，每个班配备心理教师作为班主任，通过学习方法指导，高效解决学生学习难题，让学生体会实实在在的学习成就感，探索出了一条学生职业生涯教育的积极心理健康建设的实践路径，即根据专业特点实施“一院一标准”，根据学生心理基础实施“一班一策略”，根据实时就业形势实施“一年一方案”。这一举措还可以发挥传统教育中环境、仪式对个体精神秩序的建构作用，作为大学生心理教育的有益补充。

（3）“成工职样本”探索数智赋能学生心理健康教育路径。成都工业职业技术学院还以数智赋能学生心理健康教育，坚持普查工作的科学性与规范性，形成电子化信息档案存储管理，为提升心理育人成效打好数据基础。成都工业职业技术学院以学生为本，利用“互联网+”、大数据等信息技术建立心理健康档案，对学生做好跟踪指导和心理服务，实行“一人一档、一人一策、一人一帮、一人一案”，利用大数据采集、处理、分析、研判，建立德育与心理健康主题大数据监测体系，打造以数据探路、动态追踪、精准研判、危机预警为一体的学生态势感知系统。成都工业职业技术学院以数字化、专业化赋能心理健康教育，及时对学生学习、运动、消费、生活等各类大数据实施分类梳理和逻辑识别，建模描绘青年学生群体的心理特征。此外，成都工业职业技术学院还设立多媒体课程资源库、建设校级精品在线开放课程，精心设计心理育人体系，运用数字化思维重塑心理健康教育工作流程，为职业院校学生心理健康筑起一道坚实屏障。除了数智赋能，成都工业职业技术学院还全面激活学生心理疏导与危机干预机制，通过构建学生心理危机预防和干预工作体系，做到心理危机早预防、早发现、早诊断、早应对、早疏导，帮助学生顺利度过心理危机。如今，成都工业职业技术学院已经走出一条具有成职特色心理教育之路，构建优质均衡的成职教育心理健康教育服务体系，并取得累累硕果。近两年，立项全国高职院校大学生心理健康教育工作精品项目、四川省第二批高校思政工作精品项目心理育人项目，立项省级重点教改项目“西部工科职业院校积极教育实践研究”，构建心理教育、思想教育、知识技能学习三位一体融通递进积极教育培养模式，经验刊载于《四川教育动态》2023年第10期。同时，校本教材被多所高职院校采用，自编教材《大学生心理健康教育》校本教材自2020年8月出版以来，累计印制23 293册，累计发行21 064册，已被多所国内高职院校选用，并立项四川省“十四五”职业教育规划教材。课程教学比赛获奖为同行提供借鉴，获四川省高校心理健康教育课程教学比赛二等奖1项、一等奖1项；四川省职业院校教师教学能力比赛一等奖2项，获首届省思政课年度人物提名1人。连续两年在四川省高校心理学会学术年会上获优秀组织奖，在2022年的学术年会上，论文《高职院校“五心护航”网格化心理育人体系建设实践探索》获一等奖，并做会议交流发言。此外，在2022年全国高职院校心理健康教育学术年会、2023年全国第十届积极职业教育论坛，成都工业职业技术学院均向同行介绍心理育人工作体系和特色化心育活动。

四、创新创业案例资源

（一）“袋鼠找机”3C循环经济项目

2023年12月6日，中国国际大学生创新大赛（2023）在天津大学落下帷幕，成都工业职业技术学院毕业生王民友的创业项目“臻致——亿级手机循环经济践行者”荣获大赛职教赛道金奖。

王民友是成都工业职业技术学院智能制造与汽车学院2023届毕业生，2018年他在学校就读期间，以学校校训“以德润身、技臻至善”命名创办了成都臻致网络科技有限公司，主营二手手机回收与销售业务，目前公司年均营收超1.5亿元。在创业成功后，王民友不忘回馈社会和学校。他入驻成都工业职业技术学院工智时代T-AI ERA众创空间，带动大学生创业，并为中等职业学校、高等职业院校提供实习岗位，吸纳中高职院校毕业生就业，助推退役军人转业。2022年，他还在学校设立成都工业职业技术学院智能制造与汽车学院“王民友奖学金”，是学校首个学生名义奖学金，每年投入资金2万元，奖励智能制造与汽车学院品学兼优的学生并提供假期实习岗位。此次参赛，成都工业职业技术学院组织了以该校招生就业处（创新创业学院）教师苟畅、智汽学院教师陶沙沙等校内导师及校外企业导师构成的指导团队，从商业模式、技术、团队、资料等多方面多角度为王民友的创业项目赋能。最后，该项目不负众望，一举夺金，实现了该校在该项赛事中的突破。

（二）大学生“三下乡”电商助农行动

成都工业职业技术学院定点帮扶团队深入四川省石渠县许巴村幼儿园开展冬衣捐赠助学活动，将一份份爱心传递到 3 300 米海拔的雪域高原……近年来，成都工业职业技术学院在定点帮扶中，发挥教育、文化、技能培训、消费帮扶等优势，加大对“生命禁区”石渠县许巴村的定点帮扶工作力度，聚焦乡村振兴五大目标，助力许巴村产业振兴跑出“加速度”。

如何结合高校教育资源优势，为当地经济发展赋能？2022 年，成都工业职业技术学院驻许巴村第一书记王庆伟在实地调研时发现，许巴村的气候很适合发展黑青稞种植产业，结合当地实际情况，成都工业职业技术学院瞄准青稞粮草等产业优势，助力其开展新品种、新技术、新模式、新机制的示范推广、辐射发展。2024 年 9 月，许巴村成功举行 2024 年农民丰收节暨万亩黑青稞基地开镰仪式，村民们在丰收的喜悦中也获得了经济收益上的提升。此外，成都工业职业技术学院还助力当地发展农副产品合作社建设项目，让村民当上股东，每年获取分红，带动了当地村民共同增收致富，2023 年实现当地村民分红收益 3 万元。

成都工业职业技术学院变“输血”为“造血”，利用电子商务、服务礼仪等专业优势，拓宽许巴村产品销售渠道：帮助村里建立互联网电商、直播、小视频新媒体电商平台，实现村民就地就近就业，为地方产业发展留住“人气”；通过成立商品代销点，让许巴村的枸杞、人参果、白菌、黑青稞等特色农副产品走出雪域高原，走进千家万户。

成都工业职业技术学院还利用丰富的教育教学资源和优质的师资力量，在石渠县成立“教育培训服务中心石渠分中心”，把培训基地建在村民“家门口”。中心开展电子商务、文化旅游、政务礼仪、普通话等多层次、多形式的就业技能培训和实用技能培训。据统计，2021 年以来，成都工业职业技术学院对石渠县开展各类线上线下技能培训 1 000 余人次，其中针对许巴村完成培训 340 余人次，全村二、三产业人才资源逐渐丰富。

近年来，成都工业职业技术学院充分结合许巴村的产业优势，形成定点帮扶工作的项目清单，已累计协调各方资源100余万元，巩固拓展脱贫攻坚成果同乡村振兴有效衔接，帮助许巴村全力释放发展“活力”。许巴村被评为省级乡村振兴示范村，成都工业职业技术学院获得四川省脱贫攻坚先进集体和四川省脱贫攻坚专项嘉奖集体等荣誉称号。

“我们将持之以恒地做好党建引领，做好教育、产业、消费等重点领域的帮扶工作，坚定不移地把帮扶工作作为学院的‘责任田’用心耕耘，服务石渠县经济社会高质量发展。”成都工业职业技术学院相关负责人表示。

第二节　设计与赋能校本资源——以成都工业职业技术学院为例

一、教学策略创新设计

（一）案例教学法的价值认同构建

在职业教育中，案例教学法是强化学生价值认同的有效手段。典型人物案例具有强大的示范效应，能为学生树立清晰的职业榜样。

以韩勇从企业工程师转型为“双师型”教师的经历为例，在课堂上，教师可先详细介绍韩勇的职业轨迹，包括他在企业中的成就以及转型的契机；接着引导学生深入讨论职业选择中的“自我实现”与“工匠精神”。比如，组织小组讨论，让学生结合自身情况，谈谈对韩勇职业选择的看法。在教学场景中，教师可以模拟职业选择的情景，让学生扮演不同角色，体验在面临类似选择时的思考过程。通过这种方式，学生能更深刻地理解职业教育者的职业选择逻辑。

而以陈永宁为例开展的“逆境中的心理韧性”主题讨论，则可引入积极心理学中的抗逆力模型。教师可以先讲解模型的基本原理，然后结合陈永宁的案例，分析他在逆境中如何运用抗逆力实现成长，让学生思考在自己的生活中，若遇到挫折，如何借鉴这种模型将挫折转化为成长动力。通过案例教学，学生能在价值认同和心理韧性培养方面得到双重提升。

（二）项目式学习的社会实践维度

项目式学习（PBL）是培养学生实践能力的重要途径，尤其在校企合作与创新创业案例中具有显著优势。其设计实施流程需遵循PBL黄金标准理论框架。

首先是项目设计阶段。以新华三芯云产业学院为例，教师要明确项目目标，即让学生设计混合所有制办学方案。在这个过程中，资源整合是关键要点。学校需整合企业的资金、技术、设备等资源，以及自身的师资、教学场地等资源。同时，学校要引导学生结合资源整合与社会支持理论，思考如何实现多方共赢。例如，在方案中明确各方的权利和义务，确保企业能获得人才支持，学校能提升教学质量，学生能获得实践机会。项目实施阶段，教师让学生分组模拟校企合作项目，每个小组要制订详细的工作计划，明确分工，定期进行项目进度汇报。教师要及时给予指导和反馈，帮助学生解决遇到的问题。通过这样的项目式学习，学生能更好地将理论知识应用到实践中，提升实践能力。

（三）沉浸式体验的文化赋能路径

沉浸式体验教学能通过校园文化活动增强学生的情感联结和文化认同。工业博览馆 VR 技术的教学应用是其中的重要场景。

在工业博览馆中，利用 VR 技术还原工业发展历史，能让学生身临其境地感受工业文明的魅力。教师可以提前设计好教学流程，在学生参观前，先介绍工业发展的背景知识和重要节点。进入博览馆后，学生通过佩戴 VR 设备，仿佛穿越到不同的工业时代，目睹工业生产的演变过程。在这个过程中，教师可以适时引导学生思考工业文明与职业精神的关系，让学生深刻理解职业精神在工业发展中的重要作用。

党史福袋活动则是一种创新的思政课形式，其心理赋能机制在于将党史知识与心理赋能任务相结合。例如，在“红色基因传承”主题思政课中，学生通过抽取党史福袋，获得相应的党史知识和心理赋能任务，如团队协作挑战。这种方式能激发学生的学习兴趣，让他们在完成任务的过程中，增强团队协作能力和对党史的理解。

从文化认同理论来看，教学场景设计要注重营造浓厚的文化氛围，让学生在体验中产生情感共鸣。无论是工业博览馆的 VR 体验，还是党史福袋活动，都要以文化为核心，引导学生树立正确的价值观和文化认同。

二、课程体系融合创新

（一）职业伦理与社会责任课程融合

在思想道德课程中融入职业伦理与社会责任教育，川西地区帮扶案例具有重要的应用价值。以王庆伟的川西地区帮扶、支教托管团队事迹为例，教师可以在课堂上详细讲述他们的帮扶过程和取得的成果，让学生了解到在职业选择中，除了个人兴趣，还应考虑社会需求和社会责任。

利他行为理论对职业选择具有指导作用，该理论强调个体在行为中应考虑他人的利益和福祉。在职业选择时，学生可以思考自己的职业如何能够为社会做出贡献，实现个人价值与社会价值的统一。为了让学生更深入地思考职业与社会价值的关系，可以组织分组辩论活动。具体流程如下：首先，将学生分成正反两方，正方观点为“职业选择应以个人兴趣为先”，反方观点为“职业选择应以社会需求为先”。然后，各方进行资料收集和准备，在课堂上进行辩论。辩论过程中，要求学生结合利他行为理论进行阐述。价标准可以从以下几个方面制定：观点明确性，看学生是否清晰表达自己的观点；论据充分性，检查学生所举的例子和理论依据是否合理；逻辑严密性，评估学生的论证过程是否严谨；团队协作性，观察小组内成员的配合情况。通过这样的辩论活动，学生能更好地理解职业伦理与社会责任的内涵。

（二）乡村振兴战略的课程转化

将电商助农案例融入习近平新时代中国特色社会主义思想概论课程，是实现乡村振兴战略课程转化的有效途径。电商助农行动和高弘生的饲料创业项目为教学提供了丰富的素材。在教学转化过程中，学生要聚焦直播电商推广方案的设计要素。首先是产品选择，要挑选具有地方特色、品质优良的农产品。其次是市场定位，要明确目标客户群体，了解他们的需求和消费习惯。再次是营销策略，包括直播内容策划、促销活动设计等。最后是物流配送，要确保农产品能够及时、安全地送达消费者手中。

结合共同富裕政策要求，课程设计应遵循以下原则：一是实用性原则，教学内容要紧密结合实际，让学生能够将所学知识应用到乡村振兴实践中。二是创新性原则，鼓励学生提出新颖的电商助农方案，推动乡村经济发展。三是可持续性原则，注重培养学生的环保意识和社会责任意识，实现乡村经济、社会和环境的协调发展。教师可以设计“乡村振兴微提案”任务，要求学生结合专业知识，针对“如何利用直播电商推广地方特产”提出解决方案。通过这样的课程设计，学生能更好地理解乡村振兴战略的意义和实施路径。

（三）积极心理品质培养模式

心理韧性工作坊是培养学生积极心理品质的重要平台，构建模拟训练体系是工作坊的核心内容。

首先，教师设定不同的逆境场景，如考试失利、人际关系冲突等。然后，将学生分成小组，进行角色扮演。每个小组中，有的学生扮演处于逆境中的角色，有的学生扮演帮助者。在模拟过程中，要求学生运用“希望理论”制定应对策略。希望理论强调个体在面对逆境时，要有明确的目标、积极的思维和有效的行动策略。在角色扮演活动中，学生要思考如何帮助处于逆境中的角色树立目标，调整思维方式，并采取实际行动克服困难。

具体操作模板如下：第一步，介绍活动背景和规则，让学生了解希望理论的基本原理。第二步，设定逆境场景，分配角色。第三步，学生进行角色扮演，教师在旁边观察并给予指导。第四步，角色扮演结束后，组织学生进行讨论，分享自己的感受和体会。第五步，教师进行总结，强调心理韧性的重要性和应对逆境的方法。通过这样的模拟训练，学生能提高心理韧性，培养积极的心理品质。

三、实践育人体系构建

（一）工匠精神培育实践平台

技能大师工作室是培育工匠精神与职业胜任力的重要实践平台。其运作机制主要围绕技能传承、技术创新和人才培养展开。在技能传承方面，技能大师会将自己的精湛技艺和丰富经验传授给学生，通过现场示范、一对一指导等方式，让学生掌握实际操作技能。在技术创新方面，工作室会结合企业的实际需求和行业发展趋势，开展技术研发和创新活动，鼓励学生参与其中，培养他们的创新能力。在人才培养方面，工作室会制定个性化的培养方案，根据学生的兴趣和特长，为他们提供针对性的培训和实践机会。

双元制教育模式的认证标准是确保人才培养质量的关键。在中德SGAVE项目中，认证标准主要包括理论知识考核、实践技能考核和职业素养评价三个方面。理论知识考核涵盖了专业课程的各个知识点，要求学生具备扎实的理论基础。实践技能考核则注重学生的实际操作能力，要求学生能够熟练运用所学知识解决实际问题。职业素养评价涵盖职业道德、团队协作、沟通能力等方面，要求学生具备良好的职业素养。结合中德SGAVE项目经验，本书提出以下建议：一是加强校企合作，建立更加紧密的合作机制，让企业深度参与人才培养过程，确保人才培养与企业需求紧密对接。二是完善认证标准，根据我国的国情和行业特点，制定更加符合实际的认证标准，注重学生的创新能力和实践能力培养。三是加强师资队伍建设，提高教师的实践能力和教学水平，为学生提供更加优质的教学服务。

（二）社会责任实践项目设计

乡村振兴调研报告的质量标准是衡量社会责任实践项目成效的重要依据。一份高质量的调研报告应具备以下特点：一是内容全面，涵盖乡村经济、社会、文化等各个方面的情况；二是数据准确，通过实地调研和数据分析，确保报告中的数据真实可靠；三是分析深入，对调研结果进行深入分析，提出针对性的建议和措施；四是具有可操作性，提出的建议和措施要切实可行，能够为乡村振兴提供实际帮助。调研方案设计框架包括以下几个部分：一是调研背景和目的，明确调研的原因和要解决的问题；二是调研方法，选择合适的调研方法，如问卷调查法、访谈法、实地观察法等；三是调研对象和范围，确定调研的对象和范围；四是调研内容和指标，明确调研的具体内容和指标；五是调研时间和进度安排，制订详细的调研时间和进度计划；六是调研人员和分工，明确调研人员的职责和分工。评估工具可以采用问卷调查、访谈、实地观察等方法对调研方案的实施效果进行评估。评估指标包括调研方案的可行性、调研数据的准确性、调研结果的实用性等方面。

抗震救灾演练的道德判断培养要点在于让学生在模拟场景中学会正确判断和决策。在演练过程中，要引导学生思考在紧急情况下如何保障生命安全、如何进行资源分配、如何与他人合作等问题，培养他们的道德责任感和团队协作精神。

（三）校园文化浸润工程

工业文化节的环节设置逻辑应围绕工业文化的传承和创新展开。组织方可以设置“大国工匠故事会”环节，邀请优秀工匠分享他们的成长经历和工匠精神，让学生感受工匠的魅力和精神力量。设置“技能挑战赛”环节，让学生在比赛中展示自己的技能水平，激发他们的学习兴趣和竞争意识。设置“工业文化展览”环节，展示工业发展的历史和成就，让学生了解工业文化的内涵和价值。工业文化节活动的具体执行方案如下：首先，制订详细的活动计划，明确活动的时间、地点、内容和参与人员。其次，进行活动宣传，通过校园广播、海报、微信公众号等渠道，宣传活动的内容和意义，吸引学生参与。然后，组织活动实施，按照活动计划有序开展各项活动。最后，进行活动总结和评估，对活动的效果进行评估，总结经验教训，为今后的活动提供参考。效果评估指标可以从学生的参与度、满意度、对工业文化的认知度和认同感等方面进行评估。通过评估，组织方可以了解活动的实施效果，发现存在的问题，及时进行改进和完善。

五育融合心理健康模式的实施路径包括以下几个方面：一是将心理健康教育融入德育、智育、体育、美育和劳动教育中，实现五育并举。二是开展形式多样的心理健康教育活动，如心理剧、正念冥想等，帮助学生提高心理素质。三是建立心理健康服务体系，为学生提供心理咨询、心理辅导等服务，及时解决学生的心理问题。

四、校企协同育人机制

（一）校友资源整合策略

校友资源是职业教育中宝贵的财富，校友导师计划能有效整合这些资源，为学生提供实践指导和职业规划建议。其实施框架可从以下方面构建：首先，确定校友导师的选拔标准，优先选择在行业内有一定成就、具备丰富实践经验和良好职业道德的校友。然后，根据学生的专业和兴趣，进行导师与学生的匹配，可以通过线上平台让学生自主选择导师，也可以由学校进行分配。

优秀校友案例库的建设标准至关重要。案例应具有代表性和典型性，涵盖不同行业、不同职业发展阶段的校友。案例内容要详细，包括校友的职业轨迹、取得的成就、面临的挑战及应对方法等。同时，要定期更新案例库，确保案例的时效性和实用性。

讲座活动的主题筛选机制要紧密结合学生的需求和行业发展趋势，可以通过问卷调查、学生座谈会等方式，了解学生关注的热点问题和职业发展困惑，以此确定讲座主题。例如，针对当前行业的新兴技术、职业转型等问题设置讲座。效果反馈渠道要多元化，可以在讲座结束后，通过线上问卷收集学生的反馈意见，了解他们对讲座内容、导师表现的满意度。还可以组织学生进行小组讨论，分享自己的收获和建议。学校要对反馈信息进行及时整理和分析，为后续讲座活动的改进提供依据。

（二）产教融合实践基地建设

校企联动基地的运作模式是产教融合的关键。以新华三产业学院合作案例为例，其管理创新点体现在多个方面。在人才培养方面，采用“订单式”培养模式，根据企业需求制订人才培养方案，确保学生所学知识和技能与企业实际需求无缝对接。在师资队伍建设上，实现校企师资互聘，企业技术骨干到学校授课，学校教师到企业实践，提升师资的实践能力和教学水平。在教学管理方面，引入企业的项目管理模式，让学生在真实的项目环境中学习和实践。

实践教学的质量监控体系可从以下几个方面构建：一是建立教学过程监控机制，定期检查教学计划的执行情况、教师的教学进度和学生的学习情况。二是实施教学效果评估，从学生的考试成绩、实践作品、企业评价等多维度评估教学效果。三是加强企业参与度，邀请企业代表参与教学质量评估，根据企业的反馈及时调整教学内容和方法。四是建立质量反馈和改进机制，对教学过程中发现的问题及时进行整改，不断提高实践教学质量。只有通过完善的质量监控体系，产教融合实践基地才能培养出符合企业需求的高素质人才。

五、动态评估反馈系统

（一）过程性评估指标体系

过程性评估在职业教育中起着关键作用，能及时了解学生的学习进展和心理成长。案例分析报告的评估维度可从以下方面设计：①内容完整性。内容完整性要求学生对典型人物案例进行全面分析，包括案例背景、人物行为、产生的影响等。同时，要结合积极心理学理论，提出个人成长计划，计划应具有明确的目标和可行的步骤。②分析深度。分析深度要求考查学生是否能深入挖掘案例中的关键信息，运用所学理论进行分析。例如，在分析韩勇的职业转型案例时，能否准确阐述“自我实现”与“工匠精神”的内涵，并结合自身情况进行思考。③逻辑严密性。逻辑严密性要求评估报告的论证过程是否合理，观点与论据是否一致。学生的分析应条理清晰，能够自圆其说。

项目实践日志的量化分析工具可采用以下方法。

①任务完成度：记录学生在项目实践中完成的任务数量和质量，按照任务的难易程度和重要性进行量化评分。

②团队协作能力：观察学生在团队中的表现，包括沟通交流、分工合作、问题解决等方面，通过团队成员互评和教师评价进行量化。

③问题解决能力：统计学生在实践中遇到的问题及解决情况，分析其解决问题的思路和方法，给予相应的分数。

教师还应结合 PERMA 量表构建心理成长档案。PERMA 量表包括积极情绪、投入、人际关系、意义和成就五个维度。教师要定期对学生进行测评，记录每个维度的得分变化，了解学生的心理品质发展情况。通过心理成长档案，教师可以及时发现学生的心理问题，采取针对性的措施进行干预和辅导，促进学生的全面发展。

（二）成果导向评价机制

微提案展示的评分标准设计应全面、客观，以确保评价的公正性和有效性。可从以下几个方面进行设计。①创新性：考察提案是否具有新颖的观点和独特的解决方案，能否为乡村振兴、技能报国等主题提供新的思路。②可行性：评估提案在实际操作中的可行性，包括技术、资金、人力等方面的条件是否具备。③实用性：判断提案是否能够解决实际问题，对社会和经济发展是否具有实际价值。④展示效果：评价学生在展示过程中的表达能力、逻辑思维和团队协作能力。

展示活动的流程优化方案如下：提前公布展示主题和要求，让学生有足够的时间准备；展示过程中，设置提问和互动环节，增加学生与评委、观众之间的交流；展示结束后，及时反馈评价结果，让学生了解自己的优点和不足。

企业导师参与评价的协同机制可以这样构建：①学校与企业建立长期合作关系，邀请企业导师参与微提案展示的评分，企业导师具有丰富的实践经验，能够从企业的角度对提案进行评价，提供专业的意见和建议。②学校组织教师与企业导师进行交流和沟通，共同制定评价标准，确保评价的一致性和准确性。

（三）教学反馈循环系统

校园媒体展示的激励机制能够激发学生的学习积极性和创造力。学校可以通过微信公众号、抖音等校园媒体平台，展示学生的优秀作品和活动成果，如案例分析报告、微提案展示、创新产品设计方案等，对表现优秀的学生进行表彰和奖励，如颁发荣誉证书、给予学分奖励等。同时，还可以设置点赞、评论等互动功能，让学生感受到自己的努力得到认可和关注，从而增强自信心和学习动力。

师生座谈会的改进建议收集流程如下：提前确定座谈会的主题和议程，邀请不同年级、不同专业的学生参加；座谈会上，鼓励学生畅所欲言，提出对教学内容、教学方法、教学资源等方面的改进建议；教师要认真倾听学生的意见，做好记录；座谈会结束后，对收集到的建议进行整理和分析，制定相应的改进措施。

构建 PDCA 质量改进模型的应用路径：P（计划）阶段，根据师生座谈会和校园媒体反馈的信息，制订教学改进计划；D（执行）阶段，按照计划实施改进措施，如调整教学内容、优化教学方法等；C（检查）阶段，定期对教学效果进行评估，检查改进措施的实施情况；A（处理）阶段，根据评估结果，总结经验教训，对成功的改进措施进行推广，对存在的问题进行进一步分析和改进，形成一个闭环的质量改进循环。

参考文献

［1］马克思，恩格斯．马克思恩格斯全集：第三卷［M］．中共中央编译局，译．北京：人民出版社，1960.

［2］马克思，恩格斯．马克思恩格斯文集：第一卷［M］．中共中央编译局，译．北京：人民出版社，2009.

［3］马克思，恩格斯．马克思恩格斯文集：第九卷［M］．中共中央编译局，译．北京：人民出版社，2009.

［4］马克思，恩格斯．马克思恩格斯选集：第二卷［M］．中共中央编译局，译．北京：人民出版社，1995.

［5］习近平．习近平谈治国理政：第四卷［M］．北京：外文出版社，2022.

［6］习近平．在庆祝中国共产党成立100周年大会上的讲话［M］．北京：人民出版社，2021.

［7］习近平．高举中国特色社会主义伟大旗帜为全面建设社会主义现代化国家而团结奋斗：在中国共产党第二十次全国代表大会上的报告［M］．北京：人民出版社，2022.

［8］中共中央办公厅，国务院办公厅．关于深化新时代学校思想政治理论课改革创新的若干意见［M］．北京：人民出版社，2019.

［9］陈华洲．思想政治教育资源论［M］．北京：中国社会科学出版社，2007.

［10］钱晓田．资源整合视域下的大学生思想政治教育［M］．南京：南京大学出版社，2015.

［11］岳修峰．普通高等学校三全育人研究［M］．北京：社会科学文献出版社，2018.

［12］夏征农．辞海［M］．上海：上海辞书出版社，2003.

［13］泰勒．课程与教学的基本原理［M］．施良方，译．北京：人民

教育出版社，1994.

［14］陈理宣. 教育学原理：理论与实践［M］. 北京：北京师范大学出版社，2010.

［15］崔允漷. 校本课程开发：理论与实践［M］. 北京：教育科学出版社，2000.

［16］苏霍姆林斯基. 帕夫雷什中学［M］. 赵玮，译. 北京：教育科学出版社，1999.

［17］朱熹. 孟子章句集注［M］. 天津：天津市古籍书店，1988.

［18］戚如强. 思想政治教育社会整合论［M］. 上海：上海三联书店，2015.

［19］郑永廷. 思想政治教育方法论（修订版）［M］. 北京：高等教育出版社，2015.

［20］柏拉图. 理想国［M］. 张斌和，张明竹，译. 北京：商务印书馆，1986.

［21］沈壮海. 思想政治教育有效性研究［M］. 3版. 武汉：武汉大学版出版社，2016.

［22］陈万柏，张冬利. 高校思想政治教育资源配置现状及其对策思考［J］. 思想教育研究，2008（10）：13-17.

［23］王刚. 正确处理思想政治教育资源开发与利用的关系［J］. 思想教育研究，2015（05）：16-19.

［24］郑金洲. 走向"校本"［J］. 教育理论与实践，2000（06）：11-14.

［25］张莉，胡芝. "大思政"视域下高校思想政治教育协同创新研究［J］. 学校党建与思想教育，2018（22）：30-32.

［26］陈娟，郑帅，张彦平，等. 利用校园特色资源优化高校思想政治教育探析：以华中师范大学为例［J］. 学校党建与思想教育，2020（01）：81-83.

［27］郑安阳. 新时代高校"大思政课"校本制度制定研究［J］. 思想教育研究，2023（02）：101-106.

［28］赵月霞. 发挥校本资源在大学生核心价值体系教育中的作用［J］. 红旗文稿，2012（13）：26-27.

［29］李荣胜. 论高校思想政治教育无形资源的开发与应用［J］. 学校

党建与思想教育，2022（10）：39–41.

［30］王丹琦. 当前高校思想政治教育资源开发利用问题及对策研究［D］. 武汉：华中师范大学，2016.

［31］姬兴涛，孙东，杜红. 积极心理学与高校思想政治教育整合的理论与实践［J］. 学校党建与思想教育，2013（6）：50–52.

［32］任俊. 积极心理学［M］. 上海：上海教育出版社，2006.

［33］周炜杰. 积极心理学视域下大学生幸福观教育研究［D］. 昆明：昆明理工大学，2020.

［34］张倩，郑涌. 美国积极心理学介评［J］. 心理学探新，2003（3）：6–10.

［35］苗元江，余嘉元. 积极心理学：理念与行动［J］. 南京师范大学学报（社会科学版），2003（2）：81–87 .

［36］崔丽娟，张高产. 积极心理学研究综述：心理学研究的一个新思潮［J］. 心理科学，2005（2）：402–405 .

［37］边玉芳，吴洪健，张玲玲. 积极心理学视角下学校心理健康教育体系的构建［J］. 江西师范大学学报（哲学社会科学版），2018，51（6）：115–118 .

［38］霍秀. 积极心理学对当代高校大学生思想政治教育的启示［J］. 杨凌职业技术学院学报，2020，19（2）：38–39，42.

［39］李娜，白小强. 高校思想政治教育与积极心理学协同育人路径探索［J］. 延安大学学报（社会科学版），2020，42（6）：113–117 .

［40］戴倩. 积极心理学视域下思想政治教育实效性研究［D］. 合肥：安徽农业大学，2019.

［41］侯宇晨. 谈课程思政：积极心理学视角下的大学通识教育改革［J］. 科学咨询，2021（24）：71–72.

［42］曾光，赵昱坤. 幸福的科学［M］. 北京：人民邮电出版社，2019 .

［43］任文芳，李响，于惠舒. 积极心理学视域下高校思想政治教育模式创新研究［J］. 呼伦贝尔学院学报，2021，29（5）：28–32.

［44］王兴浩，王莉，王春洋. 积极心理学视角下大学生思想政治教育创新路径研究［J］. 哈尔滨职业技术学院学报，2021（6）：91–94.

附件　样板与实操校本资源
——以成都工业职业技术学院为例

附件 A　典型人物案例教案（思政课程教案）

教案 1　《韩勇：从工程师到“双师型”教师的职业转型》

■教学目标：

（1）理解职业转型中的心理调适与职业认同的重要性；

（2）掌握持续学习与工匠精神的实践路径；

（3）培养跨领域适应能力与终身学习意识。

■教学重难点：

（1）重点：职业认同的形成机制与持续学习策略；

（2）难点：如何平衡技术实践与教育教学的双重角色。

■教学方法：案例分析法、角色扮演、小组讨论。

■教学准备：

（1）教师：韩勇转型案例视频、“双师型”教师标准文件；

（2）学生：提前搜集身边职业转型案例。

■教学过程：

1. 案例导入（10 分钟）

播放韩勇接受采访的视频片段，提问：“从企业到学校，他面临哪些挑战？”

2. 理论讲解（15 分钟）

结合“自我决定理论”（SDT），分析职业动机的自主性、胜任力与关联性。

3. 角色扮演（20 分钟）

分组模拟企业工程师与教师的对话场景，探讨转型中的心理冲突与解决策略。

4. 小组讨论（15 分钟）

讨论“如何将企业经验转化为教学优势”，结合工匠精神内涵提出建议。

5. 总结升华（10 分钟）

引用习近平总书记“职业教育前途广阔、大有可为”的论述，强调职业教育者的使命。

■评价方式：

（1）过程性评价：角色扮演表现、讨论参与度；

（2）成果性评价：个人职业转型计划书。

■教学延伸：

采访校内“双师型”教师，制作“转型之路”访谈录。

■文案资料：

从工程师到教育者：职业转型中的“双师型”教师成长路径

一、职业转型的时代背景与现实意义

当今时代，制造业升级的浪潮正以前所未有的态势席卷而来，这一深刻变革对职业教育人才提出了更为迫切且多元的需求。随着科技的飞速发展，制造业正朝着智能化、数字化、绿色化的方向迈进，新的生产技术、工艺和管理模式层出不穷。这就要求职业教育培养出的人才不仅要具备扎实的专业知识和专业技能，更要拥有创新能力、实践能力和跨领域的综合素养，以适应不断变化的产业需求。

国家高度重视职业教育的发展，出台了一系列政策来推动职业教育改革和创新，强调深化产教融合、校企合作，培养高素质劳动者和技术技能人才。在这样的政策背景下，“双师型”教师的社会价值愈发凸显。“双师型”教师既具备扎实的理论教学能力，又拥有丰富的企业实践经验，能够将最新的行业动态、技术和工艺融入教学，使学生所学知识与实际工作紧密结合。他们就像一座桥梁，连接着学校教育与企业需求，为学生的职业发展搭建了坚实的平台。通过培养出符合产业需求的高素质人才，“双师型”教师为推动产业升级和经济社会发展做出了重要贡献。

二、职业转型中的心理调适与角色重构

（1）转型初期的心理困境分析。韩勇初次走上讲台时，那种强烈的挫败感如影随形。作为工程师，他习惯了在车间里与机器、数据打交道，凭借专业技能解决实际问题，追求的是高效精准地完成项目。而教师的角色，需要站在讲台上，将知识清晰地传授给学生，关注学生的理解和反馈，激发他们的学习兴趣。这种角色上的巨大差异，让韩勇一时难以适应。此外，学生群体的特征也给教学带来了挑战。职业院校学生有着独特的个性和学习基础，他们可能对理论知识的接受能力参差不齐，更渴望通过实践来掌握技能。韩勇以往面对的是标准化的工业流程和设备，而现在要面对一群充满活力、需求多样的学生，如何因材施教、调动他们的积极性，成了摆在他面前的一道难题。这种角色转换和学生群体的特殊性，让韩勇在转型初期陷入了迷茫和困惑。

（2）自我决定理论（SDT）的实践应用。在韩勇的车间教学案例中，自我决定理论（SDT）的三个要素——自主性、胜任力、关联性，在他的职业认同中发挥了重要作用。①自主性。韩勇主动选择从工程师转型为教师，这种自主的职业选择让他在教学过程中更有内在动力。他积极探索适合学生的教学方法，根据车间实际情况设计课程，充分发挥主观能动性。②胜任力。在车间教学中，韩勇凭借丰富的工程实践经验，熟练解决各种技术问题，这让他在学生面前树立了专业权威，增强了自己的胜任感。他通过不断提升教学能力，更好地将实践经验转化为教学内容，进一步巩固了这种胜任力。③关联性。韩勇注重与学生建立良好的关系，了解他们的需求和兴趣，将教学内容与学生的未来职业发展紧密联系起来。这种关联性让学生更愿意参与学习，也让韩勇感受到自己的教学工作对学生的重要意义，从而加深了他对教师这一职业的认同。从理论框架与行为选择的关联来看，自主性促使韩勇主动探索教学方法，胜任力让他在教学中不断提升自己，关联性则引导他关注学生需求，三者相互作用，共同推动韩勇在职业转型中逐渐找到自我认同。

（3）双重角色的平衡策略。在角色扮演活动中，我们可以清晰地看到企业技术攻关与课堂知识传授的思维差异。在企业技术攻关时，技术人员的思维更注重逻辑性、创新性和问题解决的高效性，目标是攻克技术难题，推动项目进展。而课堂知识传授则需要更注重引导性、启发性和学生的理解接受程度，目标是让学生掌握知识和技能。为了平衡这种双重角色，时间管理至关重要。韩勇制定详细的时间表，合理分配在车间技术指导和课堂教学上的时间。例如，他将每周的工作日划分为不同的时间段，分别用于备课、授课、技术项目研究等，同时，学会目标聚焦，明确每个阶段的主要任务和目标。在进行技术攻关时，全身心投入解决技术问题；在课堂教学时，专注于教学内容的设计和学生的学习效果。通过这样的时间管理和目标聚焦，韩勇能够更好地平衡工程师和教师这两个角色，提高工作效率和质量。

三、工匠精神与教学能力的融合路径

（1）企业经验向教学优势的转化机制。韩勇的“任务驱动、场域叠加”教学模式是将企业经验转化为教学优势的有效途径。“任务驱动”是指以实际工程项目为载体，让学生在完成具体任务的过程中学习知识和技能。例如，韩勇会引入企业真实的工业项目，让学生分组协作，从项目规划、设计到实施，全程参与其中。这种方式使学生能够深刻理解知识的实际应用场景，提高解决实际问题的能力。“场域叠加”则是将企业车间和学校课堂的优势相结合。在教学过程中，韩勇会带领学生到企业车间进行实地教学，让学生亲身体验真实的工作环境和生产流程；同时，在学校课堂上，又通过理论讲解和模拟实验，加深学生对知识的理解。这种场域的叠加，使学生能够在不同的场景中学习和实践，更好地掌握知识和技能。工业案例库建设与实训项目开发密切相关，丰富的工业案例库为实训项目提供了真实的素材，使实训项目更具针对性和实用性。通过小组讨论，大家认为，教师可以根据案例库中的案例，设计出符合学生实际水平和企业需求的实训项目，让学生在实践中不断提高自己的技能水平。

（2）技能竞赛对教学能力的淬炼作用。以全国工业机器人技术应用大赛为例，技能竞赛对师生协同成长起到了显著的促进作用。在备赛过程中，学生需要将所学的理论知识应用到实际操作中，不断提高自己的技能水平和创新能力。教师则需要指导学生进行训练，解决学生在训练过程中遇到的问题，这对教师的教学能力和专业水平提出了更高的要求。赛事标准与课程改革有着紧密的衔接点。赛事标准往往代表了行业的最新技术和发展趋势，将赛事标准融入课程改革，可以使课程内容更加贴近实际需求，提高学生的就业竞争力。例如，在工业机器人技术应用大赛中，对机器人编程、调试和维护等方面有较高的要求，教师可以将这些要求纳入课程教学中，调整教学内容和方法，使学生能够更好地适应行业的发展。通过以赛促教，师生能够共同成长，推动职业教育的发展。

四、终身学习体系下的职业发展延伸

（1）科研创新反哺教学的实践模式。韩勇的横向课题研究搭建起了技术研发与教学资源转化的双向循环桥梁。在技术研发过程中，他不断探索工业领域的前沿技术和创新方法，取得的研究成果能够及时转化为教学资源。例如，他将新的技术理论、工艺方法融入课程内容，使学生接触到行业最新动态。同时，教学过程中积累的学生反馈和实际问题，又为他的科研创新提供了方向。学生在学习中遇到的困惑和难点，促使韩勇进一步深入研究，完善技术方案。这种双向循环促进了教学与科研的共同发展。在学生参与科研项目方面，韩勇会根据学生的兴趣和能力，为他们分配合适的任务。从简单的数据收集、资料整理开始，逐步引导学生参与到实验设计、方案制定等环节，培养他们的科研能力和创新思维，让学生在实践中成长。

（2）职业教育的可持续发展生态。习近平总书记指出“职业教育前途广阔、大有可为”，这为职业教育的发展指明了方向。在“转型之路”访谈录的制作过程中，我们能深刻感受到教师专业成长与产业人才需求之间的协同关系。教师的专业成长是职业教育可持续发展的关键。像韩勇这样从工程师转型而来的“双师型”教师，通过不断学习和实践，提升自己的教学能力和科研水平，能够更好地将产业需求融入教学。他们不仅传授知识和技能，还培养学生的职业素养和创新精神。产业人才需求则为教师的专业成长提供了方向和动力。随着产业的不断升级和发展，对人才的要求也在不断提高。教师需要紧跟产业动态，调整教学内容和方法，以培养出符合产业需求的高素质人才。这种协同关系构建了职业教育的可持续发展生态，使职业教育能够更好地服务于经济社会发展。

教案2　《王庆伟的川西地区教育帮扶：责任与共情》

■教学目标：

（1）理解教育帮扶中的社会责任与文化共情；

（2）掌握需求调研与资源整合的实践方法；

（3）培养服务社会的职业情怀。

■教学重难点：

（1）重点：社会责任感的激发与沟通技巧；

（2）难点：如何在资源匮乏环境中创新帮扶模式。

■教学方法：情景模拟、项目式学习。

■教学准备：

（1）教师：石渠县地理人文资料、王庆伟帮扶案例纪录片；

（2）学生：分组查阅川西地区教育现状。

■教学过程：

1. 情景导入（10分钟）

展示石渠县贫困学生学习环境照片，提问：如果你是教师，如何开展帮扶？

2. 理论讲解（15分钟）

引入“共情-利他理论”，分析社会责任感的心理机制。

3. 模拟调研（25分钟）

分组设计“川西地区教育需求调研问卷”，模拟与当地居民沟通场景（语言、习俗注意事项）。

4. 方案设计（20分钟）

根据调研结果，制定饮水工程与电商培训整合方案，展示并互评。

5. 总结升华（10分钟）

强调教育帮扶的国家战略意义。

■评价方式：

（1）过程性评价：调研问卷设计合理性、模拟沟通表现；

（2）成果性评价：帮扶方案可行性报告。

■教学延伸：

发起“图书捐赠”活动，对接川西地区学校需求。

■文案资料：

王庆伟的教育帮扶：责任与共情

一、教学目标阐释

本课程的教学目标具有明确的指向性和重要的现实意义。

首先，理解教育帮扶中的社会责任与文化共情，旨在让学生认识到在教育帮扶工作中，不仅要承担起对受助地区的责任，更要以同理心去感受和理解川西地区学生的需求与处境。这有助于培养学生的人文关怀精神和社会担当意识。

其次，掌握需求调研与资源整合的实践方法，能使学生具备开展教育帮扶工作的实际操作能力。学生通过学习需求调研，精准把握川西地区教育的实际需求，再将各类资源进行有效整合，为教育帮扶提供有力支持。

最后，培养服务社会的职业情怀，让学生在未来的职业生涯中，能够主动关注社会问题，积极投身公益事业。

当这些教学目标达成后，学生将在思想认识、实践能力和职业素养等方面得到全面提升，为他们未来参与教育帮扶及相关工作 奠定坚实基础。

二、教学重难点剖析

1. 重点内容解析

社会责任感的激发可通过多种方式实现。一方面，引导学生关注川西地区教育现状，了解当地学生面临的困境，如石渠县贫困艰苦的学习环境，从而触动学生内心的责任感。另一方面，组织学生参与相关案例讨论，让他们深刻认识到教育帮扶对川西地区发展的重要意义，进而激发其主动承担社会责任的意识。

沟通的要点在于尊重和理解。尊重当地民众的文化习俗，避免因文化差异产生误解。理解当地民众的思维方式和表达习惯，以真诚、友善的态度进行交流。例如在王庆伟的川西地区教育帮扶案例中，他充分尊重当地文化，与当地居民建立了良好的沟通关系，使得帮扶工作得以顺利开展。这些社会责任感和跨文化沟通技巧，是教育帮扶工作取得成效的关键因素。

2. 难点问题探讨

在资源匮乏环境中创新帮扶模式面临诸多挑战。首先，资源获取困难，资金、物资、师资等都相对短缺，难以满足教育帮扶的多样化需求。其次，当地居民对新的帮扶模式接受度可能不高，传统观念的束缚使得创新模式的推广存在一定阻力。

针对这些挑战，可采取以下策略。一是整合多方资源，与政府、企业、社会组织合作，共同为川西地区教育提供支持。二是结合当地实际情况，开发适合川西地区的特色帮扶项目，如利用当地的自然资源开展实践教学。同时，在创新帮扶模式过程中，可能会遇到技术难题、人才短缺等困难，需要不断探索和解决。

三、教学方法与准备

1. 教学方法介绍

情景模拟是本课程采用的重要教学方法之一。具体方式为，教师通过展示石渠县贫困学生学习环境照片、播放王庆伟帮扶案例纪录片等，为学生营造出逼真的川西地区教育帮扶情境。学生在这样的情景中模拟教师角色开展帮扶工作，如设计调研问卷、与当地居民沟通等。其作用在于让学生身临其境地感受教育帮扶的实际情况，增强他们的责任感和紧迫感。

项目式学习则要求学生以小组为单位，围绕“川西地区教育帮扶”这一项目展开学习。学生需要完成需求调研、方案设计等一系列任务，最终形成“饮水工程”与“电商培训”整合方案。这种方法能培养学生的团队协作能力、问题解决能力和创新思维。选择这两种教学方法，是因为它们能让学生在实践中学习，更好地掌握知识和技能，符合本课程的教学目标。

2. 教学准备说明

教师的准备工作至关重要。教师需收集石渠县地理人文资料，包括当地的风俗习惯、教育现状等，以便为学生提供全面的背景知识。同时，教师还要准备王庆伟帮扶案例纪录片，让学生直观了解教育帮扶的实际过程，目的是为学生的学习提供丰富的素材和参考。

学生需要分组查阅川西地区教育现状，了解当地教育存在的问题和需求。这有助于学生在后续的学习中更有针对性地进行调研和方案设计。在准备过程中，教师要提醒学生注意资料的准确性和可靠性，确保准备工作能为教学活动的顺利开展奠定基础。

四、教学过程展开

（1）情景导入环节。上课伊始，教师打开多媒体设备，一幅幅石渠县贫困学生学习环境的照片呈现在学生眼前。照片中，破旧的教室、简陋的桌椅、缺乏基本教学设备的场景，让学生们不禁发出阵阵惊叹。教师适时提问：“同学们，如果此刻你们是教师，面对这样的学习环境，你们会如何开展帮扶工作呢?”学生们陷入了沉思，有的皱着眉头认真思考，有的则开始小声交流自己的想法。这一环节的设计意图在于通过直观的视觉冲击，引发学生对川西地区教育现状的关注和思考，激发他们的同情心和责任感，为后续的学习奠定情感基础。

（2）理论讲解部分。在学生对川西地区教育帮扶有了初步的感性认识后，教师引入“共情-利他理论”。教师解释道：“共情是指能够设身处地地理解他人的情感和处境，而利他则是在共情的基础上，采取行动帮助他人。”在教育帮扶中，社会责任感的心理机制就源于这种共情-利他的过程。当我们对川西地区学生的困境产生共情时，就会激发内心的利他动机，从而产生帮助他们的责任感。这一理论的应用场景广泛，不仅适用于教育帮扶，在其他公益活动和社会交往中也同样适用。通过理解这一理论，学生能更好地理解自己在教育帮扶中的责任和动力来源。

（3）模拟调研阶段。教师将学生分成若干小组，要求每组设计一份川西地区教育需求调研问卷。在设计问卷前，教师强调问卷要涵盖学校教学设施、师资力量、学生接受教育程度等方面的内容，以全面了解川西地区教育需求。随后，学生进行模拟与当地居民沟通场景的活动。每个小组要模拟与当地居民交流，了解他们对教育的看法和需求。在模拟过程中，教师特别强调语言和习俗注意事项。语言上，要使用礼貌、易懂的语言，避免使用生僻或容易引起误解的词汇；习俗方面，要尊重当地居民的风俗习惯，如见面时的礼仪、禁忌等。整个模拟调研流程为：小组先内部讨论问卷设计，然后进行模拟沟通演练，最后每个小组推选代表进行展示。通过这一阶段的活动，学生能亲身体验调研过程，提高沟通能力和调研技巧。

（4）方案设计步骤。各小组根据模拟调研结果，开始制定饮水工程与电商培训整合方案。在制定方案的过程中，要点在于充分考虑川西地区的实际情况和需求，确保方案的可行性和有效性。例如，饮水工程要考虑当地的水源、地形等因素；电商培训要结合当地的特色产业和居民的接受程度。方案制定完成后，各小组依次进行展示。展示过程中，小组成员要详细介绍方案的内容、目标、实施步骤等。展示结束后，其他小组进行互评，提出优点和不足之处。通过展示和互评，学生能相互学习，完善自己的方案。

（5）总结升华时刻。在课程结尾，教师要强调教育帮扶的国家战略意义。教育帮扶不仅是帮助川西地区学生改善学习条件，更是促进各民族之间的交流、团结和共同发展，是实现中华民族伟大复兴的重要举措。

教师对学生寄予期望，希望他们在未来的学习和生活中，能够牢记社会责任感，积极参与教育帮扶等公益活动，为全面建设社会主义现代化国家，全面推进中华民族伟大复兴而团结奋斗。

五、评价方式说明

（1）过程性评价。过程性评价主要聚焦调研问卷设计合理性和模拟沟通表现。对于调研问卷设计合理性，评价标准包括以下几点：①问题的针对性：问卷问题是否紧密围绕川西地区教育需求，如教学设施、师资力量、学生受教育程度等方面；②问题的逻辑性：各问题之间是否条理清晰、层次分明；③问题的可行性：是否考虑到实际调研中被调查者的接受程度和回答能力。模拟沟通表现的评价标准涵盖：①语言表达是否清晰、流畅、礼貌，避免使用不当词汇；②沟通技巧能否有效引导对方表达观点、获取所需信息；③是否充分尊重当地居民的语言习惯、风俗习惯。过程性评价的作用在于及时反馈学生在学习过程中的表现，帮助他们发现问题、改进方法，提高调研能力和沟通能力，为后续的方案设计奠定基础。

（2）成果性评价。成果性评价以帮扶方案可行性报告为核心。评价要点包括以下几点：①方案的目标明确性，是否清晰阐述了“饮水工程”与“电商培训”整合方案要解决的问题和预期达到的效果；②方案的合理性，是否充分考虑川西地区的地理、经济、文化等实际情况，方案的实施步骤是否具有可操作性；③方案的创新性：是否提出了独特的思路和方法，以应对资源匮乏环境下的教育帮扶挑战；④方案的可持续性：是否考虑到长期的运营和发展，以及对当地教育和经济的持续影响。评价的目的是全面评估学生的学习成果，检验他们是否掌握了需求调研与资源整合的实践方法，能否在资源匮乏环境中创新帮扶模式，为他们的学习和未来的实践提供有价值的参考。

六、教学延伸活动

图书捐赠活动的发起背景源于川西地区教育资源匮乏的现状。在教学过程中，学生们深入了解到川西地区学校图书数量有限、种类单一的现状，难以满足学生的阅读需求和知识拓展。为了进一步改善这一状况，特发起此次活动。对接需求的方式主要是通过与川西地区学校进行沟通，了解他们具体需要的图书类别、数量等信息。可以利用学校官网、社交媒体等渠道发布捐赠信息，吸引更多人参与。同时，组织学生对捐赠的图书进行分类整理，确保符合川西地区学校的实际需求。

此次活动意义重大。一方面，能为川西地区学生提供丰富的阅读资源，拓宽他们的视野，激发学习兴趣。另一方面，能增强学生的社会责任感和公益意识，让他们在实践中体会到帮助他人的快乐。预期通过活动的开展，能为川西地区学校补充大量优质图书，营造良好的阅读氛围，促进川西地区教育事业的发展。

教案3 《张德荣：思政课的“思想力量”》

■教学目标：

（1）掌握案例教学法的设计原则；

（2）理解情感联接在价值观传递中的作用；

（3）提升思政课的吸引力与实效性。

■教学重难点：

（1）重点：案例选择的贴近性与情感共鸣点；

（2）难点：如何将理论转化为学生的价值认同。

■教学方法：微视频制作、案例分析法。

■教学准备：

（1）教师：张德荣教学片段、全国思政课获奖案例库；

（2）学生：分组收集身边的思政教育案例。

■教学过程：

1. 案例赏析（10分钟）

播放张德荣“脱贫攻坚”主题课堂实录，分析其案例选择技巧。

2. 理论讲解（15分钟）

介绍叙事心理学理论，强调故事在价值观传递中的作用。

3. 微视频制作（30分钟）

分组围绕工匠精神主题，编写、拍摄5分钟微视频，展示价值观传递过程。

4. 成果展示（20分钟）

小组展示作品，互评情感共鸣点与理论融合度。

5. 总结升华（10分钟）

强调“小故事大道理”的教学理念，鼓励学生成为生活中的思政课教师。

■评价方式：

（1）过程性评价：微视频脚本创意、团队协作；

（2）成果性评价：微视频感染力与理论深度。

■教学延伸：

开展“我的思政课案例”征集活动，优秀作品纳入校本资源库。

■文案资料：

张德荣：思政课的“思想力量”

一、教学目标阐释

本课程的教学目标具有明确的指向性和重要的现实意义。掌握案例教学法的设计原则，意味着学生能够学会筛选、组织和运用合适的案例来辅助思政课教学，使抽象的理论变得生动具体，增强教学的说服力和可信度。理解情感连接在价值观传递中的作用，能让学生认识到情感因素在思政教育中的关键地位，通过引发情感共鸣，使价值观更易被接受和内化。提升思政课的吸引力与实效性，则是综合前两个目标的最终追求，让思政课不再枯燥乏味，而是充满活力与感染力，真正达到育人的目的。当学生达成这些目标后，他们不仅能在思政课学习中取得更好的效果，还能将所学知识运用到实际生活中，成为思政教育的传播者和践行者。

二、教学重难点分析

教学重点聚焦于案例选择的贴近性与情感共鸣点。贴近性要求案例与学生的生活、社会实际紧密相连，让学生有身临其境之感，从而更容易理解和接受。情感共鸣点则是案例能够触动学生内心的关键，引发他们的情感波动，进而加深对价值观的认同。而教学难点在于如何将理论转化为学生的价值认同。思政课中的理论往往较为抽象，学生理解起来有一定难度，更难以将其转化为自身的价值观念。为突破这些重难点，教师需要深入了解学生的需求和兴趣，精心挑选案例，同时采用多样化的教学方法，引导学生积极参与讨论和实践，让他们在亲身体验中实现理论与价值认同的对接。

三、教学方法与准备介绍

（1）教学方法说明。微视频制作和案例分析法在思政课教学中各有独特的特点和显著的优势。微视频制作具有直观性、趣味性和灵活性的特点。它能够将文字、图像、声音等多种元素融合在一起，以生动形象的方式呈现教学内容，极大地激发学生的学习兴趣。而且，微视频可以根据教学需要进行剪辑和调整，方便教师灵活运用，其优势在于能够突破时间和空间的限制，让学生随时随地进行学习。在教学中，教师可以引导学生围绕特定主题编写脚本、拍摄和制作微视频，使学生在实践过程中加深对知识的理解和掌握。案例分析法的特点是具有真实性和启发性。通过实际案例，学生能够更直观地感受理论在现实中的应用，从而更好地理解抽象的思政理论。其优势在于能够培养学生的分析问题和解决问题的能力。教师在教学中可以选取具有代表性的案例，引导学生进行分析和讨论，让学生在思考中提高自己的思维能力。

（2）教学准备情况。教师准备张德荣老师教学片段，目的是为学生提供一个优秀的思政课教学范例。张德荣的教学片段具有很高的教学价值，其案例选择、教学方法运用等方面都值得学生学习和借鉴。通过观看这些片段，学生能够直观地感受到优秀思政课的魅力，从而明确自己的学习方向。全国思政课获奖案例库则为教学提供了丰富的资源。这些案例涵盖了各种主题和教学方法，教师可以从中挑选适合的案例用于教学，拓宽学生的视野，让学生了解到不同的教学思路和方法。分组收集身边的思政教育案例，能够让学生更加关注身边的思政教育现象，增强他们的观察能力和思考能力。同时，这些案例来自学生的生活实际，更具有贴近性和说服力，能够更好地引发学生的情感共鸣，提高教学效果。

四、教学过程详细展开

（1）案例赏析环节。在课程伊始，我们将播放张德荣“脱贫攻坚”主题课堂实录。张德荣老师在案例选择上展现出了卓越的技巧。首先是案例的真实性。他所选取的脱贫攻坚案例均源自真实的乡村和贫困家庭，这些真实发生的故事让学生能够切实感受到脱贫工作的艰辛与伟大。其次是针对性。案例紧密围绕思政课的教学目标，精准地传达了脱贫攻坚背后所蕴含的奋斗精神、社会责任等价值观。再者是时效性。脱贫攻坚曾经是社会的热点话题，选用这样的案例能够让学生紧跟时代步伐，增强对社会现实的关注。赏析这一案例对后续教学起到了良好的引导作用，它为学生树立了案例教学的典范，让学生明白一个好的案例应具备哪些要素，同时也激发了学生对思政课案例教学的兴趣，为后续的理论讲解和实践活动奠定了基础。

（2）理论讲解环节。接下来进入理论讲解环节，教师将介绍“叙事心理学”理论。“叙事心理学”是一种关注人类如何通过故事来理解和构建自身经验的心理学理论。其原理在于，人类天生就有讲述和倾听故事的本能，故事能够承载情感、价值观和意义。在思政课中，运用“叙事心理学”理论，通过讲述生动的故事，可以将抽象的价值观以一种更易理解和接受的方式传递给学生。故事具有强大的感染力，能够引发学生的情感共鸣，使他们更容易记住和认同其中所蕴含的价值观。这一理论与案例教学密切相关，案例本身就是一个个生动的故事，通过“叙事心理学”理论的指导，能够更好地发挥案例在思政课中的作用，让案例教学更加富有成效。

（3）微视频制作环节。进入微视频制作环节，学生将分组围绕“工匠精神”主题编写、拍摄5分钟微视频。首先是脚本创作。脚本是微视频的蓝图，它要清晰地阐述工匠精神的内涵。学生需要确定视频的主题、情节和角色，通过生动的故事来展现工匠精神。在情节设计上，可以选取一些具有代表性的工匠人物或事件，如传统手工艺人的坚守、现代科技领域的创新等。同时，要注意脚本的逻辑性和连贯性，确保故事能够吸引观众的注意力。其次，拍摄技巧也至关重要。在拍摄过程中，要注意画面的稳定性和清晰度，运用不同的拍摄角度和镜头语言来增强视频的表现力。例如，特写镜头可以突出工匠的专注神情和精湛技艺，全景镜头则可以展示工作环境和团队协作。此外，光线的运用也会影响视频的效果，要根据拍摄场景合理调整光线，营造出合适的氛围。在整个微视频制作过程中，团队协作不可或缺。每个成员都有自己的专长，有人擅长脚本创作，有人精通拍摄技巧，有人善于后期制作。大家需要相互沟通、相互配合，充分发挥各自的优势，共同完成微视频的制作。只有通过团队的力量，才能制作出高质量的微视频，更好地展示“工匠精神”的魅力。

（4）成果展示环节。各小组依次展示他们围绕“工匠精神”主题制作的微视频。在展示过程中，我们可以看到每个小组都发挥了自己的创意和团队协作精神。有的小组通过讲述一位老工匠几十年如一日坚守传统技艺的故事，展现了工匠精神的执着与传承；有的小组则聚焦现代科技领域的创新团队，体现了工匠精神在新时代的发展与突破。在互评环节，情感共鸣点与理论融合度是重要的评价标准。情感共鸣点要求视频能够触动观众的内心，引发他们对工匠精神的情感认同。一个好的微视频应该能够让观众感受到工匠们的热情、专注和坚持，从而产生共鸣。理论融合度则考察视频是否能够将工匠精神的理论知识与具体案例有机结合。只有将理论融入生动的故事，才能让观众更好地理解和接受工匠精神的内涵。展示过程中也存在一些亮点和不足。亮点在于各小组的创意丰富，视频形式多样，能够从不同角度展现工匠精神。但也存在一些不足之处，比如部分视频的画面质量有待提高，故事的讲述不够流畅等。通过互评，各小组可以相互学习，取长补短，为今后的学习和实践积累经验。

（5）总结升华环节。在课程的最后，我们要强调“小故事大道理”的教学理念。一个个生动的故事，无论是张德荣老师课堂上的脱贫攻坚案例，还是同学们制作的工匠精神微视频，都蕴含着深刻的思政道理。这些故事就像一颗颗种子，能够在学生心中生根发芽，引导他们树立正确的价值观。我们鼓励学生成为生活中的思政课教师。在日常生活中，学生要善于发现身边的思政案例，用故事的形式将其中的道理传递给他人。通过这种方式，不仅能够加深自己对思政知识的理解和掌握，还能让更多的人受到思政教育的熏陶。总结升华环节对学生价值观的形成具有重要的影响，它能够让学生将课堂所学内化为自己的行为准则，在今后的学习和生活中践行正确的价值观。

五、评价方式介绍与教学延伸活动

（1）评价方式介绍。在本次思政课教学中，评价方式分为过程性评价和成果性评价。过程性评价关注微视频脚本创意和团队协作。对于微视频脚本创意，评价指标包括故事的新颖性、情节的合理性以及对工匠精神主题的独特诠释。评价方法可采用小组自评、互评和教师评价相结合的方式，通过打分和提出具体建议的方式，全面评估脚本的创意水平。团队协作方面，评价指标涵盖成员间的沟通效率、分工合理性以及相互支持的程度。教师可通过观察小组讨论、制作过程中的表现进行评价，确保每个成员都能积极参与到项目中。成果性评价聚焦微视频的感染力与理论深度。感染力的评价指标有画面的吸引力、情感的传递效果等，可通过学生的观看反馈和情感共鸣程度来衡量。理论深度则考察视频对工匠精神理论的准确解读和深度挖掘，由教师依据专业知识进行评判。

（2）教学延伸活动。开展“我的思政课案例”征集活动具有重要的目的和意义。该活动旨在鼓励学生进一步关注身边的思政教育素材，培养他们的观察能力和思考能力。通过收集和整理自己的思政课案例，学生能够更加深入地理解思政理论，并将其与实际生活紧密联系起来。同时，这也为学生提供了一个展示自我的平台，激发他们的创作热情。将优秀作品纳入校本资源库，能够丰富学校的思政教学资源，为后续的教学提供更多生动、真实的案例，促进思政教育的不断发展和创新。

教案 4　《陈永宁：从地震幸存者到设计师的韧性之路》

■教学目标：

（1）掌握心理韧性的培养策略；

（2）学会目标设定与资源整合方法；

（3）培养乐观主义与感恩心态。

■教学重难点：

（1）重点：逆境中的资源识别与抗挫能力；

（2）难点：将挫折转化为成长动力的具体方法。

■教学方法：思维导图、心理情景剧。

■教学准备：

（1）教师：陈永宁事迹纪录片、心理韧性量表（CD-RISC）；

（2）学生：提前思考个人经历中的挫折事件。

■教学过程：

1. 情景导入（10 分钟）

播放陈永宁在轮椅上创作的视频，提问："他的哪些品质最打动你？"

2. 理论讲解（15 分钟）

引入"心理韧性模型"（resilience model），分析保护因素与风险因素。

3. 思维导图（25 分钟）

绘制"逆境-资源"思维导图，标注个人挫折事件中的家庭、社会、个人资源。

4. 抗挫计划（20 分钟）

制订"我的抗挫计划"，包含短期目标（如克服拖延）与长期目标（如职业规划）。

5. 总结升华（10 分钟）

引用尼采"杀不死我的使我更强大"，强调心理韧性的终身价值。

■评价方式：

（1）过程性评价：思维导图完整性、计划可行性；

（2）成果性评价：抗挫计划执行情况跟踪。

■教学延伸：

开展"逆境中的成长"主题征文比赛，优秀作品在校刊发表。

■文案资料：

陈永宁：从地震幸存者到设计师的韧性之路

一、教学目标阐述

本次课程设定了三个明确的教学目标。其一，让学生掌握心理韧性的培养策略，使学生在面对生活中的困难与挫折时，能够保持积极的心态，提升心理承受能力。其二，学会目标设定与资源整合方法，学生可以依据自身情况合理规划目标，并有效整合身边的资源，为实现目标奠定基础。其三，培养乐观主义与感恩心态，让学生以乐观的视角看待事物，珍惜所拥有的一切。达成这些目标，有助于学生提升综合素质，更好地应对未来的挑战，在人生道路上走得更加稳健。

二、教学重难点剖析

（1）重点内容解析。逆境中的资源识别与抗挫能力是本次教学的重点。资源识别要点在于引导学生从多个维度去发现身边的支持，如家庭资源中的情感关怀与经济支撑，社会资源里的朋友帮助、社区援助，个人资源方面的知识技能、性格优势等。抗挫能力则体现在面对挫折时的情绪调节、问题解决能力。学生需学会在逆境中保持冷静，分析问题本质，寻找解决办法。在教学中，这一重点内容至关重要。它能让学生在遭遇困境时，不再孤立无援，而是主动挖掘身边的资源，增强应对挫折的底气，培养坚韧不拔的品质，为未来的学习和生活奠定坚实的心理基础。

（2）难点内容攻克。将挫折转化为成长动力是教学的难点。具体方法包括引导学生改变看待挫折的视角，把挫折视为成长的契机，从中吸取经验教训；鼓励学生设定新的目标，将挫折带来的压力转化为前进的动力；让学生与他人分享挫折经历，从他人的反馈中获得启发。为解决这一难点，教师可以结合陈永宁的事迹，让学生直观感受挫折后的蜕变；组织小组讨论，让学生在交流中碰撞出思维的火花；通过实际案例分析，帮助学生掌握转化的技巧，逐步提升将挫折转化为成长动力的能力。

三、教学方法与准备介绍

（1）教学方法说明。在本次教学中，思维导图和心理情景剧是两种重要的教学方法。思维导图的应用方式：首先，教师引导学生回顾陈永宁的事迹，让学生思考其中涉及的逆境与资源要素。其次，学生以个人挫折事件为中心，绘制“逆境-资源”思维导图，将家庭、社会、个人资源等分支逐步展开标注。这种方法能帮助学生直观地梳理思路，清晰呈现资源与逆境的关系。心理情景剧则是让学生分组，根据陈永宁的故事或自身经历编排剧本并表演。在表演过程中，学生深入体会角色的心理变化和应对方式。思维导图的优势在于培养学生的逻辑思维和归纳总结能力，心理情景剧能增强学生的情感体验和同理心，使学生更深刻地理解心理韧性的内涵。

（2）教学准备情况。教师的教学准备内容包括准备陈永宁事迹纪录片，用于在课堂上播放，让学生直观了解其经历；准备心理韧性量表（CD-RISC），用于评估学生的心理韧性水平。学生需要提前思考个人经历中的挫折事件，以便在课堂上更好地参与讨论和活动。教师准备纪录片是为了让学生有更直观的感受，量表则有助于了解学生的心理状况。学生提前思考挫折事件，能使他们更快地融入课堂，更深入地理解教学内容，为后续的学习和实践做好铺垫。

四、教学过程展开

（1）情景导入环节。课程伊始，教师打开多媒体设备，播放陈永宁在轮椅上专注创作的视频。视频中，陈永宁虽身处轮椅，行动受限，但眼神中仍透露出坚定与执着，双手灵活地在设计图纸上勾勒线条，每一笔都饱含着对生活的热爱和对梦想的追求。视频播放结束后，教师微笑着向学生提问："同学们，看完这段视频，陈永宁的哪些品质最打动你呢？"一时间，教室里热闹起来，学生们纷纷举手发言，有的说被他的坚强打动，有的认为他的坚持令人钦佩。这一导入环节，通过直观的视频展示，迅速吸引了学生的注意力，激发了他们的学习兴趣，为后续教学内容的展开奠定了良好的情感基础。

（2）理论讲解环节。在学生对陈永宁的事迹有了初步感受后，教师引入"心理韧性模型"（resilience model）。教师在黑板上写下模型的主要内容，详细分析其中的保护因素和风险因素。保护因素包括个人的积极心态、良好的人际关系、丰富的知识技能等，这些因素能帮助个体在面对逆境时保持稳定，增强心理韧性。而风险因素如重大挫折、长期压力、不良环境等，可能会削弱个体的心理防线。例如，一个拥有积极心态和良好家庭支持的人，在遇到困难时更有可能迅速调整状态，克服困难；相反，长期处于压力环境且缺乏支持的人，心理韧性可能会逐渐降低。引入这个模型，能让学生从理论层面理解心理韧性的形成机制，为后续的实践活动提供理论指导。

(3) 思维导图环节。教师首先向学生说明绘制“逆境-资源”思维导图的步骤。第一步，让学生在白纸的中央写下自己经历过的挫折事件，如考试失利、与朋友闹矛盾等。第二步，引导学生从家庭、社会、个人三个方面去思考相关资源。家庭资源包括父母的鼓励、经济支持等；社会资源包括老师的指导、同学的帮助等；个人资源包括自身的特长、兴趣爱好等。第三步，用线条将挫折事件与对应的资源链接起来，形成清晰的脉络。在绘制过程中，教师不断巡视，给予学生指导和建议。标注资源的重要性在于，它能让学生清晰地看到自己在面对挫折时并非孤立无援，身边有许多可以利用的资源，从而增强应对挫折的信心和能力。

(4) 抗挫计划环节。制订“我的抗挫计划”是本环节的核心内容。教师引导学生思考短期目标和长期目标。短期目标可以是一些具体的、容易实现的小目标，如克服拖延，每天按时完成作业；长期目标则与学生的未来发展相关，如职业规划，明确自己想要从事的职业方向。学生们认真思考，在纸上写下自己的计划。有的学生计划在一个月内改掉拖延的习惯，有的学生希望通过努力学习，成为一名优秀的设计师。制订抗挫计划的意义在于，让学生有明确的目标和方向，将抽象的心理韧性转化为具体的行动，在实现目标的过程中不断提升自己的抗挫能力。

(5) 总结升华环节。课程接近尾声，教师引用尼采的名言“杀不死我的使我更强大”。教师深情地说：“同学们，尼采的这句话告诉我们，每一次挫折都是一次成长的机会。就像陈永宁，他在地震的灾难中幸存下来，却没有被挫折打倒，反而变得更加坚强。心理韧性是我们一生都需要具备的品质，它能让我们在面对生活的风风雨雨时，始终保持乐观和坚强。今天，我们学习了心理韧性的培养策略，制订了抗挫计划，希望大家在今后的生活中，不断提升自己的心理韧性，让自己的人生更加精彩。”教师通过引用名言，强调了心理韧性的终身价值，同时也对本次教学内容进行了总结，让学生在情感上得到升华。

五、评价方式说明

(1) 过程性评价。过程性评价主要关注思维导图完整性和计划可行性。思维导图完整性方面，评价标准包括是否清晰列出挫折事件，家庭、社会、个人资源标注是否全面，各资源与挫折事件的关联是否合理。计划可行性则看短期目标是否具体、可操作，长期目标是否符合自身实际和发展方向，且短期目标与长期目标是否具有连贯性。通过过程性评价，教师能及时了解学生对知识的掌握和运用情况，发现问题并给予指导，促进学生更好地完成学习任务。

（2）成果性评价。成果性评价聚焦于抗挫计划执行情况跟踪。跟踪方式有定期检查学生的计划进展记录，组织小组交流分享执行情况，教师与学生进行个别访谈等。通过这些方式，教师能全面了解学生在执行计划过程中遇到的困难和取得的成果。成果性评价的意义在于检验学生是否真正将所学知识转化为实际行动，提升抗挫能力，同时也为后续教学调整提供依据，确保教学目标的有效达成。

六、教学延伸安排

为进一步巩固课堂所学，深化学生对心理韧性的理解，我们将开展“逆境中的成长”主题征文比赛。教师先在课堂上详细说明征文的主题、要求、字数和截止日期，鼓励学生结合自身经历或陈永宁事迹，书写逆境中的感悟与成长。学生完成征文后，教师组织由师生共同组成的评审小组进行评选。评选出的优秀作品将在校刊发表，这不仅是对学生写作能力的肯定，更能激励更多学生分享自己的故事，让更多人从他们的经历中汲取力量，营造积极向上的校园氛围。

教案 5　《王民友：从“背包客”到企业家的创业精神》

■教学目标：

（1）理解创新思维与商业价值的结合；

（2）掌握创业资源整合与风险评估方法；

（3）培养社会责任感与企业家精神。

■教学重难点：

（1）重点：创业机会识别与商业模式设计；

（2）难点：如何平衡商业利益与社会价值。

■教学方法：商业模拟、案例分析法。

■教学准备：

（1）教师：王民友创业路演视频、“袋鼠找机”商业模式分析表；

（2）学生：分组调研校园二手市场需求。

■教学过程：

1. 案例导入（10 分钟）

播放王民友获创新创业大赛金奖片段，提问：“他的商业模式创新点在哪里?”

2. 理论讲解（15 分钟）

引入“LEAN 创业方法论”，解析需求验证与资源整合步骤。

3. 商业模拟（30 分钟）

分组设计“校园二手市场”创业方案，包含市场定位、盈利模式、社会责任模块。

4. 路演展示（20 分钟）

小组进行 5 分钟路演，评委（教师 + 学生代表）从创新性、可行性、社会价值评分。

5. 总结升华（10 分钟）

强调“创新是引领发展的第一动力”，鼓励学生关注社会痛点。

■评价方式：

（1）过程性评价：商业计划书完整性、路演表现；

（2）成果性评价：方案创新性与社会价值评分。

■教学延伸：

对接学校创业孵化基地，支持优秀方案落地实践。

■文案资料：

王民友：从“背包客”到企业家的创业精神剖析

一、教学目标阐述

（1）创新思维与商业价值结合。创新思维与商业价值的结合，是指将独特新颖的思维方式融入商业活动，以创造更高的经济价值和竞争优势。在当今竞争激烈的商业环境中，这种结合至关重要。它能帮助企业突破传统模式的束缚，开发出更具吸引力的产品或服务，满足市场的多样化需求，从而在市场中脱颖而出。要实现创新思维与商业价值的结合，首先需要培养敏锐的市场洞察力，及时发现潜在的商业机会。其次，鼓励团队成员进行头脑风暴，激发创新灵感。还可以与外部机构合作，引入新的技术和理念。例如，一些科技公司通过创新的算法和大数据分析，为客户提供个性化的服务，不仅提升了客户满意度，还增加了企业的收益。

（2）创业资源整合与风险评估。创业资源整合是指创业者对各种资源进行识别、获取、配置和利用的过程，以实现创业目标。其流程包括：首先，对自身拥有的资源进行盘点，明确优势和不足；其次，通过市场调研、人脉拓展等方式，寻找外部可用资源；最后，将内外部资源进行合理配置，发挥最大效益。风险评估则是对创业过程中可能遇到的风险进行识别、分析和评估。风险评估方法分为定性评估和定量评估。定性评估主要通过经验判断和专家意见，确定风险的性质和影响程度；定量评估则运用数学模型和统计方法，对风险进行量化分析。以王民友的创业为例，他在创业初期，整合了资金、技术、人才等资源，同时对市场风险、竞争风险等进行了评估。通过合理的资源整合和有效的风险控制，他的企业得以稳步发展。

（3）社会责任感与企业家精神培养。内涵与意义：社会责任感是企业家对社会应尽的义务和责任，企业家精神则体现为创新、冒险、合作等品质。具有社会责任感的企业家，不仅关注企业的经济效益，还注重社会效益，能为社会创造更多的价值。培养方式：一是通过教育引导，让企业家了解社会问题，增强社会责任感。例如，组织企业家参加公益活动，让他们亲身体验社会需求。二是建立激励机制，对具有社会责任感的企业家进行表彰和奖励，激发他们的积极性。三是营造良好的社会氛围，倡导企业家承担社会责任，形成良好的社会风气。

二、教学重难点解析

（1）创业机会识别与商业模式设计。创业机会识别是创业成功的关键一步。识别创业机会的方法有多种，比如观察市场趋势，关注消费者需求的变化，从行业变革中寻找机会；还可以借鉴成功案例，分析其创新点，从中获取灵感。商业模式设计则包含多个要素，如价值主张，即企业为客户提供的独特价值；客户细分，明确目标客户群体；渠道通路，确定产品或服务到达客户的途径；收入来源，规划企业的盈利方式等。以王民友为例，他在创业过程中，敏锐地观察到市场需求，发现了潜在的创业机会。他通过创新的商业模式，整合资源，为客户提供了有价值的产品或服务。他的价值主张明确，针对特定的客户群体，采用合适的渠道推广产品，从而实现了盈利。他的成功经验告诉我们，准确识别创业机会，并设计出合理的商业模式，是创业成功的重要保障。

（2）平衡商业利益与社会价值。平衡商业利益与社会价值是一个复杂的过程，企业需要根据自身情况，制定合适的策略，以实现可持续发展。商业利益与社会价值的平衡，见表 A-1。

表 A-1 商业利益与社会价值的平衡

做法	难点	策略	案例
只注重商业利益	忽视社会价值可能导致企业形象受损，失去消费者信任，长期来看影响企业发展	加强社会责任意识，制定社会责任战略，将社会价值纳入企业目标	某些企业为追求利润过度开采资源，引发社会不满
只注重社会价值	可能面临资金短缺、运营困难等问题，难以维持企业生存	寻找商业与社会价值的结合点，通过创新商业模式实现双赢	一些公益组织因缺乏盈利模式难以持续运营
平衡两者	需要在不同利益间找到平衡点，决策难度大	建立评估体系，综合考量商业与社会价值；加强与利益相关者沟通	王民友的企业在追求商业利益的同时，关注环保问题，推出环保问题，推出环保产品，获得了经济效益和社会效益双丰收

三、教学方法与准备说明

（1）教学方法介绍。商业模拟和案例分析法是本次教学中采用的两种重要方法。商业模拟具有高度的实践性和互动性，它能让学生身临其境地体验创业过程，在模拟的商业环境中做出决策、应对挑战，从而增强学生的实际操作能力和应变能力。通过商业模拟，学生可以更深刻地理解创业的各个环节，如市场定位、资源整合、风险评估等。案例分析法则以实际案例为基础，具有很强的针对性和启发性。通过分析王民友等成功创业者的案例，学生可以直观地了解创业机会识别、商业模式设计等关键要素，学习到实际的创业经验和策略。在教学中，商业模拟将以分组设计“校园二手市场”创业方案的形式展开，让学生在实践中运用所学知识。案例分析法则贯穿整个教学过程，通过播放王民友创业路演视频、分析“袋鼠找机”商业模式等，引导学生思考和讨论，加深对教学内容的理解。

（2）教学准备情况。教师准备：教师准备了王民友创业路演视频和“袋鼠找机”商业模式分析表。播放王民友创业路演视频，目的是让学生直观感受创业者的风采和创业项目的魅力，激发学生的学习兴趣和创业热情。“袋鼠找机”商业模式分析表则为学生提供了一个具体的分析案例，帮助学生深入理解商业模式设计的要素和方法，引导学生思考如何进行创业机会识别和商业模式创新。学生准备：学生需要分组调研校园二手市场需求。这一准备工作的目的是让学生了解市场实际情况，培养学生的市场调研能力和团队协作能力。通过调研，学生可以发现校园二手市场的潜在机会和问题，为后续的商业模拟和创业方案设计提供依据。

四、教学过程展开

（1）案例导入。在课程开始时，教师播放王民友获创新创业大赛金奖的精彩片段。视频中，王民友自信且富有激情地阐述着他的创业项目，展示着独特的商业模式和创新理念，现场观众的热烈掌声和评委的高度评价，都彰显着这个项目的卓越。

播放结束后，教师提出问题："他的商业模式创新点在哪里？"引导学生从市场定位、产品或服务特色、盈利方式等方面去思考；鼓励学生关注王民友是如何发现市场需求，以及怎样通过创新的方式满足这些需求；让学生意识到创新不仅仅是技术上的突破，还可以体现在商业模式的设计上，从而激发学生对创业创新的兴趣和思考。

（2）理论讲解。教师接下来引入"LEAN 创业方法论"。这一方法论强调快速验证、迭代和学习，以最小的成本和最快的速度验证创业想法的可行性。需求验证步骤包括：①通过市场调研、用户访谈等方式，了解潜在客户的需求和痛点。例如，一家在线教育创业公司，通过与学生和家长交流，发现他们对个性化学习方案的需求。②制作最小可行产品（MVP），即具备核心功能的简单产品，投放市场进行测试。如该教育公司开发了一个简易的在线学习平台，让部分用户试用。③收集用户反馈，根据反馈调整产品。资源整合步骤：①明确创业所需的资源，如资金、技术、人才等。②评估自身拥有的资源，寻找资源缺口。③通过合作、融资等方式获取外部资源。比如，一家科技创业公司与高校科研团队合作，获取技术支持，通过天使投资获得资金。

（3）商业模拟。学生分组设计"校园二手市场"创业方案，具体要求和流程如下：①分组：教师将学生分成若干小组，每组人数适中，确保每个学生都能充分参与。②市场定位模块：要求小组明确目标客户群体，如大一新生、毕业生等；分析目标客户的需求特点，如新生可能需要购买低价实用的学习用品，毕业生可能希望出售闲置的书籍和电子产品。③盈利模式模块：思考多种盈利方式，如收取交易手续费、提供增值服务（如物品鉴定、清洗等）。小组要详细说明每种盈利方式的可行性和预期收益。④社会责任模块：鼓励小组考虑如何在创业过程中承担社会责任，如减少资源浪费、促进校园环保等。可以提出具体的措施，如开展环保宣传活动、建立二手物品回收机制。⑤方案撰写：各小组根据以上模块，撰写详细的创业方案，包括市场分析、产品或服务设计、营销策略等内容。⑥讨论与完善：小组内部进行讨论，对方案进行修改和完善，确保方案的可行性和创新性。

（4）路演展示。路演展示规则为每个小组有5分钟的时间进行展示，要清晰、简洁地阐述创业方案的核心内容。评分标准从创新性、可行性、社会价值三个方面进行考量。创新性主要看方案是否有独特的想法和新颖的商业模式；可行性主要看方案在实际操作中的可实现性，包括资源获取、市场竞争等方面；社会价值主要看方案对社会和校园环境的积极影响。评委由教师和学生代表组成。教师具有丰富的专业知识和教学经验，能够从专业角度进行评价。学生代表则能从学生的视角出发，提供更贴近实际的意见。评分方式为评委根据评分标准进行打分，最后取平均分作为小组的最终成绩。

（5）总结升华。“创新是引领发展的第一动力”，在当今社会，创新对于个人、企业和国家的发展都至关重要。王民友的创业成功正是创新的典范，他通过创新的商业模式，实现了商业价值和社会价值的双赢。在本次课程中，我们学习了创业的相关知识和方法，希望同学们能够将这些知识运用到实际中。同时，鼓励大家关注社会痛点，因为社会痛点往往隐藏着巨大的创业机会。通过创业创新，不仅可以实现个人的价值，还能为社会做出贡献，推动社会的进步和发展。

五、评价方式与教学延伸说明

对接学校创业孵化基地，目的在于为学生提供更专业的创业指导和资源支持，助力优秀创业方案从理论走向实践。学校创业孵化基地拥有专业的导师团队、完善的硬件设施和丰富的创业资源。方式上，学校会组织筛选活动，挑选出具有潜力的优秀方案进入孵化基地。支持优秀方案落地实践意义重大，不仅能让学生将所学知识转化为实际成果，实现个人价值，还能为校园和社会创造更多价值。学校会为入选方案提供资金支持、场地保障和技术指导等措施，帮助学生克服创业初期的困难，推动创业项目顺利开展。评价方式，见表A-2。

表 A-2　评价方式

评价类型	具体内容	评价标准
过程性评价	商业计划书完整性、路演表现	商业计划书需涵盖市场定位、盈利模式、社会责任等模块，内容完整、逻辑清晰；路演表现要求表达流畅、方案展示清晰、能有效回答问题
成果性评价	方案创新性与社会价值评分	创新性看方案是否有独特的商业模式和新颖的想法；社会价值考量方案对社会和校园环境的积极影响，如减少资源浪费、促进环保等

教案 6　《陶沙沙：技能竞赛中的工匠精神》

■教学目标：

（1）理解工匠精神的内涵与实践要求；

（2）掌握技能训练中的精益求精态度；

（3）培养职业荣誉感与专注度。

■教学重难点：

（1）重点：工匠精神的核心要素（专注、创新、执着）；

（2）难点：如何将工匠精神融入日常学习。

■教学方法：技能挑战赛、反思日志。

■教学准备：

（1）教师：陶沙沙技能竞赛视频、零件精度检测工具；

（2）学生：分组练习零件测量与装配。

■教学过程：

1. 情景导入（10 分钟）

展示陶沙沙指导学生参赛的场景，提问："技能竞赛需要哪些素质?"

2. 理论讲解（15 分钟）

结合"刻意练习理论"（Deliberate Practice），解析工匠精神的培养路径。

3. 精度挑战赛（30 分钟）

分组进行螺栓装配精度比赛，要求误差≤0.1mm，记录操作过程与反思。

4. 反思分享（20 分钟）

分享挑战中的困难与改进方法，讨论工匠精神对个人成长的意义。

5. 总结升华（10 分钟）

引用《大国工匠》纪录片金句，强调技能报国的时代价值。

■评价方式：

（1）过程性评价：操作规范性、误差控制水平；

（2）成果性评价：反思日志深度与改进计划。

■教学延伸：

开展“工匠精神”主题摄影比赛，捕捉校园技能训练瞬间。

■文案资料：

陶沙沙：技能竞赛中的工匠精神

一、教学目标阐述

本次课程的教学目标主要有三个方面。其一，让学生理解工匠精神的内涵与实践要求，使学生明白工匠精神并非抽象概念，而是有着具体的行为准则和价值导向。其二，帮助学生掌握技能训练中的精益求精态度，在实际操作中追求极致的精准度。其三，培养学生的职业荣誉感与专注度，让学生对未来的职业有更积极的认知和投入。设定这些目标意义重大，能让学生在技能学习中领悟工匠精神的精髓，为其未来的职业发展奠定坚实基础，使其成为具备专业技能和高尚职业精神的人才。

二、教学重难点剖析

（1）重点内容解析。工匠精神的核心要素包含专注、创新、执着。专注是指全身心投入到技能学习和实践中，心无旁骛。就像陶沙沙在指导学生参赛时，专注于每个细节，不放过任何一个可能影响比赛结果的因素，这种专注让学生能在竞赛中发挥出最佳水平。创新则是在传统技能的基础上，不断探索新方法、新技巧。例如在技能竞赛中，选手们突破常规，采用新颖的工艺解决问题，从而取得优势。执着体现为面对困难和挫折时，坚持不懈地追求目标。陶沙沙和她的学生们在备赛过程中，即便遇到重重困难，也从未放弃，最终在竞赛中斩获佳绩。这些核心要素相互关联，共同构成了工匠精神的重要内涵，是技能竞赛取得成功的关键。

（2）难点突破探讨。将工匠精神融入日常学习存在一定困难。一方面，学生可能缺乏对工匠精神的深刻理解，难以将抽象的精神转化为具体的学习行为。另一方面，学生日常学习任务繁重，容易陷入机械性的学习，忽略了精益求精的态度。为突破这些难点，首先要加强理论教育，通过案例分析、视频展示等方式，让学生深入理解工匠精神的内涵。其次，设计实践活动，如技能小挑战、小组合作项目等，让学生在实践中体会工匠精神的重要性。此外，教师要发挥引导作用，及时给予学生反馈和鼓励，帮助学生养成良好的学习习惯，逐步将工匠精神融入日常学习。

三、教学方法与准备介绍

（1）教学方法说明。技能挑战赛和反思日志是本次课程采用的两种重要教学方法。技能挑战赛的作用在于激发学生的竞争意识和实践能力。通过分组进行螺栓装配精度比赛，学生能在实际操作中锻炼技能，体会精益求精的重要性。实施时，教师提前设定比赛规则，要求误差≤0.1mm，组织学生分组参赛，并记录操作过程。反思日志则有助于学生总结经验、发现问题。学生在比赛后记录自己的操作过程、遇到的困难及改进方法，能加深对工匠精神的理解。教师定期检查日志，给予反馈和指导，促进学生不断进步。

（2）教学准备情况。教师为本次课程做了充分准备。教师准备了陶沙沙技能竞赛视频，用于情景导入，让学生直观感受技能竞赛的氛围和要求，激发学习兴趣。教师还准备了零件精度检测工具，在精度挑战赛中用于检测学生的操作精度，确保比赛的公平公正。学生需分组练习零件测量与装配，提前熟悉操作流程和技能要求，为比赛做好准备。这些准备工作为课程的顺利开展和教学目标的实现奠定了基础。

四、教学过程展开

（1）情景导入环节。课程伊始，教师通过多媒体设备展示陶沙沙指导学生参赛的场景。画面中，陶沙沙专注地为学生讲解操作要点，学生们全神贯注地聆听并认真操作。展示结束后，教师提问："技能竞赛需要哪些素质？"此问题旨在引导学生思考技能竞赛所需的能力和品质，激发学生的学习兴趣和好奇心，让学生带着问题进入后续的学习，为理解工匠精神的内涵做好铺垫。

（2）理论讲解阶段。结合"刻意练习理论"，工匠精神的培养路径可从以下方面解析。①明确目标。就像在技能竞赛中，选手要清楚自己要达到的精度、速度等具体目标，这是培养工匠精神的基础。②针对性训练。学生要针对目标进行有计划、有目的的练习，不断改进和提高技能水平。

例如，在螺栓装配中，反复练习以提高装配精度。③及时反馈。在练习过程中，学生要通过教师指导、自我反思等方式获取反馈，发现问题并及时调整。④持续坚持。工匠精神的培养并非一蹴而就，学生需要长期的坚持和努力，不断挑战自我，追求卓越。

（3）精度挑战赛活动。分组进行螺栓装配精度比赛时，教师将学生分成若干小组，每组推选一名组长。比赛规则明确，要求每个小组完成螺栓装配任务，且误差必须≤0.1mm。在比赛过程中，学生需严格按照操作规范进行装配，使用教师提供的零件精度检测工具进行自我检测。每个小组要详细记录操作过程，包括装配步骤、遇到的问题及解决方法。比赛结束后，各小组要进行反思，分析在比赛中出现误差的原因，以及如何改进。记录反思可采用文字描述、图表分析等方式，以便更清晰地呈现问题和改进思路。通过这种方式，可以让学生在实践中体会精益求精的重要性。

（4）反思分享交流。在反思分享环节，各小组代表依次上台分享挑战中的困难与改进方法。有的小组提到在装配过程中难以控制螺栓的垂直度，导致误差较大，通过调整工具使用方法和增加辅助定位装置解决了问题。有的小组则分享了团队协作方面的经验，通过明确分工、互相配合提高了工作效率。随后，大家围绕“工匠精神对个人成长的意义”展开讨论。大家认为，工匠精神能培养个人的专注力和耐心，让人在面对困难时坚持不懈；能提升个人的技能水平和职业素养，为未来的职业发展打下坚实基础；还能增强个人的职业荣誉感和责任感，激发内在的动力和创造力。

（5）总结升华时刻。《大国工匠》纪录片中有这样一句话：“工匠们之所以匠心独运，凭的是传承和钻研，靠的是专注与磨砺。”这句话深刻地诠释了工匠精神的内涵。在当今时代，技能报国具有重要的价值。技能人才是国家发展的重要支撑，他们用精湛的技艺推动着各行各业的进步。通过本次课程的学习，希望同学们能深刻理解工匠精神，将其融入日常学习和生活中，努力提升自己的技能水平，将来用自己的技能为国家的发展贡献力量，实现技能报国的理想。

五、评价方式说明

（1）过程性评价。过程性评价主要关注学生在精度挑战赛中的操作规范性和误差控制水平。操作规范性方面，评价标准涵盖操作流程是否符合规范、工具使用是否正确、安全措施是否到位等。教师在比赛过程中进行现场观察，依据详细的评分细则进行打分。误差控制水平则以实际测量的误差值为依据，误差越接近零且在规定的≤0.1mm 范围内，得分越高。评价方式能及时反馈学生的操作情况，促进学生在实践中不断改进和提高。

（2）成果性评价。成果性评价聚焦学生的反思日志深度与改进计划。评价要点包括反思日志是否详细记录了操作过程中的问题、困难及解决思路，对工匠精神的理解是否深刻，改进计划是否具有针对性和可行性。评价方法方面，教师仔细阅读学生的反思日志，从内容完整性、分析深度、改进措施的合理性等方面进行综合评分。成果性评价能促使学生深入思考，将实践经验转化为知识和技能的提升。

六、教学延伸安排

开展工匠精神主题摄影比赛，旨在进一步深化学生对工匠精神的理解与感悟。学生需用镜头捕捉校园技能训练瞬间，展现专注、创新、执着等精神。比赛要求作品主题明确、画面清晰。最后，组织师生共同评选，选出优秀作品进行展示，激励学生传承工匠精神。

教案 7　《高弘生：雪域高原的乡村振兴梦》

■教学目标：

（1）分析乡土情怀与产业创新的结合路径；

（2）掌握乡村振兴中的需求调研方法；

（3）培养扎根基层的职业选择观。

■教学重难点：

（1）重点：产业扶贫的实践模式与资源整合；

（2）难点：如何在艰苦环境中保持创新动力。

■教学方法：项目设计、角色扮演。

■教学准备：

（1）教师：高弘生创业案例、西藏地理气候资料；

（2）学生：分组查阅家乡特色产业。

■教学过程：

1. 案例导入（10 分钟）

播放高弘生在高原运送饲料的纪录片片段，提问："他的创业解决了什么问题?"

2. 理论讲解（15 分钟）

引入“乡土经济理论”，分析产业扶贫与文化传承的关系。

3. 角色扮演（30 分钟）

分组模拟乡村振兴研讨会，分别扮演政府官员、企业家、村民，讨论饲料厂建设方案。

4. 方案设计（20 分钟）

结合家乡资源，设计特色农产品产业链方案，包含生产、加工、销售环节。

5. 总结升华（10 分钟）

强调“把论文写在祖国大地上”，鼓励学生投身乡村振兴一线。

■评价方式：

（1）过程性评价：角色扮演中的沟通能力、方案创新性；

（2）成果性评价：产业链方案可行性报告。

■教学延伸：

组织学生赴农村开展“产业振兴”实地调研，形成调研报告。

■文案资料：

高弘生：雪域高原的乡村振兴梦

同学们好！今天咱们要探讨的是高弘生的雪域高原乡村振兴梦。在乡村振兴战略大力推进的当下，特色农产品成为推动乡村发展的关键力量，但很多优质农产品却鲜为人知。我们这堂课就聚焦于此，通过高弘生的创业案例来深入学习。课程目标有三个，一是分析乡土情怀与产业创新的结合路径，二是掌握乡村振兴中的需求调研方法，三是培养扎根基层的职业选择观。课程重点是产业扶贫的实践模式与资源整合，难点在于如何在艰苦环境中保持创新动力。教学方法主要采用项目设计法和角色扮演法。接下来，让我们开启这场学习之旅。

（1）案例导入。现在，我们先来观看一段纪录片。画面中，高弘生正奔波在雪域高原上，驾驶着车辆运送饲料。高原的环境恶劣，道路崎岖难行，但他始终坚定地前行。饲料在颠簸中却被他保护得很好，他的眼神里满是对这份事业的执着与坚定。

（2）提出问题。看完这个片段，大家思考一下，我要问大家一个问题：“他的创业解决了什么问题？”大家可以开动自己的脑筋，结合刚刚看到的画面和我们生活中的常识，去想一想高弘生的这次创业行为，可能给高原地区带来哪些改变，解决了哪些实际存在的难题。

（3）理论讲解。接下来，我们引入乡土经济理论。乡土经济理论主要聚焦于乡村地区的经济发展，强调乡村独特的资源、文化和社会结构在经济活动中的重要作用。该理论认为，乡村经济不应简单模仿城市经济模式，而要充分挖掘自身特色，利用本土资源，发展适合乡村的产业，通过合理整合乡村的人力、物力和自然资源，实现乡村经济的可持续发展，促进乡村社会的繁荣稳定。产业扶贫与文化传承之间存在着紧密且相互促进的关系。产业扶贫为文化传承提供了物质基础和发展动力。以高弘生在雪域高原的创业为例，他发展饲料产业，带动当地经济发展，提高了村民的生活水平，这使得村民有更多的精力和资源去保护和传承当地的文化。同时，文化传承也为产业扶贫赋予了独特的内涵和竞争力。乡村的传统文化、民俗风情等可以成为特色产业的核心元素。比如当地的传统养殖文化，融入饲料产业中，能打造出具有地域特色的产品，吸引更多的消费者，进一步推动产业的发展。所以，我们在乡村振兴中，要将产业扶贫与文化传承有机结合起来。

（4）角色扮演。接下来，我们要进行分组模拟乡村振兴研讨会。大家以小组为单位，每组大概5~6人。在这个模拟研讨会中，每个小组的成员要分别扮演政府官员、企业家、村民这三种不同的角色。通过这种分组和角色设定，我们可以从不同的视角去探讨乡村振兴过程中饲料厂建设的相关问题，让大家更深入地理解各个角色在乡村产业发展中的作用和需求。现在，请大家迅速进入角色，开始讨论饲料厂建设方案。政府官员要站在宏观规划和政策引导的角度，考虑如何为饲料厂建设提供支持，比如土地政策、税收优惠等，同时要确保项目符合乡村整体发展规划，促进乡村的可持续发展。“企业家”则要关注项目的经济效益和市场前景，思考如何降低成本、提高产品质量、拓展销售渠道，还要考虑与当地资源的整合，实现互利共赢。“村民”要从自身利益和乡村实际情况出发，提出对饲料厂建设的期望和担忧，比如就业机会、环境污染等问题。在讨论过程中，大家要积极发言，充分表达自己所代表角色的观点和想法，要尊重他人的意见，进行有效的沟通和交流。大家可以先各自阐述自己的初步想法，然后共同探讨方案的可行性和优化方向。比如，“企业家”提出建设饲料厂的初步规划后，“政府官员”可以从政策层面给予建议，村民可以从实际生活的角度提出反馈。大家要围绕饲料厂的选址、资金筹集、生产规模、环保措施等关键问题展开深入讨论，争取形成一个全面、可行的建设方案。

（5）方案设计。大家在设计方案前，要充分结合家乡的资源。家乡资源类型丰富多样，可能有独特的土壤、气候条件孕育出的特色农产品，像某些地方的优质水果、绿色蔬菜；也可能有传统的养殖资源，比如特色家禽、家畜。这些资源具有鲜明的地域特色，品质优良，是发展特色产业的宝贵基础。大家要深入了解家乡资源的特点，挖掘其潜在价值，为后续的方案设计做好准备。接下来，大家要设计特色农产品产业链方案，涵盖生产、加工、销售三个关键环节。在生产环节，要根据家乡资源特点，选择合适的种植或养殖方式，注重科学管理和品质把控，确保农产品的质量和产量。在加工环节，要考虑如何将农产品进行深加工，提高附加值，比如制作成特色食品、保健品等。在销售环节，要制定有效的营销策略，利用线上线下多种渠道，拓宽销售市场。在设计方案时，要注意方案的可行性和创新性。在可行性方面，要充分考虑家乡的实际情况，包括资源、技术、资金等因素。在创新性方面，要敢于尝试新的模式和方法，打造具有竞争力的特色产业链。同时，要注重环保和可持续发展，实现经济效益和社会效益的双赢。

（6）总结升华。同学们，“把论文写在祖国大地上”，这绝不是一句空洞的口号。就像高弘生一样，他将自己的理想与行动都付诸雪域高原的乡村振兴事业。乡村是一片广阔的天地，那里有无数的难题等待我们去解决，有无限的潜力等待我们去挖掘。希望大家能以高弘生为榜样，投身到乡村振兴的一线中去，用自己的所学所知，为乡村的发展贡献力量，让青春在乡村的土地上绽放光彩。

（7）课程内容。这节课，我们围绕高弘生的雪域高原乡村振兴梦展开了学习。通过高弘生的创业案例，我们分析了乡土情怀与产业创新的结合路径，掌握了乡村振兴中的需求调研方法。在角色扮演和方案设计环节，大家更是深入体验了乡村产业发展的过程。课程重点聚焦产业扶贫的实践模式与资源整合，难点在于理解如何在艰苦环境中保持创新动力。希望大家课后能继续思考，将所学知识运用到实际中。

（8）评价方式。在本次课程的学习过程中，过程性评价主要关注两个方面。一是角色扮演中的沟通能力，在模拟乡村振兴研讨会里，大家是否能清晰、准确地表达所代表角色的观点，是否善于倾听他人意见并进行有效的交流互动，都是衡量沟通能力的重要指标。二是方案创新性，在设计特色农产品产业链方案时，是否能提出新颖的想法、独特的模式和方法。评价标准会根据表现分为优秀、良好、中等、及格和不及格五个等级，通过教师观察、小组互评等方法进行综合评定。成果性评价主要围绕产业链方案可行性报告展开。这份报告要详细阐述特色农产品产业链在生产、加工、销售各环节的规划，包括资源利用、技术支持、市场分析等内容。评价时，评价小组会重点考量方案的可行性，是否充分结合家乡实际情况，是否具有可操作性，以及方案的完整性，各项内容是否全面、详细。评价标准同样分为五个等级，采用教师评分的方法，以确保评价的专业性和客观性。

（9）教学延伸。为了让大家更深入地了解乡村产业振兴的实际情况，我们将组织大家赴农村开展“产业振兴”实地调研。这次调研的目的是让大家把课堂所学知识运用到实际中，亲身体验乡村产业发展的现状和问题。大家要深入农村，与当地村民、企业负责人等交流，了解产业发展模式、面临的困难和需求。调研过程中，大家要认真观察、详细记录，保持严谨的态度，确保获取真实有效的信息。实地调研结束后，大家要形成调研报告。报告内容应包括调研背景、调研目的、调研方法、农村产业发展现状、存在的问题以及针对性的建议等。格式上，要有标题、摘要、正文、结论等部分。正文部分要条理清晰，数据准确，分析深入。通过撰写调研报告，大家可以进一步梳理调研成果，锻炼自己的总结归纳和分析问题的能力，为乡村产业振兴提供有价值的参考。

教案 8　《新时代青年的国际担当——从货运竞技看青年使命》

■教学目标：

（1）厚植家国情怀，树立人类命运共同体意识；

（2）培育跨文化沟通中的文化自信与文明互鉴能力；

（3）强化青年责任担当与职业伦理修养。

■教学重难点：

（1）重点：国际交往中的中国立场与文明对话；

（2）难点：突发情景下的价值抉择与责任担当。

■教学方法：情境思辨、角色代入、案例研讨。

■教学准备：

（1）教师：罗心雨参赛视频（重点截取展现职业操守片段）、“一带一路”合作案例集；

（2）学生：预习《习近平谈治国理政》中关于青年国际交往的论述。

■教学过程：

1. 情景导入（10 分钟）

播放罗心雨婉拒国外企业违规操作要求的赛场视频，引发思考：新时代青年在国际舞台应坚守什么底线？

2. 理论奠基（15 分钟）

解析习近平总书记提出的“全球青年伙伴关系”理念，结合中欧班列案例讨论国际合作的共赢本质。

3. 价值思辨（30 分钟）

分组情景模拟：中德企业合作中遭遇文化冲突时，如何既维护国家形象又促进合作？设置包含知识产权争议、环保标准差异等思政案例。

4. 伦理抉择（20 分钟）

创设“运输品疑似违禁”的道德困境，要求小组从法律法规、国际道义、企业责任多维度制定处置方案。

5. 精神升华（10 分钟）

齐诵《新时代的中国青年》白皮书选段，绘制“青年国际责任树”思维导图。

■评价体系：

（1）过程评价：跨文化对话中的价值坚守、团队协作精神；

（2）成果评价：解决方案体现了人类命运共同体意识。

■教学延伸：

组织“中国工匠的国际故事”案例征集活动，采访本地外向型企业优秀青年员工。

■文案资料：

罗心雨：新时代青年的国际担当

一、开场·故事破冰（3 分钟）

亲爱的同学们，大家好！在开始今天的课程之前，请大家先将目光聚焦到教室前方的大屏幕上。瞧，画面中定格的是领奖台上一位身姿挺拔的女孩，她叫罗心雨，一位在国际赛场上奋力拼搏、为国争光的中国青年。罗心雨在赛场上展现出的不仅有高超的竞技水平，更有令人钦佩的坚定信念。

她曾在国际赛场上面临着一场极为严峻的考验。现在，大家仔细听。（老师操作电脑，播放一段音频，音频里传出外方代表低沉且极具诱惑性的声音："贵公司若采用特殊物流方案，夺冠概率将提升70%"。）大家听到了吧，这是外方代表的声音。（老师模仿外方代表，压低声音，语气充满蛊惑）"只需对货物质检报告做些'技术调整'……"这诱惑不可谓不大，这考验不可谓不艰巨。然而，罗心雨，这位新时代的杰出青年，她的回应斩钉截铁："我的赛道不在领奖台，而在中国制造的诚信刻度上!"（声音坚定有力，在教室里回荡，引发片刻安静）她的这声"不"，宛如黄钟大吕，振聋发聩。今天，我们就以罗心雨这声掷地有声的"不"为起点，深入探寻新时代中国青年的国际担当究竟意味着什么。

二、理论建构·丝路启航（10分钟）

罗心雨坚守诚信的故事，让我们看到了新时代中国青年在国际舞台上的一种担当。而在更广阔的国际合作领域，也有着无数中国青年践行着担当精神。大家看，大屏幕上的画面已经切换。（屏幕上出现中欧班列动态地图，一辆辆列车沿着线路缓缓移动）这是一趟从重庆出发的中欧班列，它就像一条钢铁巨龙，承载着新能源汽车，风驰电掣般地穿越了六个时区。这可不只是一趟普通的货物运输列车，它意义深远，背后蕴含着丰富的文明对话密码。

在预习过程中，相信同学们都对相关知识有所了解。老师发现，李明同学在预习时特别用心，划出了总书记的一句金句。李明同学，请你站起来，和大家分享一下这句金句。

学生A（迅速起身，声音洪亮）："为构建人类命运共同体贡献青春力量。"

非常好，李明同学对知识掌握得十分扎实。总书记的这句话，可不是空洞的口号，在现实中有着生动鲜活的实践范例。就拿中欧班列的调度员王晓菲来说，她的工作日常就是对这句话最好的诠释。现在，请大家看一段视频。（老师操作电脑，播放王晓菲工作视频，视频中王晓菲在调度室里忙碌，面对德方质疑，与团队热烈讨论）大家看到了吧，当德方对运输时效质疑时，王晓菲没有丝毫退缩，而是带领团队日夜奋战，经过不懈努力，最终成功研发出多语言智能调度系统。（视频画面定格在王晓菲佩戴党员党徽的特写镜头）同学们，仔细瞧瞧这个画面，有没有从中发现一些特别之处？在如此复杂的国际交流情境下，王晓菲以及她所代表的中国青年群体，为我们树立了一个绝佳的榜样。这其实就引出了一个关键概念——“对话坐标系”。（老师转身，拿起粉笔在黑板上板书坐标系图案）这个坐标系，横轴代表文明互鉴，意味着不同国家、不同文化之间要相互交流、相互学习；纵轴代表家国情怀，意味着无论我们身处世界的哪个角落，心中都始终装着祖国，装着民族。这两者就如同鸟之双翼、车之两轮，相辅相成，缺一不可。只有秉持文明互鉴，我们才能在国际交流合作中如鱼得水，更好地融入世界；只有心怀家国情怀，我们的行动才会有坚实的根基，才有明确的方向。

三、情景思辨·价值突围（20 分钟）

从王晓菲的例子中，我们感受到了在国际合作中坚守原则、积极创新的重要性。现在，让我们转换一下视角，进入一个全新的情景。（老师从讲台上拿起一叠泛着淡淡茶香的“情景卡”，面带微笑，走下讲台，依次分发给每一位同学）同学们，接过卡片的时候，是不是闻到了一股淡淡的茶香？这可不是普通的卡片，从现在起，它将带我们开启一场充满挑战的奇妙之旅。此刻，我们要化身中德环保项目组的青年代表，承担起重要的责任。

大家注意，手中的卡片，其实是一份加密文件。文件里藏着一个关键信息：德方提供的再生塑料颗粒，经过实测，纯度仅达到欧盟标准的82%。（老师快步回到讲台，敲击键盘，大屏幕上出现倒计时提示音，“嘀嘀”声在教室里回响，营造出紧张氛围）距离与德方的谈判开启，只剩下三分钟！时间紧迫，情况紧急，大家迅速按照之前分好的小组，展开讨论，我们该如何在这场谈判中为项目争取最大利益，同时维护好双方的合作关系。

（老师穿梭于各个讨论小组之间，认真聆听同学们的发言，时而点头表示认可，时而提出疑问引导思考）第三组的同学们，老师听到你们提出一个很新颖的思路，打算用德国“双元制”环保认证体系反溯标准。这个想法太有意思了，是典型的逆向思维，从对方熟悉的标准体系入手，寻找解决问题的关键突破口。（老师轻轻拍了拍提出想法的学生肩膀，给予肯定）不过，同学们，大家回想一下，我们上周去参观苏州自贸区的时候，

有没有遇到类似的情况，当时是怎么解决的呢？（老师停顿片刻，目光在同学们脸上一一扫过，耐心等待同学们的反应）

学生 B（眼睛突然一亮，迅速站起身）：“对！我们可以采用国际认证 + 中国创新的双轨方案！”

（老师脸上露出欣慰的笑容，用力点头）太棒了！这位同学反应迅速，一下子就抓住了问题的关键。这一方案，恰恰触及到文明对话的本质。（老师操作电脑，切换出 PPT，PPT 上显示着“各美其美，美美与共”八个大字）现在，同学们，让我们一起大声朗读这八个字。（全班同学齐声朗读，声音整齐而洪亮）文明对话，绝不是简单的非此即彼的选择，不是一方完全妥协于另一方，而是要充分尊重各自的优势与特色，实现相互融合、共同发展。好啦，现在每个小组抓紧推选一位主谈判官，带着我们共同探讨出的智慧结晶，前往模拟会议室，开启这场紧张而又关键的谈判。（老师退至教室一角的观察位，轻轻触碰录播系统，准备记录同学们的精彩表现）

四、伦理抉择·灵魂叩问（7 分钟）

同学们在模拟谈判中的表现十分精彩，展现出了深入思考和灵活应对的能力。现在，我们要进入一个更加艰难的抉择情景。（老师操作电脑，骤然拉响防空警报，尖锐的警报声瞬间在教室里回荡，同学们都被这突如其来的声音吓了一跳，脸上露出惊讶和紧张的神情）全体注意！南非德班港传来紧急通报：我们援助非洲的物资中，发现了未申报的医疗设备。（老师举起手中的密封档案袋，表情严肃，眼神中透露出凝重）此刻，我们面临着两个艰难的选项。选项 A，立即开箱检查，这样做能确保完全符合相关规定，但是会延误抗疫的宝贵时间；选项 B，担保放行，虽然可以快速将物资送往抗疫一线，抢救生命，但我们要承担相应的责任风险。（老师另一只手紧握着秒表，开始倒计时）现在，十秒决策时间开始，五、四……

（老师按下秒表的暂停键，目光紧紧凝视着第二组的同学们）选择担责放行的同学们，大家可还记得我国援外医疗队守则的第一条内容？（老师自问自答，语气庄重而严肃）“生命至上，但永不行使‘善意的特权’”。这句话的含义是什么呢？它意味着，我们始终把生命的价值放在首位，全力救助每一个需要帮助的人，但与此同时，我们的每一个行动，都必须在规则和道德的框架内进行，绝不能以“善意”为借口，破坏规则。(老师操作电脑，展示钟南山团队严格检疫支援物资的新闻图片）大家看，钟南山团队在支援物资的过程中，哪怕时间紧迫，争分夺秒，也没有忽视任何一个检疫环节。这，就是中国担当的分寸感！在国际援助行动中，我们既要充分展现出对生命的尊重和关爱，也要坚决维护规则的严肃性，做到有理、有利、有节，只有这样，我们的援助才是真正可持续、有价值的。

五、精神升华·使命传承（5 分钟）

经过前面一系列的思考和讨论，相信大家对新时代青年的国际担当有了更为深刻的理解。现在，让我们一起进入情感升华的环节。(老师操作电脑，教室里渐起《我爱你中国》小提琴前奏，悠扬而深情的旋律在空气中缓缓流淌，同学们的情绪渐渐被音乐所感染，脸上露出专注而感动的神情）同学们，请大家静下心来，将此刻心中对于国际担当的思考，凝练成一片“担当叶”。(老师从讲台上拿起一叠叶形便签，依次分发给同学们）大家可以把自己对新时代青年国际担当的承诺、感悟，认真地写在这片叶子上。(同学们纷纷低头，认真书写，教室里只有沙沙的写字声)

当我们把这 41 片写满承诺的叶子，一一贴在这棵树上（老师轻点屏幕，屏幕上生成一棵逼真的三维橡树)，看啊！这就构成了新时代青年的精神年轮。每一片叶子，都代表着我们的成长印记，都是我们对国家、对世界的一份担当。(老师突然切换出袁隆平团队在非洲农场的全景照片，照片中袁隆平团队的成员们在烈日下辛勤劳作，与非洲当地农民热情交流种植技术）同学们，大家看这张照片，袁隆平团队远赴非洲，带去的不仅仅是先进的种植技术，更是中国人民的友好情谊。当你们将来有一天，站在世界的某个角落，参与到国际交流与合作中时，请务必记住——(老师引领着同学们望向教室前方的党旗，神情庄重）我们代表的不仅仅是自己，更是中国！我们所带去的，不仅是技术方案，更是一个可信、可爱、可敬的中国形象！我们的一言一行，一举一动，都与国家的荣誉、民族的尊严紧密相连。

教案 9 《熊朝坤：中职生的逆袭与创新》

■教学目标：

(1）打破职业偏见，树立技能成才信心；

(2）掌握创新思维与动手实践方法；

（3）培养终身学习与持续创新意识。

■教学重难点：

（1）重点：技能学习中的自信心培养与创新路径；

（2）难点：如何将兴趣转化为持续创新动力。

■教学方法：案例分析、创新工作坊。

■教学准备：

（1）教师：熊朝坤创新作品图片、专利证书扫描件；

（2）学生：分组收集身边的创新案例。

■教学过程：

1. 案例导入（10分钟）

展示熊朝坤的机器人作品，提问：中职生如何突破职业天花板？

2. 理论讲解（15分钟）

引入成长型思维（growth mindset）理论，分析创新潜力。

3. 创新工作坊（30分钟）

分组设计智能垃圾分类装置，使用卡纸、电子元件制作原型机并演示。

4. 演讲分享（20分钟）

开展技能成就梦想主题演讲，分享个人技能学习经历与创新成果。

5. 总结升华（10分钟）

引用“技能无贵贱，行行出状元”，强化职业平等观念。

■评价方式：

（1）过程性评价：创新作品的实用性与创意性；

（2）成果性评价：演讲内容的感染力与逻辑性。

■教学延伸：

组织校园科技创新节，展示学生创新作品并评奖。

■文案资料：

熊朝坤：中职生的逆袭与创新

一、教学目标阐述

本课程的教学目标具有明确的指向性和重要的现实意义。首先，打破职业偏见，树立技能成才信心，旨在让学生摒弃对职业的刻板印象，认识到中职教育同样能培养出优秀的专业人才，为学生提供积极的心理暗示，使其在技能学习过程中充满自信，勇于追求卓越。其次，掌握创新思维与动手实践方法，这是提升学生综合能力的关键。创新思维能让学生在面对问题时提出独特的解决方案，而动手实践则将理论知识转化为实际操作能力，使学生具备更强的竞争力。最后，培养终身学习与持续创新意识，促使学生不断适应社会发展的需求，保持学习的热情和创新的动力，为未来的职业生涯奠定坚实基础。这些目标将引导学生全面发展，激发他们的潜能，让他们在技能学习的道路上不断进步，实现自我价值。

二、教学重难点剖析

在技能学习中，自信心培养与创新路径至关重要。自信心是学生积极投入学习的动力源泉。教师可通过及时肯定学生的点滴进步，组织技能竞赛并给予奖励等方式，让学生看到自己的能力，从而增强自信心。例如，在熊朝坤的成长过程中，每一次小的成功都成为他前进的动力，使他坚信自己能够在技能领域有所建树。创新路径则为学生指明了方向。教师可以引导学生关注行业前沿动态，鼓励他们大胆尝试新的方法和技术。比如，在学习机器人制作时，教师可以鼓励学生突破传统设计，加入自己的创意元素。掌握这些方法，学生能更高效地学习技能，提升自身竞争力，为未来的职业发展打下坚实基础。

将兴趣转化为持续创新动力面临诸多挑战。学生的兴趣可能较为短暂，容易受到外界因素的干扰。而且，创新过程中难免会遇到困难和挫折，这可能会打击学生的积极性。为应对这些挑战，我们可采取一系列策略。教师要帮助学生深入了解兴趣领域，挖掘其中的深度和广度，让学生认识到持续探索的价值。同时，引导学生制订合理的目标和计划，将大目标分解为小目标，逐步实现。当学生遇到困难时，教师要及时给予支持和鼓励，帮助他们分析问题，找到解决办法。通过这些方式，可以激发学生的内在动力，使兴趣真正成为学生持续创新的源泉。

三、教学方法与准备说明

（1）教学方法介绍。案例分析和创新工作坊是本次教学中采用的两种重要方法。案例分析具有直观性和启发性的特点。通过展示熊朝坤的机器人作品等实际案例，能让学生更直观地了解中职生在技能领域取得的成就，激发他们的学习兴趣和动力。同时，案例中的成功经验和创新思路能为学生提供借鉴，引导他们思考如何在自己的学习和实践中进行创新。这种方法适用于理论讲解和导入环节，能够帮助学生快速进入学习状态。创新工作坊则强调学生的参与和实践。在工作坊中，学生分组设计智能垃圾分类装置，亲自动手制作原型机并演示。这能培养学生的团队协作能力、动手实践能力和创新思维。学生在实践中不断尝试和改进，能更深刻地理解创新的过程和方法。该方法适用于实践教学环节，能让学生在实际操作中提升能力。

（2）教学准备详情。教师的教学准备包括收集熊朝坤创新作品图片、专利证书扫描件。这些资料能为案例分析提供丰富的素材，让学生更直观地感受熊朝坤的创新成果，增强案例的说服力。准备过程中，要确保资料的真实性和清晰度。学生需要分组收集身边的创新案例。这一准备工作能让学生提前关注创新，培养他们的观察能力和分析能力。同时，在收集案例的过程中，学生能了解到创新在生活中的广泛应用，激发他们的创新意识。学生在收集时要注意案例的多样性和代表性，确保能为课堂讨论提供有价值的内容。通过师生的充分准备，为教学活动的顺利开展奠定基础。

四、教学过程展开

（1）案例导入环节。在课程开始后的 10 分钟，教师通过多媒体展示熊朝坤的机器人作品，这些作品造型独特、功能多样，瞬间吸引学生的目光。展示结束后，教师抛出问题："中职生如何突破职业天花板?"此问题旨在引发学生的思考，让他们意识到中职生也能在技能领域取得非凡成就。通过案例导入，教师能迅速激发学生的学习兴趣，使他们带着疑问和好奇进入后续的学习，预期能让学生对课程内容产生浓厚的探索欲望。

（2）理论讲解环节。接下来的 15 分钟进行理论讲解。教师引入成长型思维（growth mindset）理论，该理论认为人的智力和能力并非固定不变，而是可以通过努力和学习不断发展。具有成长型思维的人，会把挑战视为成长的机会，勇于尝试新事物，面对失败也能从中吸取经验。在创新方面，成长型思维能激发人的创新潜力，让人更愿意去探索未知领域，提出新颖的想法。例如，熊朝坤正是凭借这种思维，不断挑战自我，在机器人制作领域取得创新成果。教师还可以引导学生将该理论应用到日常学习和生活中，培养自己的成长型思维。

（3）创新工作坊环节。创新工作坊环节要安排 30 分钟。首先，教师将学生进行分组，每组人数适中，确保每个学生都能充分参与。然后，教师向学生说明本次工作坊的任务是分组设计智能垃圾分类装置。设计流程如下：第一步，小组讨论。各小组围绕装置的功能、结构、外观等方面展开讨论，充分发表自己的想法和见解，形成初步的设计方案。第二步，方案优化。小组对初步方案进行评估和分析，找出不足之处并进行改进，确定最终的设计方案。第三步，材料准备。根据设计方案，学生领取所需的卡纸、电子元件等材料。第四步，制作原型机。小组成员分工合作，按照设计方案进行制作，在制作过程中要注重细节，确保装置的质量。第五步，调试完善。学生对制作好的原型机进行调试，检查其功能是否正常，如有问题及时进行调整和完善。在制作原型机和演示过程中，有一些注意事项：制作时要注意安全，正确使用工具和材料；演示时要清晰地介绍装置的设计思路、功能特点和操作方法，让其他小组能够理解；鼓励不同小组之间相互学习和交流，共同提高创新能力。

（4）演讲分享环节。演讲分享环节持续20分钟。教师组织学生开展“技能成就梦想”主题演讲，提前告知学生演讲的要求和时间限制，让他们有充分的准备。演讲内容主要围绕个人技能学习经历与创新成果展开。学生可以分享自己在学习技能过程中遇到的困难和挑战，以及如何克服它们；也可以介绍自己的创新作品和取得的成果，分享创新的思路和方法。通过演讲，学生能够锻炼自己的表达能力和思维能力，同时也能从他人的分享中获得启发和激励。演讲的意义在于激发学生的学习热情，让他们更加坚定技能成才的信念。评价标准主要包括演讲内容的感染力、逻辑性和创新性等方面。

（5）总结升华环节。最后10分钟进行总结升华。教师引用“技能无贵贱，行行出状元”这句话，强调职业没有高低之分，无论从事何种职业，只要努力都能取得成功。教师对本节课的内容进行回顾和总结，强调技能学习中自信心培养和创新的重要性。教师通过总结升华，强化学生的职业平等观念，让他们认识到中职教育同样能为他们提供广阔的发展空间。教师鼓励学生在今后的学习和生活中，不断培养自己的成长型思维，勇于创新，为实现自己的梦想而努力奋斗。

五、评价方式说明

过程性评价主要关注学生在教学过程中的表现。具体内容包括学生在创新工作坊中的参与度，如是否积极参与小组讨论、提出有价值的想法；制作智能垃圾分类装置原型机时的动手能力，操作是否熟练、能否解决遇到的问题；团队协作能力，是否与小组成员有效沟通、相互配合。评价标准分为优秀、良好、合格和不合格四个等级。优秀为积极主动、能力突出且协作良好；良好为参与度较高、能力较强；合格为基本完成任务；不合格为参与度低、表现不佳。这种评价能及时反馈学生学习情况，促进其改进和成长。成果性评价聚焦于学生最终呈现的成果。具体内容有创新作品智能垃圾分类装置的实用性，是否能有效实现垃圾分类功能；创意性，设计是否新颖独特、有创新性。对于“技能成就梦想”主题演讲，评价其内容的感染力，是否能打动听众；逻辑性，观点是否清晰、论证是否合理。评价标准同样分为四个等级。成果性评价的目的是全面衡量学生的学习成果，肯定其努力和成绩，激励学生在未来学习中继续追求卓越，提升综合能力。

六、教学延伸安排

为进一步巩固教学成果，学校将组织校园科技创新节。活动前期，学校发布通知鼓励学生积极参与，展示自己的创新作品；设立专门的报名渠道，方便学生提交作品信息。活动期间，学校设置作品展示区，让学生对自己的作品进行讲解和演示；邀请专业教师和企业代表组成评审团，对作品进行评选，根据作品的创新性、实用性等方面进行打分，评选出一、二、三等奖。活动结束后，学校对获奖学生进行表彰和奖励。通过此次活动，学校能激发学生的创新热情，培养他们的实践能力和团队协作精神，营造良好的校园创新氛围。

教案 10　《汪柯：从“技术宅”到专利发明者》

■教学目标：

（1）激发创新意识与动手实践能力；

（2）掌握专利申请的基本流程与方法；

（3）培养理论与实践结合的职业素养。

■教学重难点：

（1）重点：创新思维的培养与专利转化路径；

（2）难点：如何将创意转化为可实施的方案。

■教学方法：项目设计、专利模拟申请。

■教学准备：

（1）教师：汪柯专利证书、专利申请模板；

（2）学生：分组调研理实一体化课桌改进需求。

■教学过程：

1. 案例导入（10 分钟）

展示汪柯的专利产品，提问：他的设计解决了什么痛点?

2. 理论讲解（15 分钟）

解析设计思维（Design Thinking）五步法：共情、定义、构思、原型、测试。

3. 原型设计（30 分钟）

分组使用 3D 建模软件（如 Tinkercad）设计理实一体化课桌改进方案。

4. 专利模拟（20 分钟）

模拟专利申请答辩，从创新性、实用性、可行性三方面进行评审。

5. 总结升华（10 分钟）

强调“创新源于生活”，鼓励学生关注日常学习中的技术改进需求。

■评价方式：

（1）过程性评价：设计方案的创新性与可行性；

（2）成果性评价：专利申请书质量与答辩表现。

■教学延伸：

对接知识产权局，组织学生参观专利成果展并尝试提交专利申请。

■文案资料：

汪柯：从“技术宅”到专利发明者

一、教学目标阐述

同学们，今天我们这堂课的教学目标有着重要的意义和价值。首先，我们要激发大家的创新意识与动手实践能力。在当今社会，创新是推动科技进步和社会发展的核心动力，只有具备创新意识，才能在未来的竞争中脱颖而出。而动手实践能力则是将创新想法变为现实的关键，通过实际操作，大家能更好地理解和掌握知识。其次，我们要让大家掌握专利申请的基本流程与方法。专利是对创新成果的一种保护，了解专利申请流程，能让大家学会如何保护自己的创新成果，为未来的职业发展打下坚实的基础。最后，我们要培养大家理论与实践结合的职业素养。在实际工作中，仅仅有理论知识是不够的，还需要将理论应用到实践中，解决实际问题。这堂课通过汪柯的案例以及相关实践活动，与这些教学目标紧密关联，能帮助大家更好地实现这些目标。

二、教学重难点剖析

（1）重点内容解析。创新思维的培养是一个长期且多元的过程。首先，要鼓励大家保持好奇心。大家要对日常学习和生活中的事物多问几个为什么。就像汪柯，他可能就是因为对现有产品存在的问题充满好奇，才会去思考改进的方法。其次，要拓宽知识面。不同学科的知识相互交融，能为创新提供更多的灵感。比如在设计理实一体化课桌时，如果既懂机械原理，又了解人体工程学，设计出的产品会更具优势。专利转化路径则需要先对创新成果进行评估，判断其是否具有创新性、实用性和可行性。以汪柯的专利产品为例，他在设计出产品后，要确定该产品在市场上是否有需求，是否能解决实际问题。然后，他要准备好相关的申请材料，按照专利申请的流程，向专利局提交申请。经过审查、授权等环节，最终实现专利转化。

（2）难点问题探讨。将创意转化为可实施的方案存在诸多困难。一方面，创意往往比较抽象，要将其具体化、可操作化并非易事。比如有了改进课桌的创意，但具体如何设计结构、选用什么材料等都需要进一步思考。另一方面，技术和成本也是限制因素。可能创意很好，但现有的技术无法实现，或者实现的成本过高，导致方案无法实施。解决思路是要进行充分的调研，了解现有技术水平，看是否能支持创意的实现；同时调研市场上材料的价格和供应情况，控制成本。还可以组织团队进行头脑风暴，集思广益，共同完善方案。在设计过程中，我们要不断进行模拟和测试，及时发现问题并调整，逐步将创意转化为可实施的方案。

三、教学方法与准备介绍

（1）教学方法说明。项目设计和专利模拟申请是本次课程采用的重要教学方法。在项目设计方面，我们会让大家分组对理实一体化课桌进行改进方案设计。具体操作是，各小组先进行需求调研，了解现有课桌存在的问题和同学们的期望。然后运用所学的设计思维五步法，进行创意构思、方案设计。最后使用3D建模软件将设计方案呈现出来。这一方法能让大家在实践中锻炼创新思维和动手能力，学会团队协作和解决实际问题的能力。专利模拟申请则是模拟真实的专利申请答辩过程。各小组要从创新性、实用性、可行性三方面对自己的设计方案进行阐述，接受评审。这能让大家熟悉专利申请的流程和评审标准，增强对专利保护的认识。通过这两种教学方法，大家能有效提升综合能力，为未来的职业发展做好准备。

（2）教学准备情况。教师为本次课程做了充分的准备，准备了汪柯的专利证书，这能让大家直观地看到真实的专利成果，激发大家的创新热情。教师还准备了专利申请模板，方便大家在模拟申请过程中有参考依据，了解专利申请书的格式和内容要求。学生需要分组调研理实一体化课桌的改进需求。通过调研，学生能深入了解现有课桌的痛点和自身的实际需求，为后续的设计方案提供方向，使设计更具针对性和实用性。

四、教学过程展开

（1）案例导入环节。同学们，现在开始我们的课程。首先，我要给大家展示汪柯的专利产品。大家看，这就是汪柯设计的具有创新性的产品实物模型。它的外观设计独特，结构也很精巧。我相信大家看到它，肯定会有很多疑问。接下来，我要问大家一个问题：他的设计解决了什么痛点？大家可以仔细观察这个产品，结合我们日常学习生活中的实际情况，开动脑筋思考一下，然后积极发言分享自己的想法。

（2）理论讲解部分。接下来，我们来详细解析设计思维五步法。第一步是共情，就是要站在用户的角度去感受和理解他们的需求。比如设计课桌，我们要去了解学生在使用过程中的不便之处。第二步是定义，即在共情的基础上，明确问题所在。就像发现学生觉得课桌空间不够，这就是一个需要解决的问题。第三步是构思，即发挥我们的想象力，想出各种解决问题的创意。比如可以设计可折叠的桌面来增加空间。第四步是原型，即将构思变成一个初步的模型。我们可以用简单的材料搭建一个课桌的雏形。第五步是测试，即对原型进行测试和评估，看是否能真正解决问题。通过这五步法，我们能更科学地进行设计。

（3）原型设计阶段。进入原型设计阶段，大家要分组使用3D建模软件（如Tinkercad）来设计“理实一体化课桌”的改进方案。首先，每个小组要明确分工，有负责创意构思的，有负责操作软件的。然后，根据之前调研的需求和所学的设计思维五步法，在软件中进行设计。设计过程中要注重细节，考虑到课桌的实用性、创新性和可行性。设计完成后，小组内部要进行讨论和优化，确保方案的质量。最后，每个小组要准备好展示自己的设计方案，向大家介绍设计思路和亮点。

（4）专利模拟环节。下面进行专利模拟申请答辩。评审标准主要分为创新性、实用性、可行性三方面。创新性就是看设计方案是否有独特的创意和新颖的点；实用性是指方案能否真正解决实际问题，满足用户需求；可行性则是考虑方案在技术和成本上是否可行。在答辩过程中，每个小组依次上台，从这三个方面阐述自己的设计方案。评审团会根据标准进行打分和提问，小组要进行回答和解释。通过这个环节，大家能更好地了解专利申请的评审过程和要求。

（5）总结升华时刻。同学们，这堂课即将结束。我要强调的是，创新源于生活。汪柯的专利发明就是从生活中的实际问题出发的。在我们的日常学习中，也存在着很多可以改进的地方。大家要保持敏锐的观察力，关注身边的技术改进需求。也许一个小小的创意，就能带来巨大的改变。希望大家在今后的学习和生活中，积极创新，勇于实践，将自己的创意转化为实际成果，为未来的发展做好准备。

五、评价方式说明

在过程性评价中，设计方案的创新性与可行性是关键要点。创新性方面，主要看方案是否有独特的创意和新颖的设计思路，是否能突破传统的局限。比如在理实一体化课桌设计中，若有独特的功能设计或结构创新，就是创新性的体现。评价方法可以采用小组互评和教师评价相结合的方式，对比各小组方案的独特之处进行打分。可行性则关注方案在技术和成本上是否可行，是否能在实际中实现。可从材料获取、制作工艺等方面评估，综合考量后给出合理的评价。成果性评价聚焦于专利申请书质量与答辩表现。专利申请书质量的评价标准包括内容的完整性、准确性和规范性。申请书要清晰阐述发明的技术方案、创新点等，格式要符合要求。答辩表现则看小组在阐述方案时的逻辑性、条理性，以及对评审团提问的回答质量。这一评价方式能促使大家认真对待专利申请过程，提高撰写申请书和表达观点的能力，也有助于大家更好地理解专利申请的要求和流程。

六、教学延伸安排

为了让大家更深入地了解专利相关知识，我们安排了教学延伸活动。首先，我们会对接知识产权局，组织大家参观专利成果展。在展览中，大家能亲眼看到各种各样的专利产品，了解不同领域的创新成果，拓宽视野，激发更多的创新灵感。之后，我们鼓励大家尝试提交专利申请，这能让大家将课堂所学知识运用到实际操作中，熟悉完整的专利申请流程。通过这些安排，希望大家能进一步提升创新意识和实践能力，为未来的职业发展积累宝贵经验。

附件 B　校企合作与产教融合教案（课程思政教案）

教案 1　《教育强国路上的制度创新——混合所有制办学的时代担当》

■课程思政目标：
（1）培养服务国家战略的产业责任感；
（2）强化校企协同的合作共赢意识；
（3）树立职业教育服务区域经济发展的使命感。
■教学重难点：
（1）思政重点：混合所有制中的责任担当与制度创新；
（2）专业难点："三层九共"体系的治理逻辑。
■教学方法：
（1）案例分析法（华为校企合作中的家国情怀案例）；
（2）情景模拟法（角色扮演政府、企业、学校代表）；
（3）政策解读法（《国家产教融合建设试点实施方案》）。
■教学准备：
（1）收集"东数西算"工程中的校企协同案例；
（2）制作《职业教育服务国家战略》政策解读微课；
（3）准备长三角一体化示范区混合所有制办学调研数据。
■教学过程：
（1）案例导入：分析华为"天才少年计划"与职业教育的关系；
（2）理论讲解：穿插习近平总书记关于职业教育的重要论述；
（3）小组讨论：辩论企业逐利性与教育公益性的平衡。
■评价方式：
（1）思政融入度占比 30%（含合作意识、责任担当等维度）；
（2）实践任务增加"产业报国"创新点评价。
■教学延伸：
（1）组织参观本地混合所有制产业学院；
（2）撰写《我的职业理想与国家发展》微报告。

■文案资料：

华为“天才少年”计划、职业教育与企业教育辩论的多维探讨

一、华为“天才少年”计划与职业教育的关系

1. 人才培养目标的契合

华为“天才少年”计划与职业教育在人才培养目标上高度契合，都致力于培养适应产业发展的高素质人才。华为渴求有能力、有意愿挑战世界级难题的“天才少年”，希望他们在数学、物理、化学、材料、计算机、智能制造等相关领域有所建树，成为技术领军人物，以科技力量推动世界进步。职业教育同样聚焦为产业输送专业技能人才，使学生具备适应行业需求的知识和能力。从不同层面看，“天才少年”计划更侧重选拔具有前沿科研能力和创新精神的顶尖人才，而职业教育则面向更广泛的学生群体，注重培养学生的实际操作技能和职业素养，为产业发展提供多层次的人才支撑。

2. 教育资源与实践平台的互补

华为为“天才少年”计划提供的资源与职业教育资源形成了良好的互补。华为拥有世界级的课题、顶尖导师以及全球化的平台和资源，这些资源能够让“天才少年”接触到行业最前沿的技术和理念，拓宽他们的视野。而职业教育则具备系统的课程体系和丰富的教学经验，能够为学生打下坚实的专业基础。实践平台方面，华为的研发项目和实际业务场景为“天才少年”提供了宝贵的实践机会，使他们能够将理论知识应用到实际中。例如，在芯片冷却技术等课题研究中，“天才少年”可以在华为的实验室和项目中进行实践探索。职业教育的实训基地则为学生提供了模拟真实工作环境的操作平台，有助于学生提升实际操作能力。两者相互补充，能够更好地培养学生的综合能力。

3. 对职业教育发展的启示

“天才少年”计划在选拔机制和培养模式等方面为职业教育改革提供了诸多启示。在选拔机制上，“天才少年”计划不限学历、不限学校，更看重学生在相关领域的特别建树，这打破了传统的选拔标准，提醒职业教育在招生时应更加注重学生的兴趣和潜力，而非仅仅关注成绩。在培养模式方面，华为为“天才少年”提供了个性化的培养方案和丰富的实践机会，职业教育可以借鉴这种模式，根据学生的不同特点和需求，制订差异

化的培养计划，强化实践教学环节，提高学生的动手能力和创新能力。此外，华为“天才少年”计划强调与产业的紧密结合，职业教育也应进一步加强与企业的合作，了解产业需求，及时调整专业设置和课程内容，使培养的学生能够更好地适应市场需求。

二、习近平总书记关于职业教育的重要论述与混合所有制办学

1. 习近平总书记关于职业教育的重要论述

习近平总书记强调“在全面建设社会主义现代化国家新征程中，职业教育前途广阔、大有可为”，这为职业教育的发展指明了光明前景。此论述指引职业教育要坚持党的领导，坚持正确办学方向，坚持立德树人。在发展过程中，我们需要优化职业教育类型定位，深化产教融合、校企合作，深入推进育人方式、办学模式、管理体制、保障机制改革。这意味着职业教育不能闭门造车，要与产业紧密结合，培养出符合社会需求的高素质技术技能人才、能工巧匠、大国工匠，为全面建设社会主义现代化国家提供有力的人才支撑和技能支撑。

2. 混合所有制办学的理论基础

混合所有制办学是指由不同所有制性质的主体，如政府、企业、社会组织等，共同出资、共同管理、共享收益的一种职业教育办学模式。其特点在于整合各方资源，发挥不同主体的优势。政府可以提供政策支持和资金保障，企业能够带来先进技术和实践经验，社会组织则可贡献专业的服务和创新理念。这种办学模式的优势显著，它打破了传统办学模式的局限，促进了教育资源的优化配置，提高了职业教育的适应性和灵活性，使学校培养的人才更贴合市场需求，增强了职业教育服务经济社会发展的能力。

3. 混合所有制办学的实践困境与解决路径

在实践中，混合所有制办学面临着一些问题。以某职业院校为例，学校与企业合作开展混合所有制办学，但出现了“混”而不“合”的情况。企业和学校在目标和利益上存在差异，企业更注重短期经济效益，而学校则侧重人才培养的长远目标，导致双方在决策和管理上难以达成一致，合作难以深入推进。此外，产权界定不清晰、利益分配不合理等问题也影响了合作的稳定性。为解决这些问题，首先，明确各方的权利和义务，通过签订详细的合作协议，清晰界定产权关系和利益分配机制。其次，建立有效的沟通协调机制，定期召开联席会议，及时解决合作中出现的问题。最

后，政府应加强政策引导和监管，出台相关政策，鼓励企业参与职业教育，同时规范合作行为，保障各方的合法权益。通过这些措施，可以推动混合所有制办学健康发展。

三、“企业逐利性与教育公益性的平衡”辩论组织

1. 辩论组织过程

教师在筹备“企业逐利性与教育公益性的平衡”辩论时，首先要确定辩题，结合当前职业教育中企业参与办学的实际情况，将辩题细化为具有可辩性的表述，确保能引发学生深入思考。其次，进行队伍组建，通过自愿报名和教师推荐相结合的方式，选拔出对该话题有浓厚兴趣且具备一定辩论能力的学生，将他们分成正反两方队伍。为保证公平公正，对双方队伍的实力进行均衡调配。资料收集阶段，引导学生从多个渠道获取信息，如查阅学术文献、分析实际案例、参考政策文件等。最后，鼓励学生对收集到的资料进行整理和分析，提炼出支持己方观点的论据，为辩论做好充分准备。

2. 比赛阶段安排

比赛环节设置应丰富多样，包括立论陈述、自由辩论和总结陈词。立论陈述阶段，双方一辩分别阐述己方观点，时间控制在 3 分钟左右，要求观点明确、逻辑清晰。自由辩论环节是比赛的高潮部分，双方辩手交替发言，展开激烈交锋，此环节时间设定为 15 分钟，旨在让双方充分表达观点、反驳对方。总结陈词阶段，双方四辩对己方观点进行总结和升华，时间为 4 分钟。在整个比赛过程中，教师要严格把控时间，确保每个环节都能按时完成，使比赛紧凑有序地进行。同时，教师要安排专人负责计时和提醒，保证比赛的公平性和规范性。

3. 引导要点与总结反思

在辩论过程中，引导学生深入思考是关键。当学生的观点出现偏差或论据不够充分时，教师要适时提出问题，引导他们从不同角度审视问题，拓宽思维视野。例如，在讨论企业逐利性对教育质量的影响时，教师要引导学生思考企业逐利的合理边界以及如何在逐利的同时保障教育的公益性。教师还要鼓励学生在辩论中尊重对方观点，理性表达自己的看法，避免情绪化的争吵。

赛后的总结反思对学生认知提升具有重要作用。教师要组织学生对比赛进行复盘，让他们回顾自己在辩论中的表现，分析优点和不足。教师还

要引导学生总结双方的观点和论据，深入理解企业逐利性与教育公益性之间的复杂关系。通过总结反思，学生能够更加客观地看待问题，提高分析问题和解决问题的能力，增强对职业教育中企业与教育关系的认知。

教案2 《中德SGAVE项目：国际认证与技能培养》

■课程思政目标：

（1）增强文化自信与国际视野；

（2）培养精益求精的工匠精神；

（3）树立技术标准本土化的创新意识。

■教学重难点：

（1）思政重点：德国工匠精神与中国智造2025的融合；

（2）专业难点：国际标准的适应性改造。

■教学方法：

（1）对比教学法（中德职业伦理差异分析）；

（2）项目教学法（德国工业4.0与中国制造2025对接）；

（3）榜样示范法（大国工匠王树军事迹学习）。

■教学准备：

（1）翻译德国“双元制”教育中的职业伦理准则；

（2）制作《中国高铁技术标准国际化》纪录片片段；

（3）收集国内企业标准“走出去”典型案例。

■教学过程：

（1）案例导入：中车集团收购德国企业后的标准融合；

（2）理论讲解：强调“引进消化吸收再创新”的中国智慧；

（3）小组讨论：如何在智能制造中保持文化主体性。

■评价方式：

（1）增设“文化自信”观测点（如国际标准本土化方案）；

（2）实践报告要求结合《中国教育现代化2035》。

■教学延伸：

（1）开展“标准中的国家形象”主题演讲；

（2）组织中德学生线上职业伦理对话。

■文案资料：

中德SGAVE项目：国际认证与技能培养

一、开场与课程目标介绍（5分钟）

同学们，大家好！在当今全球化的大背景下，制造业的发展水平俨然已经成为衡量一个国家综合实力的重要指标。大家不妨环顾四周，看看身边形形色色的产品，从智能手机到日常家电，从便捷的交通工具到先进的生产设备，它们的更新换代日新月异。而这背后，实则是各国制造业在全球市场中展开的激烈角逐，暗自较劲、各显神通。现在，老师要向大家抛出一个问题：假如咱们国家的制造业想要在国际舞台上站稳脚跟，突破重重竞争，你们觉得哪些要素是必不可少的呢？给大家一点思考时间，有想法的同学可以举手发言。（稍作停顿，目光扫视全场，邀请几位同学回答）

刚才几位同学的回答都十分精彩，说到了点子上。没错，先进的技术是推动制造业进步的核心动力，高素质的专业人才是实现技术落地与创新的关键支撑，而与国际接轨的标准则是打开全球市场大门的钥匙，这三者相辅相成，共同构成了制造业腾飞的基石。今天，我们就将目光聚焦在中德SGAVE项目上，一同深入探寻国际认证与技能培养的奥秘，揭开制造业国际化发展的神秘面纱。

这堂课有着明确且意义深远的课程思政目标。

首先，身处国际交流合作日益紧密的时代浪潮中，我们要着力增强文化自信与国际视野。一方面，我们要秉持谦虚好学的态度，积极了解世界先进水平，广泛汲取他人之长，做到博采众长；另一方面，我们也要对自身文化与技术的独特价值充满信心，不妄自菲薄，坚定文化自信。我们要深知，中华文化源远流长，我国的技术发展也在诸多领域取得了举世瞩目的成就，在国际合作中，我们有足够的底气和实力展现自我。

其次，培养精益求精的工匠精神也是这堂课的重要目标。大家都知道，德国制造以其严谨、精密、高品质而闻名于世，背后离不开德国工匠对每一个工艺环节的精益求精。而如今蓬勃发展的中国智造，同样需要这样一种对品质不懈追求的精神作为核心驱动力。无论是生产一件小小的零部件，还是打造一个复杂的大型设备，只有秉持工匠精神，我们才能不断提升产品质量，树立中国品牌形象。

最后，树立技术标准本土化的创新意识至关重要。在引入国际标准时，我们不能简单地照抄照搬，而要深入思考如何巧妙结合我国国情，实现创新突破。我国有着独特的产业结构、市场需求和社会文化背景，只有将国际标准与本土实际紧密结合，进行适应性创新，才能让国际标准在我国落地生根，为我国制造业的发展提供有力支撑。这也将是我们在课堂上深入探讨的重点内容。

当然，这堂课也有着突出的教学重难点。思政重点在于深度融合德国工匠精神与中国智造2025。德国制造凭借精益求精的精神在全球范围内树立了卓越典范，我们要深入思考怎样将这份精神精准融入我国的智能制造发展战略，为中国智造注入新的活力，推动我国制造业向高端化、智能化、绿色化迈进。专业难点则是国际标准的适应性改造。国际标准虽然具有一定的先进性和通用性，但每个国家的国情不同，产业基础和发展需求也存在差异。如何让这些国际标准在我国的土地上落地生根，完美契合我们的实际需求，满足我国制造业的发展需要，是我们亟待攻克的难题。

为助力大家更好地理解这些内容，我们将采用多种教学方法。通过对比教学法，我们将深入剖析中德职业伦理差异，让大家清晰洞察文化背景对职业观念的影响。比如，德国职业伦理强调对工作的高度专注和责任感，注重流程和规范；而我国的职业伦理在强调敬业的同时，还注重团队协作和家国情怀。通过对比，大家能更好地理解不同文化背景下职业观念的差异，从而在国际合作中做到相互理解、相互尊重。

运用项目教学法，我们将以德国工业4.0与中国制造2025对接为例，让大家在实际案例中深入探究。德国工业4.0倡导智能化生产、网络化制造，代表了当今制造业的发展趋势；而中国制造2025则是我国为推动制造业转型升级制定的重要战略。通过对这两个项目的对接研究，大家可以更直观地了解我国在借鉴国际先进经验的基础上，如何结合自身实际进行创新发展。

我们还会借助榜样示范法，学习大国工匠王树军的光辉事迹，从中汲取奋进的力量。王树军师傅扎根生产一线，凭借着对技术的执着追求和不懈努力，攻克了一个又一个技术难题，为我国制造业的发展做出了杰出贡献。他的事迹激励着我们每一位同学，在学习和未来的工作中，要勇于创新、敢于担当，为我国制造业的崛起贡献自己的力量。

为了给大家提供更丰富的学习素材，老师提前做了大量的准备工作。老师精心翻译了德国“双元制”教育中的职业伦理准则，让大家能够原汁原味地了解德国职业教育中的伦理规范；制作了《中国高铁技术标准国际化》纪录片片段，通过真实的影像资料，展现我国高铁技术在国际市场上的卓越成就和标准输出过程；还广泛收集了国内企业标准“走出去”的典型案例，如华为在通信领域的标准制定、海尔在家电行业的国际化标准推广等，力求全方位助力大家学习，让大家对国际认证与技能培养有更直观、更深入的认识。

二、案例导入（10 分钟）

理论知识固然重要，但鲜活的案例往往能让知识变得更加生动立体，易于理解。现在，让我们一同走进一个极具代表性的案例，正式开启今天的学习之旅。

同学们，中车集团想必大家都有所耳闻，它可是我国轨道交通装备制造领域的领军企业，在国内乃至全球都有着广泛的影响力。在全球化的宏大进程中，中车集团迈出了具有战略意义的一步 —— 收购德国的一家企业。这一收购行为看似简单，背后却隐藏着诸多复杂问题，其中标准融合堪称关键环节。

德国制造向来以高标准、严要求闻名于世，在全球制造业领域树立了卓越典范。德国企业在生产过程中，对每一个环节、每一道工序都有着极为严苛的标准和规范，追求极致的产品质量。而中车集团在国内历经多年发展，也构建了一套成熟且符合自身发展需求的标准体系，这套体系充分考虑了国内的生产环境、市场需求和成本效益等因素，注重高效协同，能够实现大规模、高效率的生产。当这两套体系相遇，究竟会碰撞出怎样的火花呢？

中车集团收购德国企业后，面临着生产标准、质量检测标准、管理标准等多方面的融合难题。在生产工艺方面，德国企业注重精细化操作流程，每个步骤都有严苛规范，从原材料的选择到产品的最终生产，每一个环节都不容有丝毫差错，力求做到极致。而中车集团在长期实践中，形成了一套更贴合国内生产环境与效率需求的工艺体系，注重高效协同，通过优化生产流程、合理配置资源，实现了生产效率的大幅提升。如何在确保产品高质量的前提下，巧妙融合两者优势，制定出一套全新的、更具竞争力的标准，成为中车集团亟待解决的棘手问题。

再看质量检测环节，德国的检测标准在某些指标上比国内更为严苛，对产品的性能、安全性、可靠性等方面有着更高的要求。这就给中车集团出了一道选择题：全盘照搬德国标准，虽然能确保产品质量达到国际顶尖水平，但可能会面临成本增加、生产周期延长等问题；在借鉴的基础上，结合国内市场需求和行业特点进行灵活调整，在保证产品基本质量的前提下，兼顾成本和效率呢？这一系列问题引发了行业内的广泛讨论与深入思考。

从这个案例中，我们能清晰地看到，在国际合作的大舞台上，标准融合是一个无法回避的核心话题。它不仅涉及技术层面的精准对接，更关乎文化、管理理念等多方面的激烈碰撞与深度融合。德国的严谨文化与中国的高效务实文化在这个过程中相互交流、相互影响，如何在这种多元文化的交融中找到平衡点，实现标准的有效融合，是我们需要深入探讨的问题。那么，在这样复杂的国际合作局势下，我们该秉持怎样的理念和方法呢？接下来，就让我们从理论层面深入剖析，一同探寻“引进消化吸收再创新”这一闪耀着中国智慧光芒的理念。

三、理论讲解（12 分钟）

同学们，“引进消化吸收再创新”，这绝非一句空洞的口号，而是蕴含着深刻内涵、具备强大实践指导意义的发展理念。在全球化的汹涌浪潮中，积极引进国外先进的技术、标准和管理经验，无疑是我们提升自身实力的重要开端。就像中车集团收购德国企业，成功引入德国先进的制造技术和管理理念，为自身的进一步发展开辟了新的道路，注入了新的活力。通过引进，我们可以快速缩小与国际先进水平的差距，站在巨人的肩膀上实现更高层次的发展。

然而，引进仅仅是万里长征的第一步，更关键的在于消化吸收。这要求我们深入钻研引进的成果，透彻理解其背后的原理、逻辑和优势。以德国工业 4.0 为例，它大力倡导智能化生产、网络化制造，这背后依托的是德国先进的工业技术和完善的产业体系。德国在机械制造、自动化控制、信息技术等领域拥有深厚的技术积累和领先的研发能力，这些优势共同支撑起了德国工业 4.0 的宏伟蓝图。我们在学习德国工业 4.0 时，绝不能仅仅停留在表面概念的理解上，而要深入剖析其技术架构、产业协同模式等核心要素。比如，德国工业 4.0 中的智能工厂，通过物联网技术实现设备之间的互联互通，通过大数据分析实现生产过程的优化控制，通过人工智能技术实现质量检测和故障预测等。我们要深入学习这些技术的原理和应用场景，将这些宝贵知识真正内化为我们自己的智慧。

消化吸收之后，再创新便是重中之重，这也是我们实现超越、铸就自身核心竞争力的关键路径。以中国高铁为例，在引进国外先进技术的基础上，我国科研人员刻苦钻研、不断创新，在列车速度提升、安全性保障、智能化运营等诸多方面取得了举世瞩目的重大突破。在列车速度方面，我国高铁不断挑战速度极限，从最初的时速 200 千米逐步提升到现在的时速 350 千米以上，创造了世界高铁运营速度的新纪录。在安全性保障方面，我们通过自主研发的列车控制系统、轨道监测系统等，实现了对高铁运行全过程的实时监控和精准控制，确保了高铁运行的安全可靠。在智能化运营方面，我们推出了电子客票、刷脸进站、智能客服等一系列智能化服务，极大地提升了旅客的出行体验。我国成功构建了具有中国特色的高铁技术标准体系，并在国际市场上大放异彩，成为我国高端制造业的一张亮丽名片。这无疑是“引进消化吸收再创新”理念的生动实践。

这种中国智慧，淋漓尽致地展现了我们务实的态度和勇于创新的精神。我们既不盲目排斥国外先进成果，也不简单机械地照搬照抄，而是紧密结合自身实际情况，走出一条独具特色的发展道路。在这一过程中，我们既能充分利用国际资源提升自身实力，又能牢牢保持自身的特色与独立性。就如同在中德 SGAVE 项目中，我们引入德国“双元制”教育中的职业伦理准则，这是引进；接着分析其与我国职业伦理的差异，思考如何将其合理融入我国职业教育体系，这是消化吸收；最终探索出一套既符合国际先进理念，又适应我国国情的职业伦理教育模式，这便是再创新。通过这样的过程，我们不仅提升了职业教育的质量，还培养出了一批既具备国际视野又具有本土情怀的高素质技术人才。

通过前面的案例分析和理论讲解，相信大家对国际合作中的标准融合以及“引进消化吸收再创新”的理念有了较为深入的理解。那么，接下来我们进入小组讨论环节，共同探讨一个极具现实意义的话题：如何在智能制造中保持文化主体性。

四、小组讨论（15 分钟）

同学们，智能制造已成为当今制造业发展的必然趋势，在这一进程中，我们大量引入国际先进技术和标准。但我们必须时刻保持清醒，绝不能在这个过程中迷失自我，丢失我们宝贵的文化主体性。现在，请大家迅速分成小组，围绕这个话题展开热烈讨论。在讨论过程中，大家可以紧密结合前面所讲的案例，以及“引进消化吸收再创新”的理论，深入思考以下几个问题：在智能制造中，文化主体性具体体现在哪些方面？我们在引入国际标准和技术时，可能会遭遇哪些对文化主体性的挑战？面对这些挑战，我们又该如何积极应对，切实保持我们的文化主体性？给大家15分钟的时间进行讨论，大家要畅所欲言，充分发表自己的观点。

（教师在教室里巡视各小组，认真倾听同学们的讨论，适时给予引导和启发）

好啦，时间到。哪个小组愿意率先分享一下你们的讨论成果？（邀请2~3个小组代表发言，每个小组发言后，教师进行点评和总结）

第一小组提出，在智能制造的生产流程设计中，融入中国传统的“以人为本”理念，这一观点十分新颖且具有重要价值。比如在设计智能工厂的工作环境时，充分考量员工的舒适度和工作体验，摒弃单纯追求效率最大化的片面做法，让员工在良好的环境中发挥更大的创造力。工厂可以设置舒适的休息区域、合理的工作空间布局，以及引入人性化的管理系统，关注员工的身心健康和职业发展。这样不仅能提高员工的工作积极性和工作效率，还能体现我国传统文化中对人的尊重和关怀。

第二小组提出，在产品设计方面，借鉴中国传统文化元素，能让产品独具中国韵味。像一些智能家电产品，采用中国传统的外观设计风格，如融入青花瓷、剪纸、中国结等元素，不仅美观大方，还能在全球范围内传播中国文化。同时，在产品功能设计上，我们也可以结合中国消费者的使用习惯和需求进行创新，比如智能厨房电器可以增加适合中国烹饪方式的功能，让产品更贴近中国用户，提升产品在国内市场的竞争力，同时也能将中国文化通过产品推向国际市场。

从大家的讨论中可以看出，在智能制造中保持文化主体性，需要我们从多个维度发力。在技术层面，要在引进的基础上持续创新，打造具有自主知识产权的技术体系，唯有如此，才能在国际竞争中牢牢掌握话语权。我们不能总是依赖国外的技术，要加大自主研发投入，培养本土的科研人才，加强产学研合作，推动技术创新成果的转化和应用。在管理层面，可将中国传统的管理智慧，如“和而不同”的理念融入企业管理，营造和谐融洽的工作氛围，有效提升团队协作效率。在企业管理中，尊重员工的个性差异，鼓励员工发挥各自的优势，促进团队成员之间的相互学习和合作，实现企业的整体发展。在产品层面，通过巧妙融入中国文化元素，大幅提升产品的文化附加值，显著增强产品在国际市场上的竞争力。将中国文化与现代科技相结合，打造具有中国特色的智能制造产品，让世界看到中国制造业的文化魅力。

五、评价方式与教学延伸介绍（3分钟）

同学们，经过这堂课的学习，我们也设置了相应的评价方式，用以检验大家的学习成效。在评价过程中，我们特意增设了“文化自信”观测点。比如，在大家制定国际标准本土化方案时，我们会重点观察大家对本土文化和技术优势的挖掘与运用程度，以此精准评估大家文化自信的提升状况，看大家是否能够充分认识到我国传统文化和现有技术的价值，并将其巧妙地融入国际标准的本土化改造中，展现出对本土文化和技术的自信。

同时，我们的实践报告要求大家紧密结合《中国教育现代化2035》，深入思考我们在职业技能培养和国际认证方面，如何与国家的教育现代化战略高度契合。《中国教育现代化2035》为我国教育事业的发展指明了方向，我们要思考如何通过中德SGAVE项目等国际合作，提升职业技能培养水平，获得国际认证，培养出符合国家发展需求的高素质技术人才，为我国制造业的转型升级提供人才支撑。

此外，为了让大家对今天所学内容有更深入的理解和拓展，我们还精心安排了教学延伸活动。我们将开展“标准中的国家形象”主题演讲，大家可以通过广泛收集资料，深入剖析不同国家的标准制定背后所反映的国家形象，进一步拓宽国际视野。不同国家的标准往往反映了其文化、价值观、产业优势等多方面的特点，通过研究这些标准，我们可以更好地了解不同国家，提升对国际合作的认识。同时，我们还将组织中德学生线上职业伦理对话，让大家有机会与德国学生直接交流，亲身感受不同文化背景下的职业伦理观念，在交流互动中有效提升自己的跨文化沟通能力。希望大家都能积极踊跃地参与到这些活动中来，不断提升自身综合素质。

今天的课就到此结束，同学们课后可以继续深入思考我们课堂上讨论的问题，为后续的活动做好充分准备。

教案3　《成都建工集团校企合作：现代学徒制实践》

■课程思政目标：

（1）传承劳模精神与劳动光荣理念；

（2）培养产业工人的职业认同感；

（3）强化安全生产与质量责任意识。

■教学重难点：

（1）思政重点：新时代产业工人的使命担当；

（2）专业难点：双导师制的协同育人机制。

■教学方法：

（1）现场教学法（建筑工地安全实训）；

（2）榜样访谈法（邀请全国劳模工匠进课堂）；

（3）情景模拟法（施工事故应急处理演练）。

■教学准备：

（1）整理《大国工匠·建筑篇》人物事迹；

（2）制作《建筑行业质量安全警示录》动画；

（3）设计工匠精神实践体验任务卡。

■教学过程：

（1）案例导入：港珠澳大桥建设中的产业工人故事；

（2）理论讲解：引用《习近平给“中国好人”李培生胡晓春回信》；

（3）小组讨论：“躺平”心态与工匠追求的辩证关系。

■评价方式：

（1）实践任务增加“职业素养”考核项（占 20%）；

（2）建立劳动价值观成长档案袋。

■教学延伸：

（1）开展“最美劳动者”摄影比赛；

（2）组织 BIM 技术创新中的伦理问题研讨。

■文案资料：

成都建工集团校企合作：现代学徒制实践

一、开场与课程目标介绍（5 分钟）

同学们，大家好！在正式开启今天的课程之前，老师想和大家聊聊我们身边的建筑。放眼望去，城市里高楼大厦林立，桥梁横跨江河，这些宏伟壮观的建筑不仅装点了我们的生活，更是国家经济发展和综合实力的生动体现。而在每一座建筑拔地而起的背后，都离不开无数产业工人的辛勤付出。今天，我们就聚焦成都建工集团校企合作下的现代学徒制实践，深入探究建筑行业背后的故事与奥秘。

这堂课有着清晰且意义重大的课程思政目标。

首先，我们要传承劳模精神与劳动光荣的理念。在建筑行业，有许多像全国劳模一样的杰出人物，他们用自己的双手和智慧，创造出令人惊叹的建筑奇迹，他们身上所展现出的劳模精神，正是我们需要传承和弘扬的宝贵财富。同时，我们要深刻认识到劳动无贵贱之分，每一位劳动者都值得尊重，树立劳动光荣的正确观念。

其次，培养产业工人的职业认同感至关重要。同学们，未来大家或许会踏入建筑行业，成为一名产业工人，只有对自己的职业充满认同，才能在工作中找到价值感和成就感，全身心地投入到建筑事业中。

最后，强化安全生产与质量责任意识是我们必须时刻牢记的。建筑行业关乎人民群众的生命财产安全，一丝一毫的疏忽都可能引发严重后果。所以，我们要从现在开始，就将安全生产和责任意识深深扎根在心中。

这堂课的教学重难点也十分突出。思政重点在于明确新时代产业工人的使命担当。在当前国家大力推进基础设施建设，加快城市化进程的背景下，新时代的产业工人肩负着怎样的重任，我们该如何以实际行动去践行使命，这是我们要深入思考的。专业难点则是双导师制的协同育人机制。在现代学徒制中，学校导师和企业导师如何密切配合，发挥各自优势，实现对学生的全方位培养，是需要我们深入探究的关键问题。

为了让大家更好地理解和掌握知识，我们将采用多种教学方法。通过现场教学法，我们会前往建筑工地进行安全实训，让大家亲身感受施工现场的环境，学习安全操作规范。运用榜样访谈法，邀请全国劳模工匠走进课堂，与大家面对面交流，分享他们的成长经历和工作心得，从榜样身上汲取奋进的力量。还会采用情景模拟法，进行施工事故应急处理演练，锻炼大家在突发情况下的应急处理能力。

在教学准备方面，老师也做了精心的安排。老师整理了《大国工匠·建筑篇》人物事迹，里面记录了许多建筑行业工匠们的传奇故事，他们的坚韧、创新和对品质的执着追求，一定会给大家带来深刻的启发。老师制作了《建筑行业质量安全警示录》动画，以生动形象的方式向大家展示建筑行业中因忽视安全和质量而引发的惨痛教训，希望能让大家更直观地认识到安全生产和质量责任的重要性。同时，老师还设计了工匠精神实践体验任务卡，让大家在实际操作中去感悟和践行工匠精神。那么，接下来，就让我们从一个震撼世界的建筑案例——港珠澳大桥建设中的产业工人故事，开启今天的学习之旅。

二、案例导入（10 分钟）

同学们，港珠澳大桥，这座被誉为“新世界七大奇迹”之一的超级工程，宛如一条巨龙横卧在伶仃洋上，连接着香港、珠海和澳门。它的建成，不仅极大地促进了三地的经济交流与发展，更是我国建筑实力的一次完美展示。而在这座大桥背后，有着无数产业工人默默奉献的身影。

在港珠澳大桥建设过程中，面临着诸多世界级难题。复杂的地质条件、恶劣的海洋环境、超高的建设标准，每一个挑战都像是一座难以逾越的大山。但是，我们的产业工人们没有退缩。就拿沉管安装来说，这是港珠澳大桥建设中最关键、难度最大的环节之一。每节沉管重达数万吨，要在海底几十米深的地方实现精准对接，误差不能超过几厘米，这对技术和操作的要求极高。产业工人们在水下作业，要承受巨大的水压和黑暗、潮湿的环境，工作条件十分艰苦。但他们凭借着顽强的毅力和精湛的技术，经过一次次的尝试和调整，最终成功完成了沉管安装，创造了世界奇迹。

还有一位产业工人李师傅，他负责大桥的焊接工作。为了确保焊接质量，他每天早早来到施工现场，仔细检查焊接设备，对每一个焊接点都要进行反复打磨和清理。在焊接过程中，他全神贯注，眼睛紧紧盯着焊点，双手稳稳地操作着焊枪，哪怕是一个小小的瑕疵，他都绝不放过。在高温的焊接环境下，他的衣服被汗水湿透了一遍又一遍，但他始终坚守岗位。正是因为有无数像李师傅这样的产业工人，他们秉持着对工作的高度负责态度，精益求精，才铸就了港珠澳大桥这样的世纪工程。

从港珠澳大桥建设中产业工人的故事里，我们看到了他们的拼搏、奉献和对质量的极致追求。这些产业工人用自己的实际行动诠释了什么是责任，什么是担当。那么，在新时代，作为未来的产业工人，我们又该如何从他们身上汲取力量，肩负起自己的使命呢？接下来，我们进入理论讲解环节，通过学习《习近平给“中国好人”李培生胡晓春回信》，来寻找答案。

三、理论讲解（10 分钟）

同学们，在学习《习近平给“中国好人”李培生胡晓春的回信》之前，老师先给大家简单介绍一下李培生和胡晓春这两位“中国好人”。李培生是黄山风景区的一名环卫工人，他每天穿梭在悬崖峭壁间，清理游客留下的垃圾，守护着黄山的美丽环境。胡晓春则是一名黄山风景区的守松人，他几十年如一日，精心呵护着黄山的标志性景观——迎客松，确保它茁壮成长。他们虽然从事着平凡的工作，但却在平凡中创造了不平凡。

习近平总书记在给他们的回信中，充分肯定了他们在各自岗位上默默奉献，用心用情守护美丽环境的精神，强调了“中国好人”最可贵的地方就是在平凡工作中创造不平凡的业绩。这对于我们理解新时代产业工人的使命担当有着重要的指导意义。

在建筑行业，我们的产业工人同样是在平凡的岗位上，从事着看似普通的工作。但正是他们一砖一瓦的堆砌，一焊一铆的操作，才构建起了城市的钢筋铁骨。新时代的产业工人，肩负着推动建筑行业高质量发展的重任。我们要像李培生和胡晓春一样，热爱自己的工作，无论工作多么艰苦，环境多么恶劣，都要坚守岗位，认真负责。

同时，我们要以高标准来要求自己的工作。在建筑行业，质量就是生命，每一个建筑项目都关乎着人民群众的生活和安全，我们必须以精益求精的工匠精神，打造出经得起时间考验的优质工程。就像港珠澳大桥的建设者们一样，面对困难不退缩，勇于创新，不断提升自己的技术水平，为建筑行业的发展贡献自己的智慧和力量。

从总书记的回信中，我们还能体会到团队合作的重要性。在建筑工地上，一个项目的完成需要设计师、工程师、产业工人等众多人员的密切配合。我们要学会与他人协作，发挥各自的优势，形成强大的工作合力。通过对总书记回信的学习，相信大家对新时代产业工人的使命担当有了更深刻的认识。那么，在现实生活中，我们也会听到一些关于“躺平”心态的说法，这种心态与我们所倡导的工匠又有着怎样的关系呢？接下来，我们进入小组讨论环节，一起来探讨这个话题。

四、小组讨论（15 分钟）

同学们，在当前社会中，“躺平”这个词时常被提及。所谓“躺平”心态，就是指一些人面对生活和工作的压力，选择消极对待，缺乏积极进取的动力。而我们所倡导的工匠追求，是对工作的热爱、对品质的执着、对创新的追求。现在，请大家迅速分成小组，围绕“躺平”心态与工匠追求的辩证关系展开讨论。在讨论过程中，大家可以结合我们前面讲的港珠澳大桥建设案例，以及总书记回信中的精神，思考以下几个问题：“躺平”心态在建筑行业可能会带来哪些影响？工匠追求对克服“躺平”心态有什么积极作用？我们该如何在学习和未来的工作中，摒弃“躺平”心态，树立工匠追求？给大家15分钟的时间进行讨论，希望大家畅所欲言，充分发表自己的观点。（老师在教室里巡视各小组，认真倾听同学们的讨论，适时给予引导和启发）

好啦，时间到。哪个小组愿意率先分享一下你们的讨论成果？（邀请2~3个小组代表发言，每个小组发言后，老师进行点评和总结）

第一小组提到，在建筑行业，“躺平”心态可能会导致工人对工作敷衍了事，不注重细节，从而影响工程质量。比如在砌墙时，如果工人抱着“躺平”心态，可能会出现墙体不平整、砖缝不均匀等问题，这不仅会影响建筑的美观，还可能留下安全隐患。而工匠追求则可以激发工人的工作热情，让他们主动去学习新技术、新方法，不断提升自己的工作能力，从而提高工程质量。比如前面提到的港珠澳大桥的焊接工人李师傅，正是因为有着工匠追求，才会对焊接工作如此精益求精。

第二小组指出，“躺平”心态还会影响团队合作。在建筑工地上，各个环节需要紧密配合，如果有人“躺平”，就会影响整个工作流程的顺畅进行，降低工作效率。而工匠追求强调团队协作，大家为了共同的目标，相互学习、相互支持，能够形成良好的工作氛围，提高团队的凝聚力和战斗力。

从大家的讨论中可以看出，“躺平”心态与工匠追求是完全相悖的。在建筑行业，我们必须摒弃“躺平”心态，树立工匠追求。这需要我们从自身做起，培养对建筑行业的热爱，明确自己的职业目标，不断激励自己前进。同时，学校和企业也要营造良好的环境，通过宣传劳模精神、开展技能竞赛等方式，激发大家的工作热情和创新精神。

通过前面的案例导入、理论讲解和小组讨论，相信大家对成都建工集团校企合作下的现代学徒制实践，以及新时代产业工人的使命担当有了较为全面的认识。接下来，老师给大家介绍一下这堂课的评价方式和教学延伸活动。

五、评价方式与教学延伸介绍（5分钟）

同学们，为了全面、客观地评价大家在这堂课中的学习成果，我们设置了新的评价方式。在实践任务中，我们增加了职业素养考核项，这一项占总成绩的20%。职业素养考核主要包括大家在实践过程中的安全意识、质量意识、团队协作能力、责任心等方面。比如在建筑工地安全实训中，是否严格遵守安全操作规程，在完成实践任务时，是否注重质量，与团队成员的沟通协作是否顺畅等，都会纳入职业素养考核范围。

同时，我们还将建立劳动价值观成长档案袋。在这个档案袋里，会记录大家在整个课程学习过程中的表现，包括课堂发言、小组讨论、实践任务完成情况等。通过这个成长档案袋，我们可以清晰地看到大家在劳动价值观方面的成长和变化，也便于老师针对大家的情况进行个性化的指导和帮助。

此外，为了让大家对今天所学内容有更深入的理解和拓展，我们精心安排了教学延伸活动。

首先，我们将开展最美劳动者摄影比赛。大家可以用相机记录下身边劳动者的工作瞬间，无论是建筑工人、环卫工人，还是教师、医生等，通过镜头展现他们的辛勤付出和劳动之美。在拍摄和评选的过程中，你们将进一步深化对劳动光荣的认识。

其次，我们还将组织 BIM 技术创新中的伦理问题研讨。随着科技的不断发展，BIM 技术在建筑行业的应用越来越广泛。但在技术创新的过程中，也会面临一些伦理问题，比如数据隐私保护、技术垄断等。通过组织研讨，大家可以深入思考在推动建筑行业技术进步的同时，如何遵循伦理道德，实现可持续发展。希望大家都能积极参与到这些评价和教学延伸活动中来，不断提升自己的综合素质。

今天的课就到此结束，同学们课后可以继续深入思考我们课堂上讨论的问题，为后续的活动做好充分准备。

教案 4　《海尔卡奥斯智能学院：智能制造人才共育》

■课程思政目标：

（1）增强科技报国的使命意识；

（2）培养数字化时代的创新思维；

（3）树立绿色制造与可持续发展理念。

■教学重难点：

（1）思政重点：智能制造中的伦理责任；

（2）专业难点：工业互联网平台的构建逻辑。

■教学方法：

（1）项目教学法（绿色智能工厂设计）；

（2）辩论教学法（人工智能对就业的影响）；

（3）虚拟仿真法（碳排放智能监测系统操作）。

■教学准备：

（1）收集“东数西算”工程中的绿色计算案例；

（2）制作《智能制造伦理指南》知识图谱；

（3）设计“碳中和目标下的制造变革”探究任务。

■教学过程：

（1）案例导入：海尔 COSMOPlat 助力中小企业数字化转型；

（2）理论讲解：解读《中共中央 国务院关于完整准确全面贯彻新发展理念做好碳达峰碳中和工作的意见》；

（3）小组讨论：智能算法中的公平性问题。

■评价方式：

（1）实践报告增设“社会责任”维度（占 15%）；

（2）建立“创新思维与伦理意识”双维度评价表。

■教学延伸：

（1）开展“我的智能设计方案”伦理审查活动；

（2）组织参观国家级绿色工厂。

■文案资料：

海尔卡奥斯智能学院：智能制造人才共育

一、开场与课程目标介绍（5 分钟）

同学们，在当今科技飞速发展的时代，智能制造已然成为推动全球经济发展和产业升级的关键力量。从智能工厂里高效运转的自动化生产线，到智能家居中便捷贴心的智能设备，智能制造正在深刻地改变着我们的生活和工作方式。今天，我们将聚焦海尔卡奥斯智能学院，深入探讨智能制造人才共育这一重要课题。

这堂课有着极为明确且意义深远的课程思政目标。

首先，我们要着力增强大家科技报国的使命意识。科技是国家强盛之基，创新是民族进步之魂。在全球科技竞争日益激烈的当下，作为新时代的学子，我们肩负着用科技力量推动国家发展、实现民族复兴的重任。智能制造领域的发展，关乎国家的产业竞争力和经济安全，我们要将个人的学习与国家的科技发展紧密相连，立志用所学知识为国家的科技进步贡献力量。

其次，培养数字化时代的创新思维也是我们的重要任务。在这个数字化浪潮汹涌的时代，创新思维是我们在智能制造领域取得突破的关键。传统的制造模式已难以满足市场快速变化的需求，我们要敢于突破常规，运用数字化技术和创新理念，探索智能制造的新模式、新方法。从产品设计到生产流程优化，从供应链管理到客户服务，创新思维将贯穿智能制造的各个环节。

最后，树立绿色制造与可持续发展理念至关重要。随着全球环境问题日益严峻，制造业作为资源消耗和碳排放的大户，必须积极践行绿色发展理念。智能制造为实现绿色制造提供了有力支撑，通过智能化的生产管理、能源优化和资源循环利用，我们能够在提高生产效率的同时，最大限度地减少对环境的影响，实现经济发展与环境保护的双赢。

这堂课的教学重难点十分突出。思政重点在于探讨智能制造中的伦理责任。在智能制造快速发展的过程中，我们面临着诸多伦理问题，如数据隐私保护、人工智能决策的公正性、自动化生产对就业的影响等。如何在追求技术进步的同时，坚守伦理道德底线，确保智能制造的健康发展，是我们需要深入思考和探讨的问题。

专业难点则是工业互联网平台的构建逻辑。作为智能制造的核心支撑，工业互联网平台整合了设备、数据、应用等多种资源，实现了工业生产的智能化、网络化和协同化。然而，其构建涉及复杂的技术架构、业务流程和生态体系，理解和掌握工业互联网平台的构建逻辑，对于我们深入学习智能制造具有重要意义，但也是一项极具挑战性的任务。

为了帮助大家更好地理解这些内容，我们将采用多种教学方法。通过项目教学法，以绿色智能工厂设计为项目任务，让大家在实践中深入理解智能制造的理念和技术，培养大家的综合应用能力和创新思维。运用辩论教学法，组织大家就人工智能对就业的影响展开辩论，激发大家的批判性思维，引导大家全面、客观地看待科技发展带来的社会问题。借助虚拟仿真法，让大家进行碳排放智能监测系统操作的虚拟仿真，增强大家对绿色制造技术的直观认识和实践能力。

在教学准备方面，教师收集了“东数西算”工程中的绿色计算案例，这些案例展示了在数字化时代，如何通过合理的资源配置和技术创新，实现绿色、高效的计算。制作了《智能制造伦理指南》知识图谱，将复杂的伦理知识以直观的图谱形式呈现，便于大家系统学习。设计了“碳中和目标下的制造变革”探究任务，引导大家围绕国家的重大战略目标，深入思考智能制造在实现碳中和过程中的作用和变革。希望这些准备能为大家的学习提供有力支持。

二、案例导入（10 分钟）

现在，让我们通过一个生动且具有代表性的案例，正式开启今天的学习之旅。同学们，想必大家对海尔并不陌生，作为全球知名的家电企业，海尔在智能制造领域同样走在了行业的前列。今天我们要重点了解的是海尔的 COSMOPlat，它在助力中小企业数字化转型方面取得了令人瞩目的成绩。

海尔 COSMOPlat 是一个工业互联网平台，它就像一个强大的“智慧大脑”，连接了企业的各个环节和资源。以一家传统的服装制造中小企业为例，在接触海尔 COSMOPlat 之前，这家企业面临着诸多困境；市场需求变化快，企业难以快速响应，产品设计缺乏创新，生产效率低下，库存积压严重。而在接入海尔 COSMOPlat 后，情况发生了翻天覆地的变化。

通过 COSMOPlat，这家服装企业能够实时获取市场的需求信息。平台利用大数据分析技术，对消费者的喜好、流行趋势等进行精准分析，为企业提供设计灵感和产品定位。企业的设计师可以根据这些信息，快速开发出符合市场需求的新款服装。在生产环节，COSMOPlat 实现了生产过程的智能化管理。通过与企业生产设备的连接，COSMOPlat 能够实时监控生产进度、设备运行状态等，及时发现并解决生产中的问题，大大提高了生产效率。同时，平台还优化了供应链管理，实现了原材料的精准采购和配送，减少了库存积压。

不仅如此，COSMOPlat 还帮助这家企业实现了个性化定制。消费者可以通过平台参与服装的设计，选择自己喜欢的款式、颜色、面料等，企业根据消费者的个性化需求进行生产。这种个性化定制模式，不仅满足了消费者多样化的需求，还提高了企业的产品附加值和市场竞争力。

通过这个案例，我们可以清晰地看到，智能制造不仅仅是技术的升级，更是一种全新的生产模式和商业模式的变革。COSMOPlat 通过数字化、智能化的手段，帮助中小企业突破了发展瓶颈，实现了数字化转型。那么，从理论层面来看，智能制造与国家的发展战略有着怎样的紧密联系呢？接下来，我们进入理论讲解环节。

三、理论讲解（12 分钟）

同学们，在深入探讨智能制造相关理论之前，我们先来学习一份重要的文件——《中共中央 国务院关于完整准确全面贯彻新发展理念做好碳达峰碳中和工作的意见》。这份文件对于我们理解智能制造在国家发展战略中的地位和作用具有重要的指导意义。

文件指出，实现碳达峰、碳中和，是以习近平同志为核心的党中央统筹国内国际两个大局作出的重大战略决策，是着力解决资源环境约束突出问题、实现中华民族永续发展的必然选择，是构建人类命运共同体的庄严承诺。而制造业在实现碳达峰、碳中和目标的过程中扮演着至关重要的角色。

在智能制造领域，我们可以从多个方面贯彻落实这一意见。从能源管理角度来看，智能制造通过智能化的能源监测和控制系统，能够实时掌握企业的能源消耗情况，分析能源使用效率，从而制定针对性的节能措施。例如，在智能工厂中，可以根据生产任务的负荷变化，自动调整设备的运行功率，避免能源的浪费。一些企业利用人工智能技术，对生产过程中的能源数据进行深度学习，预测能源需求，优化能源供应方案，实现能源的高效利用。

在生产工艺方面，智能制造推动了绿色制造技术的创新和应用。通过研发和采用新型的生产工艺，如增材制造（3D 打印）技术，能够减少原材料的浪费，降低生产过程中的能耗和废弃物排放。3D 打印技术可以根据产品的设计模型，精确地逐层堆积材料，实现复杂零部件的一体化制造，相比传统的加工工艺，大大减少了材料的切削和浪费。

再从产品设计来看，智能制造倡导绿色设计理念。在产品设计阶段，就充分考虑产品的全生命周期，包括原材料的选择、生产过程的能耗、产品使用过程中的能源效率以及产品报废后的回收利用等。例如，一些家电企业在设计智能家电产品时，采用节能芯片和高效的散热技术，降低产品在使用过程中的能耗；同时，选择可回收的环保材料，方便产品报废后的回收处理，减少对环境的污染。

智能制造与国家的碳达峰、碳中和战略紧密相连，它为制造业实现绿色、可持续发展提供了强大的技术支撑和创新动力。通过对这份文件的学习，我们对智能制造的发展方向有了更清晰的认识。接下来，我们进入小组讨论环节，一起探讨一个在智能制造领域备受关注的话题：智能算法中的公平性问题。

四、小组讨论（15 分钟）

同学们，在数字化时代，智能算法已经广泛应用于智能制造的各个环节，从生产调度、质量检测到供应链管理、客户服务等。然而，随着智能算法的深入应用，其公平性问题也逐渐凸显出来。现在，请大家分成小组，围绕这个话题展开讨论。在讨论过程中，可以结合我们前面讲的案例，以及对《中共中央 国务院关于完整准确全面贯彻新发展理念做好碳达峰碳中和工作的意见》的理解，思考以下几个问题：在智能制造中，智能算法的公平性体现在哪些方面？我们在应用智能算法时，可能会遇到哪些影响公平性的因素？我们又该如何应对这些挑战，确保智能算法的公平应用？给大家 15 分钟的时间进行讨论，大家要积极发言，充分交流自己的想法。(老师巡视各小组，倾听同学们的讨论，适时给予引导和启发)

好啦，时间差不多了。哪个小组先来分享一下你们的讨论成果？（请 2~3个小组代表发言，每个小组发言后，老师进行点评和总结）

第一小组提到，在生产任务分配的智能算法中，公平性体现在每个生产单元都能根据自身的生产能力和资源状况，合理地获得生产任务。如果算法不合理，可能会导致部分生产单元任务过重，而部分任务不足，影响整体生产效率和员工的工作积极性。比如，在一个电子制造工厂中，如果智能算法总是将复杂、耗时的生产任务分配给少数几个熟练工人所在的生产单元，而其他生产单元则长期处于不饱和状态，这显然是不公平的。为了解决这个问题，我们认为可以在算法中加入生产单元的历史任务完成情况、员工技能水平分布等因素，实现生产任务的均衡分配。

第二小组提出，在质量检测的智能算法中，公平性体现为对不同批次、不同生产线的产品进行无偏见的检测。如果算法存在偏差，可能会导致某些批次的产品被过度检测，而某些批次的产品则检测不足，影响产品质量的一致性和企业的声誉。例如，在汽车制造中，对于不同生产线生产的汽车零部件，如果智能检测算法对其中一条生产线的产品设置了过高的检测标准，而对其他生产线的产品检测标准较低，就会造成不公平。针对这个问题，小组建议建立统一、科学的质量检测标准库，并定期对智能算法进行校准和优化，确保其检测的公正性。

从大家的讨论中，我们可以看出，智能算法的公平性在智能制造中至关重要，它涉及生产效率、产品质量、员工权益等多个方面。要确保智能算法的公平应用，我们需要从算法设计、数据收集与处理、算法评估与优化等多个环节入手，综合考虑各种因素，制定合理的策略。同时，我们也要认识到，智能算法的公平性不仅仅是技术问题，还涉及伦理道德和社会责任。在智能制造的发展过程中，我们要始终坚守公平、公正的原则，让科技更好地服务于人类社会。

五、评价方式与教学延伸介绍（3 分钟）

同学们，关于这堂课的学习效果，我们制定了全面且科学的评价方式。在实践报告方面，我们特意增设了“社会责任”维度，这一维度占总分的 15%。大家在完成智能制造相关的实践报告时，要充分体现对社会责任的思考和践行。比如，在报告中分析自己所设计的智能制造方案对环境的影响，以及如何采取措施减少负面影响；探讨智能算法在应用过程中如何保障公平性，避免对员工或消费者造成不利影响等。老师将根据大家在这些方面的表现进行评分，以此引导大家在学习和实践中树立强烈的社会责任意识。

同时，我们还建立了“创新思维与伦理意识”双维度评价表。这个评价表将从创新思维和伦理意识两个方面，对大家在课堂学习、小组讨论、实践任务等各个环节的表现进行综合评价。在创新思维方面，关注大家是否能够提出新颖的观点、独特的设计思路和创新的解决方案；在伦理意识方面，考察大家对智能制造中伦理问题的认识、分析和应对能力。通过这个双维度评价表，大家可以更清晰地了解自己在创新思维和伦理意识方面的优势和不足，有针对性地进行提升。

另外，为了让大家对今天所学内容有更深入的理解和拓展，我们安排了丰富的教学延伸活动。

首先，我们将开展“我的智能设计方案”伦理审查活动。大家可以将自己在课堂学习和课后思考中形成的智能设计方案提交上来，然后组织专业教师和同学代表组成伦理审查小组，对这些方案进行伦理审查。审查内容包括方案是否符合伦理道德规范，是否存在数据隐私泄露风险，是否保障了相关方的权益等。通过这个活动，大家可以进一步强化伦理意识，提高在智能制造设计中识别和解决伦理问题的能力。

其次，我们将组织学生参观国家级绿色工厂。这些绿色工厂在智能制造和绿色制造方面具有先进的理念和实践经验。大家可以实地参观工厂的智能生产线、能源管理系统、环保设施等，亲身感受智能制造与绿色制造相结合的魅力。在参观过程中，大家可以与工厂的技术人员和管理人员进行交流，了解他们在实现智能制造和绿色发展过程中所面临的挑战和解决方案，拓宽自己的视野，为今后的学习和工作积累宝贵的经验。希望大家积极参与到这些活动中来，不断提升自己的专业素养和综合能力。

今天的课就上到这里，同学们课后可以进一步思考我们课堂上讨论的问题，为后续的活动做好准备。

教案 5 《西部装配式建筑产教融合共同体》

■课程思政目标：

(1) 培养乡村振兴的服务意识；

(2) 传承传统建筑文化基因；

(3) 强化建筑行业的生态责任。

■教学重难点：

(1) 思政重点：装配式建筑中的文化传承与创新；

(2) 专业难点：全产业链协同机制构建。

■教学方法：

(1) 田野调查法（传统建筑模数研究）；

(2) 虚拟建造法（BIM 技术中的文化元素植入）；

(3) 政策分析法（《城乡建设领域碳达峰实施方案》）。

■教学准备：

(1) 收集西南地区传统建筑智慧案例库；

(2) 制作装配式建筑碳排放计算器；

(3) 整理住房城乡建设部绿色建筑评价标准。

■教学过程：

(1) 案例导入：成都“交子之环”建筑中的文化表达；

(2) 理论讲解：城市工作的相关理论；

(3) 小组讨论：如何在现代建筑中延续历史文脉。

■评价方式：

(1) 实践任务增加“文化传承创新点”评分项；

(2) 建立“生态责任意识”成长记录册。

■教学延伸：

(1) 开展“传统建筑智慧现代应用”设计竞赛；

（2）组织乡村振兴中的建筑服务调研。

■文案资料：

西部装配式建筑产教融合共同体

一、开场与课程目标介绍（7分钟）

亲爱的同学们，大家好！在当下这个日新月异、蓬勃发展的时代浪潮里，建筑行业正经历着一场深刻且影响深远的变革。当我们穿梭于城市的大街小巷，那鳞次栉比、拔地而起的高楼大厦，彰显着城市的繁华与活力；而走进宁静质朴的乡村，焕然一新的民居小院也正悄然诉说着乡村发展的崭新篇章。建筑，它不仅仅为我们遮风挡雨，提供生活和工作的空间，更宛如一座桥梁，紧密连接着文化传承、历史延续与环境保护的重任，承载着无数代人的情感与记忆。今天，我们将目光精准聚焦西部装配式建筑产教融合共同体，一同深入探索这片充满机遇与挑战的领域，揭开其神秘的面纱。

这堂课肩负着明确且极具价值的课程思政目标。我们要在大家心中深深种下为乡村振兴服务的意识种子。乡村，作为我们国家发展的根基，是孕育无数希望与梦想的摇篮。乡村振兴战略，已然成为实现中华民族伟大复兴宏伟蓝图中不可或缺的重要任务。而建筑，在乡村振兴的征程中扮演着极为关键的角色，恰似一把钥匙，能够开启乡村发展的新大门。我们要深入思考，如何巧妙运用装配式建筑技术这一有力工具，改善乡村居民的居住环境，提升乡村生活品质，为乡村经济发展注入新的活力，推动乡村朝着更加美好的方向大步迈进。

传承传统建筑文化基因，同样是我们义不容辞的重要使命。我国的传统建筑，历经数千年的风雨洗礼与岁月沉淀，宛如一座蕴含丰富文化内涵和古人无穷智慧的宝藏。从北方规整有序、体现家族伦理的四合院，到南方精巧秀丽、独具徽派韵味的徽派建筑；从黄土高原别具特色、冬暖夏凉的窑洞，到西南边陲依水而建、风情万种的吊脚楼，每一种建筑形式都散发着独特的魅力，承载着特定地域的文化记忆和生活方式。在现代建筑蓬勃发展的今天，我们有责任、有义务在其中延续这些珍贵的文化基因，让古老的智慧在新时代的阳光下焕发出新的光彩，实现传统与现代的完美交融。

强化建筑行业的生态责任意识，在全球环境问题日益严峻的大背景下，显得尤为重要。建筑行业，长期以来都是能耗和碳排放的大户，对全球生态环境产生着重大影响。在绿色发展、可持续发展成为时代主题的当下，建筑行业必须积极主动地探索绿色、可持续的发展道路，寻求突破与变革。而装配式建筑，作为建筑行业的新兴力量，在这方面展现出了巨大的潜力与优势。我们要深入钻研，在装配式建筑的设计、生产和施工的每一个环节中，如何最大限度地减少对环境的负面影响，实现建筑与自然环境的和谐共生。

这堂课的教学重难点也十分突出。思政重点聚焦装配式建筑中的文化传承与创新。如何巧妙地将源远流长、博大精深的传统建筑文化，与现代先进的装配式建筑技术有机结合，创造出既符合时代发展潮流、具有鲜明时代特色，又富有深厚文化底蕴、彰显民族精神的建筑作品，是我们需要深入探讨、不断实践的核心问题。专业难点则在于全产业链协同机制构建。装配式建筑，涉及设计、生产、运输、施工等多个复杂且相互关联的环节，犹如一条紧密咬合的链条，任何一个环节出现问题，都可能影响整个建筑项目的顺利推进。因此，各环节之间需要打破壁垒，紧密配合，形成高效、顺畅的协同机制，这对我们来说无疑是一个不小的挑战，需要我们不断探索、总结经验。

为了助力大家更好地理解这些内容，我们将采用多种科学有效的教学方法。

田野调查法，能让我们走出教室，深入实地，亲身去研究传统建筑模数。比如，我们可以走进西南地区的古老村落，对那些历经岁月沧桑的传统民居进行细致入微的实地测量和深入透彻的分析。通过测量房屋的开间、进深、层高，观察建筑的空间布局、尺度把握等，去挖掘传统建筑背后所蕴含的古人智慧，了解他们如何巧妙地利用有限的空间和资源，创造出舒适宜人的居住环境。

虚拟建造法，借助先进的 BIM 技术，为我们构建了一个虚拟的建筑世界。在这个虚拟环境中，我们可以大胆地植入各种文化元素，提前模拟建筑建成后的实际效果。通过对不同设计方案的模拟展示，我们能够直观地看到文化元素与建筑设计的融合效果，及时发现问题并进行优化，从而为实际的建筑项目提供更加完善、精准的设计方案。

政策分析法，通过解读《城乡建设领域碳达峰实施方案》等一系列重要政策文件，为我们清晰地勾勒出国家在建筑行业节能减排方面的政策导向。这些政策文件，犹如灯塔，照亮了我们前行的道路，让我们明确在建筑工作中应承担的责任和努力的方向，引导我们在实践中积极贯彻落实节能减排的要求，推动建筑行业朝着绿色、低碳的方向发展。

在教学准备方面，教师也做了大量细致且充分的工作。教师收集了西南地区传统建筑智慧案例库，这里面汇聚了众多传统建筑在结构设计、材料选用、节能措施等方面的优秀案例。每一个案例，都像是一本生动的教科书，为我们展示了传统建筑的魅力与智慧。教师制作了装配式建筑碳排放计算器，它就像一个贴心的小助手，方便大家通过简单的操作，直观地了解不同装配式建筑方案在整个生命周期中的碳排放情况，从而为我们选择更加环保、低碳的建筑方案提供数据支持。教师还整理了住房城乡建设部绿色建筑评价标准，这一标准为我们衡量建筑的绿色性能提供了科学、权威的依据，让我们在建筑实践中有了明确的参照，能够更好地打造绿色建筑。希望这些精心的准备，能如同坚实的基石，助力大家在知识的海洋中乘风破浪，更好地学习。

二、案例导入（12 分钟）

现在，让我们通过一个生动鲜活、极具代表性的案例，正式开启今天精彩纷呈的学习之旅。同学们，想必大家都听说过成都那闻名遐迩的“交子之环”吧。它坐落于成都金融城这片充满活力与机遇的土地上，不仅仅是一座功能性的桥梁，连接着城市的交通脉络，更是一件巧夺天工、融合了深厚文化与现代先进科技的建筑艺术品，也是成都这座城市的新地标。

从外观上看，“交子之环”的造型独特新颖，宛如一个巨大而璀璨的金色圆环，优雅地横跨在道路之上，在阳光的照耀下熠熠生辉。这个圆环的设计灵感，巧妙地来源于成都辉煌灿烂的历史文化符号——交子。交子，作为世界上最早的纸币，诞生于北宋时期繁华的成都，它的出现极大地推动了当时商业的繁荣与发展，见证了成都在金融领域的无上荣耀和辉煌历史。“交子之环”将这一具有深远历史意义的文化元素，以一种极具创意和现代感的方式，融入建筑造型，使得这座建筑在展现现代建筑创新性和科技感的同时，也深深扎根于成都的历史文化土壤，彰显出浓厚的历史底蕴，成为历史与现代对话的生动典范。

在建筑结构和材料运用上，“交子之环”大胆采用了先进的装配式建筑技术。在现代化的工厂里，预制的钢结构部件被精准生产出来，这些部件如同一个个精心打造的积木零件，具有高精度、高质量的特点。完成生产后，它们被高效运输到现场，再由专业的施工团队进行快速组装。相较于传统的现场浇筑施工，这种装配式的建造方式犹如一场建造方式的革命，大大缩短了施工周期，让项目能够更快地投入使用。同时，由于大部分工作在工厂环境中完成，施工现场的建筑垃圾和噪音显著减少，有效降低了对周边居民生活和城市环境的影响，完美契合了现代建筑所倡导的绿色环保理念，为城市的可持续发展贡献了力量。

在内部空间设计上，“交子之环”更是充分体现了建筑以人为本的设计理念。它精心设置了宽敞舒适的观景平台，让市民们能够站在高处，俯瞰城市的繁华美景，感受城市的脉搏与活力；规划了便捷流畅的步行通道，方便市民们在桥上自由穿梭，享受漫步的乐趣。这些贴心的设计，为市民提供了一个休闲娱乐、放松身心的绝佳场所，让这座建筑不仅仅是冰冷的钢筋混凝土结构，更是充满人文关怀，能够与市民产生情感共鸣的城市公共空间。

通过“交子之环”这个案例，我们可以清晰地看到，装配式建筑就像一把神奇的钥匙，不仅能够实现高效、环保的现代化建造，还能如同一个文化的容器，承载丰富多元的文化内涵，将历史与现代、科技与人文完美融合。它为我们在西部广袤的土地上开展装配式建筑项目，提供了宝贵的经验和借鉴。那么，在理论层面，我们应该如何深入理解装配式建筑与文化传承、生态责任等方面千丝万缕的关系呢？接下来，我们正式进入理论讲解环节。

三、理论讲解（15 分钟）

城市工作是一个庞大而复杂的系统工程，犹如一部精密运转的机器，各个部件相互关联、相互影响。

我们要统筹空间、规模、产业三大结构，如同绘制一幅宏大的城市蓝图，从宏观层面把握城市发展的全局性，合理规划城市的空间布局，确定城市的发展规模，优化产业结构，让城市的各个组成部分协调发展，形成强大的发展合力。

我们还要统筹规划、建设、管理三大环节，这三个环节就像接力赛中的三棒，紧密相连，缺一不可。只有从规划的源头抓起，精心设计城市的未来发展方向，在建设过程中严格把控质量，确保每一个项目都经得起时间的考验，在管理环节不断优化提升，保障城市的高效运行，才能提高城市工作的系统性，打造出宜居宜业的城市环境。

我们要统筹改革、科技、文化三大动力。改革是城市发展的引擎，通过不断深化改革，可以破除体制机制障碍，为城市发展注入源源不断的动力；科技是城市发展的加速器，借助先进的科技手段，可以推动城市建设和管理的智能化、现代化；文化则是城市的灵魂，丰富的文化内涵能够提升城市的品质和魅力。只有统筹好这三大动力，才能确保城市发展具有持续性，在历史的长河中不断焕发出新的生机与活力。

我们要统筹生产、生活、生态三大布局，生产是城市发展的物质基础，生活是城市发展的根本目的，生态是城市发展的重要保障。只有合理规划生产空间，提高生产效率，打造舒适便捷的生活空间，提升居民生活质量，保护好生态空间，实现人与自然和谐共生，才能提高城市发展的宜居性，让城市成为人们向往的美好生活之地。

我们要统筹政府、社会、市民三大主体，政府要发挥好引导和监管作用，制定科学合理的政策，为城市发展创造良好的环境；社会各界要积极参与城市建设，发挥各自的优势和力量；市民作为城市的主人，要增强城市意识，积极配合城市管理。只有提高各方推动城市发展的积极性，形成共建共享的良好局面，城市才能实现可持续发展。

从空间结构来看，装配式建筑凭借其标准化的设计和生产特点，宛如一个灵活多变的积木游戏，可以根据不同的需求，将各种建筑模块进行自由组合，实现多样化、个性化的空间布局。无论是打造现代化的写字楼，满足企业高效办公的空间需求；还是建设温馨舒适的住宅小区，为居民提供宜居的生活空间，装配式建筑都能通过巧妙的模块组合，满足不同人群的多样化需求。

在规划、建设、管理环节，装配式建筑的工厂化生产和现场组装模式，为实现全过程的精细化管理提供了可能。在工厂生产阶段，可以对建筑部件的质量进行严格把控，运用先进的生产设备和工艺，确保每一个部件都符合高质量标准。在现场组装环节，通过科学合理的施工组织设计，能够实现各个部件的精准对接，提高施工效率，减少施工误差。同时，借助信息化管理手段，可以对整个项目的进度、质量、安全等进行实时监控和管理，使得各个环节的衔接更加紧密、顺畅，便于实现全过程的精细化管理，保障项目的顺利推进。

在文化动力方面，正如我们刚才看到的“交子之环”案例，装配式建筑为传承和创新传统建筑文化提供了新的途径和广阔的平台。我们可以运用现代数字化设计技术，对传统建筑中的文化元素，如独特的建筑符号、鲜明的色彩搭配、精妙的空间布局等进行深入挖掘和分析。然后，通过预制生产技术，将这些文化元素巧妙地融入现代装配式建筑中，让传统建筑文化在现代建筑中得以延续和发展。比如，我们可以将传统建筑中的榫卯结构这一独特的建筑符号，经过创新设计，应用到装配式建筑的连接节点中，既体现了传统建筑文化的魅力，又保证了建筑结构的稳定性和可靠性。

在生态布局上，装配式建筑具有显著的优势，堪称建筑行业绿色发展的新希望。与传统现浇建筑相比，装配式建筑在工厂生产过程中，就像一个精准的资源管理者，可以更好地控制原材料的使用。装配式建筑通过优化生产工艺，合理安排原材料的采购和使用计划，减少了原材料的浪费，提高了资源利用效率。在施工现场，由于大部分工作在工厂完成，现场的湿作业大幅减少，建筑垃圾的产生量也随之锐减。同时，装配式建筑还可以充分利用新型的保温、隔热材料，这些材料就像给建筑穿上了一件保暖的外衣，能够有效提高建筑的能源利用效率，降低建筑在使用过程中的能耗和碳排放，为缓解全球气候变化贡献力量。

例如，在西南地区的一些乡村振兴项目中，采用装配式建筑技术建设的民居，宛如一颗颗镶嵌在乡村大地上的璀璨明珠，巧妙借鉴了当地传统民居的风格，保留了如小青瓦、雕花门窗等极具地域特色的文化元素，让乡村建筑依然散发着浓郁的乡土气息和文化韵味；在内部结构和设施上，还采用了节能灯具、太阳能热水器等绿色环保设备，这些设备就像一个个节能小卫士，在为村民提供便利生活的同时，也降低了能源消耗，提高了村民的生活质量。这种将文化传承与生态保护有机结合的乡村建筑实践，正是对习近平总书记关于城市工作重要论述的生动诠释和成功实践，为乡村振兴提供了可复制、可推广的经验模式。

通过理论学习，我们对装配式建筑有了更深入、更全面的认识。接下来，我们进入小组讨论环节，一起探讨一个非常重要且具有现实意义的话题：如何在现代建筑中延续历史文脉。

四、小组讨论（18 分钟）

同学们，现代建筑在追求高效功能和先进技术的征程中，绝不能忽视对历史文脉的延续，这就如同大树不能离开根系的滋养。历史文脉，是一座城市、一个地区的灵魂所在，它承载着过去的记忆，连接着现在与未来。现在，请大家迅速分成小组，围绕这个话题展开讨论。在讨论过程中，大家可以紧密结合我们前面所讲的精彩案例，深入思考以下几个问题：在现代装配式建筑中，历史文脉究竟体现在哪些方面？我们在设计和建造过程中，可能会遭遇哪些影响历史文脉延续的因素？面对这些挑战，我们又该如何积极应对，采取哪些切实可行的措施，让历史文脉在现代建筑中得以延续，绽放出新的光彩？给大家18分钟的时间进行讨论，希望大家都能积极踊跃地发言，充分交流自己的想法，碰撞出思维的火花。

（老师在教室里巡视各小组，认真倾听同学们的讨论，适时给予引导和启发）

好啦，时间差不多了。哪个小组先来分享一下你们的讨论成果？（请2~3个小组代表发言，每个小组发言后，老师进行点评和总结）

第一小组提到，在建筑外观设计上，我们可以直接引用传统建筑的符号和色彩，这确实是一种直观且有效的延续历史文脉的方式。比如，在一些城市的商业建筑中，采用中式的飞檐斗拱造型作为装饰，飞檐斗拱那灵动的曲线和精巧的结构，仿佛将人们带回了古代的繁华街市，让建筑瞬间具有了浓厚的历史文化氛围。我们也可以运用传统的朱红色、青灰色作为主色调，朱红色象征着吉祥、繁荣，青灰色则体现了古朴、典雅，这些色彩的运用，能够让建筑在现代都市的喧嚣中，散发出独特的文化魅力，让人们一眼就感受到建筑所蕴含的深厚文化底蕴。

第二小组提出，在空间布局上，我们可以借鉴传统建筑的邻里关系和庭院设计，这一观点非常具有创新性和人文关怀。像传统的四合院，通过围合的庭院空间，营造出一种温馨和谐的家庭氛围，促进了家庭成员之间的亲密交流。同时，四合院之间的布局也形成了独特的邻里关系，邻里之间相互照应，守望相助。在现代住宅小区设计中，可以传承这种传统的居住文化，引入类似的公共庭院空间，设置休闲桌椅、绿化景观等设施，为居民提供一个交流互动的场所，增加居民之间的情感联系。这种设计不仅关注了建筑的物质形态，更注重了建筑所承载的社会文化内涵，让现代建筑也能充满人情味。

从大家的讨论中，我们可以看出，在现代建筑中延续历史文脉，需要从多个层面入手。在设计理念上，要树立文化传承的意识，将历史文化元素作为设计的重要依据，而不是简单地将其作为附加装饰。在技术层面，要充分利用现代建筑技术，如装配式建筑技术、数字化设计技术等，将传统建筑文化元素进行创新转化。比如，通过 BIM 技术，可以对传统建筑的空间结构进行数字化模拟和分析，提取其中的精华部分，应用到现代装配式建筑的设计中。在材料选择上，也可以结合传统材料和新型环保材料，既体现历史文化特色，又满足现代建筑的性能要求。

五、评价方式与教学延伸介绍（3 分钟）

同学们，关于这堂课的学习效果，我们有相应的评价方式。在实践任务中，我们增加了“文化传承创新点”评分项。大家在完成装配式建筑设计或施工模拟等实践任务时，要注重在作品中体现对传统建筑文化的传承和创新，老师将根据大家在这方面的表现进行评分。同时，我们还建立了“生态责任意识”成长记录册。大家在课堂学习、课后作业以及参与相关活动的过程中，对生态责任的认识和实践行动，都会记录在这个成长记录册中，以便大家更好地了解自己在这方面的成长和进步。

另外，为了让大家对今天所学内容有更深入的理解和拓展，我们安排了教学延伸活动。我们将开展“传统建筑智慧现代应用”设计竞赛，大家可以发挥自己的创意和专业知识，将传统建筑中的智慧，如结构稳定性、节能措施、空间利用等，应用到现代装配式建筑设计中。通过竞赛，可以激发大家的创新思维，提高大家对传统建筑文化的理解和应用能力。同时，我们还将组织乡村振兴中的建筑服务调研。大家可以深入乡村，了解乡村居民对建筑的需求，以及装配式建筑在乡村振兴中的应用现状和面临的问题，为推动乡村建筑发展贡献自己的力量。希望大家积极参与到这些活动中来，不断提升自己的专业素养和综合能力。

今天的课就上到这里，同学们课后可以进一步思考我们课堂上讨论的问题，为后续的活动做好准备。

教案 6 《轨道交通精测精调产业学院》

■课程思政目标：

（1）培养交通强国建设的使命感；

（2）强化精密检测中的责任意识；

（3）树立中国高铁品牌自豪感。

■教学重难点：

（1）思政重点：轨道交通技术工人的家国情怀；

（2）专业难点：BIM 技术的创新应用。

■教学方法：

（1）项目教学法（高铁线路病害治理）；

（2）对比教学法（国内外高铁技术标准）；

（3）榜样示范法（大国工匠李万君事迹学习）。

■教学准备：

（1）收集“复兴号”关键技术突破案例；

（2）制作中国高铁技术标准体系知识图谱；

（3）设计“高铁工匠成长路径”探究任务。

■教学过程：

（1）案例导入：川藏铁路建设中的技术攻关故事；

（2）理论讲解：引用《交通强国建设纲要》核心内容；

（3）小组讨论：如何在平凡岗位中创造不平凡业绩。

■评价方式：

（1）实践任务增加“责任担当”考核维度（占20%）；

（2）建立工匠精神行为观察量表。

■教学延伸：

（1）开展“我为高铁安全献一计”金点子活动；

（2）组织中国高铁发展史主题展览。

■文案资料：

轨道交通精测精调产业学院

一、开场与课程目标介绍（5分钟）

同学们，大家好！在当今这个快速发展的时代，交通，无疑是国家发展的动脉，它串联起城市与乡村，连接着国内与国际，对国家的经济发展、社会进步起着举足轻重的作用。而轨道交通，作为现代交通体系中极为重要的一环，以其高效、快捷、大运量等优势，正深刻改变着人们的出行方式，推动着区域间的协同发展。今天，我们就走进轨道交通精测精调产业学院，深入探讨这一领域的关键知识与技能，以及背后蕴含的重要意义。

这堂课，有着明确且意义深远的课程思政目标。

第一，我们要着力培养学生投身交通强国建设的使命感。交通强国战略，是国家立足长远发展、顺应时代潮流作出的重大决策。从古老的丝绸之路，到如今四通八达的高铁网络，交通一直是国家繁荣昌盛的重要支撑。如今，建设交通强国的重任落在了我们这一代人肩上，我们要深刻认识到自己的使命，将个人的职业发展与国家的战略目标紧密相连，立志为交通强国建设添砖加瓦。

第二，强化精密检测中的责任意识。在轨道交通领域，精测精调工作非常重要，每一个数据的测量、每一次设备的调试，都关乎着列车运行的安全，关乎着万千乘客的生命财产安全。哪怕是极其微小的疏忽，都可能引发严重的后果。所以，我们必须树立起强烈的责任意识，对待工作一丝不苟，确保每一项检测和调试任务都精确无误。

第三，我们要树立起中国高铁品牌自豪感。中国高铁，从无到有，从追赶到领跑，在短短几十年间，创造了举世瞩目的成就。如今，中国高铁已经成为我国的一张亮丽名片，在国际舞台上大放异彩。我们要为中国高铁的辉煌成就感到骄傲，同时也要明白，维护和提升这一品牌形象，我们责无旁贷。

这堂课的教学重难点也十分突出。思政重点在于深入挖掘轨道交通技术工人的家国情怀。技术工人，他们或许没有惊天动地的壮举，但在平凡的岗位上，他们用自己的双手，用辛勤的汗水，为轨道交通事业默默奉献。他们心中装着国家的交通发展，装着人民的出行需求，这种家国情怀，是我们需要深入学习和弘扬的。

专业难点则是 BIM 技术的创新应用。BIM 技术，也就是建筑信息模型技术，它在轨道交通建设中发挥着越来越重要的作用。通过建立三维信息模型，我们能够对轨道交通项目的设计、施工、运营等各个阶段进行精细化管理和模拟分析。然而，其技术体系复杂，涉及多学科知识的融合，如何将 BIM 技术创新性地应用到轨道交通精测精调领域，是我们需要攻克的难题。

为了帮助学生更好地理解和掌握这些内容，我们将采用多种教学方法。通过项目教学法，以高铁线路病害治理为项目任务，让学生在实际操作中深入理解轨道交通精测精调的工作流程和技术要点，培养学生解决实际问题的能力。运用对比教学法，对国内外高铁技术标准进行对比分析，让学生清晰地认识到我国高铁技术的优势与特色，同时也了解到与国际先进水平的差距，从而激发学生的学习动力和创新精神。借助榜样示范法，让学生学习大国工匠李万君的事迹，从他的身上汲取精益求精、追求卓越的精神力量。

在教学准备方面，教师收集了“复兴号”关键技术突破案例，这些案例生动展现了我国科研人员和技术工人在高铁技术创新方面的艰辛努力与伟大成就。教师制作了中国高铁技术标准体系知识图谱，将复杂的技术标准以直观、系统的方式呈现出来，便于大家学习和理解。教师还设计了“高铁工匠成长路径”探究任务，引导学生思考如何在轨道交通领域不断成长，成为一名优秀的技术人才。

二、案例导入（10分钟）

现在，让我们通过一个扣人心弦的案例，正式开启今天的学习之旅。同学们，川藏铁路，被誉为“天路”，它的建设难度堪称世界之最。在川藏铁路的建设过程中，面临着诸多技术难题，而其中的精测精调工作，更是关乎着铁路的安全与稳定运行。

川藏铁路穿越了横断山脉、青藏高原等复杂地质区域，这里山高谷深，地质条件极其复杂，地震、滑坡、泥石流等地质灾害频发。在这样恶劣的环境下，进行精测精调工作，难度可想而知。比如说，在测量线路的高程和平面位置时，由于地形起伏大，传统的测量方法难以满足精度要求，建设者们不得不采用先进的卫星定位技术、全站仪测量技术等，同时还要结合实地地形，进行多次测量和校准，确保每一个测量数据的准确性。

再比如，在铁路轨道的铺设和调试过程中，由于地质条件不稳定，轨道容易出现变形。建设者们需要时刻监测轨道的状态，及时进行调整。为了确保轨道的平顺性，他们对每一根钢轨的铺设精度都有着极高的要求，误差要控制在极小的范围内。这就需要建设者们具备扎实的专业知识和丰富的实践经验，更需要他们有着强烈的责任心和使命感。

在川藏铁路建设的技术攻坚过程中，涌现出了许多感人的故事。有一位年轻的测量员小张，为了获取一个关键地段的准确测量数据，在海拔4 000多米的高山上，连续奋战了十几天。那里氧气稀薄，气候恶劣，他克服了身体上的不适，每天背着沉重的测量设备，在崎岖的山路上穿梭。有一次，他在测量过程中，突然遭遇了暴风雪，为了保护测量设备和已经获取的数据，他用自己的身体紧紧护住设备，在风雪中坚持了几个小时，直到救援人员赶到。像小张这样的建设者还有很多，他们为了川藏铁路的顺利建设，默默奉献着自己的青春和汗水。

通过这个案例，我们可以看到，在轨道交通建设中，精测精调工作是多么重要，建设者们又是多么艰辛和伟大。那么，从国家层面来看，对于交通建设有着怎样的战略规划和要求呢？接下来，我们进入理论讲解环节。

三、理论讲解（12 分钟）

同学们，为了深入理解轨道交通建设在国家发展中的重要地位，我们一起来学习一份具有重要指导意义的文件——《交通强国建设纲要》。这份文件，为我国交通事业的发展指明了方向，明确了目标。

《交通强国建设纲要》指出，构建安全、便捷、高效、绿色、经济的现代化综合交通体系，打造一流设施、一流技术、一流管理、一流服务，建成人民满意、保障有力、世界前列的交通强国。其中，轨道交通作为现代化综合交通体系的重要组成部分，承担着重要使命。

在技术创新方面，《交通强国建设纲要》强调要大力发展智慧交通，推进大数据、互联网、人工智能等新技术与交通行业的深度融合。这与我们所学的轨道交通精测精调领域密切相关。比如，在精测精调工作中，我们可以利用大数据技术，对大量的测量数据进行分析，从而更准确地判断线路的病害情况，制定更合理的治理方案。我们还可以利用人工智能技术，开发智能化的检测设备和调试系统，提高工作效率和精度。

在安全保障方面，《交通强国建设纲要》提出要强化交通基础设施养护，加强基础设施运行监测检测，提高养护专业化、信息化水平，增强设施耐久性和可靠性。对于轨道交通来说，精测精调工作就是保障安全的重要环节，通过定期的精密检测和及时调整，检测人员能够及时发现和消除线路、轨道等方面的安全隐患，确保列车的安全运行。

同时，《交通强国建设纲要》还注重绿色发展，要求促进交通与生态环境协调发展。在轨道交通建设中，我们要注重节能减排，采用环保材料和工艺。在精测精调工作中，也可以通过优化测量和调试方案，减少能源消耗和环境污染。

《交通强国建设纲要》为我们的学习和未来的工作提供了重要的指导。我们要深刻领会其精神实质，将其贯彻到实际行动中。那么，作为未来的轨道交通技术人才，我们如何在平凡的岗位上创造不平凡的业绩呢？接下来，我们进入小组讨论环节。

四、小组讨论（15 分钟）

同学们，在轨道交通领域，有许多看似平凡的岗位，如线路检测员、轨道维修工、设备调试员等，但这些岗位却对保障轨道交通的安全运行起着至关重要的作用。现在，请大家分成小组，围绕“如何在平凡岗位中创造不平凡业绩”这个话题展开热烈讨论。在讨论过程中，可以结合我们前面讲的川藏铁路建设案例，以及对《交通强国建设纲要》的理解，思考以下几个问题：在平凡岗位上，不平凡的业绩体现在哪些方面？我们需要具备哪些素质和能力才能创造不平凡的业绩？在工作中，可能会遇到哪些困难和挑战，我们该如何应对？给大家 15 分钟的时间进行讨论，大家要积极发言，充分交流自己的想法。（老师巡视各小组，倾听同学们的讨论，适时给予引导和启发）

好啦，时间差不多了。哪个小组先来分享一下你们的讨论成果？（请 2~3个小组代表发言，每个小组发言后，老师进行点评和总结）

第一小组认为，在平凡岗位上，不平凡的业绩体现在能够始终保持高度的责任心，确保每一项工作任务都高质量完成。比如，线路检测员能够及时发现线路中的细微病害，为线路的安全运行提供保障。不平凡的业绩还体现为具备扎实的专业知识、严谨的工作态度和良好的沟通能力。在工作中，我们可能会遇到恶劣的工作环境、复杂的技术问题等困难，应对方法是加强学习，不断提升自己的专业技能，遇到问题多与同事交流，共同探讨解决方案。

第二小组提到，不平凡的业绩还体现在能够勇于创新，对工作流程和方法进行优化。比如，轨道维修工可以通过改进维修工具和技术，提高维修效率和质量。这需要我们具备创新思维、敢于尝试的勇气和团队协作精神，面对困难时，要积极寻求新技术、新方法，同时要善于借助团队的力量，共同攻克难题。

从大家的讨论中，我们可以看出，在平凡岗位上创造不平凡业绩，需要我们具备强烈的责任心、扎实的专业知识、创新思维和良好的团队协作能力。同时，我们要勇于面对困难，不断提升自己，以实际行动为轨道交通事业的发展贡献力量。

五、评价方式与教学延伸介绍（3 分钟）

同学们，为了全面、准确地评估大家的学习效果，我们制定了科学合理的评价方式。在实践任务方面，我们特意增加了“责任担当”考核维度，这一维度在实践任务总分中占比 20%。在完成高铁线路病害治理等实践任务时，大家要充分展现出对工作的高度负责态度，严格按照操作规范进行作业，积极主动地解决问题。老师将根据大家在实践过程中的表现，对"责任担当"这一维度进行评分，以此引导大家在今后的学习和工作中，始终坚守责任担当。

同时，我们建立了工匠精神行为观察量表。这个量表将从工作态度、专业技能、创新能力、团队协作等多个方面，对大家在课堂学习、小组讨论、实践任务等各个环节的表现进行观察和评价。通过这个量表，大家可以更清晰地了解自己在"工匠精神"培养方面的进展和不足，有针对性地进行改进和提升。

另外，为了让大家对今天所学内容有更深入的理解和拓展，我们安排了丰富的教学延伸活动。

首先，我们将开展"我为高铁安全献一计"金点子活动。大家可以结合自己所学的知识和对高铁运营的了解，提出关于提高高铁安全性能、优化精测精调工作等方面的创新性建议。这个活动可以激发大家的创新思维，培养大家关注高铁安全、参与高铁建设的积极性。

其次，我们将组织"中国高铁发展史"主题展览。展览将通过图片、文字、实物模型等多种形式，展示中国高铁从起步到腾飞的艰辛历程和辉煌成就。大家可以在展览中更深入地了解中国高铁技术的发展脉络，感受中国高铁建设者们的拼搏精神，进一步增强对"中国高铁"品牌的自豪感。希望大家积极参与到这些活动中来，不断提升自己的专业素养和综合能力。

今天的课就上到这里，同学们课后可以进一步思考我们课堂上讨论的问题，为后续的活动做好准备。

教案 7　《校企协同育人：订单班人才培养模式》

■课程思政目标：

（1）培养服务地方产业的扎根意识；

（2）强化契约精神与职业忠诚度；

（3）树立校企命运共同体理念。

■教学重难点：

（1）思政重点：订单班中的诚信教育与职业伦理；

（2）专业难点：双主体育人质量评价。

■教学方法：

（1）角色扮演法（校企双方签订培养协议）；

（2）案例分析法（职业违约典型案例研讨）；

（3）项目教学法（区域产业人才需求调研）；

■教学准备：

（1）收集长三角地区 G60 科创走廊人才政策；

（2）制作职业伦理风险防范指南手册；

（3）设计“企业需要什么样的人才”探究任务。

■教学过程：

（1）案例导入：某企业订单班学生集体违约事件剖析；

（2）理论讲解：穿插《新时代公民道德建设实施纲要》；

（3）小组讨论：如何平衡个人发展与企业需求。

■评价方式：

（1）增设“职业伦理”观测点（如培养协议遵守度）；

（2）建立“校企协同育人”双向评价机制。

■教学延伸：

（1）开展“我的职业承诺书”签订仪式；

（2）组织企业社会责任实践活动。

■文案资料：

校企协同育人：订单班人才培养模式

一、开场与课程目标介绍（5 分钟）

同学们，大家好！在当今竞争激烈且合作紧密的社会大环境下，人才的培养模式正在不断革新与优化，以适应经济发展的需求。其中，校企协同育人的订单班人才培养模式，正在崭露头角，成为连接学校与企业、教育与产业的重要桥梁。今天，我们就一同深入探索这一独特且极具价值的人才培养模式。

这堂课有着明确且意义重大的课程思政目标。首先，我们要着力培养大家服务地方产业的扎根意识。同学们，我们都清楚，地方产业是区域经济发展的支柱，每一个地区都有其独特的产业特色与发展需求。我们接受教育、掌握知识与技能，最终的目的就是要回馈社会、建设家乡。通过订单班这种培养模式，我们能够精准对接地方产业需求，扎实推动地方产业发展。我们要深刻认识到，在地方产业这片土地上，我们有着广阔的发展空间，也肩负着重要的责任，我们要立志扎根，为地方产业的繁荣贡献自己的青春与智慧。

其次，强化契约精神与职业忠诚度至关重要。在订单班的学习与实践过程中，我们会与企业签订培养协议，这一纸协议，不仅是一份约定，更是一种责任与承诺。契约精神要求我们严格遵守协议内容，履行自己的义务。而职业忠诚度，则体现在我们对未来职业的坚守与热爱上。无论未来在工作中遇到何种困难与挑战，我们都要牢记自己的职业选择，保持忠诚，努力为企业创造价值，同时也实现自身的职业发展。

最后，我们要树立校企命运共同体理念。学校与企业，在订单班人才培养模式下，不再是孤立的个体，而是紧密相连、相互依存的命运共同体。学校为企业培养符合需求的人才，企业为学校提供实践平台与反馈，促进教育教学改革。我们作为订单班的学生，要明白自己是这个共同体中的重要一环，我们的成长与发展，既关乎个人的未来，也影响着学校的声誉和企业的发展。只有树立起这种共同体意识，我们才能更好地在订单班中学习与成长。

这堂课的教学重难点也十分突出。思政重点在于订单班中的诚信教育与职业伦理。诚信，是做人之本，更是职业发展的基石。在订单班中，从签订培养协议的那一刻起，诚信就贯穿始终，我们要诚实地对待学业、对待企业的期望。职业伦理则涵盖了我们在职业活动中应遵循的道德准则和行为规范，包括敬业精神、责任感、团队合作等方面。只有将诚信教育与职业伦理融入我们的学习与未来的工作中，我们才能成为德才兼备的优秀人才。

专业难点则是双主体育人质量评价。在订单班人才培养模式中，学校和企业共同承担育人责任，是双主体。然而，如何科学、合理地评价这种双主体模式下的育人质量，成为一个关键问题。这要求我们要对学生知识掌握、技能水平、职业素养等多方面进行评估，同时还要兼顾学校教学与企业实践的协同效果。这需要我们综合考虑多种因素，建立完善的评价体系，以确保订单班人才培养的高质量。

为了帮助大家更好地理解和掌握这些内容，我们将采用多种教学方法。通过角色扮演法，让大家模拟校企双方签订培养协议的场景，亲身感受契约的重要性，增强对订单班培养模式的直观认识。运用案例分析法，对职业违约典型案例进行深入研讨，从实际案例中吸取教训，强化契约精神和职业忠诚度。借助项目教学法，开展区域产业人才需求调研，让大家在实践中了解地方产业需求，明确自己的学习方向和职业目标。

在教学准备方面，我们收集了长三角G60科创走廊人才政策，这一政策对区域产业人才培养有着重要的指导意义，能让大家更好地了解产业发展与人才需求的关系。我们制作了职业伦理风险防范指南手册，为大家提供职业伦理方面的知识与指导，帮助大家识别和防范职业活动中的伦理风险。我们还设计了“企业需要什么样的人才”探究任务，引导大家主动思考企业的需求，为自己的职业发展做好规划。希望这些准备能为大家的学习提供有力支持。

二、案例导入（10分钟）

现在，让我们通过一个真实且发人深省的案例，正式开启今天的学习之旅。同学们，在我们身边，曾经发生过这样一件事。某企业与学校合作开设了订单班，企业投入了大量的人力、物力和财力，为订单班的学生制订了专门的培养计划，提供了实习机会和实践指导。学生们在订单班中也接受了系统的专业学习和职业培训，看似一切都朝着良好的方向发展。然而，就在即将毕业，学生们要按照协议进入企业工作时，却发生了令人意想不到的事情——订单班的学生集体违约，拒绝进入企业工作。

这一事件，给企业带来了巨大的损失。企业前期的投入打了水漂，原本的人才储备计划被打乱，影响了企业的正常生产经营。对于学校而言，这一事件也损害了学校的声誉，破坏了与企业之间的合作关系。而对于学生自身来说，他们失去了一次宝贵的职业发展机会，同时也违背了诚信原则，给自己的职业信誉留下了污点。

那么，是什么原因导致了这一集体违约事件的发生呢？学校经过深入调查发现，一方面，部分学生对自己的职业规划不够清晰，在订单班学习过程中，受到外界其他因素的影响，对原本签订的就业协议产生了动摇。另一方面，学校和企业在培养过程中，可能对学生的职业引导和契约精神教育不够到位，没有让学生充分认识到遵守协议的重要性。

从这个案例中，我们可以深刻地认识到，在订单班人才培养模式中，诚信教育、职业规划以及契约精神的培养是多么重要。任何一个环节的缺失，都可能引发严重的后果。那么，从国家层面来看，对于公民道德建设，尤其是职业领域的道德建设，有着怎样的要求和指导呢？接下来，我们进入理论讲解环节。

三、理论讲解（12 分钟）

同学们，为了深入理解职业领域的道德要求，我们一起来学习一份具有重要指导意义的文件——《新时代公民道德建设实施纲要》。这份文件，为我们在新时代加强公民道德建设指明了方向，明确了目标。

《新时代公民道德建设实施纲要》强调，要把社会公德、职业道德、家庭美德、个人品德建设作为着力点。其中，职业道德建设与我们订单班的学习和未来的职业发展密切相关。在职业道德方面，《新时代公民道德建设实施纲要》提出，推动践行以爱岗敬业、诚实守信、办事公道、热情服务、奉献社会为主要内容的职业道德。

对于我们订单班的学生来说，爱岗敬业意味着我们要热爱自己所学的专业，热爱未来从事的职业，全身心地投入到学习和工作中。在订单班学习期间，学生要认真对待每一门课程、每一次实践，为未来的职业发展打下坚实的基础。诚实守信，正如我们前面案例中所强调的，是职业发展的基石。我们要遵守与企业签订的培养协议，言出必行，以诚信的态度对待企业和工作。办事公道要求我们在工作中，要秉持公平、公正的原则，对待同事、客户和工作任务一视同仁。热情服务则体现在我们要以积极主动的态度，为企业、为客户提供优质的服务。奉献社会是我们职业发展的更高追求，我们要通过自己的工作，为社会创造价值，推动行业和社会的发展。

同时，《新时代公民道德建设实施纲要》还注重道德教育与实践相结合。在订单班人才培养中，我们不仅要在课堂上学习职业道德知识，更要在企业实践中践行这些道德规范。通过参与企业的实际项目、实习活动等，有助于学生将职业道德内化为自己的行为准则。

《新时代公民道德建设实施纲要》为我们的学习和未来的工作提供了重要的指导。我们要深刻领会其精神实质，将其贯彻到实际行动中。那么，作为订单班的学生，我们如何在未来的职业发展中，平衡个人发展与企业需求呢？接下来，我们进入小组讨论环节。

四、小组讨论（15 分钟）

同学们，在订单班的学习和未来的职业道路上，我们不可避免地会面临个人发展与企业需求之间的矛盾与平衡问题。现在，请大家分成小组，围绕“如何平衡个人发展与企业需求”这个话题展开热烈讨论。在讨论过程中，可以结合我们前面讲的订单班学生集体违约案例，以及对《新时代公民道德建设实施纲要》的理解，思考以下几个问题：个人发展与企业需求之间可能存在哪些矛盾？我们应该如何在满足企业需求的前提下，实现个人的职业发展目标？在平衡两者关系时，需要具备哪些素质和能力？给大家 15 分钟的时间进行讨论，大家要积极发言，充分交流自己的想法。

（老师巡视各小组，倾听同学们的讨论，适时给予引导和启发）

好啦，时间差不多了。哪个小组先来分享一下你们的讨论成果？（请2~3个小组代表发言，每个小组发言后，老师进行点评和总结）

第一小组认为，个人发展与企业需求之间可能存在矛盾，比如个人期望的工作岗位与企业提供的岗位不一致，个人追求的薪资待遇与企业所能给予的薪资待遇有差距等。我们要在满足企业需求的前提下实现个人发展，首先要调整自己的心态，以积极的态度面对企业提供的岗位，努力在岗位上提升自己的能力。同时，要与企业保持良好的沟通，表达自己的职业发展期望，争取企业的支持与帮助。我们需要具备的素质和能力包括适应能力、沟通能力和学习能力，能够快速适应企业的工作环境和要求，通过沟通解决矛盾，不断学习提升自己。

第二小组提到，矛盾还可能体现在个人的创新想法与企业传统的工作模式之间。为了平衡两者关系，我们要尊重企业的文化和工作模式，在遵守企业规定的基础上，巧妙地将自己的创新想法融入工作，推动企业的发展。这就需要我们具备创新思维、团队协作能力和对企业的认同感，要有创新的勇气，同时要善于与团队成员合作，让创新想法得以实现，并且要从内心认同企业的价值观和发展目标。

从大家的讨论中，我们可以看出，平衡个人发展与企业需求，需要我们具备良好的心态、沟通能力、学习能力、创新思维和团队协作能力等。同时，我们要以诚信为基础，遵守与企业签订的协议，在实现企业目标的过程中，成就自己的职业梦想。

五、评价方式与教学延伸介绍（3 分钟）

同学们，为了全面、准确地评估大家在这堂课以及整个订单班学习过程中的表现，我们制定了科学合理的评价方式。在评价体系中，我们特意增设了“职业伦理”观测点，比如培养协议遵守度。这一观测点将重点关注大家在订单班学习期间，对与企业签订的培养协议的遵守情况。是否严格按照协议要求完成学业、参加实习，是否履行协议中的各项义务等，都将作为评价的重要依据。通过这一观测点，引导大家重视契约精神，强化职业伦理意识。

同时，我们建立了“校企协同育人”双向评价机制。这一机制不仅要评价学生的学习成果和职业素养，还要对学校的教学质量和企业的实践指导效果进行评价。学校将从教学内容、教学方法、师资队伍等方面进行自我评价和接受企业的评价，企业将从实践指导的规范性、对学生职业素养的培养效果等方面接受学校和学生的评价。通过这种双向评价，我们可以不断优化校企协同育人的模式，提高育人质量。

另外，为了让大家对今天所学内容有更深入的理解和拓展，我们安排了丰富的教学延伸活动。首先，我们将开展“我的职业承诺书”签订仪式。在仪式上，大家将郑重地签订自己的职业承诺书，明确自己在未来职业发展中的责任与承诺，强化职业规划和契约精神。

其次，我们将组织企业社会责任实践活动。大家将走进企业，参与企业的社会责任项目，如环保活动、公益捐赠等。这些活动可以增强大家对企业社会责任的认识，树立校企命运共同体理念，同时也提升了社会责任感和综合素质。希望大家积极参与到这些活动中来，不断提升自己的专业素养和综合能力。

今天的课就上到这里，同学们课后可以进一步思考我们课堂上讨论的问题，为后续的活动做好准备。

教案8 《产教融合中的技术研发：激光加工技术应用》

■课程思政目标：

(1) 增强科技自立自强的信心；

(2) 培养科研诚信与创新精神；

(3) 树立科技报国的远大理想。

■教学重难点：

(1) 思政重点：技术研发中的伦理规范；

(2) 专业难点：激光加工参数优化方法。

■教学方法：

(1) 探究教学法（关键核心技术攻关模拟）；

(2) 辩论教学法（技术创新中的伦理困境）；

（3）虚拟仿真法（激光加工安全操作训练）。

■教学准备：

（1）收集“卡脖子”技术突破案例（如光刻机技术）；

（2）制作《科研诚信与学术规范》微课；

（3）设计“技术研发中的伦理抉择”情景卡。

■教学过程：

（1）案例导入：国产激光器打破国外垄断的故事；

（2）理论讲解：引用《关于进一步加强科研诚信建设的若干意见》；

（3）小组讨论：如何避免技术滥用风险。

■评价方式：

（1）实践报告增设“伦理合规性”审查项；

（2）建立“科技创新价值观”档案袋。

■教学延伸：

（1）开展“我的技术报国梦”主题征文活动；

（2）组织参观国家实验室科研攻关现场。

■文案资料：

产教融合中的技术研发：激光加工技术应用

一、开场与课程目标介绍（5分钟）

同学们，大家好！在当今科技飞速发展的时代，产教融合已成为推动科技创新与产业升级的重要引擎。而激光加工技术，作为现代制造业中一项极具潜力的前沿技术，正以其高精度、高效率、高柔性等独特优势，广泛应用于各个领域，深刻改变着传统的生产制造模式。今天，我们就深入到产教融合的大背景下，聚焦激光加工技术的应用，一同探索其背后的奥秘与价值。

这堂课有着极为重要且意义深远的课程思政目标。

首先，我们要着力增强大家科技自立自强的信心。近年来，国际形势复杂多变，在一些关键核心技术领域，我们面临着国外的技术封锁与挑战。但无数事实证明，依靠我们自身的智慧与努力，同样能够实现技术突破。我们要坚信，在科技创新的道路上，我们有能力、有实力掌握自己的命运，打破技术垄断，实现科技自立自强。

其次，培养科研诚信与创新精神至关重要。科研诚信是科研工作的生命线，在技术研发过程中，我们必须秉持实事求是的态度，尊重实验数据，杜绝学术不端行为。而创新精神，则是推动科技进步的核心动力。激光加工技术的发展，离不开一代又一代科研人员的创新探索。我们要敢于突破传统思维的束缚，勇于尝试新的方法与技术，为激光加工技术的创新发展贡献自己的力量。

最后，我们要树立科技报国的远大理想。科技兴则国家兴，科技强则国家强。激光加工技术的进步，不仅关乎相关产业的发展，更与国家的综合实力提升息息相关。我们要将个人的科研追求与国家的发展需求紧密结合起来，立志用自己所学的知识和技术，为国家的科技事业发展添砖加瓦，以科技报国为己任。

这堂课的教学重难点也十分突出。思政重点在于技术研发中的伦理规范。在激光加工技术的研发与应用过程中，涉及诸多伦理问题，如激光辐射对人体健康的影响、技术应用可能带来的环境风险、技术成果的合理使用与共享等。我们必须明确在技术研发中应遵循的伦理准则，确保技术的发展造福人类。

这堂课的专业难点则是激光加工参数优化方法。激光加工过程中，参数的选择对加工质量和效率有着决定性影响。然而，激光加工参数众多，且相互关联复杂，如何通过科学的方法对这些参数进行优化，以达到最佳的加工效果，是我们需要攻克的难题。

为了帮助大家更好地理解和掌握这些内容，我们将采用多种教学方法。通过探究教学法，模拟关键核心技术攻关过程，让大家亲身体验科研的挑战与乐趣，培养解决实际问题的能力。运用辩论教学法，针对技术创新中的伦理困境展开辩论，激发大家的思考，提高对伦理问题的认识。借助虚拟仿真法，进行激光加工安全操作训练，在虚拟环境中熟悉操作流程，增强安全意识，确保在实际操作中能够规范、安全地进行激光加工。

在教学准备方面，老师收集了“卡脖子”技术突破案例，像光刻机技术，通过这些案例，让大家深刻认识到技术突破的重要性与艰辛。教师制作了《科研诚信与学术规范》微课，方便大家系统学习科研诚信知识。教师设计了“技术研发中的伦理抉择”情景卡，为大家提供具体的伦理思考场景，引导大家深入思考技术研发中的伦理问题。希望这些准备能为大家的学习提供有力支撑。

二、案例导入（10 分钟）

现在，让我们通过一个振奋人心的案例，正式开启今天的学习之旅。同学们，在过去很长一段时间里，激光器领域，尤其是高端激光器技术，被国外企业牢牢垄断。他们凭借先进的技术，控制着市场价格，限制着我国相关产业的发展。然而，我国的科研人员和企业并没有因此而退缩，他们勇挑重担，踏上了艰难的技术攻关之路。

以某国内企业为例，他们组建了一支由顶尖科研人才和富有实践经验的工程师组成的研发团队。在研发过程中，他们面临着诸多困难。

首先是技术难题。国外对核心技术严格保密，可参考的资料少之又少。研发团队只能从最基础的原理入手，进行大量的理论计算和实验验证。在光学设计方面，为了提高激光器的光束质量，研发团队不断尝试新的镜片材料和光学结构，经过无数次的调试和优化，才取得了一点点突破。

其次是资金压力。技术研发需要大量的资金投入，从设备购置到人员薪酬，从实验材料到技术引进，每一项都需要巨额资金。企业在面临巨大资金压力的情况下，依然坚定地支持研发工作，通过多方筹措资金，确保研发项目的顺利进行。

最后是人才短缺问题。高端激光器技术研发需要跨学科的专业人才，涉及光学、电子、材料等多个领域。研发团队通过与高校合作，联合培养人才，同时积极引进海外高层次人才，不断充实团队力量。

经过多年的不懈努力，这支研发团队终于成功研发出具有自主知识产权的高端激光器，打破了国外的技术垄断。这一成果，不仅降低了国内企业使用激光器的成本，还推动了我国激光加工产业的快速发展。许多原本依赖进口激光器的企业，纷纷采用国产激光器，产品质量和生产效率得到了显著提升。一些企业甚至凭借国产激光器的优势，在国际市场上崭露头角，提高了我国制造业的国际竞争力。

从这个案例中，我们可以看到，在产教融合的大背景下，企业与科研人员紧密合作，克服重重困难，实现了技术突破。这不仅彰显了我国科技工作者的智慧与勇气，更让我们深刻认识到科技自立自强的重要性。那么，从国家层面来看，对于科研诚信建设有着怎样的要求和指导呢？接下来，我们进入理论讲解环节。

三、理论讲解（12 分钟）

同学们，为了深入理解科研诚信在技术研发中的重要性，我们一起来学习一份具有重要指导意义的文件——《关于进一步加强科研诚信建设的若干意见》。这份文件，为我们在科研工作中坚守诚信原则提供了明确的方向和具体的指导。

《关于进一步加强科研诚信建设的若干意见》强调，科研诚信是科技创新的基石。在科研活动中，我们必须坚持诚实守信、追求真理、崇尚创新、鼓励合作、坚守底线等原则。对于激光加工技术研发来说，这些原则同样至关重要。

比如，在实验数据的记录与处理方面，我们要诚实守信，如实记录每一个实验数据，不得篡改、伪造数据。因为这些数据是我们技术研发的依据，一旦数据造假，后续的研发工作将失去方向，可能导致整个研发项目的失败。在追求真理的过程中，我们要勇于面对技术难题，不断探索激光加工技术的本质和规律。当我们在研发过程中遇到与传统理论相悖的实验结果时，不能轻易否定，而要深入研究，可能这就是新的技术突破点。崇尚创新要求我们在激光加工技术研发中，敢于尝试新的方法、新的材料、新的工艺。像前面案例中提到的企业，通过不断创新光学设计，成功提高了激光器的光束质量。鼓励合作则体现在产教融合的大背景下，学校、科研机构与企业要加强合作，整合各方资源，共同攻克技术难题。在激光加工技术研发中，高校可以提供基础研究成果，科研机构可以进行技术转化，企业则可以将技术应用于实际生产，通过合作实现共赢。

同时，《关于进一步加强科研诚信建设的若干意见》还明确了对科研不端行为的监督与惩处机制。对于抄袭、剽窃、伪造、篡改等科研不端行为，将依法依规严肃处理。这就要求我们在日常的学习和未来的科研工作中，时刻保持警惕，遵守科研诚信规范。

《关于进一步加强科研诚信建设的若干意见》为我们的学习和未来的科研工作提供了重要的指导。我们要深刻领会其精神实质，将其贯彻到实际行动中。那么，在激光加工技术的研发与应用过程中，如何避免技术滥用风险呢？接下来，我们进入小组讨论环节。

四、小组讨论（15 分钟）

同学们，在激光加工技术的发展过程中，技术滥用可能会带来一系列问题，如对人体健康的危害、对环境的破坏、对社会伦理的冲击等。现在，请大家分成小组，围绕“如何避免技术滥用风险”这个话题展开热烈讨论。在讨论过程中，可以结合我们前面讲的国产激光器打破国外垄断的案例，以及对《关于进一步加强科研诚信建设的若干意见》的理解，思考以下几个问题：激光加工技术在哪些方面可能存在滥用风险？我们应该如何从技术研发、应用管理、法律法规等层面来规避这些风险？在避免技术滥用风险的过程中，我们个人能够发挥怎样的作用？给大家15分钟的时间进行讨论，大家要积极发言，充分交流自己的想法。（老师巡视各小组，倾听同学们的讨论，适时给予引导和启发）

好啦，时间差不多了。哪个小组先来分享一下你们的讨论成果？（请2~3个小组代表发言，每个小组发言后，老师进行点评和总结）

第一小组认为，激光加工技术在医疗美容领域可能存在滥用风险，比如一些不具备资质的机构违规使用激光设备进行美容治疗，可能会对消费者的皮肤造成损伤。在技术研发层面，科研部门要加强对激光设备安全性的研究，提高设备的智能化水平，能够自动识别和规避潜在风险。在应用管理层面，相关部门要加强对激光加工技术应用机构的监管，严格审核资质，规范操作流程。在法律法规层面，立法机构要完善相关法律法规，加大对违规使用激光加工技术行为的惩处力度。个人在选择激光加工技术服务时，要选择正规机构，如果发现违规行为，要及时向相关部门举报。

第二小组提到，在工业生产中，激光加工技术如果使用不当，可能会产生大量的废气、废渣，对环境造成污染。为了避免这种风险，在技术研发阶段，要研发绿色环保的激光加工工艺，减少污染物的产生。在应用管理方面，企业要加强对激光加工设备的维护和管理，确保设备正常运行，减少污染物排放。政府可以出台相关政策，鼓励企业采用环保型激光加工技术。个人在企业实习或工作时，要严格遵守企业的环保规定，积极参与企业的环保行动。

从大家的讨论中，我们可以看出，避免激光加工技术滥用风险，需要我们从多个层面共同努力。我们要在技术研发中注重安全性和环保性，在应用管理中加强监管和规范，在法律法规上不断完善。同时，每个人都要树立正确的技术应用观念，积极参与到避免技术滥用的行动中来。

五、评价方式与教学延伸介绍（3分钟）

同学们，为了全面、准确地评估大家在这堂课以及整个产教融合学习过程中的表现，我们制定了科学合理的评价方式。在实践报告方面，我们特意增设了“伦理合规性”审查项。在大家完成激光加工技术相关的实践报告时，不仅要关注技术应用的效果和创新性，还要审查报告中是否考虑了技术研发与应用中的伦理问题，是否符合相关伦理规范。比如在报告中是否对激光加工过程中的潜在风险进行了评估，是否提出了合理的风险防范措施等，都将作为评价的重要依据。通过这一审查项，可以引导大家在实践中重视伦理问题，确保技术应用的合规性。

同时，我们建立了“科技创新价值观”档案袋。这个档案袋将收集大家在课堂学习、小组讨论、实践活动等各个环节中，关于科技创新价值观的体现。比如大家在讨论技术滥用风险时的观点和建议，在实践中对科研诚信的遵守情况等，都将记录在档案袋中。通过这个档案袋，我们可以全面了解大家科技创新价值观的形成与发展，为大家的成长提供针对性的指导。

另外，为了让大家对今天所学内容有更深入的理解和拓展，我们安排了丰富的教学延伸活动。首先，我们将开展“我的技术报国梦”主题征文活动。大家可以结合自己对激光加工技术的学习，以及对科技报国的理解，撰写文章，分享自己的技术报国梦想和规划。通过这个活动，可以激发大家的科技报国热情，明确自己的学习和奋斗目标。

其次，我们将组织参观国家实验室科研攻关现场。大家将有机会近距离观察科研人员的工作，了解国家在关键核心技术领域的攻关情况，感受科研的氛围和魅力。通过参观，可以进一步增强大家对科技自立自强的信心，培养对科研工作的兴趣。希望大家积极参与到这些活动中来，不断提升自己的专业素养和综合能力。

今天的课就上到这里，同学们课后可以进一步思考我们课堂上讨论的问题，为后续的活动做好准备。

附件 C　校园文化与活动教案（实践活动教案）

教案 1　《工业博览馆：工业文明与职业精神》

一、教学目标

深度引导学生全方位探究工业文明自萌芽之初直至当下的完整发展历程，通过对各阶段关键技术革新、产业变革进行剖析，使学生明晰本国工业文化在世界工业体系中的独特地位与价值，从而极大地增强学生对本国工业文化的认同感，稳固树立起坚定的文化自信，深刻领悟工业文化作为国家软实力重要组成部分的意义。

借助学生亲自担任“工业文化讲解员”这一沉浸式实践体验，促使学生深入挖掘每一件工业展品背后从业者的奋斗历程与精神品质。无论是传统工业中工匠们对技艺的执着坚守，还是现代工业里科研人员的开拓创新，都能让学生切身体会到工业领域丰富多元的职业精神，进而显著提升学生对工业领域相关职业的自豪感，激发他们对未来职业发展的积极思考。

在整个实践活动进程中，学生需通过小组协作完成讲解路线设计以及实际讲解任务。这一过程能够有效锻炼学生的沟通表达能力，使其能够清晰、生动且富有感染力地向观众传递工业文化知识；培养学生的组织策划能力，从路线规划的全局考量到讲解内容的精心编排；提升学生的团队协作能力，让小组成员在分工明确的基础上紧密配合，共同克服困难，最终实现活动目标，全面促进学生综合素质的稳步提升。

二、教学重难点

1. 教学重点

以时间为轴，以全球工业发展为背景，全面且细致地梳理工业文明的发展脉络。着重突出第一次工业革命中蒸汽机带来的动力变革、第二次工业革命中电力与内燃机引发的产业巨变，以及当下智能制造时代的前沿突破等关键节点，详细阐述每一次重大成就对生产方式、社会结构以及人们生活方式的深远影响，帮助学生透彻理解工业文化从物质层面到精神层面的丰富内涵。

深入挖掘工业展品背后鲜为人知却又动人心弦的从业者故事。例如，讲述一位普通钳工凭借数十年如一日的专注打磨，将零件精度控制在微米级，展现工匠精神；介绍年轻科研团队勇于突破传统理论束缚，研发出新型工业材料，体现创新精神；分享工厂工人在生产旺季连续加班，确保订单按时交付，彰显敬业精神。通过这些故事，生动展现工业领域的职业精神，引发学生强烈的情感共鸣。

2. 教学难点

精心设计教学引导环节，巧妙借助案例分析、小组讨论、亲身体验等多种方式，促使学生从对工业文化的表面认知，逐步深入到内心的认同。

引导学生思考工业文化与民族精神、国家发展的紧密联系，例如我国古代手工业辉煌成就对民族自信心的塑造，现代工业崛起对国家综合实力提升的推动，从而激发学生对工业文化的热爱与自豪，将这种情感转化为内在的文化认同和强烈的职业自豪感。

在学生设计讲解路线过程中，教师要提供具有针对性的指导策略，引导学生从观众的年龄层次、知识储备、参观兴趣等多维度出发，合理规划路线。例如，为青少年群体设计充满趣味性与互动性的路线，多选取直观有趣的展品；为专业相关人士设计注重技术深度与产业发展脉络的路线。同时，帮助学生在路线设计中巧妙融入工业文化核心信息，如在讲解某一展品时，关联其所处时代的工业文化特征与职业精神体现，确保讲解路线既具个性化又能准确高效地传达工业文化信息。

三、教学方法

（1）实践体验法：为学生创造充分的实践条件，让他们全身心投入到“工业文化讲解员”角色中。从前期对展品资料的收集整理、讲解词的撰写，到实际面对“观众”进行讲解，学生在每一个环节都能亲身感受工业文化的魅力与职业精神的力量，形成深刻而独特的体验认知。

（2）小组协作法：科学合理地将学生分成若干小组，每组4~6人，并推选具备组织协调能力的组长。在讲解路线设计环节，小组成员需共同商讨路线规划，根据各自的知识优势分工查阅资料、撰写讲解词；在讲解实践中，成员间相互配合，确保讲解流畅、互动良好。通过小组协作，培养学生的团队意识与协作能力，让他们学会在团队中发挥自身价值，共同完成复杂任务。

（3）引导启发法：在活动开展前，教师运用精心制作的教学课件，结合生动的历史影像资料，系统讲解工业文明发展历程与职业精神内涵，为学生搭建起知识框架，引导学生初步形成对活动主题的认知。在活动过程中，教师密切关注各小组进展，当学生遇到讲解内容深度不足、路线设计不合理等问题时，适时提出启发性问题，引导学生从不同角度思考，帮助学生突破思维瓶颈，完善活动成果。

四、教学准备

提前数周与工业博览馆取得联系，与馆方负责人进行深入细致的沟通。确定适宜的活动时间，充分考虑博览馆的日常运营安排以及学生的课程时间，确保活动顺利开展；协商明确场地使用权限，包括可进入的展厅范围、讲解区域等；与馆方共同划定可讲解展品范围，筛选出具有代表性、文化内涵丰富且适合学生讲解的展品，为活动的有序进行奠定基础。

广泛收集工业文明相关资料，涵盖历史文献、学术研究报告、企业内部资料、人物传记等多种类型。精心制作成内容丰富、形式多样的教学课件，课件中不仅要全面呈现工业发展历史的时间线、重大发明的原理与应用、知名企业的成长历程，还要详细讲述企业家们的创业故事与经营理念，通过图文并茂、视频穿插的方式，为学生提供系统而生动的知识学习资源。

购置专业的讲解设备，如音质清晰的扩音器，确保学生的讲解声音能够清晰传达给观众；准备轻巧便携的指示棒，方便学生在讲解展品时准确指示。同时，收集整理讲解参考资料和优秀讲解范例，参考资料包括展品的详细背景知识、相关历史事件解读、工业文化研究成果等，范例涵盖不同风格、不同主题的讲解视频，为学生提供学习模仿的素材。

根据学生的专业背景、性格特点、能力水平等因素，对学生进行科学分组。每组推选组长，明确组长职责，包括组织小组讨论、分配任务、协调成员关系、与教师及馆方沟通等，确保小组活动能够高效有序开展。

五、教学过程

（一）理论导入（15 分钟）

教师在多媒体教室中，播放精心剪辑的工业文明发展纪录片片段。从第一次工业革命时期，蒸汽机在工厂中轰鸣运转，带动整个工业生产方式发生根本性变革，到第二次工业革命中，电力照亮城市夜空，汽车在道路上飞驰，再到现代智能制造时代，机器人在生产线上精准作业，人工智能为工业发展注入新动力。通过这些生动直观的影像，学生仿佛穿越时空，亲身感受工业文明发展的波澜壮阔。

教师结合制作精良的教学课件，详细讲解工业文明在不同阶段的特点。在第一次工业革命阶段，强调机械化生产取代手工劳动，工厂制度兴起；第二次工业革命时，突出电力和内燃机的广泛应用，引发产业结构的重大调整；现代智能制造时代，重点讲解数字化、智能化技术如何重塑工业生产流程与管理模式。同时，教师深入阐述每一次重大发明，如珍妮纺纱机对纺织业的推动、电灯对人类生活与工业生产时间的改变、芯片技术对电子信息产业的革新等。此外，教师还要分析工业文明对社会经济的影响，如工业革命促进城市化进程、改变就业结构、推动国际贸易发展；对文化的影响，如工业文化催生新的艺术形式、改变人们的价值观念与生活方式等，让学生对工业文明有全面系统的理论认知。

教师列举大量工业领域中体现职业精神的实例，引导学生深入思考职业精神与工业发展的紧密联系，如工匠精神是保障工业产品质量的基石，创新精神是推动工业进步的动力源泉，敬业精神是维持工业生产稳定运行的保障等，激发学生对工业职业精神的探究兴趣。

（二）现场指导与任务布置（15 分钟）

教师带领学生有序前往工业博览馆，提前与馆内工作人员协调好现场培训事宜。到达博览馆后，教师与馆内专业讲解员或工作人员共同对学生进行现场培训。

馆内工作人员运用馆内布局模型、电子导览图等工具，详细介绍博览馆的整体布局，包括各个展厅的主题、展品分布规律等。馆内工作人员针对重点展品，讲解其背景知识，如展品的发明时间、发明者的灵感来源、在工业发展史上的地位与作用等。同时，强调讲解注意事项，如讲解时要保持礼貌热情的态度、控制好讲解语速与音量、注意与观众的眼神交流等。

教师正式布置本次实践活动任务。各小组需担任“工业文化讲解员”，并设计一条个性化讲解路线。讲解路线要求涵盖至少 5 个不同类型的工业展品，不同类型可包括传统手工业展品、近代工业革命标志性展品、现代高科技工业展品等。对每个展品的讲解，要深入挖掘其背后的工业文化内涵，如展品所代表的技术创新对当时工业发展的推动作用、反映的时代文化特征；突出职业精神体现，如研发该展品的科研人员的创新精神、生产该展品的工人的工匠精神等。讲解路线设计要充分考虑观众的参观体验，注重逻辑性，按照时间顺序、技术发展脉络或主题相关性等合理规划路线；注重趣味性，通过设置互动环节、讲述有趣故事等方式吸引观众注意力。

（三）小组设计与准备（20 分钟）

各小组在博览馆内展开实地考察，小组成员手持笔和笔记本，认真观察馆内布局和展品分布情况，结合之前在理论导入环节所学到的工业文化知识以及对职业精神的理解，开始热烈讨论讲解路线设计方案。例如，有的小组考虑以工业动力发展为线索，从蒸汽机展品开始，依次讲解内燃机、电动机，最后到新能源动力展品；有的小组则计划以地域文化为主题，选取不同地区具有代表性的工业展品进行讲解。

小组成员依据各自的特长进行分工协作。擅长文字撰写的成员负责查阅资料、撰写讲解词，从历史书籍、学术论文、网络资料等多渠道收集展品的详细信息，对每个展品从历史背景、技术创新原理、相关职业故事等多个角度进行详细阐述，确保讲解词内容丰富、准确且生动。擅长设计规划的成员负责绘制讲解路线图，标注出每个展品的位置、讲解顺序以及预计停留时间。其他成员则协助收集资料、提出创意想法等。

教师在各小组间巡回走动，密切观察小组讨论情况。当发现某个小组讲解内容深度不够时，教师适时提问引导，如“这个展品的技术创新在当时面临哪些挑战，研发人员是如何克服的?”促使小组深入挖掘展品背后的故事；当发现小组路线设计不合理，出现路线重复或重点不突出等问题时，教师启发小组思考，如“我们能否从观众的兴趣点出发，重新调整展品顺序?”帮助小组及时解决问题，完善讲解路线设计与讲解词撰写。

（四）小组展示与讲解（30 分钟）

各小组通过抽签确定展示顺序，依次进行讲解路线展示。小组代表走上讲台，运用多媒体设备展示设计的讲解路线图，结合 PPT 或文档，向全班同学和教师详细介绍设计思路。讲解路线规划思路时，各小组要说明选择该路线的依据，如按照工业发展时间顺序，能够让观众清晰了解工业文明演进历程；选择主题式路线，是为了突出某一特定工业文化内涵或职业精神。各小组要阐述重点展品选择原因，例如某一展品具有重大历史意义，是工业革命的标志性产物；或者某一展品体现了独特的地域工业文化特色。同时，各小组还要详细说明如何通过对这些展品的讲解体现工业文化与职业精神，如讲解某一传统手工艺展品时，强调工匠们世代传承的精湛技艺与坚守精神。

在小组代表展示过程中，其他小组成员认真倾听，使用专门的评价表格记录优点与不足。教师引导学生从多个维度进行评价，在讲解内容方面，关注准确性，即讲解词对展品信息的阐述是否正确无误；完整性，是否涵盖展品的历史背景、技术创新、职业精神等关键要素。在讲解路线方面，考量合理性，路线是否符合观众参观习惯，能否有效引导观众理解工业文化；创新性，路线设计是否有独特视角，如采用互动式路线、故事串联式路线等，给观众带来新颖的参观体验。在职业精神体现方面，评估深度，是否深入挖掘展品背后的职业精神内涵，能否引发观众共鸣。

每个小组展示结束后，随即进入讲解环节。小组成员按照设计的讲解路线，在博览馆内依次对展品进行讲解，模拟真实为观众服务的场景。讲解过程中，小组成员运用生动形象的语言，例如讲解蒸汽机时，描述其“巨大的活塞在气缸中有力地往复运动，蒸汽的轰鸣声仿佛奏响了工业时代的序曲”；配合恰当的肢体动作，如讲解飞机模型时，用手模拟飞机飞行姿态；积极与“观众”（其他小组成员和教师）进行互动，提问“大家知道为什么这个时期会出现这样的技术创新吗?”邀请“观众”发表看法，增强讲解的吸引力与感染力。

（五）总结与点评（10 分钟）

教师对各小组的表现进行全面、深入的总结与点评。教师高度肯定各小组在讲解路线设计和讲解过程中的优点，如某小组讲解内容丰富翔实，对展品的历史背景、技术创新以及职业精神的阐述深入透彻，引用了大量鲜为人知的历史资料和人物故事；某小组讲解路线独特新颖，以“工业与艺术的融合”为主题，选取了具有艺术美感的工业设计展品，通过讲解展现工业文化的多元魅力；某小组在讲解过程中，小组成员配合默契，语言表达流畅，肢体动作自然得体，与“观众”互动频繁且效果良好。

教师客观指出存在的不足之处，如部分小组讲解词不够流畅，存在语句不通顺、啰嗦等问题，影响了讲解效果；一些小组对展品的文化内涵解读不够深入，仅停留在表面介绍，未能挖掘出展品背后深层次的工业文化价值；个别小组在小组协作方面不够默契，成员之间分工不明确，出现讲解过程中衔接不顺畅的情况。针对这些问题，教师提出具有针对性的改进建议，如讲解词撰写完成后，小组成员要反复朗读修改，提高语言流畅性；深入查阅相关学术资料、采访专家学者，加深对展品文化内涵的理解；在小组分工时，明确每个成员的职责，提前进行多次演练，确保讲解过程顺利进行。

教师再次着重强调工业文明与职业精神的重要性。回顾工业文明发展历程对人类社会进步的巨大推动作用，从改变生产方式到提升生活质量，从促进经济繁荣到塑造文化形态。强调职业精神是工业发展的灵魂，工匠精神保障产品品质，创新精神引领技术突破，敬业精神维持产业稳定。鼓励学生将在本次实践活动中所学到的丰富知识和深刻体会到的精神融入今后的学习和生活中，无论是在专业学习中追求精益求精，还是在未来职业选择上秉持敬业创新，都要以工业文明为根基，以职业精神为指引，不断增强文化认同与职业自豪感，努力成为具有社会责任感和创新精神的高素质人才。

六、教学评价

（一）小组讲解路线设计评价（40%）

（1）路线合理性（20%）：仔细评估路线规划是否充分考虑观众参观习惯，例如是否设置了合理的休息区域、是否避免了观众在参观过程中的拥挤与冲突。考查路线能否有效串联重点展品，通过分析路线图中展品之间的逻辑关系，判断是否按照工业发展脉络、主题相关性等合理顺序排列展品，确保路线流畅自然，避免重复与混乱。

（2）内容完整性（10%）：检查讲解路线是否全面涵盖不同类型工业展品，包括传统手工业、近代工业、现代高科技工业等领域，以保证对工业文化的展示丰富多元。评估讲解内容是否完整呈现了展品的关键信息，如历史背景、技术创新、文化价值、职业精神体现等，确保学生对工业文化的理解全面深入。

（3）创新性（10%）：审视讲解路线设计是否具有独特视角，如是否采用了互动式路线，设置观众参与体验环节；是否设计故事串联式路线，通过一个主题故事将不同展品有机联系起来。判断路线能否给观众带来新颖的参观体验，从观众（其他小组成员和教师）的反馈意见、参观过程中的兴趣表现等方面进行综合评价。

（二）小组讲解表现评价（40%）

（1）讲解内容（20%）：严格审查讲解词是否准确无误，通过查阅权威资料、请教专家学者，核实讲解词中对展品历史背景、技术原理等信息的阐述是否正确。评估讲解词是否丰富翔实，是否深入挖掘展品背后的故事，运用具体案例、数据等丰富讲解内容。考查对展品的历史背景、技术创新、职业精神等方面的阐述是否深入，能否引导观众深刻理解工业文化内涵与职业精神价值。

（2）表达能力（10%）：观察讲解过程中语言是否流畅自然，有无卡顿、重复、结巴等情况；语言是否生动形象，能否运用比喻、拟人、排比等修辞手法增强讲解的感染力。关注语速语调是否合适，根据讲解内容的重点难点、情感变化，合理调整语速语调，突出关键信息。评判肢体动作是否自然得体，讲解时的手势、站姿、走动等肢体动作是否与讲解内容相配合，能否增强讲解的表现力。

（3）团队协作（10%）：观察小组成员之间分工是否明确合理，在准备阶段，擅长资料收集的成员是否高效地为撰写讲解词提供充足素材，擅长设计规划的成员是否精准绘制讲解路线图；在讲解过程中，成员间的衔接是否顺畅自然，是否能根据实际情况灵活调整讲解节奏与方式，共同应对突发状况。关注小组内沟通交流是否积极有效，面对意见分歧时，成员们能否通过充分讨论达成共识，为实现小组讲解目标共同努力。

（三）个人参与度评价（20%）

（1）参与讨论（10%）：在小组讨论设计讲解路线和撰写讲解词过程中，观察学生是否积极主动发言，提出的观点是否具有建设性与创新性，能否为小组提供视角独特或有价值的信息。评估学生参与讨论的频率与深度，是否能持续跟进讨论进程，推动小组思路不断拓展与完善。

（2）讲解表现（10%）：根据学生在讲解环节中的实际表现，评判其对讲解内容的熟悉程度，能否脱稿流畅讲解，对讲解词中的细节信息是否准确把握。观察其与“观众”的互动效果，是否能积极回应“观众”提问，引导“观众”参与讨论，营造良好的讲解氛围，展现出作为讲解员的专业素养与亲和力。

七、教学延伸

组织学生开展“我眼中的工业文化与职业精神”主题征文活动，要求学生结合在工业博览馆的实践经历，深入思考工业文化对社会发展的深远影响以及职业精神在个人职业规划中的重要意义。通过文字表达，促使学生进一步深化对本次实践活动的感悟，提升文字表达与思考分析能力，同时为学生提供一个分享独特见解与体验的平台。

鼓励学生利用课余时间，再次到工业博览馆进行志愿讲解服务，将课堂所学知识运用到更广泛的实际场景中。在为更多参观者讲解的过程中，学生能够不断巩固和提升讲解技能，加深对工业文化的理解，同时也能向社会大众传播工业文化，增强社会对工业文明与职业精神的认知与重视。

开展工业文化主题演讲比赛，以工业文明发展、职业精神传承等为主题，鼓励学生深入挖掘工业领域的动人故事与前沿动态，精心准备演讲稿。通过演讲比赛，锻炼学生的演讲能力，提升其在公众场合的表达自信，进一步增强学生对工业文化的理解与传播意识，激发学生对工业相关领域的探索热情。

教案 2　《工匠精神培育：技能大师工作室探秘》

一、教学目标

深度引领学生凭借与技能大师进行的深度面对面交流，沉浸式地探究工匠精神所蕴含的专注执着、精益求精、追求卓越、勇于创新等核心要义。让学生在聆听技能大师讲述自身经历时，精准把握专注执着体现在数十年如一日坚守岗位、钻研技艺；明晰精益求精是对产品质量和工艺细节近乎苛刻的追求；理解追求卓越意味着不断挑战自我、突破行业极限；领悟勇于创新即在传统技艺基础上大胆探索、开拓新领域，从而对工匠精神的内涵形成透彻且深刻的认知。

助力学生清晰洞察工匠精神在不同行业、不同时代的传承与创新发展脉络。从古老的传统手工艺行业，如陶瓷制作中工匠们世代相传独特配方与烧制技巧，到现代高端制造业，如航空发动机制造领域科研人员传承严谨态度并创新制造工艺，全方位激发学生对传统技艺深厚底蕴的敬重以及对现代工业技术蓬勃活力的热爱，使学生深刻认识到工匠精神是贯穿各行业发展始终的核心动力。

全方位锻炼学生的采访沟通、信息整理、视频制作等综合素养。在采访沟通环节，学生需学会精准提问、耐心倾听、巧妙引导，以获取有价值信息；信息整理时，学生要对海量素材去粗取精、分类归纳，提炼关键内容；视频制作中，从画面拍摄、剪辑拼接，到配音配乐、字幕添加，每个环节都考验学生的技术运用与创意发挥。同时，通过小组协作完成各项任务，培养学生的团队协作精神，让成员在明确分工的基础上紧密配合，创新思维，鼓励学生在活动各环节大胆尝试新颖方法与视角。

通过制作"工匠精神访谈录"短视频，切实引导学生积极投身于工匠精神的广泛传播工作，显著提升学生的社会责任感。学生制作的短视频不仅是对采访成果的呈现，更是向社会大众传递工匠精神价值的重要载体，能促使学生意识到自身在弘扬优秀职业精神、推动社会文化进步方面肩负的责任与使命。

二、教学重难点

1. 教学重点

悉心指导学生深度挖掘技能大师背后鲜为人知却动人心弦的故事，从技能大师初涉行业的懵懂，到遭遇技术瓶颈时的迷茫，再到突破困境后的蜕变，全方位梳理其职业经历。从每一次技艺练习的反复打磨、每一个技术难题的攻克过程中，精准提炼出工匠精神在实践中的具体体现，如专注执着于技艺提升的无数个日夜、对工艺精益求精的反复试验、追求卓越的目标设定与自我超越、勇于创新的大胆尝试与突破。

巧妙引导学生深入思考工匠精神在当代社会多元场景下的价值和意义。在经济领域，工匠精神是提升产品附加值、增强企业核心竞争力、推动产业迈向高端化的关键；在文化层面，工匠精神是传承民族优秀文化传统、塑造行业文化特色、提升国家文化软实力的重要支撑。同时，引导学生结合自身专业学习与未来职业规划，探索将工匠精神融入日常学习，如对待专业课程作业的严谨态度，以及未来职业发展中，在岗位上坚守初心、不断进取、勇于创新的具体路径。

2. 教学难点

精心设计教学引导策略，助力学生突破表面交流的局限，与技能大师建立起深度且真诚的沟通桥梁。这要求教师提前引导学生深入了解技能大师所在行业背景知识，使其能提出有深度、有共鸣的问题。在采访过程中，教导学生关注技能大师的情感表达与肢体语言，敏锐捕捉关键信息，通过真诚的态度、专注的倾听，获取真实且极具价值的一手资料，进而准确无误地理解工匠精神的深邃精髓。

在有限的时间框架内，系统指导学生将繁杂的采访素材精心雕琢成内容翔实丰富、形式别出心裁、具有强大感染力的“工匠精神访谈录”短视频。教师需提前开展视频制作基础知识培训，包括拍摄技巧、剪辑思路、特效运用等。在制作过程中，教师针对学生遇到的素材筛选难题、叙事结构搭建困惑、画面与声音协调问题等，给予及时且精准的指导，确保学生制作的短视频能有效传播工匠精神，引发观众的强烈共鸣与深入思考。

三、教学方法

（1）实地调研法：精心组织学生前往技能大师工作室开展实地采访活动，让学生置身于技能大师的日常工作环境，近距离感受工作室的独特氛围，如传统手工艺工作室中弥漫的古朴气息、现代科技工作室里先进设备的精密运作，从视觉、听觉、触觉等多感官维度，直观且深刻地体会技能大师的工作状态与职业精神。

（2）小组合作法：科学合理地将学生划分成若干小组，每组5~7人，并推选具备较强组织协调能力、责任心与团队意识的组长。在采访环节，安排小组成员分别承担提问、拍摄、记录、协调等不同职责；素材整理时，协调小组成员共同对资料分类筛选；视频制作阶段，根据成员特长分工负责剪辑、配音、字幕等工作。通过全程小组协作，全方位培养学生的团队协作能力，使其学会在团队中发挥自身优势，共同攻克难题，实现活动目标。

（3）指导反馈法：在活动正式开展前，邀请专业媒体人士或经验丰富的教师，为学生举办采访技巧和视频制作知识培训讲座。详细讲解采访时的提问技巧，如开放式问题引导深入交流、封闭式问题确认关键信息；沟通方法，如保持礼貌尊重、营造轻松氛围；注意事项，如避免敏感问题、尊重隐私等。在视频制作方面，介绍视频拍摄的基本手法，如推、拉、摇、移，以及剪辑软件的基础操作与进阶技巧。活动过程中，教师实时关注各小组进展，针对学生在采访沟通不畅、素材挖掘不足、视频制作技术难题等方面，及时给予针对性指导。活动结束后，对学生作品从内容、技术、创意等多维度进行细致反馈评价，助力学生总结经验、改进不足。

四、教学准备

提前数周与技能大师工作室取得联系，与工作室负责人进行多轮深入沟通。详细确定适宜的采访时间，充分考量工作室的日常业务安排以及学生的课程表，确保活动顺利推进；明确采访地点，保证环境安静、光线适宜，便于采访与拍摄。筛选出具有代表性、行业影响力且善于表达的技能大师人选，提前沟通采访主题，如围绕工匠精神内涵、传承发展、当代价值等，以及大致流程，包括开场介绍、问题提问、作品展示讲解等，全力争取工作室在场地使用、设备支持、人员配合等方面的全方位支持与积极配合。

广泛收集与工匠精神相关的资料，涵盖历史文献、学术研究报告、人物传记、行业纪录片、新闻报道等多种类型。精心制作成内容丰富、形式多样的教学课件，课件中不仅全面梳理工匠精神的起源与发展脉络，从古代东西方文明中工匠的杰出贡献到现代全球化背景下工匠精神的新内涵；深入剖析不同行业工匠的典型案例，如德国机械制造工匠、日本寿司之神、中国航天工匠等；系统阐述工匠精神对社会经济发展在提升产品质量、推动产业升级、促进国际贸易等方面的重要影响，为活动前的理论导入提供翔实且生动的知识资源。

综合考虑学生的专业背景、性格特点、能力水平等因素，对学生进行科学分组。每组推选组长后，明确组长职责，包括组织小组讨论制定采访提纲、合理分配采访与制作任务、协调小组成员关系、及时与教师及工作室沟通等，确保小组活动高效有序开展。为每组学生配备专业的采访设备，如高清摄像机、高灵敏度录音笔、便携笔记本等，保障采访素材的高质量采集。

开展全面且深入的采访技巧和视频制作基础知识培训。邀请专业媒体记者分享实际采访经验，通过案例分析、模拟采访等方式，让学生掌握采访的提问技巧，如何根据采访对象和主题设计问题，运用恰当的语气、肢体语言拉近与采访对象的距离，尊重采访对象、遵守采访时间等。在视频制作方面，安排专业教师或视频制作达人，通过理论讲解与实际操作演示，向学生传授视频拍摄的基本手法，如不同景别的运用、拍摄角度的选择，以及剪辑软件，如剪映、Adobe Premiere Pro 的基础操作，包括素材导入、剪辑拼接、转场添加、字幕制作、配音配乐等内容。

五、教学过程

（一）理论导入（15 分钟）

教师在设备齐全的多媒体教室，借助精心制作的教学课件，通过高清图片、精彩视频、翔实文字等多元形式，为学生徐徐展开工匠精神的历史画卷。从古代中国鲁班凭借超凡智慧发明锯子、墨斗等众多工具，极大推动木工行业发展，到李春匠心独运建造坚固美观的赵州桥，成为世界桥梁建筑史上的经典范例；从现代工业中徐立平凭借精湛技艺，为导弹固体燃料发动机的火药进行微整形，确保航天事业安全推进，到国外如瑞士制表工匠对每一个零件、每一道工序精雕细琢，成就瑞士制表业的全球声誉。通过这些跨越时空、涵盖中外的案例，生动展现工匠精神在历史长河中一脉相承且不断发展演变的传承轨迹。

紧密结合不同行业工匠的典型案例，深入且细致地剖析工匠精神的核心内涵。以瑞士制表工匠为例，详细讲解他们在制作一块顶级手表时，对每一个微小零件的尺寸精度控制在微米级，每一道组装工序都经过上千次的反复调试，生动体现精益求精的精神。讲述华为研发团队在通信技术领域，历经数十年如一日的专注投入，在 5G 技术研发过程中攻克无数技术难题，从芯片研发到通信算法优化，展现专注执着的品质。介绍中国高铁制造团队不断追求技术创新，从引进国外技术到自主研发世界领先的高铁技术，使中国高铁成为世界名片，深刻诠释勇于创新的理念。通过这些案例，引导学生深入理解工匠精神各核心要素的具体表现与内在联系。

引导学生从宏观经济、社会文化等多视角深入思考工匠精神对社会经济发展的重要作用。在经济层面，工匠精神促使企业生产出高品质产品，提升品牌形象，从而提高产品附加值，增强企业在国内外市场的竞争力，推动产业从劳动密集型向技术密集型、创新驱动型升级。在文化方面，工匠精神承载着民族的智慧与创造力，是中华优秀传统文化的重要组成部分，通过传承工匠精神，能够延续民族文化血脉，塑造具有鲜明特色的行业文化，提升国家整体文化软实力。通过这一环节，为后续学生实地采访技能大师，从实践层面理解工匠精神奠定坚实的理论基础。

（二）现场采访指导与任务布置（15 分钟）

教师提前规划好出行路线，带领学生有序前往技能大师工作室。出发前，再次郑重强调采访的各项注意事项，如始终保持礼貌谦逊的态度，使用恰当的称呼与问候语；严格遵守工作室的各项规章制度，不随意触碰设备、不干扰正常工作秩序；时刻注意自身安全，特别是在有大型设备或复杂操作的工作室环境中。

抵达工作室后，由技能大师本人或工作室资深负责人，运用实物展示、PPT 演示等方式，向学生简要介绍工作室的发展历程，从创立之初的艰难起步到逐步发展壮大的关键节点；详细阐述主要业务范围，涵盖产品研发、技术服务、人才培养等方面；重点分享取得的突出成就，如获得的专利成果、完成的重大项目、赢得的行业奖项等，让学生对工作室有全面且直观的初步了解。

教师明确布置本次实践活动任务：各小组需对技能大师展开深入采访，采访内容围绕技能大师的成长经历，包括家庭环境、求学过程对其职业选择的影响；学习技艺的艰辛历程，如拜师学艺的经历、遇到的技术瓶颈与突破方法；在日常工作中践行工匠精神的具体表现，如对工艺细节的把控、对创新的追求；对工匠精神的深刻理解与独特感悟，从自身经验出发解读工匠精神内涵；以及对当代大学生传承工匠精神的宝贵建议，结合行业发展趋势与大学生特点给出实用指导。采访结束后，各小组需精心制作一部“工匠精神访谈录”短视频，视频时长严格控制在 8~10 分钟，要紧紧围绕工匠精神主题，做到内容完整，涵盖采访关键信息，逻辑清晰，叙事有条理，画面清晰稳定、色彩协调，声音清晰无杂音，确保整体质量达到较高水准。

（三）小组采访与素材收集（30分钟）

各小组依据事先精心准备的采访提纲，有条不紊地对技能大师进行采访。采访现场，小组成员分工明确且协作紧密，负责提问的成员提前熟悉提纲，根据技能大师的回答灵活调整问题顺序与角度，确保提问精准、连贯；负责拍摄视频的成员熟练运用摄像机，根据采访场景选择合适的拍摄手法，如全景展现工作环境、特写捕捉技能大师的手部操作细节；负责记录关键信息的成员全神贯注，快速准确地记录技能大师的精彩观点、关键数据与感人故事；负责与技能大师沟通协调的成员时刻关注采访氛围，适时引导话题、把控节奏，确保采访顺利进行。

提问环节，学生充分展现出积极主动与善于思考的态度，提出一系列具有针对性和深度的问题。例如，“在您长达数十年的技艺学习生涯中，遇到的最为棘手的技术难题是什么，您又是通过怎样的努力和创新方法成功克服的?”“在当下高度自动化、智能化的现代工业化生产环境下，您认为传统的工匠精神是否会逐渐过时，为什么，又该如何与时俱进?”技能大师们结合自身丰富的经历，饱含深情地讲述自己从初入行业的青涩新手成长为行业领军人物的奋斗故事，毫无保留地分享对工匠精神在新时代背景下的独特见解，为学生们带来一场知识与精神的盛宴。

小组在采访同时，敏锐捕捉与技能大师工作相关的各类素材，如充满岁月痕迹的传统工具、代表行业前沿水平的先进设备、陈列在工作室的精美作品成果，以及技能大师工作时专注投入的神情、娴熟流畅的操作动作等。小组通过多角度拍摄、全方位记录，为后续视频制作积累丰富、生动且极具感染力的资料。教师在采访过程中，穿梭于各小组之间，密切关注学生表现，适时给予专业指导，如提醒学生注意采访节奏，避免问题过于密集或拖沓；引导学生深入挖掘更具价值的信息，如询问技能大师在传承技艺过程中的困难与经验等。

（四）小组视频制作（20分钟）

采访结束后，各小组迅速返回学校设备完善的多媒体教室，马不停蹄地开始进行“工匠精神访谈录”短视频制作。小组成员围坐在一起，对采访素材进行全面且细致的整理和筛选。成员们逐帧查看视频素材，逐字聆听录音内容，挑选出最能生动体现工匠精神、最具情感感染力的片段，如技能大师讲述突破技术瓶颈时激动的神情、分享对工匠精神理解时坚定的语气等。

根据筛选出的素材，小组展开热烈讨论，确定视频的主题、结构和表现形式。例如，有的小组以技能大师的成长历程为主线，按照时间顺序依次展现其从初入行业的迷茫探索，到逐步掌握核心技艺的成长蜕变，再到成为行业楷模传承工匠精神的全过程，生动展现工匠精神的养成；有的小组通过对比传统技艺与现代创新，选取技能大师传统工艺作品与创新后的产品进行对比展示，讲述创新过程中的故事，突出工匠精神在不同时代的传承与发展。

小组成员依据各自特长进行高效分工协作，运用所学的视频制作知识，全身心投入视频剪辑、配音、添加字幕等工作。在视频剪辑过程中，小组成员注重画面的流畅衔接，合理运用转场特效，使视频节奏紧凑且富有变化；配音时，挑选与视频氛围契合的音乐与音效，增强情感渲染力；添加字幕做到准确无误、简洁明了，突出关键信息。在制作过程中，全体成员始终注重画面的美感，追求色彩搭配协调、构图合理；确保声音的清晰，避免杂音干扰；保证内容的连贯性，使整个视频逻辑严密、一气呵成，力求制作出高质量、高水准的短视频。教师在各小组间巡视，及时解答学生在视频制作过程中遇到的技术问题，如剪辑软件操作卡顿、素材拼接效果不佳、字幕与画面不同步等。

（五）小组作品展示与总结（10 分钟）

各小组通过抽签确定展示顺序，依次展示制作完成的“工匠精神访谈录”短视频。播放结束后，小组代表自信地走上讲台，运用 PPT 或文档辅助，向全班同学和教师详细介绍视频的制作思路，包括主题确定的依据、结构设计的考量；亮点特色，如独特的叙事方式、创新的表现手法；以及在制作过程中的深刻收获与宝贵体会，如团队协作的重要性、对工匠精神理解的深化等。

其他小组成员认真观看，从视频内容的完整性，是否全面涵盖采访关键信息、充分展现工匠精神内涵；主题的突出性，是否紧紧围绕工匠精神，使观众能清晰感知主题；制作技术的专业性，拍摄手法、剪辑技巧、配音字幕等是否达到较高水准；对工匠精神的诠释深度，能否引发观众对工匠精神的深入思考等方面进行全面评价。教师引导学生积极踊跃发言，鼓励学生从不同角度提出优点与建议，营造活跃的交流学习氛围，促进学生之间的思想碰撞与经验分享。

教师对各小组的表现进行全面、深入、细致的总结与点评。高度肯定各小组在采访和视频制作过程中的辛勤努力与卓越成果，如某些小组采访问题设计精妙，层层深入，获取了大量珍贵且鲜为人知的一手资料；某些小组视频制作精良，画面剪辑流畅自然，配乐恰到好处，极大增强了视频的感染力；某些小组对工匠精神的理解深刻独到，在视频中以独特视角展现工匠精神在当代社会的新内涵与新价值。同时，客观指出存在的不足之处，如部分小组采访时沟通不够顺畅，导致部分问题未得到充分解答，信息获取不全面；一些小组视频制作中画面质量欠佳，存在画面抖动、光线过暗或过曝的情况，影响了视觉效果；还有部分小组视频逻辑不够清晰，叙事顺序混乱，使观众难以跟上节奏，理解视频想要传达的主旨。针对这些问题，提出具有针对性的改进措施，比如采访前加强模拟演练，提升沟通技巧与应变能力；视频制作时，注重拍摄设备的稳定性，合理调整光线，学习专业的剪辑知识，构建清晰的视频逻辑结构。

教师再次着重强调工匠精神的内涵与价值，回顾其在不同行业、不同时代所发挥的关键作用，从提升产品品质到推动技术革新，从传承民族文化到塑造行业精神。鼓励学生将工匠精神融入今后的学习和生活中，在专业学习上，对待每一门课程、每一次作业都要秉持精益求精的态度，追求知识掌握的深度与广度；在未来职业选择上，无论身处何种岗位，都要坚守专注执着的精神，勇于创新，不断追求卓越，努力成为行业的中流砥柱。同时，希望学生们能够继续传播工匠精神，让更多人认识到其重要性，共同为社会的进步与发展贡献力量。

教案3　《党史福袋：沉浸式党史学习》

一、教学目标

以创新为驱动，彻底打破传统课堂中单一讲授模式的桎梏，精心打造校园党史定向越野这一极具创新性与趣味性的实践活动。活动融入丰富的情景设置与互动环节，如同为学生开启一扇通往党史知识殿堂的崭新大门，充分激发学生内心对党史学习的主动探索欲望，全方位提升学生参与党史学习的积极性与主动性，使学生从被动接受知识转变为主动汲取党史智慧。

借助精心设计的红色任务卡，引领学生踏上深度挖掘党史知识的征程。任务卡内容广泛，涵盖党的重大历史事件，如南昌起义打响武装反抗国民党反动派第一枪的英勇壮举；重要会议，像遵义会议在危急关头挽救党和红军的关键决策；英雄人物事迹，例如董存瑞舍身炸碉堡的无畏牺牲；党的伟大精神，如长征精神所展现出的坚韧不拔与团结协作。通过完成这些任务，学生可以构建起全面且系统的党史认知体系，对党史的理解从浅层次的知晓上升到深层次的领悟，明晰党的发展脉络与伟大成就背后的历史逻辑。

教师在活动全程，积极促进学生之间多层次、多维度的交流与合作。通过小组共同完成任务的模式，着力培养学生的团队协作精神。在小组讨论环节，学生们思维碰撞，各抒己见；分工合作阶段，学生们依据各自特长承担相应职责；共同解决问题过程中，学生们携手攻克难关。同时，借助沉浸式体验设计，如模拟历史场景、角色扮演等，可以让学生仿佛穿越时空，亲身感受党的奋斗历程中的艰难险阻与伟大胜利，深度强化学生与党史之间的情感联结，从而激发学生内心深处炽热的爱党爱国情怀，使其深刻认识到自身肩负的历史使命与社会责任，立志为国家繁荣与民族复兴贡献力量。

二、教学重难点

1. 教学重点

（1）秉持匠心精神，精心雕琢红色任务卡。红色任务卡的内容紧密锚定党史核心知识，不仅涵盖基础史实，更深入挖掘历史事件背后的意义与价值。红色任务卡在形式上力求丰富多元，除党史知识问答、党史故事讲述、红色歌曲演唱、党史主题摄影外，还可增设党史知识辩论、红色剧本创作表演等形式。例如，知识问答可设置拓展性问题，如“党的十一届三中全会为何被视为中国改革开放的起点，其对当今社会发展产生了哪些深远影响”；党史故事讲述要求学生融入个人情感与理解，生动再现英雄人物的内心世界；红色歌曲演唱鼓励学生创新演绎方式，赋予经典歌曲新活力；党史主题摄影引导学生从独特视角捕捉校园中与党史相关的元素，如校园内老一辈革命家雕像背后的故事。每张任务卡依据任务难度、知识深度和能力要求合理分配分值，精准考查学生对党史知识的掌握程度与综合运用能力。

（2）科学合理地规划校园党史定向越野路线，深度挖掘校园内标志性建筑、景观的潜在党史关联。学校图书馆可设置党史文献深度研读任务，要求学生查阅特定历史时期的珍贵文献并总结核心观点；纪念碑处设置缅怀革命先烈主题演讲任务，学生须结合先烈事迹阐述对当代青年责任的思考；文化长廊设置党史知识展板制作任务，学生自行收集资料、设计展板布局，展示党史发展的关键节点。通过将党史知识巧妙融入校园场景，营造浓厚且沉浸式的党史学习氛围，使学生在完成任务的行进过程中，自然而然地沉浸于党史学习情景，潜移默化地接受党史知识的熏陶与精神洗礼。

2. 教学难点

（1）精心设计教学引导策略，助力学生实现从单纯完成任务到深度理解党史、升华情感的跨越。在活动前，教师通过线上线下相结合的方式，推送党史相关的深度解读文章、纪录片片段等资料，引导学生提前预热知识。活动中，教师密切关注学生任务完成过程，当学生完成任务后，适时组织小组内的深度讨论，如“从刚才完成的党史故事讲述任务中，你体会到英雄人物身上的哪些品质对当代社会仍具重要价值”，引导学生从历史联系现实，避免活动仅停留在表面形式。教师借助情景创设、角色扮演等方式，如在特定任务点位模拟历史场景，让学生扮演历史人物，亲身体验历史情境，从而深刻感悟党的初心和使命，增强对党的认同感与归属感。

（2）全方位保障活动的顺利开展。在活动筹备阶段，教师细致做好学生分组工作，充分考虑学生的性格特点、知识储备、组织能力等因素，确保每组学生能力均衡、优势互补。提前制定详细的活动应急预案，涵盖可能出现的突发天气、学生身体不适、设备故障等情况。活动过程中，合理安排教师与学生志愿者的职责，教师负责整体活动节奏把控、关键知识引导，学生志愿者在各点位协助任务发放、打卡记录、秩序维护。通过实时监控活动进展，及时调整任务难度或路线安排，保障活动节奏紧凑有序，杜绝冷场或混乱局面的出现，确保学生安全、高效地参与活动。

三、教学方法

（1）体验式教学法：全力构建沉浸式的校园党史定向越野体验环境，学生亲身穿梭于校园各个任务点位，在完成任务的过程中，不仅用眼睛观察、用耳朵聆听，更用心去感受、用头脑去思考。例如，在模拟长征路的任务路线上，设置跨越“河流”（用校园内的小溪或模拟道具）、攀爬“雪山”（利用校园内的小山坡或搭建模拟设施）等环节，让学生切身体会长征的艰难。在完成任务后，组织学生分享内心感受，实现从单纯的知识接受到情感上的深度共鸣，深刻理解党的奋斗历程的艰辛与伟大。

（2）小组合作法：将学生科学合理地划分成若干小组，每组5~7人，并推选具备较强组织协调能力、责任心与团队意识的组长。在活动各环节，如任务讨论、分工执行、问题解决等环节，小组成员紧密协作。在党史知识问答任务中，擅长资料查找的学生负责查阅党史学习手册，逻辑思维强的学生负责分析问题、组织答案；在党史故事讲述任务中，语言表达能力出色的学生负责讲述，其他成员协助收集资料、提供创意。通过全程小组合作，培养学生的团队协作能力，让学生学会倾听他人意见、发挥自身优势，共同为实现小组目标而努力。

（3）引导启发法：活动前，教师利用多媒体教室，通过制作精良的PPT、播放生动的党史纪录片等方式，为学生系统梳理党史发展脉络，从党的创立初期在黑暗中艰难探索，到新民主主义革命时期在枪林弹雨中浴血奋战，再到社会主义革命和建设时期和改革开放和社会主义现代化建设时期在创新发展中砥砺前行，帮助学生构建起清晰的党史知识框架。同时，提前对任务卡中涉及的重点党史知识点进行简要介绍，引导学生提前思考。活动中，当学生在任务完成过程中遇到困难，如对党史事件理解出现偏差、拍摄党史主题照片缺乏灵感时，教师通过提问启发、案例引导等方式，如"回忆一下我们之前讲过的这个时期的历史背景，对解决这个问题有什么帮助"，引导学生正确思考，深入挖掘党史内涵，提升学生自主解决问题的能力。

四、教学准备

（1）组建专业且高效的活动筹备小组，成员包括经验丰富的思政教师以及积极热情的学生志愿者。教师凭借深厚的专业知识和活动策划经验，负责活动的整体策划、方案制定与全程指导。学生志愿者充分发挥主观能动性，协助完成任务卡设计制作、校园场地布置、活动物资筹备等具体工作。在任务卡制作过程中，学生志愿者运用自身的创意和设计能力，为任务卡增添丰富的视觉元素与互动环节；在场地布置方面，巧妙利用校园空间，设置具有历史场景感的任务点位装饰。

（2）组织教师团队深入研究党史知识，结合校园的历史文化底蕴与实际布局，精心设计红色任务卡。在知识问答任务设计上，红色任务卡涵盖党史各个时期的关键事件、重要人物、理论成果等，问题难度分层设置，既有基础的史实考查，又有深入的理论分析。党史故事讲述任务要求学生选取鲜为人知但具有深刻教育意义的英雄事迹，通过查阅权威党史资料、采访专家学者等方式，深入挖掘故事细节，进行生动讲述。红色歌曲演唱任务鼓励学生选择不同历史时期具有代表性的歌曲，如新民主主义革命时期的《义勇军进行曲》、社会主义革命和建设时期的《我为祖国献石油》等，并了解歌曲创作背景与时代意义。党史主题摄影任务引导学生从校园建筑、文化标识、师生活动等方面寻找与党史相关的元素，如校园内庆祝建党周年的主题雕塑、展示党史学习成果的宣传栏等。同时，教师要为每张任务卡设置详细的任务说明、分值标注以及评价标准，确保任务的可操作性与可评价性。

（3）对校园进行全面勘察，规划出多条兼具趣味性与教育性的党史定向越野路线。路线设计充分考虑校园的地形地貌、建筑分布以及学生的活动安全。在路线规划中，合理设置任务点位间距，避免学生长时间奔波或聚集等待。每个任务点位根据其特点和周边环境，设计与之相契合的党史任务。如在校园的科技楼设置与改革开放后科技发展相关的任务，要求学生调研学校在科技创新方面的成就与党的科技政策的关联；在校园的艺术中心设置与红色文化艺术传承相关的任务，让学生创作一幅以党史为主题的艺术作品。在每个点位设置明显的任务发放点和打卡点标识，配备专业的打卡设备，如智能打卡机或便捷的二维码扫码设备，确保学生能够快速、准确地领取任务和记录完成情况。

（4）全面准备活动所需物资。定制设计精美的任务卡，采用防水、耐用的材质制作，确保任务卡能够在活动中经受住各种环境考验。配备先进的打卡设备，提前进行调试和测试，保证打卡过程顺畅无误。绘制详细的校园地图，地图上清晰标注定向越野路线、任务点位以及安全提示信息。准备丰富多样的小礼品，如党史主题书签、徽章、笔记本等，用于奖励在活动中表现优秀的小组。同时，为每个小组精心准备一本内容翔实的党史学习手册，手册涵盖党史发展的重要事件、关键人物简介、党的理论成果解读等内容，并配备丰富的图片、图表，方便学生随时查阅相关知识，为完成任务提供有力支撑。

（5）依据学生的综合情况进行科学分组，每组确保有不同专业背景、性格特点和能力优势的学生。在分组完成后，推选组长。提前组织组长培训会议，在培训中，教师详细讲解活动流程，包括任务领取、完成、打卡的具体步骤；活动规则，如任务完成时间限制、团队协作要求；注意事项，如安全保障、文明参与等。通过案例分析、模拟演练等方式，让组长熟悉活动的各个环节，掌握组织协调小组活动的技巧，以便更好地带领小组成员高效完成任务，保障活动顺利进行。

五、教学过程

（一）活动开场与知识引导（15分钟）

全体学生身着整齐服装，精神饱满地在学校宽阔的操场集合。教师身着正装，走上临时搭建的演讲台，发表热情洋溢的开场致辞。教师用生动的语言介绍本次“党史福袋：沉浸式党史学习”实践活动的目的，强调这是一次打破常规、别具一格的党史学习之旅，旨在通过创新形式，让党史知识真正走进学生内心，增强学生对党的深刻认识和深厚情感。教师详细讲解活动流程，从分组出发、任务挑战，到小组交流、总结分享，再到最后的活动总结与表彰，让学生对活动有清晰的整体认知。

教师借助高清投影仪，在操场大屏幕上展示精心制作的党史知识课件。党的创立初期，一群怀揣理想的先驱在嘉兴南湖红船上点燃革命火种，在艰难困苦中探索救国救民之路；新民主主义革命时期，无数革命先烈在枪林弹雨、白色恐怖下不屈抗争，为民族独立和人民解放抛头颅、洒热血；改革开放和社会主义现代化时期，党带领全国人民艰苦奋斗、开拓创新，创造了举世瞩目的发展成就。教师在讲解过程中，重点提及红色任务卡涉及的党史知识点，如党的七大确立毛泽东思想为党的指导思想的重大意义，引导学生在活动中重点关注这些知识，带着问题去完成任务。

教师拿出精心准备的活动规则手册，详细讲解活动规则和注意事项。在领取红色任务卡环节，学生需按照小组顺序，在指定地点有序领取，领取后认真阅读任务要求。对于完成任务的要求，教师要明确不同类型任务的具体标准，如党史知识问答需准确回答问题要点，党史故事讲述需包含关键情节和人物精神解读。教师讲解打卡流程，展示打卡设备的使用方法，强调打卡的重要性，说明它是记录任务完成情况的关键依据。教师要着重强调安全事项，提醒学生在校园内活动时注意交通安全，避免在奔跑过程中摔倒，在完成特定任务时注意保护自身安全，如在模拟历史场景互动环节中避免碰撞。教师要再三强调团队合作的重要性，鼓励学生在活动中相互帮助、相互支持，共同进步。同时，告知学生活动结束后将从任务完成情况、团队协作表现等多个维度对小组进行评比，获胜小组将获得丰富的小礼品，以此激发学生的竞争意识和参与热情，让学生全身心投入到活动中。

（二）分组出发与任务挑战（40分钟）

各小组在组长的带领下，迈着整齐的步伐，迅速前往指定地点领取地图、党史学习手册和第一张红色任务卡。领取后，小组成员们如同寻宝者发现宝藏线索一般，迅速围聚在一起，全神贯注地阅读任务内容。小组内展开热烈讨论，依据成员特长进行合理分工。如果任务是党史知识问答，记忆力超群的同学主动承担起查找手册、梳理答案的重任，逻辑思维强的同学负责对答案进行组织和完善；如果是党史故事讲述，平时善于表达、富有感染力的同学毫不犹豫地站出来，其他成员则积极协助收集资料、提供讲述思路，分享对故事的理解和感悟。

小组依照地图上清晰标注的路线，如同探险队一般向第一个任务点位进发。在行进过程中，小组成员们相互交流对任务的看法，进一步明确分工和任务完成思路。到达点位后，组长礼貌地向工作人员出示任务卡，领取具体任务。在党史主题摄影任务中，擅长摄影的同学迅速观察周边环境，寻找独特的拍摄角度，利用光线和构图技巧，力求捕捉到最能体现党史元素的画面；对党史知识有深入理解的同学则在一旁解读校园景观与党史的内在联系，为拍摄提供创意和主题方向，例如，校园内的一棵古树见证了学校在不同历史时期的变迁，可将其与党的发展历程中的坚韧不拔精神相联系进行拍摄。

小组成功完成任务后，快速前往打卡点进行打卡。打卡工作人员认真核对任务完成情况，确认无误后，为小组完成打卡操作，并发放下一张红色任务卡。小组稍作休整，便向下一个任务点位奔去。在整个过程中，教师和学生志愿者分散在各点位和路线上进行巡视和指导。教师密切关注各小组任务完成情况，当发现小组对任务理解出现偏差时，及时上前给予启发和引导，如“你们再思考一下，这个党史事件发生的时代背景对理解这个任务有什么重要提示”；学生志愿者则负责维持点位秩序，解答学生的一般性问题，提醒学生注意安全和活动时间，确保活动有条不紊地进行。

（三）小组交流与总结分享（25分钟）

各小组顺利完成所有任务后，按照预定时间回到操场集合。每个小组推选一名代表，代表们满怀自信地走上分享台，向全班同学分享小组在活动中的精彩经历和深刻收获。有的小组代表分享在讲述党史故事时，通过深入查阅党史档案、采访老党员，了解到许多不为人知的细节，这些细节让他们对英雄人物的敬佩之情如潮水般涌来，深刻体会到英雄人物为了理想信念不惜牺牲一切的伟大精神；有的小组代表讲述在完成党史知识问答任务时，小组内出现不同观点的激烈碰撞，通过反复查阅学习手册、热烈讨论，最终纠正错误理解，对党史事件的来龙去脉和历史意义有了更为深刻、准确的认识，这种思维的碰撞让他们感受到团队协作在学习中的强大力量。

其他小组成员围成一圈，认真倾听代表们的分享，不时投以赞许的目光和热烈的掌声。在交流环节，小组成员们积极提问，如“你们在拍摄党史主题照片时，是如何想到那个独特视角的”“在完成党史故事讲述任务时，有没有遇到什么特别困难的地方，你们是怎么克服的”。代表们耐心解答，分享更多活动中的细节和心得体会。在交流过程中，教师适时引导学生进一步思考党史知识与现实生活的紧密联系，如“党的艰苦奋斗精神在我们日常的学习中，体现在哪些方面，我们应该如何践行”，鼓励学生将党史学习成果转化为实际行动，在学习和生活中以党的精神为指引，不断提升自我。

教师走上前，对各小组的表现进行全面、深入的总结评价。教师首先肯定各小组在活动中的努力和取得的优异成绩，对任务完成速度快且质量高的小组提出表扬，称赞他们在任务完成过程中对党史知识的准确把握和出色运用；对在团队协作方面表现出色的小组给予高度评价，强调他们分工明确、沟通顺畅、相互支持，是团队协作的典范；对党史知识理解深刻且有独特见解的小组表示赞赏，鼓励他们继续保持深入思考的习惯，不断挖掘党史知识的深层内涵。同时，教师也客观指出活动中存在的不足之处，如部分小组在任务完成过程中过于追求速度，对党史知识的深入挖掘不够，导致对一些党史事件的理解停留在表面；个别小组在团队协作中出现沟通不畅的问题，影响了任务完成效率，如在任务分工时没有充分考虑成员特长，导致部分成员任务过重或无法发挥优势。针对这些问题，教师给出了具体的改进建议。对于党史知识挖掘不足的小组，建议在今后的学习中养成深度阅读党史资料的习惯，多思考事件背后的因果关系和历史影响，遇到问题积极向老师和同学请教；针对团队协作存在问题的小组，鼓励成员之间加强日常沟通交流，在每次小组活动前充分讨论，根据成员实际能力合理分配任务，遇到分歧时秉持开放包容的态度，共同协商解决。

（四）活动总结与情感升华（10分钟）

教师再次郑重强调本次活动的重要意义，全面回顾活动中涉及的重要党史知识，如党的创立背景、重大历史转折点、关键理论突破等，以及学生们在活动中的精彩表现，如某些小组对党史故事的生动演绎、在任务挑战中展现出的创新思维。通过细致的总结，进一步强化学生对党史的理解和记忆，巩固本次沉浸式学习所取得的成果，让党史知识在学生心中扎根更深。

教师引导学生深刻思考如何将在本次沉浸式党史学习教育中所激发的爱党爱国情怀和历史使命感，切实融入今后的学习和生活中。在学习上，鼓励学生以革命先辈们为追求真理而不懈奋斗的精神为榜样，面对专业课程的难题时，不轻易放弃，刻苦钻研，努力提升知识水平；在生活中，积极参与各类社会实践活动，传播党史知识，弘扬党的优良传统，如参与社区的党史宣传活动，向居民讲述党的光辉历程和伟大成就，以实际行动为实现中华民族伟大复兴的中国梦添砖加瓦。

对在活动中表现优秀的小组进行隆重表彰，教师依次宣读获奖小组名单。在热烈的掌声中，为获奖小组颁发精心准备的小礼品，这些礼品不仅是对小组努力的认可，更是激励全体学生积极参与党史学习和思想政治教育活动的动力源泉。

最后，教师以充满激情与期待的话语宣布本次“党史福袋：沉浸式党史学习”实践活动圆满结束，鼓励学生将党史学习作为终身课题，不断从中汲取智慧和力量。

六、教学评价

（一）小组任务完成情况评价（50%）

（1）任务完成数量（20%）：根据各小组完成红色任务卡的数量进行评分，完成数量越多得分越高，鼓励小组积极参与任务挑战，全面学习党史知识。例如，若全部任务卡数量为20张，完成18~20张的小组可得满分，完成15~17张得16分（满分20分以此类推），激励小组不放过任何一次学习党史知识的机会，充分挖掘校园内的党史学习资源。

（2）任务完成质量（30%）：评估小组在完成任务过程中的表现，如党史知识问答的准确性、党史故事讲述的生动性、红色歌曲演唱的完整性、党史主题摄影的创意和与党史的相关性等。对于能够深入挖掘党史内涵、展现独特见解和出色表现的小组给予高分。在党史知识问答中，能准确回答问题并对相关知识点进行拓展阐述的小组可获得较高分数；党史故事讲述时，能够融入情感、生动还原历史场景且突出人物精神品质的小组将得到认可；红色歌曲演唱不仅要求旋律准确，还鼓励对歌曲进行创新编排，展现新时代青年对红色文化的传承与创新；党史主题摄影作品具有独特视角、清晰展现党史元素并配有深刻解读的小组将获得加分。

（二）小组团队协作评价（30%）

（1）团队分工合理性（10%）：观察小组在领取任务后，能否根据成员的特长进行合理分工，确保每个成员都能在任务完成中发挥作用。分工明确、协作高效的小组得分较高。比如，在完成党史主题摄影任务时，擅长摄影技术的学生负责拍摄操作，对党史有深入研究的学生负责提供拍摄主题和创意，文字表达能力强的学生负责撰写图片说明，这样合理分工的小组在该项评价中可获得较高分数。

（2）沟通协作效果（10%）：在活动过程中，观察小组内成员之间的沟通情况，是否能够积极交流、相互支持，共同解决遇到的问题。对于沟通顺畅、团队凝聚力强的小组给予较高评价。当小组在任务执行过程中遇到困难时，成员之间能够迅速沟通，共同商讨解决方案，互相鼓励支持，而非互相指责推诿，这样的小组在沟通协作效果方面可获得高分。

（3）问题解决能力（10%）：考查小组在面对任务困难和活动中出现的突发情况时，能否迅速做出反应，通过团队协作找到有效的解决办法。能够灵活应对问题、成功克服困难的小组将获得相应加分。例如，若在活动中突然遇到设备故障（如打卡机出现问题），小组能够冷静应对，及时与工作人员沟通协调，并通过其他方式记录任务完成情况，确保活动不受太大影响，这样的小组在问题解决能力方面将得到肯定。

（三）个人参与度与收获评价（20%）

（1）参与积极性（10%）：根据学生在小组活动中的表现，评价其参与的积极性，包括是否主动承担任务、积极参与讨论、认真完成自己负责的部分等。积极参与活动的学生得分较高。在小组讨论环节中，能够主动提出有价值的观点和建议，在任务执行过程中，认真负责地完成自己承担的工作，不敷衍了事，主动协助其他成员的学生，在参与积极性评价中可获得较高分数。

（2）学习收获反馈（10%）：通过学生在小组交流和总结分享环节的发言，以及活动后的心得体会撰写，了解学生对党史知识的掌握程度、对党的情感认知变化以及从活动中获得的启示和感悟。能够深入思考、积极反馈学习收获的学生将得到较高评价。学生在发言和心得体会中，能够结合活动经历，深入阐述对某一党史事件或党的精神的新认识，表达自己内心爱党爱国情感的升华，以及对未来学习和生活的积极规划，这样的学生在学习收获反馈评价中可获得高分。

七、教学延伸

（1）组织“党史学习心得”征文比赛，鼓励学生将在本次活动中的所思所想、所感所悟以文字形式表达出来，进一步深化对党史的理解和认识，提升学生的文字表达能力和思想深度。为确保征文比赛的质量和参与度，教师要提前制定详细的征文主题范围，如“我在党史定向越野中领悟的党的精神”“党史学习对我的成长启示”等，设置丰富的奖项，包括一、二、三等奖及优秀奖，邀请专业教师组成评审团，对征文进行公正评选，将优秀征文整理成册，在学校内进行展示和交流。

（2）开展党史知识竞赛活动，以班级或小组为单位，设置丰富多样的竞赛题目，涵盖党史事件、人物、理论等方面，通过竞赛的形式激发学生持续学习党史的热情，巩固和拓展党史学习成果。竞赛题目设计注重难度分层，既有基础的选择题、填空题，考查学生对党史基本知识的掌握，又有论述题、案例分析题，考验学生对党史知识的综合运用和深入理解。竞赛过程中设置初赛、复赛、决赛等环节，增加比赛的紧张感和趣味性，对表现优秀的班级或小组进行表彰，颁发荣誉证书和奖品，如党史相关书籍、学习用品等。

（3）成立党史学习社团，定期组织社团成员开展党史研究、红色文化宣传等活动，如举办党史讲座、制作党史宣传海报、走进社区进行党史宣讲等，将党史学习从校园延伸到社会，扩大党史教育的影响力。社团成立初期，组织成员选举社团负责人，制订社团章程和活动计划。定期邀请党史专家、学者举办讲座，提升成员的党史知识水平；组织成员制作精美的党史宣传海报，张贴在校园内及周边社区，营造浓厚的党史学习氛围；走进社区开展党史宣讲活动，提前组织成员精心准备宣讲内容，通过生动的故事、鲜活的案例，向社区居民传播党的光辉历史和伟大成就，增强全民对党史的认知和理解。

教案 4　《天府美育嘉年华：传统文化与职业教育》

一、教学目标

深度引领学生全身心地投入蜀绣、川剧体验活动，通过近距离观摩专业蜀绣艺人行云流水般地施展绣技，从轻柔穿针、精准引线，到灵活运用变幻无穷的针法，以及沉浸式感受川剧演员在舞台上字正腔圆的唱腔，举手投足间展现的独特表演程式，让学生透彻领悟蜀绣针法背后蕴含的精湛技艺、色彩搭配所呈现的美学韵味，以及川剧唱腔中承载的情感张力、表演程式里积淀的历史文化内涵。推动四川地区优秀传统文化的传承，可以促使学生内心深处滋生出对本土文化强烈的认同感与自豪感，让传统文化的种子在学生心中生根发芽。

在创作“传统工艺与现代设计”作品过程中，精心引导学生敏锐地从蜀绣、川剧等传统文化瑰宝中提炼出核心元素，诸如蜀绣中寓意吉祥的经典图案、川剧脸谱上极具象征意义的色彩搭配。同时，巧妙运用现代设计理念，如当下流行的简约风格追求的简洁明快、数字化表现手法带来的新颖体验，锻炼学生创新思维，全面提升学生对美的敏锐感知能力、精准鉴赏能力以及出色创造能力，使学生在作品创作中，实现传统文化与现代设计的完美融合，绽放出独特的艺术魅力。

在整个活动进程中，积极营造学生之间广泛交流、深度合作的良好氛围，借助小组协作的方式完成各项任务，着力培养学生的团队协作精神。让学生在交流创意、分工协作、共同攻克难题的过程中，深刻体会传统文化在现代职业教育中的多元价值，无论是在文化创意产业、艺术设计领域，还是跨领域创新发展中，传统文化都能为其提供源源不断的灵感与深厚底蕴，为学生未来从事相关职业或在不同领域开展创新活动筑牢根基。

二、教学重难点

1. 教学重点

（1）以高度的专业性和精心的策划组织蜀绣、川剧体验环节。邀请在蜀绣领域深耕多年、技艺精湛的知名艺人，以及在川剧舞台上经验丰富、造诣颇高的资深演员作为活动指导嘉宾。提前与他们充分沟通，详细规划活动流程，精准确定教学内容，确保体验场地宽敞明亮、设施齐全，能够全方位满足学生实践操作与表演排练的需求。在体验过程中，指导嘉宾亲自示范，从最基础的步骤到复杂的技巧，手把手地教学生，让学生切实掌握蜀绣和川剧的基本技艺与表现形式，沉浸式感受传统文化的独特魅力。

（2）以科学有效的方法引导学生在创作“传统工艺与现代设计”作品时，深入挖掘蜀绣、川剧等传统文化元素的精髓。例如，在提取蜀绣图案元素时，引导学生关注图案的历史渊源、文化寓意，以及在不同历史时期的演变；在运用川剧脸谱色彩时，讲解色彩所代表的人物性格、情感特征。同时，结合现代设计手法，如在产品设计中运用简约线条突出蜀绣图案的精致，在网页设计中采用数字化技术生动呈现川剧脸谱的动态效果。通过案例分析、创意启发等方式，帮助学生巧妙融合传统文化与现代设计，创作出既蕴含深厚文化底蕴，又符合现代审美与市场需求的优秀作品。

2. 教学难点

（1）精心设计一系列教学引导策略，助力学生从对蜀绣、川剧的表面感官体验，深入到对传统文化内涵的深度理解。通过举办专题讲座，邀请文化学者解读蜀绣、川剧背后的历史故事、哲学思想、艺术审美价值；组织学生观看相关纪录片、研究学术资料，引导学生从文化根源上理解传统文化。开展小组讨论，让学生分享自己对传统文化内涵的感悟，鼓励学生从不同角度思考传统文化在现代社会的意义与价值，实现文化传承从形式到精神的实质性跨越，使学生真正成为传统文化的传承者与发扬者。

（2）在学生创作“传统工艺与现代设计”作品过程中，针对可能出现的传统文化元素与现代设计理念融合生硬、缺乏创新性等问题，提供个性化的指导与解决方案。教师密切关注学生创作进展，当发现融合生硬问题时，引导学生从传统文化元素的内在逻辑和现代设计的功能需求出发，重新审视元素的运用方式，如在设计一款以川剧为主题的手机壳时，思考如何将川剧脸谱元素与手机壳的保护功能、便捷使用相结合。对于缺乏创新性问题，组织学生参观创意设计展览、分享前沿设计案例，激发学生创新灵感，鼓励学生突破传统思维定式，尝试运用新材料、新技术、新表现手法，提升作品质量，展现独特的审美视角与文化表达，打造出具有时代特色的创新作品。

三、教学方法

（1）体验式教学法：全力为学生打造真实、丰富的蜀绣制作与川剧表演体验场景。在蜀绣体验中，为学生提供优质的绣布、色彩斑斓的绣线、精巧的绣针以及稳固的绷架，让学生从亲手穿针引线开始，逐步深入学习运用各种针法，在实践中感受每一针每一线带来的细腻变化，体会蜀绣艺术的魅力。在川剧体验中，为学生准备华丽的表演服装、逼真的道具，如精美的脸谱、灵动的水袖、雅致的折扇等，让学生在专业演员的指导下，从学习基本的唱腔发声技巧，到练习台步、云手、圆场等身段动作，再到完整地排练经典剧目片段，全身心地沉浸在川剧艺术的世界里，通过亲身体验加深对传统文化知识的理解与记忆。

（2）小组合作法：根据学生的专业背景、兴趣爱好、能力特长等因素，科学合理地将学生分成若干小组，每组4~6人，并推选具备较强组织协调能力、责任心强且富有团队精神的组长。在“传统工艺与现代设计”作品创作过程中，小组成员分工明确，各展所长。思维活跃、富有创意的成员负责提出作品的创意构思；擅长资料收集的成员通过互联网、图书馆、实地调研等多种途径，广泛收集与传统文化和现代设计相关的素材；绘画功底扎实的成员将创意转化为草图，用画笔勾勒出作品的雏形；熟悉电脑软件操作的成员利用专业绘图软件，对草图进行数字化设计与优化，添加色彩、特效等元素。在整个创作过程中，小组成员密切沟通、相互协作，共同解决遇到的问题，通过思想的碰撞与智慧的融合，完成高质量的作品创作，有效培养学生的团队协作能力。

（3）启发引导法：在活动开展前，教师利用多媒体教室，通过播放高清视频、展示精美图片、讲述生动故事等方式，全方位展示蜀绣、川剧的艺术魅力。例如，播放蜀绣制作过程的纪录片，让学生领略蜀绣从设计稿到成品的精细制作流程；展示川剧经典剧目演出视频，让学生感受川剧舞台上的精彩表演。通过这些资料，引导学生建立对传统文化的初步认知与浓厚兴趣。在活动过程中，当学生在体验和创作过程中遇到困难时，教师及时给予启发和指导。在蜀绣体验中，针对学生针法不熟练的问题，教师通过示范、对比等方式，引导学生改进针法，如展示正确与错误的针法效果对比，让学生直观理解正确针法的要点。在作品创作中，当学生创意枯竭时，教师通过提问、引导联想等方式，启发学生的创意灵感，如“如果将川剧的舞台场景与现代建筑空间设计相结合，会产生怎样的效果”，帮助学生突破思维瓶颈，提升活动效果。

四、教学准备

提前数周与知名蜀绣工作室和专业川剧团取得联系，与工作室负责人、剧团团长进行多轮深入沟通。详细介绍本次活动的目的、意义、流程以及对学生的期望，诚挚邀请在蜀绣技艺传承方面具有卓越贡献的艺人，以及在川剧表演、教学领域经验丰富的演员作为活动指导嘉宾，与他们共同商讨活动流程，根据艺人、演员的时间安排和专业建议，合理确定体验环节的教学内容和时长。同时，实地考察体验场地，确保场地空间宽敞，通风良好，光线充足，配备齐全的蜀绣制作工具和川剧表演设备，能够为学生提供舒适、专业的体验环境，确保活动顺利开展。

精心筹备蜀绣体验材料，采购高品质的绣布，根据不同的体验需求，准备多种质地、颜色的绣布，如细腻柔软的丝绸绣布适合表现蜀绣的精致细腻，粗糙质朴的棉布绣布可用于练习基础针法。挑选色彩丰富、品质优良的绣线，涵盖传统的中国色彩以及现代流行色，满足学生在色彩搭配上的创意需求。配备各种型号的绣针，确保学生能够根据绣线粗细和针法要求选择合适的绣针。准备坚固耐用的绷架，保证学生在刺绣过程中绣布平整、稳定。此外，收集川剧表演服装、道具，从华丽的蟒袍、飘逸的褶子，到形态各异的脸谱、灵动的水袖、轻巧的折扇等，确保道具的真实性和质量，为学生提供身临其境的表演体验。

组织专业教师团队制作内容翔实、形式丰富的教学课件。在蜀绣部分，课件详细介绍蜀绣的历史发展脉络，从商周时期的萌芽状态，历经秦汉时期的初步发展，到唐宋时期的鼎盛辉煌，再到元明清时期的传承创新，展示各个时期蜀绣的风格特点与代表作品，并配以高清图片和详细文字说明。课件深入讲解蜀绣独特的针法，通过动画演示、视频教程等形式，生动展示晕针、铺针、滚针、截针等各种针法的操作过程，让学生清晰直观地了解每种针法的特点和用途。在川剧部分，课件全面呈现川剧的起源与发展历程，介绍川剧从古代民间歌舞逐渐演变，融合了昆曲、高腔、胡琴、弹戏、灯调五种声腔的过程。课件详细阐述川剧的五大流派，包括川西派、资阳河派、川北河派、下川东派和川中派，分析每个流派的风格特色，如川西派注重文戏，表演细腻典雅；资阳河派高腔纯正，富有韵味。通过播放川剧经典剧目片段，如《柳荫记》《刁窗》等，深入分析川剧的唱腔特点，包括高腔的帮腔形式、昆腔的旋律风格、胡琴的韵味特色等，让学生对川剧有全面、深入的感性认识，为后续的体验活动奠定坚实的知识基础。

综合考量学生的综合素质，对学生进行科学分组。分组时充分考虑学生的专业背景，如设计专业的学生与艺术史专业的学生搭配，能够在作品创作中实现创意与文化内涵的互补；关注学生的兴趣爱好，将对蜀绣感兴趣的学生与对川剧感兴趣的学生合理组合，促进不同文化元素在创作中的融合；重视学生的能力特长，将擅长绘画、设计、组织协调、资料收集等不同能力的学生分到一组，确保小组具备完成作品创作的多元能力。每组推选组长后，提前对组长进行培训，培训内容包括活动流程的详细讲解，如任务分配、时间安排、进度把控等；团队协作技巧的传授，如有效沟通、解决团队冲突、激发成员积极性等；以及与教师、指导嘉宾和其他小组的沟通协调方法，让组长能够熟练掌握组织协调小组活动的技巧，更好地带领小组成员完成活动任务。为每组学生配备齐全的创作工具，提供优质的画笔、不同规格的画纸，满足学生手绘创作的需求；安装专业的电脑绘图软件，如 Adobe Illustrator、Photoshop 等，并确保软件功能正常，为学生进行数字化设计提供支持。

提前精心布置创作展示场地，根据作品的类型和特点，合理设置作品展示架、展板。展示架用于展示立体作品，如蜀绣工艺品、川剧主题的雕塑等，通过巧妙的灯光设计，突出作品的立体感和细节。展板用于展示平面作品，如绘画、设计图纸、海报等，采用分区展示的方式，按照作品的主题、风格进行分类展示，方便观众参观欣赏。准备好灯光音响设备，调试灯光亮度、角度，确保能够清晰照亮作品，营造出良好的展示氛围。调试音响设备，保证在作品展示过程中，能够播放与作品风格相匹配的音乐、视频片段等，增强展示效果。同时，设置观众互动区域，摆放桌椅，准备留言簿、笔等，方便观众在欣赏作品后留下自己的感受和建议，促进学生与观众之间的交流。

五、教学过程

（一）知识导入与文化讲解（15 分钟）

教师在设备先进的多媒体教室，借助高清投影仪和环绕音响系统，利用精心制作的教学课件，为学生徐徐展开蜀绣的历史画卷。通过一幅幅高清图片，展示商周时期蜀绣的原始雏形，绣品上简单而质朴的图案反映了当时的社会生活与审美观念。讲述秦汉时期，随着丝绸之路的开通，蜀绣技艺不断传播与发展，绣品的工艺逐渐精细，图案也更加丰富多样。重点展示唐宋时期蜀绣达到鼎盛的辉煌成就，精美的蜀绣作品色彩绚丽、针法细腻，题材涵盖花鸟鱼虫、人物故事等，如《蜀宫乐女演乐图》绣品，生动地展现了宫廷乐女的优雅姿态和精湛技艺。详细讲解蜀绣独特的针法，通过动画演示，将晕针表现色彩渐变的过程清晰呈现，仿佛让学生目睹绣线在艺人手中灵动穿梭，巧妙融合出自然流畅的色彩过渡效果；呈现铺针如何整齐有序地排列绣线，为绣品构建坚实的底色基础；呈现滚针如同灵动的线条，精准地勾勒出物体的轮廓，使其栩栩如生。通过这些直观展示，让学生对蜀绣的历史与针法有深入的了解。

以丰富多样的资料展示川剧的起源与发展历程。播放一段川剧起源的动画视频，生动呈现川剧从古代民间歌舞演变而来的过程，让学生了解川剧是在吸收了多种民间艺术形式的基础上逐渐形成的。介绍川剧的五大流派，通过对比不同流派经典剧目的演出片段，分析每个流派的风格特色。如播放川西派《琵琶记》的片段，展现其典雅细腻的表演风格，演员的一招一式、一颦一笑都充满了文人气息；播放资阳河派《红梅记》的高腔唱段，让学生感受其高腔纯正、韵味悠长的特点，帮腔与演员唱腔相互呼应，营造出独特的艺术氛围。深入分析川剧的唱腔特点，通过音频对比，讲解高腔的高亢激昂、昆腔的婉转悠扬、胡琴的醇厚深沉、弹戏的明快活泼、灯调的诙谐风趣，让学生对川剧唱腔有清晰的认识。

引导学生从文化传承、艺术审美、经济发展等多个维度思考蜀绣、川剧等传统文化在现代社会的价值。在文化传承方面，强调传统文化是民族的根脉，蜀绣和川剧承载着四川地区的历史记忆和文化基因，传承它们有助于延续民族文化的血脉。在艺术审美方面，展示现代艺术设计中运用蜀绣元素的高端时尚品牌作品，以及融入川剧元素的现代舞台艺术表演，说明传统文化为现代艺术提供了丰富的灵感源泉，提升了现代艺术的审美层次。在经济发展方面，介绍蜀绣产业带动当地就业、促进经济增长的案例，以及川剧旅游演出为地方经济发展做出的贡献，让学生认识到传统文化在现代社会具有重要的现实意义，为后续的体验与创作活动奠定坚实的思想基础。

（二）蜀绣、川剧体验与技巧学习（30 分钟）

教师带领学生有序前往宽敞明亮的蜀绣体验场地，专业蜀绣艺人早已身着传统服饰，精神抖擞地准备就绪。蜀绣艺人首先小心翼翼地展示一幅耗时数月完成的精美蜀绣成品，绣品上的花鸟栩栩如生，仿佛下一秒就要展翅飞翔。艺人详细讲解其创作过程，从最初的设计构思，到挑选绣线、确定针法，再到一针一线的精心刺绣，以及绣品中蕴含的吉祥文化寓意，如牡丹象征富贵、鸳鸯寓意爱情等。随后，艺人坐在绣架前，开始示范基本针法操作。她拿起绣针，熟练地穿针引线，先演示晕针，只见她的手如行云流水般在绣布上移动，不同颜色的绣线在她的巧手下逐渐融合，呈现出自然的色彩渐变效果，宛如一幅细腻的水彩画。接着演示滚针，绣针沿着图案轮廓快速穿梭，线条流畅而均匀，精准地勾勒出图案的边缘。学生们围在周围，目不转睛地观察，眼神中充满了好奇与敬佩。

学生分组进行蜀绣体验，每组学生围坐在一张摆放着绣布、绣线、绣针和绷架的桌子前。在蜀绣艺人的指导下，学生们小心翼翼地拿起绣针，尝试用不同针法在绣布上进行练习。有的学生在练习晕针时，线的松紧度掌握不好，导致色彩过渡不自然，蜀绣艺人及时上前，耐心地手把手教导，调整学生手中绣线的力度，讲解线的松紧对色彩效果的影响。教师也在各小组间巡视，与学生交流，鼓励学生大胆尝试，提醒学生注意针法的细节，如针脚的长度、方向的一致性等。学生们相互交流经验，分享自己在练习中的心得，现场氛围热烈而专注。

与此同时，另一部分学生在布置得古色古香的川剧体验场地，跟随川剧演员学习川剧表演。川剧演员身着华丽的戏服，精神饱满地走上舞台。他先示范川剧的基本身段，从稳健的台步开始，一步一步地展示如何通过脚步的移动表现角色的身份、情绪和场景，例如，大步快走表现焦急，小步轻移展现娇羞。接着演示云手，演员的双手如行云般舒展流畅，通过手臂的伸展、旋转、翻腕等动作，展现出川剧身段的优美与韵味。然后是圆场，演员以轻盈且富有节奏感的步伐，在舞台上快速旋转移动，仿佛能带动周围的空气一同流转，向学生们展示了圆场在营造舞台空间感与角色行动感方面的独特作用。

随后，川剧演员开始教学生简单的唱腔。他先从一个基础的唱段入手，一句一句地耐心示范发音，详细讲解每个字的咬字技巧，如何将声母与韵母清晰且圆润地吐出，让声音富有质感。在示范吐字时，演员特意放慢速度，展示唇、齿、舌的精准动作，使学生们能清楚看到每个发音部位的运用。行腔方面，演员通过不同的手势辅助，引导学生感受旋律的起伏变化，强调气息的控制与声音的共鸣，让学生明白如何运用胸腔、头腔共鸣，使唱腔更加饱满、悠扬。学生们认真聆听，跟着演员反复模仿练习，努力调整自己的发音与行腔，尽管一开始有些生涩，但在演员的悉心指导下，逐渐找到了感觉。

学生分组进行简单的川剧表演排练，结合身段与唱腔，尝试演绎川剧经典片段。各小组围绕舞台，热烈讨论角色的情感表达与动作设计。例如在排练《白蛇传》中“断桥相会”的片段时，饰演白素贞的学生努力回忆川剧演员示范的身段动作，通过细腻的水袖摆动，展现白素贞对许仙又爱又怨的复杂情感；饰演许仙的学生则在台步的节奏与眼神的交流上反复琢磨，力求表现出许仙的愧疚与深情。川剧演员和教师穿梭在各小组之间，仔细观察学生的排练情况。当发现某小组在身段与唱腔的配合上不够协调时，演员亲自上场示范，调整学生的动作节奏，使其与唱腔的韵律相契合。教师则从情感理解的角度出发，引导学生深入挖掘角色内心世界，帮助学生更好地把握表演节奏、情感表达，如在表演悲愤情节时，指导学生通过加强唱腔的力度、放大身段动作幅度，增强感染力，让整个表演更加生动、富有张力。

（三）“传统工艺与现代设计”作品创作（30分钟）

蜀绣、川剧体验结束后，各小组回到充满创意氛围的创作场地，开始“传统工艺与现代设计”作品创作。小组成员围坐在一起，结合在体验环节中对蜀绣、川剧的深刻理解，展开热烈讨论，确定作品创作方向。例如，有的小组决定以蜀绣针法为灵感，设计一款现代时尚的服装，计划将晕针、滚针等针法以创新的形式应用于服装的领口、袖口、裙摆等部位，打造出具有独特纹理质感的服装；有的小组计划将川剧脸谱元素融入平面海报设计，通过夸张的色彩对比和现代排版手法，突出川剧脸谱的神秘与魅力，传达传统文化的现代活力。

小组成员根据分工，迅速行动起来收集素材。负责资料收集的成员通过网络搜索大量蜀绣、川剧的高清图片和学术研究资料，以及现代设计领域的前沿案例；深入图书馆查阅相关书籍，寻找传统图案与现代设计结合的灵感；甚至实地走访蜀绣工作室、川剧博物馆，获取一手资料与实物参考。擅长绘画的成员开始绘制作品草图，将传统文化元素与现代设计理念初步融合，用流畅的线条勾勒出服装的轮廓、海报的布局，在草图中尝试不同的图案组合与色彩搭配。熟悉电脑软件的成员利用绘图软件，如Adobe Illustrator进行矢量图形绘制，在软件中对草图进行精细化处理，调整线条粗细、形状，运用色彩填充工具为图案上色；借助Photoshop软件添加光影效果、特效，使作品更加生动立体，对草图进行优化和完善。

在创作过程中，教师在各小组间巡视，密切观察小组创作进展，适时给予指导。当小组在元素融合上遇到困难时，教师引导学生从传统文化内涵出发，思考如何将其与现代设计需求相结合。如在设计以蜀绣为主题的家居用品时，教师提示学生考虑蜀绣色彩搭配与家居整体风格的协调性，以及图案寓意与家居功能区域的适配性，如在卧室用品设计中运用寓意宁静祥和的蜀绣图案。鼓励小组创新思维，尝试不同表现形式，如建议小组利用3D打印技术制作川剧脸谱造型的饰品，通过选择不同的材质，如透明树脂、彩色塑料等，呈现出独特的视觉效果；或者运用虚拟现实

（VR）、增强现实（AR）技术，为蜀绣作品、川剧表演打造沉浸式体验场景，让观众能更直观地感受传统文化魅力。

（四）作品展示与交流总结（15 分钟）

各小组完成作品创作后，依次进行展示。小组代表通过投影仪展示作品，并向全班同学和教师介绍作品的创作思路、所运用的传统文化元素以及现代设计手法。例如，展示以蜀绣为灵感的服装作品时，讲解采用了哪种蜀绣针法，如在领口处运用了细腻的晕针表现柔和的过渡效果，图案寓意是选取了象征繁荣的牡丹，服装款式则借鉴了现代简约风格的修身剪裁，以流畅的线条展现人体美，使传统与现代相得益彰。在介绍将川剧脸谱元素融入平面海报设计时，阐述如何提取脸谱中极具代表性的色彩，如红色代表忠勇、黑色代表刚正，运用现代排版中的对称与对比原则，将脸谱图案与简洁有力的文字相结合，突出主题，吸引观众目光。

其他小组成员认真倾听，从作品的创新性、传统文化元素融合度、审美效果等方面进行评价。有的成员指出某作品在传统文化元素提取上非常精准，将蜀绣的经典图案巧妙地转化为现代产品的装饰元素，且在融合现代设计手法时，采用的几何形状与传统图案相得益彰，整体审美效果和谐统一，但在宣传推广方面，可以考虑增加一些互动元素，如设计带有 AR 效果的宣传海报，让观众通过手机扫描能看到蜀绣制作过程的动态展示。还有成员评价某作品在创意构思上十分新颖，将川剧的舞台场景与现代建筑空间设计相结合，创造出独特的视觉体验，但在色彩搭配上，某些颜色过于鲜艳，可能会导致视觉疲劳，建议适当降低色彩饱和度，提升作品的舒适度。教师引导学生积极发言，鼓励不同观点的碰撞，营造开放、活跃的交流氛围。

教师对各小组的表现进行全面总结与点评。肯定各小组在体验和创作过程中的努力与成果，如某些小组对蜀绣、川剧文化内涵理解深刻，作品中传统文化元素运用巧妙，像将川剧唱腔的韵律感转化为音乐作品的节奏，展现出独特的文化理解；某些小组在团队协作方面表现出色，创作过程高效有序，成员之间分工明确、沟通顺畅，共同攻克了一个又一个难题；某些小组作品创新性强，展现出独特的审美视角，如运用数字化技术将蜀绣作品制作成动态壁纸，赋予传统工艺新的生命力。同时，指出存在的不足之处，如部分小组在体验环节对技艺掌握不够熟练，影响了作品创作质量，在作品中未能充分展现蜀绣针法的细腻或川剧身段的韵味；一些小组在作品创作时，缺乏对市场需求和受众喜好的考虑，作品虽有艺术价值，但在实际应用或推广方面存在困难等，并提出针对性的改进措施。对于技艺掌握问题，建议学生在课后继续练习，向蜀绣艺人、川剧演员请教，或观看教学视频巩固；对于市场需求问题，鼓励学生开展市场调研，了解不同受众群体的喜好与需求，使作品更具实用性与商业价值。

再次强调传承传统文化和培养审美素养的重要性，鼓励学生将在本次活动中所学到的知识和培养的能力，运用到今后的学习和生活中。无论是在专业学习中，将传统文化元素融入设计作品、学术研究中，提升作品与研究的文化底蕴；还是在未来职业发展上，关注传统文化在各领域的创新应用，如在文化旅游产业中开发与蜀绣、川剧相关的特色产品与体验项目，为传承和创新优秀传统文化贡献自己的力量。同时，希望学生们能够继续保持对传统文化的热爱与探索精神，不断挖掘传统文化的价值，让传统文化在现代社会中焕发出新的生机与活力。

六、教学评价

（一）体验环节表现评价（30%）

（1）蜀绣体验（15%）：考查学生在蜀绣体验中对针法的掌握程度，能否正确运用晕针、铺针等基本针法进行简单图案绣制，如能否绣出一朵花瓣色彩过渡自然的花朵；对绣线色彩搭配的运用能力，是否能根据绣品主题选择协调美观的色彩，例如在绣制一幅田园风光绣品时，能否合理搭配绿色、黄色、蓝色等色彩，展现出清新自然的氛围；学习态度是否认真积极，在体验过程中是否主动向蜀绣艺人请教问题、改进针法，是否积极参与小组内的交流讨论，分享自己的经验与困惑。

（2）川剧体验（15%）：评估学生在川剧体验中对唱腔的学习效果，发音是否准确、吐字是否清晰、行腔是否流畅，能否准确演绎一段简单的川剧唱段，如《别洞观景》中的经典唱段；身段动作是否规范、协调，能否准确表现出台步、云手等基本身段的韵味，在表演时是否能通过身段动作传达角色的情感与状态；在表演排练中的表现，是否能理解角色情感，通过唱腔和动作进行恰当表达，如在表演一个悲愤的角色时，能否通过高亢的唱腔、有力的身段动作展现出角色内心的痛苦与愤怒。

（二）作品创作评价（50%）

（1）创意构思（20%）：评价作品的创意是否新颖独特，能否从独特视角将蜀绣、川剧等传统文化元素与现代设计理念相结合，如设计出一款以川剧脸谱为造型的智能音箱，将传统文化与现代科技完美融合；考查创意的可行性，是否在实际创作中能够实现，且符合现代审美和市场需求，例如设计的一款蜀绣风格的手机壳，不仅在外观上具有吸引力，还在材质选择、功能设计上考虑到手机的保护与使用便捷性。

（2）元素融合（15%）：检查作品中传统文化元素与现代设计手法的融合程度，传统文化元素是否自然融入现代设计，不显得突兀，如在室内软装设计中，将蜀绣屏风与现代简约风格的家具搭配，是否能营造出和谐统一的空间氛围；评估对传统文化元素的理解深度，是否准确把握元素内涵并在作品中恰当呈现，例如在一幅以川剧为主题的绘画作品中，是否能通过色彩、构图等元素准确传达川剧的艺术魅力与文化内涵。

（3）审美效果（15%）：从作品的整体视觉效果、造型设计、色彩搭配等方面评价审美水平，作品是否具有美感，能给人带来愉悦的视觉感受，如一款以蜀绣为灵感设计的灯具，在造型上既展现了蜀绣图案的精致，又通过灯光的映照营造出温馨舒适的氛围；考量作品在审美上的独特性，是否展现出与众不同的审美视角和艺术风格，如将川剧的夸张表演风格转化为现代艺术装置的设计语言，创造出极具个性的艺术作品。

（三）团队协作评价（20%）

（1）分工合理性（10%）：观察小组在作品创作过程中分工是否明确合理，是否根据成员特长进行任务分配，如擅长绘画的负责草图绘制，熟悉软件的负责数字化设计，具有良好沟通能力的成员负责与指导教师、其他小组沟通协调，确保每个成员都能在创作中发挥最大作用，且任务量分配均衡。

（2）沟通协作效果（10%）：在小组创作过程中，观察成员之间的沟通情况，是否能够积极交流创意想法、解决创作中遇到的问题，当出现意见分歧时，能否通过有效沟通达成共识，共同推进作品创作，如在讨论作品风格时，成员之间能够相互倾听、尊重不同意见，通过投票或协商的方式确定最终方案；在遇到技术难题时，成员之间能否相互帮助，共同寻找解决方案，如软件操作熟练的成员帮助其他成员解决绘图软件使用中的问题。

七、教学延伸

举办“天府传统文化与现代设计”展览，将学生在活动中创作的优秀作品进行集中展示，邀请学校师生、社会各界人士参观，扩大活动影响力，进一步传播传统文化与现代设计融合的理念。展览现场设置作品介绍展板，详细说明作品的创作思路、运用的传统文化元素和现代设计手法；安排学生讲解员，为参观者进行现场讲解，分享创作过程中的故事与感悟；设置互动体验区，让参观者亲自尝试蜀绣制作、川剧表演，增强展览的趣味性与参与性。

组织学生参加相关设计比赛，如省级传统文化创意设计大赛，鼓励学生将在本次活动中积累的经验和创作的作品进行完善，参与更高水平的竞赛，提升学生的专业能力和竞争力。在备赛过程中，邀请专业设计师为学生进行辅导，从作品的创意深化、表现手法优化、市场定位精准化等方面给予指导；组织学生开展小组讨论，相互交流经验，共同完善作品；举办校内选拔赛，营造竞争氛围，选拔出最优秀的作品参加省级比赛。

开展传统文化传承与创新社团活动，定期组织社团成员深入研究蜀绣、川剧等传统文化，举办文化讲座、技艺培训等活动，同时鼓励成员继续创作相关作品，将传统文化传承与创新工作持续开展下去。邀请蜀绣艺人、川剧演员定期到社团进行技艺传授，组织成员参观蜀绣工作室、川剧剧团，深入了解传统文化的创作与表演过程；开展社团内部的作品创作比赛，设置丰富的奖项，激发成员的创作热情；组织社团成员走进社区、学校，开展传统文化宣传活动，如举办蜀绣、川剧表演，举办传统文化知识讲座，让更多人了解和喜爱四川地区的传统文化。

教案5　《“三下乡”实践：乡村振兴中的青春力量》

一、教学目标

深度引导学生全方位、多层次地洞悉农产品电商推广在乡村振兴宏伟蓝图中的关键意义。借助系统的理论讲解、实地考察以及亲身体验等多元方式，让学生清晰认识到电商推广如何如同一座桥梁，打破乡村与外界的地理隔阂，将乡村优质农产品源源不断地输送至全国各地乃至全球市场，进而显著拓宽销售路径，有力促进农民收入稳步增长。在实际参与“农产品电商推广”方案策划的过程中，学生需深入乡村合作社，实地调研农产品生产、加工、储存等各个环节，与农民、合作社负责人深入交流，从而深刻领悟自身在乡村蓬勃发展进程中所肩负的重大责任。这将切实培育学生强烈的社会责任感，使其内心深处筑牢个人行动与乡村振兴这一国家战略紧密相连的意识，进而激发学生主动投身乡村发展事业、贡献自身力量的坚定决心，在学生心中种下为乡村振兴奋斗的种子。

在与乡村合作社深度对接的系列活动中，精心组织学生沉浸式体验乡村日常生活，参与农事劳作，如播种、施肥、采摘等，亲身感受农业生产的艰辛与收获的喜悦。引导学生深入探索乡村独特文化，包括民间手工艺制作、传统民俗活动、乡村历史故事等，通过参观乡村文化展馆、与当地老人交流等形式，增进对乡村文化底蕴的认知。安排学生详细了解农业生产实际状况，如农产品种植规模、养殖技术、病虫害防治等，邀请农业专家现场讲解与指导。在这一系列体验中，学生将充分浸润在乡土气息之中，逐渐增强对乡村的情感认同，精心培育出浓厚的乡土情怀，从内心深处真正热爱乡村，视乡村为实现个人价值与梦想的广阔舞台，坚定为乡村美好未来拼搏奋斗的信念，最终让乡土情怀成为学生未来关注和参与乡村事务的持久动力源泉。

着重锻炼学生的实践操作能力与创新思维能力。在策划农产品电商推广方案时，积极鼓励学生充分运用在学校所学的市场营销、电子商务、传播学等多学科知识，紧密结合乡村实际情况，如乡村的地理位置、农产品特色、目标客户群体特征等。引导学生从不同视角出发，提出切实可行且独具创新性的推广策略，如利用虚拟现实（VR）技术打造农产品虚拟体验店，让消费者身临其境地感受农产品的生长环境；开展农产品众筹活动，提前锁定市场需求等。通过这一过程，全面提升学生分析复杂问题、精准解决实际问题的能力，为学生未来顺利投身社会，尤其是深度参与乡村相关工作，如乡村电商运营、乡村产业规划等，奠定坚实且全面的能力基础，使其在乡村振兴的浪潮中能够游刃有余地施展才华。

二、教学重难点

1. 教学重点

构建系统且全面的教学体系，向学生精准传授农产品电商推广的核心知识与实用技能。在电商平台运营基础方面，详细讲解主流电商平台，如淘宝、拼多多、抖音小店等的平台规则、界面布局、店铺开设流程以及运营技巧。针对农产品品牌打造方法，深入挖掘农产品背后的文化内涵，如历史渊源、地域特色、民间传说等，并以此为基础设计独特且具有辨识度的品牌标识，包括品牌名称、商标图案、包装设计等，使其能够在众多农产品中脱颖而出。在网络营销推广技巧板块，系统介绍利用社交媒体，如微信、微博、小红书等进行产品宣传的策略，包括内容创作、话题策划、粉丝互动等；讲解如何举办线上促销活动，如限时折扣、满减优惠、赠品活动等，吸引消费者购买。通过理论讲解、案例分析、模拟操作等多种教学方式，确保学生熟练掌握策划一份完整农产品电商推广方案所需的核心知识，为后续实际策划活动提供强有力的知识支撑，使学生能够自信且专业地应对电商推广中的各类问题。

精心组织并高效推进学生与乡村合作社的对接工作。提前与当地具有代表性的乡村合作社建立紧密联系，详细沟通活动目的、流程以及学生需要重点了解的信息，如合作社的农产品种类、生产规模、产品质量标准、销售渠道现状等。确定科学合理的对接时间与方式，如实地走访、线上视频会议、举办农产品展销会等，确保乡村合作社能够充分理解活动意义并积极配合。在对接过程中，搭建顺畅无阻的沟通交流平台，如建立专门的沟通群组、安排专人负责协调等，让学生能够全面且深入地了解乡村合作社的农产品资源，包括农产品的独特口感、营养价值、外观特点等；掌握生产规模，如种植面积、养殖数量、年产量等；熟悉产品特色，如绿色生态种植、传统手工制作、独特品种培育等。通过这一系列举措，确保学生在策划方案时能够紧密贴合乡村实际，使方案具备高度的可行性和针对性，切实满足乡村合作社的需求，为乡村农产品的电商推广提供切实有效的指导。

2. 教学难点

积极引导学生打破传统思维的禁锢，突破常规的推广思路。在策划农产品电商推广方案时，深入挖掘乡村农产品的独特性，如独特的生长环境赋予农产品特殊的风味、传统的种植养殖方式保留了农产品的原始品质等。同时，精准把握市场需求的多样性，通过市场调研分析不同消费者群体，如年龄、性别、地域、消费习惯等对农产品的不同需求。鼓励学生从多个维度提出具有创新性、差异化的推广策略，如针对年轻消费群体，利用短视频平台开展农产品创意挑战赛，激发他们的参与热情；针对高端消费市场，打造农产品私人定制服务，提供个性化的产品包装与配送方案。通过组织创意头脑风暴、案例对比分析等教学活动，引导学生不断开拓思维，避免方案同质化，切实提高农产品在竞争激烈的电商平台上的竞争力，实现乡村农产品的高效推广与销售，让乡村农产品在电商市场中占据一席之地。

在与乡村合作社对接过程中，提前预估并帮助学生有效克服可能出现的各类沟通障碍。针对语言差异问题，提前了解当地方言特点，邀请熟悉方言的人员进行简单培训，或者安排当地志愿者协助沟通。对于文化差异，组织学生学习乡村的风俗习惯、价值观念、社交礼仪等，通过文化讲座、实地体验等方式，增进学生对乡村文化的理解与尊重。在对接过程中，引导学生站在乡村合作社的角度，设身处地理解其实际困难与需求，如资金短缺、技术落后、人才匮乏、物流配送不便等。通过组织学生与合作社成员共同开展座谈会、实地考察生产环节等活动，让学生深入了解合作社的运营情况，从而为乡村合作社提供真正具有价值、切实可行的电商推广方案。例如，针对物流配送问题，帮助学生调研当地物流企业，整合物流资源，优化配送路线，降低物流成本；针对技术落后问题，引导学生联系相关技术企业，为合作社提供技术支持与培训。通过这些努力，建立起学生与乡村合作社之间良好的合作关系，实现互利共赢的局面，推动乡村电商事业持续健康发展。

三、教学方法

（1）案例分析法：广泛收集并精心筛选大量成功的农产品电商推广案例，涵盖不同地区、不同类型的农产品以及多样化的推广模式。例如，详细剖析某地特色水果通过与知名电商主播合作，开展连续多场直播带货活动，实现销量在短时间内呈指数级增长的案例。深入分析案例中推广策略的独特亮点，如主播的个性化推荐方式、直播场景的精心搭建、与消费者的互动环节设计等；全面阐述实施过程中的关键步骤，包括直播前对产品的深度包装设计，从产品外观的美化到文化故事的融入；直播中主播生动形象地介绍产品特点与优势，运用专业的语言与生动的比喻让消费者快速了解产品价值；直播后及时跟进客户服务，通过建立客户反馈机制、提供优质的售后保障，实现客户满意度的提升与品牌知名度的快速扩大。通过组织学生观看案例视频、阅读案例分析报告、开展小组讨论等形式，让学生从实际案例中深度学习成功经验，拓宽自身策划思路，为后续独立策划方案提供丰富且具有参考价值的素材与思路，激发学生的创新灵感。

（2）小组合作法：依据学生的专业背景、兴趣爱好、能力特长等因素，科学合理地将学生分成若干小组，每组5~7人，并推选具备较强组织协调能力、责任心强且富有团队合作精神的组长。在共同完成“农产品电商推广”方案策划的过程中，小组成员明确分工，各展所长。擅长数据分析的成员负责通过网络搜索行业报告、统计数据，设计并发放问卷调查等方式，全面深入地了解目标客户群体对农产品的需求偏好、消费习惯以及竞争对手的产品特点、营销策略等情况；文字功底扎实的成员结合市场调研结果，运用生动、富有感染力的语言撰写产品介绍文案，突出农产品的独特卖点，以及撰写具有吸引力的推广宣传文案，如社交媒体推广文案、电商平台详情页文案等；具备设计能力的成员利用专业绘图软件设计精美的产品海报，注重色彩搭配、构图布局与产品特点的融合，以及创作宣传视频脚本，规划视频的拍摄场景、镜头运用、情节发展等。在策划过程中，通过定期组织小组会议、建立线上沟通群组等方式，促进小组成员密切沟通，共同探讨方案细节，如根据市场反馈及时调整产品定价策略，综合考虑成本、市场需求与竞争情况，寻找最优价格平衡点；优化推广渠道组合，结合农产品特点与目标客户群体的媒介使用习惯，合理分配资源到不同的电商平台、社交媒体渠道等。通过这一过程，有效培养学生的团队协作能力，促进学生之间思想的碰撞与融合，充分发挥团队的智慧，显著提升方案策划的质量与可行性。

（3）实践指导法：在学生策划方案的全过程中，教师时刻保持高度关注，密切跟踪各小组的进展情况。当学生在市场分析环节出现数据偏差、分析方法不当等问题时，教师及时介入，引导学生重新审视数据来源的可靠性，如是否来自权威机构、是否具有时效性等，帮助学生调整分析方法，如运用更科学的数据分析模型、增加样本数量等。在推广策略制定阶段，当小组在众多推广策略中犹豫不决时，教师通过对比不同策略的优缺点，结合农产品特性、目标市场特点以及预算限制等因素，为小组提供专业的决策建议。例如，对比直播带货与社交媒体广告投放两种策略，分析直播带货能够实时互动、直观展示产品，但成本相对较高且对主播要求高；社交媒体广告投放覆盖面广、精准度高，但缺乏实时互动性。同时，在与乡村合作社对接环节，教师提前对学生进行沟通技巧培训，包括如何清晰准确地表达自己的观点、如何倾听他人意见、如何处理沟通中的分歧等；现场指导学生注意事项，如尊重当地风俗习惯、注意沟通礼仪、保持谦虚学习的态度等。通过教师全方位、全过程的实践指导，确保学生的策划工作能够顺利推进，少走弯路，提高学生解决实际问题的能力，使学生在实践中不断成长与进步。

四、教学准备

提前数周与当地多个具有典型性和代表性的乡村合作社取得联系，与合作社负责人进行多轮深入且细致的沟通。详细介绍本次活动的目标、意义、详细流程以及学生在活动中可能需要重点了解的信息，如合作社的农产品种类、生产规模、产品质量标准、现有销售渠道与销售情况等。协商确定科学合理的对接时间与多样化的对接方式，如选择农产品收获季节进行实地走访，让学生亲身体验农产品采摘过程；利用线上视频会议平台，在农忙时节也能实现便捷沟通；举办农产品展销会，集中展示合作社的特色农产品，为学生与合作社搭建面对面交流的平台。通过充分沟通与协调，确保乡村合作社能够深刻理解活动的重要意义，积极主动地配合本次活动，为学生提供全面且准确的信息与必要的支持。

组建专业团队广泛收集丰富多样的农产品电商推广资料。收集主流电商平台的详细介绍资料，包括平台规则手册、运营指南、成功案例集等；整理成功案例分析报告，涵盖不同农产品类型、不同推广模式下的成功经验总结与深入剖析；收集农产品品牌建设资料，如品牌设计案例、品牌传播策略、品牌故事撰写范例等。将这些资料进行系统整合与精心编辑，制作成内容丰富、形式多样的教学课件，包括图文并茂的 PPT、生动形象的视频教程、互动式的电子文档等。教学课件不仅用于课堂上教师的知识讲解，还可供学生在课后自主学习，方便学生随时查阅资料，加深对农产品电商推广知识的理解与掌握，为学生的学习与实践提供全方位的资料支持。

精心准备活动所需的各类物资，确保学生在策划方案过程中拥有充足且适合的工具。为每位学生配备高质量的笔记本与书写流畅的笔，方便学生记录重要信息、撰写策划思路与会议纪要。在电脑设备方面，确保教室配备足够数量的性能良好的电脑，安装专业的数据分析软件，如 SPSS、Excel 高级数据分析插件等，用于市场调研数据的分析处理；安装绘图软件，如 Adobe Photoshop、Illustrator 等，满足设计成员制作海报、宣传视频脚本的需求；安装办公软件，如 Word、PowerPoint 等，方便学生撰写方案文档、制作汇报演示文稿。同时，为学生准备乡村合作社提供的丰富农产品样品，包括新鲜的水果、蔬菜，加工后的农产品，如果脯、干货等，让学生能够直观地观察农产品的外观特点、品尝口感、了解产品包装，为策划方案提供真实的产品体验基础。

综合考量学生的综合素质，对学生进行科学合理的分组。分组时充分考虑学生的专业背景，如市场营销专业的学生与电子商务专业的学生搭配，能够在方案策划中实现营销思维与电商技术的优势互补；关注学生的兴趣爱好，将对农产品电商感兴趣的学生与对乡村文化有深入研究的学生进行组合，促进文化元素在电商推广方案中的融入；重视学生的特长，将擅长数据分析、文案撰写、设计创作、组织协调等不同能力的学生分到一组，确保小组具备完成方案策划与实施的多元能力。每组推选组长后，提前对组长进行全面系统的培训。培训内容涵盖活动流程的详细讲解，包括任务分配、时间节点把控、进度跟踪等；团队协作技巧的传授，如有效沟通、解决团队内部冲突、激励成员积极性等；与乡村合作社沟通的基本技巧，如沟通礼仪、语言表达技巧、问题应对策略等。通过培训，让组长能够熟练掌握组织协调小组活动的各项技能，更好地带领小组成员高效完成活动任务，保障活动的顺利进行。

五、教学过程

（一）知识讲解与案例分析（20 分钟）

教师在设备先进的多媒体教室，借助高清投影仪、环绕音响系统以及智能教学互动平台，利用精心制作的教学课件，为学生全方位、深层次地讲解农产品电商推广的重要性。从乡村经济发展的宏观角度出发，通过展示翔实的数据图表，如某乡村在开展电商推广前后农产品销售额的对比、农民收入增长曲线等，生动阐述电商推广如何打破地域限制，将原本局限于本地市场的农产品推向全国乃至全球市场，极大地拓宽了销售渠道，为农民带来显著的收入增长。从乡村产业升级的战略高度，通过播放实际案例视频，如某乡村通过电商推广打造出知名农产品品牌，吸引了大量投资，带动了上下游产业发展，详细说明电商推广对打造农产品品牌、提升农产品附加值的关键作用。例如，讲解某品牌农产品如何通过挖掘其背后的乡村文化故事，进行品牌包装与传播，使产品价格提升数倍，同时促进了乡村旅游等相关产业的发展，让学生深刻认识到农产品电商推广在乡村振兴中的核心地位。

运用丰富的教学资源与多样化的教学手段，系统介绍农产品电商推广的相关知识。在主流电商平台介绍环节，通过现场演示与操作，详细讲解淘宝、拼多多、抖音小店等平台的特点，如淘宝的综合性强、用户基数大，拼多多的拼团模式独特、价格优势明显，抖音小店的短视频营销与直播带货功能强大等；以及入驻流程，从注册账号、提交资质审核到店铺装修、商品上架等每一个步骤都进行详细演示与说明。在农产品品牌打造要点讲解中，通过展示大量成功与失败的品牌案例对比，深入剖析如何挖掘农产品文化内涵，如讲述某农产品与当地传统节日的渊源，以此为基础设计独特品牌标识，包括品牌名称的创意构思、商标图案的设计理念、包装设计的风格选择等，使学生掌握品牌打造的核心技巧。在网络营销推广技巧传授方面，通过实际案例分析与模拟操作，介绍利用社交媒体进行产品宣传的方法，如在微信公众号上发布优质农产品内容，吸引粉丝关注与分享；举办线上促销活动的策略，如设计限时折扣活动的规则、满减优惠的设置技巧、赠品活动的策划要点等，让学生对网络营销推广有全面且深入的理解。

选取具有代表性的成功农产品电商推广案例，进行深度剖析。以某贫困地区的特色水果为例，通过播放直播带货全程视频，详细讲解其如何通过与电商主播合作，开展直播带货活动。在直播前，展示产品包装设计的过程，从包装材料的选择、包装图案的设计到文化元素的融入，如何突出水果的新鲜、绿色、原生态特点；直播中，分析主播如何生动介绍产品特点与优势，运用生动的语言、形象的比喻以及现场品尝等方式，吸引消费者的关注与购买欲望；直播后，讲解如何跟进客户服务，通过建立客户反馈群、及时处理客户投诉、提供售后保障等措施，提高客户满意度与复购率，实现销量的大幅提升与品牌知名度的快速扩大。组织学生进行小组讨论，引导学生思考案例中的成功经验与可借鉴之处，如直播场景的布置技巧、主播与观众的互动方式、产品包装的创新点等，为后续策划方案启发思路，激发学生的创新思维与策划灵感。

（二）小组讨论与方案策划（40 分钟）

学生按照提前划分好的小组，围绕农产品电商推广这一核心主题展开热烈讨论。各小组围坐在一起，结合教师之前讲解的知识要点与生动案例，同时依据乡村合作社提前提供的详细农产品信息，热烈探讨推广方案的大致方向。在讨论中，思维的火花不断碰撞。有的小组着眼于农产品的天然优势，一致决定主打绿色、原生态这一极具吸引力的特点，精心策划以“乡村原味，健康之选”为主题的推广方案。他们计划通过拍摄农产品生长环境的高清视频，突出其无污染的自然种植条件，在电商平台和社交媒体上进行传播，吸引注重健康生活的消费群体。有的小组则另辟蹊径，深入挖掘农产品背后的乡村文化故事，打算借助文化营销的力量提升产品吸引力。他们设想邀请当地民间艺人参与宣传，讲述农产品与乡村传统习俗的紧密联系，打造具有浓厚文化底蕴的农产品品牌形象。

小组成员依据既定分工，迅速且有序地投入方案策划工作。负责市场调研的成员充分利用网络资源，广泛搜索农产品电商市场的最新动态、消费者评价以及竞争对手的营销策略等信息。同时，精心设计调查问卷，通过线上问卷平台和线下实地发放相结合的方式，收集目标客户群体对农产品的偏好、购买习惯、价格敏感度等一手数据。他们仔细分析数据，为后续方案制定提供坚实的市场依据。文案撰写成员全神贯注，结合市场调研结果，精心雕琢每一个文字。他们深入了解农产品的特点与优势，运用生动、富有感染力的语言撰写产品介绍文案，突出农产品的独特卖点，力求让消费者一眼就能被吸引。在撰写推广宣传文案时，他们充分考虑不同平台的特点，为社交媒体平台创作具有话题性、易分享的文案，为电商平台详情页撰写详细且专业的介绍文案。设计成员打开专业绘图软件，凭借扎实的设计功底，精心设计精美的产品海报。他们注重色彩搭配，选择与农产品特色相契合的色调，营造出吸引人的视觉效果。在构图布局上，巧妙突出产品主体，同时融入乡村元素，增强海报的文化氛围。对于宣传视频脚本，他们反复打磨，规划好拍摄场景、镜头运用以及情节发展，力求通过视频生动展现农产品的魅力。在策划过程中，小组成员通过即时通信工具、线上文档协作平台等保持密切沟通，不断完善方案细节。例如，当市场调研成员发现某类消费群体对价格较为敏感时，负责定价策略的成员立即调整思路，与其他成员共同商讨，综合考虑成本、市场需求与竞争情况，寻找最优价格平衡点。在选择推广渠道时，成员们结合农产品特点与目标客户群体的媒介使用习惯，经过多次讨论与分析，合理分配资源到不同的电商平台、社交媒体渠道等，力求达到最佳推广效果。

教师在各小组间来回巡视，时刻关注小组讨论与方案策划的进展情况，适时给予精准指导。当小组在市场分析环节出现偏差时，教师耐心引导学生重新审视数据来源的可靠性与分析方法的科学性。比如，当学生误将某一非权威网站的数据作为重要依据时，教师提醒学生注意数据出处，并指导学生如何筛选权威数据来源。在推广策略选择上，当小组犹豫不决时，教师通过对比不同策略的优缺点，结合农产品特性、目标市场特点以及预算限制等因素，为小组提供专业的决策建议。例如，对于一款保质期较短的农产品，教师建议小组在选择推广渠道时，优先考虑能够快速促成交易的直播带货平台，同时搭配社交媒体的短期促销宣传，以减少库存积压风险。教师还积极鼓励小组创新思维，当某小组提出结合当下热门的短视频挑战赛形式推广农产品时，教师给予充分肯定，并引导小组进一步完善方案细节，如确定挑战赛主题、制定参与规则、规划奖品设置等，帮助小组将创新想法转化为切实可行的推广策略，助力小组提升方案的创新性与可行性。

（三）乡村合作社对接与方案完善（20 分钟）

各小组带着精心初步策划的农产品电商推广方案，满怀期待地与乡村合作社进行对接。小组代表自信地向乡村合作社负责人详细介绍方案内容，从推广目标的设定，如在一定时间内实现农产品销售额增长的具体比例，到推广策略的具体实施步骤，包括在某电商平台开设店铺的时间安排、发布产品信息的频率、举办线上促销活动的时间节点等，再到预期效果的预估，如预计吸引的客户数量、品牌知名度提升的程度等。例如，小组代表介绍计划在淘宝平台开设店铺，在店铺首页展示精心拍摄的农产品高清图片与详细的产品介绍视频，吸引消费者关注；每周定期发布农产品生长过程的动态信息，保持店铺活跃度；每月举办一次限时折扣活动，提高产品销量。

乡村合作社负责人认真倾听方案介绍，结合自身丰富的实践经验与合作社的实际情况，提出宝贵的意见与建议。他们详细指出农产品生产周期对推广节奏的影响，如某些农产品季节性强，在旺季需要加大推广力度，而在淡季则需调整推广策略。对于一些推广策略在实际操作中的困难，如物流配送方面，由于乡村地理位置偏远，物流成本高且配送时间长，可能影响产品的新鲜度与客户体验。学生们神情专注，认真记录合作社的反馈，并与合作社成员展开深入交流。他们进一步了解农产品的生产细节，如种植过程中使用的肥料与农药情况、采摘后的保鲜处理方法等；询问质量把控情况，包括农产品的质量检测标准、不合格产品的处理方式等，为完善方案收集更多一手资料。

小组根据乡村合作社的反馈，迅速对方案进行完善。针对农产品生产周期的问题，调整推广时间节点，使其与农产品的生长、收获周期紧密匹配。例如，在农产品即将上市前，加大宣传推广力度，提前预热市场；在收获旺季，集中资源进行促销活动。对于物流配送难题，小组积极在方案中增加与当地物流企业合作的内容，通过整合订单、优化配送路线等方式，降低物流成本，提高配送效率。同时，考虑采用冷链物流技术，确保农产品在运输过程中的新鲜度。此外，小组还根据合作社提供的产品生产与质量把控信息，优化产品介绍文案与宣传内容，突出农产品的绿色、安全、优质等特点，增强消费者对产品的信任度，使推广方案更加贴合乡村合作社的实际需求，切实可行。

（四）总结与展望（10 分钟）

各小组再次回到教室，每组推选一名表达能力强、对方案理解深刻的代表，向全班同学和教师汇报与乡村合作社对接后的方案完善情况，分享对接过程中的收获与体会。有的小组代表分享在与合作社交流中，对乡村文化有了更为深刻的理解，深受启发，将乡村文化元素进一步巧妙融入推广方案。比如，在产品包装设计中增加了当地传统民间图案，使产品更具地域特色；在宣传文案中讲述了更多与农产品相关的乡村故事，增强了产品的文化底蕴。有的小组代表讲述在解决实际问题过程中，团队协作能力得到了显著提升。在面对物流成本高的问题时，小组成员分工协作，有的负责联系物流企业，有的负责分析成本结构，有的负责寻找降低成本的方法，最终共同找到了解决方案，这一过程让他们深刻体会到团队合作的力量。

教师对各小组的表现进行全面、细致且深入的总结与点评。教师首先充分肯定各小组在方案策划与对接过程中的辛勤努力与卓越成果。对于某些小组方案策划全面、具有创新性，如提出利用区块链技术追溯农产品生产过程，增加产品透明度与可信度，在对接中能够积极倾听合作社意见，及时、有效地完善方案，教师给予高度赞扬。对于某些小组团队协作紧密，成员之间分工明确，沟通顺畅，在规定时间内高效完成各项任务，如在市场调研、文案撰写、设计等环节配合默契，教师予以充分肯定。同时，教师也客观指出存在的不足之处。如部分小组对市场调研不够深入，导致方案中某些推广策略可行性欠佳，未能准确把握目标客户群体的需求与市场竞争态势；一些小组在与合作社沟通时，表达不够清晰，重点不突出，影响了对接效果，未能充分获取合作社的关键信息。针对这些问题，教师提出针对性的改进措施。对于市场调研问题，建议学生在今后的实践中拓宽调研渠道，增加样本数量，运用多种调研方法，如深度访谈、焦点小组讨论等，深入了解市场。对于沟通问题，组织沟通技巧培训，通过模拟沟通场景、案例分析等方式，提升学生的沟通能力，使学生能够在未来的实践中更好地与各方进行交流与合作。

教师再次着重强调培养社会责任感与乡土情怀的重要意义，鼓励学生将在本次活动中所学到的知识和培养的能力，切实运用到今后的学习和生活中。无论是参与其他社会实践活动，还是未来选择职业道路，都要时刻关注乡村振兴这一国家战略，积极主动地为乡村发展贡献自己的智慧与力量。鼓励学生在专业学习中，进一步探索将所学知识与乡村实际相结合的方法，如市场营销专业的学生可以研究乡村市场的消费行为与营销策略，电子商务专业的学生可以探索乡村电商的新模式与新技术应用。在未来职业发展上，积极投身与乡村相关的工作，如参与乡村电商运营、乡村产业规划、乡村文化推广等，在乡村这片广阔的天地中实现自己的人生价值，为乡村的繁荣发展添砖加瓦，让青春在乡村振兴的实践中绽放绚丽之花。

六、教学评价

（一）方案策划评价（50%）

（1）方案完整性（15%）：全面考查方案是否涵盖农产品电商推广的各个关键环节，包括深入且准确的市场分析，对目标客户群体、竞争对手、市场趋势等进行详细剖析；明确且合理的目标设定，如具体的销售额增长目标、客户数量增长目标、品牌知名度提升目标等；全面且有效的推广策略制定，涵盖电商平台选择、品牌打造、营销推广方式等方面；科学且严谨的预算规划，对各项推广活动的成本进行合理估算与分配；客观且可行的效果评估，制定明确的评估指标与评估方法，以衡量推广活动的成效。方案内容完整、逻辑清晰、各环节紧密衔接的小组得分较高。

（2）创新性（15%）：重点评估方案在推广策略、品牌打造、营销方式等方面是否具有创新性，能否突破传统思维，提出独特的、区别于常规的推广思路。例如，是否利用新兴社交媒体平台，如小红书的种草营销、B 站的创意视频营销等；是否创新促销活动形式，如举办农产品主题的线上音乐节、亲子互动活动等；是否在品牌打造上有独特创意，如打造农产品虚拟代言人、开发农产品周边文创产品等。具有创新性的方案将获得高分，以鼓励学生在实践中积极探索新的推广模式，提升农产品在电商市场的竞争力。

（3）可行性（20%）：严格根据乡村合作社的实际情况，精准判断方案中的推广策略是否切实可行。推广渠道的选择应符合乡村农产品的特点与目标客户群体的习惯，如针对老年消费群体，选择传统电商平台与线下社区推广相结合的方式；针对年轻消费群体，侧重社交媒体与直播带货平台的推广。方案中的预算应合理，充分考虑乡村合作社的经济实力与承受能力，确保各项推广活动在预算范围内能够顺利实施。同时，方案应考虑到乡村的基础设施条件、物流配送能力、人力资源状况等实际因素，具有较高可行性的方案得分高，以保证方案能够在实际中落地执行，为乡村合作社带来实际效益。

（二）团队协作评价（30%）

（1）分工合理性（10%）：细致观察小组在方案策划过程中分工是否明确、科学合理，是否根据成员的特长进行精准任务分配。擅长数据分析的成员负责市场调研数据的收集与分析，能够运用专业知识挖掘有价值的市场信息；文字功底好的成员负责文案撰写，能够用生动、准确的语言表达产品特点与推广理念；设计能力强的成员负责海报设计、视频制作等视觉呈现工作，能够通过精美的设计吸引消费者目光；组织协调能力强的成员负责团队沟通、任务进度跟踪等工作，确保团队高效运转。每个成员都能在团队中充分发挥最大作用，且任务量分配均衡，避免出现成员任务过重或过轻的情况，分工合理的小组得分较高。

（2）沟通协作效果（10%）：在小组讨论、方案策划以及与乡村合作社对接的全过程中，考查成员之间的沟通是否顺畅无阻，能否积极主动地交流想法、共同解决遇到的问题。当出现意见分歧时，成员之间能否通过有效的沟通方式，如理性讨论、换位思考、民主决策等，达成共识，共同推进工作。在与乡村合作社对接时，小组成员之间能否密切配合，共同完成信息收集、方案介绍、意见反馈等任务。沟通协作效果好的小组，团队氛围融洽，工作效率高，将获得较高评价，以促进学生在团队合作中不断提升沟通与协作能力。

（3）任务完成效率（10%）：客观评估小组在规定时间内完成各项任务的情况，包括市场调研、方案撰写、与合作社对接等关键任务。能够合理安排时间，提前规划任务进度，在规定时间内高质量完成各项任务的小组得分高。对于能够提前完成任务且方案质量优秀的小组，给予额外加分奖励。通过对任务完成效率的评价，培养学生的时间管理能力与任务执行能力，确保活动能够按计划顺利推进，提高实践活动的整体效果。

（三）对接表现评价（20%）

（1）沟通能力（10%）：全面评价学生在与乡村合作社对接过程中的

沟通能力，包括表达是否清晰、准确，能否用简洁明了的语言向合作社介绍方案内容，突出重点与亮点；能否认真倾听合作社的需求与意见，理解其意图与关注点；能否在沟通中保持良好的态度，尊重合作社成员的意见与建议，展现出良好的沟通礼仪。沟通能力强的学生所在小组得分较高，能够有效促进学生与合作社之间的信息交流与合作关系的建立。

（2）问题解决能力（10%）：重点考查学生在面对乡村合作社提出的问题与建议时，能否迅速做出反应，提出合理、有效的解决方案。例如，针对合作社提出的物流成本高问题，学生能否通过调研当地物流市场、整合物流资源、与物流企业谈判等方式，提出降低成本的具体措施；针对农产品包装不符合电商销售要求的问题，学生能否提出改进包装设计的方案，包括包装材料选择、包装风格设计等。问题解决能力强的小组将获得较高分数，以培养学生解决实际问题的能力，使学生能够在实践中应对各种挑战，为乡村合作社提供切实可行的帮助。

七、教学延伸

组织学生将完善后的“农产品电商推广”方案付诸实践，协助乡村合作社在电商平台开展农产品推广活动。成立实践指导小组，由专业教师和电商行业专家组成，为学生提供全程指导。学生负责店铺运营，包括产品上架、订单处理、客户服务等工作；策划并执行推广活动，如直播带货、社交媒体营销等。定期召开总结会议，分析推广活动效果，总结经验教训，不断优化推广方案，进一步提升学生的实践能力与解决实际问题的能力，切实帮助乡村合作社提高农产品销售额与品牌知名度。

开展乡村振兴主题调研活动，鼓励学生深入乡村，对乡村产业发展、文化建设、生态保护等方面进行全面调研。学生自主设计调研方案，确定调研方法，如问卷调查、深度访谈、实地观察等。在调研过程中，与乡村干部、农民、合作社成员等进行深入交流，了解乡村发展现状、面临的问题以及需求。调研结束后，撰写详细的调研报告，提出针对性的建议与解决方案，为乡村振兴提供更多有价值的参考，培养学生关注社会问题、解决社会问题的能力，增强学生的社会责任感。

建立与乡村合作社的长期合作关系，定期组织学生参与乡村实践活动。根据乡村合作社的需求，安排学生帮助合作社优化电商运营，如提升店铺页面设计、优化产品关键词、提高客户转化率等；开展农产品加工创新活动，如开发新的农产品加工工艺、设计新颖的农产品包装等；组织农产品品牌推广活动，如举办农产品文化节、参加农产品展销会等。持续为乡村发展贡献力量，深化学生的社会责任感与乡土情怀，同时为学生提供更多实践机会，提升学生的综合素质，促进学生全面发展，实现学校教育与乡村振兴实践的深度融合。

后　记

《积极心理学视域下高职思政课程校本资源开发与应用研究》的成书，是一场跨学科融合的探索之旅，更是回应新时代高职思政教育变革需求的实践答卷。本书聚焦思政教育与积极心理学的深度结合，聚焦立德树人根本任务，致力于破解高职思政课程实效性不足的难题。作者历经两年多的调研、开发、试点与修订，终在2025年年初定稿。回望这一历程，既有理论碰撞的火花，亦有实践落地的艰辛，而最终凝聚的成果，让我们深感教育创新的价值与力量。

“大学之道，在明明德，在亲民，在止于至善。”本书是集体智慧与协作的结晶。感谢课题组的核心成员——思政教育专家李晓辉教授以其三十载深耕的学术底蕴，为研究提供理论根基；心理学学者喻丰博士以其在积极心理学领域的卓越洞见，赋予项目创新的灵魂；一线教师刘霞、钟鸣霞、吕捷、邓潇涵、罗雯丹、张宇，将理论转化为生动的课堂实践，让研究扎根现实土壤。特别鸣谢参与调研的全国50所高职院校的师生，你们的真实反馈是本书最珍贵的养分；学生的鲜活体验（如“思政课若能多结合生活案例就好了”的呼声）、教师的实践困惑（如“调动学生积极性难度大”的挑战），成为驱动研究深化的核心动力。同时，感谢西南财经大学出版社编辑团队的专业支持，从框架梳理到文字润色，为书稿品质保驾护航。

本书的探索，始终立足于积极心理学与高职思政教育的融合逻辑。马丁·塞利格曼的PERMA幸福模型（积极情绪、投入感、人际关系、意义感、成就感）贯穿资源设计全程，为校本开发提供理论锚点；心理韧性、优势识别等理论的实践转化，使课程内容从“知识灌输”转向“心灵滋养”。书中对“校本资源分层开发”“专业特色融合”“文化育人实践”等议题的探讨，既是对高职教育差异化需求的回应，亦是对“三全育人”理念的具象践行。

作为高职思政教育改革的一次阶段性尝试，本书虽通过实证数据验证了积极心理学介入的显著成效（如学生课程满意度从35%提升至70%，课堂参与率翻倍），但仍面临诸多挑战：校本资源如何适配不同类型院校？积极心理学与思政教育的理论边界如何更科学地界定？教学评价体系如何从“知识考核”转向“素养提升”？这些未竟之问，正是未来研究的方向。我们将继续以“问题导向、循证优化”为原则，深化“积极思政融合理论”体系，推动资源开发从“试点经验”迈向“标准化推广”，助力更多高职教师成为学生心灵的“点灯人”。

教育是国之大计，思政教育更是塑造青年灵魂的基石。愿此书如星火燎原，点燃高职思政课堂的革新之光；如春雨润物，滋养学子心田的希望之种。让积极心理的力量穿透理论的高墙，化作课堂里真诚的对话、实践中坚定的步履、成长中温暖的共情。

未来已来，变革在途。我们期待与万千教育同行者并肩，以本书为起点，将理论的火种播撒至每一所高职院校，让思政教育真正成为学生人生航程的灯塔。愿每一位教师化身“点灯人”，用智慧与热忱照亮迷茫；愿每一位学子怀抱“追光者”的信念，在挑战中锻造韧性，在协作中收获幸福。

让我们共执教育强国之笔，蘸取积极心理的斑斓色彩，在中国职业教育的壮阔画卷上，挥就立德树人的时代新章！

“积极心理学视域下高职思政课程校本资源开发与应用研究”课题组

2025 年 6 月于成都